고조선 壇君朝鮮始末考

고조선
壇君朝鮮始末考

모솔, 이돈성 李燉聖 편술

국학자료원

머 리 말

　스님이 이르기를 마지막 단군이 궁홀산 금미달을 떠나 아사달에 돌아가 산신이 되었다.

　상나라가 하남성 목야전(牧野之戰: 약 기원전 1046년)에서 망하자 기자(箕子)가 조선(朝鮮)에 갔다. 기자가 갔던 고조선이 한반도라 하고 만리장성이 요하를 건넜다고 한다. 중원 사람들이 남긴 역사서에는 많은 사실을 은폐했다는 확신을 갖고 의과 대학 교직을 나와 "뿌리를 찾아서"란 출사표를 들고 동북아시아 역사 연구에 뛰어들었다.

　선학들은 중원 사람들이 남겨 놓은 동북아시아 역사를 우리의 시각에서 연구하는 방법을 몰라서 찾지 못했다. 상식적 판단이 모든 찾는 방법의 기초다. 원인 모를 병에 걸려 찾아온 환자를 보듯 시야를 최대한으로 넓혀 찾아 나선 지 십여 년 만에 시말을 찾았다.

역사서는 언제나 글 쓴 사람 위주로 기술한다.

한국 상고사는 중국에서 당대의 석학이 이리저리 글자를 돌려 작성한 기록에 숨어 있다. 춘추 필법에 따라 은미하게 기록한 사료를 잘못 풀이한 곳이 많이 있다. 우리 측에서 보면 [그들의 국익을 위해서 비양심적인 범법 행위]를 했다. 올바른 뜻을 찾으려면 서양에서 얘기하는 "Read between the line"을 고려해서야 한다. 그렇지 않으면, 중국 사람들이 써놓은 동북아시아 역사를 우리들의 후세에게 가르치는 꼴이 된다.

흔히 말하는 [역사(歷史: history)란 무엇인가? 학문이다. 어느 분야의 학문인가? 학문은 연구를 해야 발전이 있다. 그러면 동북아 역사는 어떻게 연구해야 하나] 하는 근본적인 문제부터 깊이 살펴나가야 한다.

스님은 단군설화의 출처를 위서(魏書)라고 밝혔다. 전국시대에 산서성에 있던 진(晉)나라가 셋으로 부서져(三家分晉) 나타난 위(魏)나라의 역사서를 뜻했다. 전욱 고양씨(顓頊高陽氏)가 인도하는 동이 공공족(東夷共工之族)이 중앙아시아에서 해 뜨는 동쪽으로 옮겨와서 홍산 문화를 남겼다. 그들의 한 부족이 소금을 찾아가던 동물을 따라 산서성 서쪽 분수(汾水) 연안에 이르러 모두의 이익(弘益人間)을 위해 홍수를 다루는 공공사업을 시작했던 공동체가 나타났다. 이를 요순시대(堯舜時代)라 한다. 천한 사람들이라고 부르던 예맥(濊,斯)족이 처음으로 전설을 상형 글자로 남겼다. 그들이 사는 지역에 뜻이 있어(意在斯焉) 그곳에 내려와 나라를 세웠다. 그곳이 사마천의 고향이다.

여러 상현 글자를 묶어 만든 문장을 풀이할 수 있는 시기부터를 역사

시대라 한다. 치수 사업에 관한 기록은 여러 문헌에 실려 있다. 분수 계곡 아사달에 단군(壇君)이 다스리던 나라가 나타났다. 선사시대에서 역사시대로 바뀌는 전환기에 처음으로 부족 공동체가 나타났다. 이를 고조선(古朝鮮)이라 했다. 단군왕검은 실존 인물이다. 글자에는 그 지역 사람들이 쓰던 어음이 살아 있다. 고대 한국어를 모르면 고전 풀이를 올바로 할 수 없다.

동이수령 백익(伯益) 이 주선 하여 우의 아버지 곤(禹父鯀)과 같이 설계도를 만들고 젊은 우를 현장에 보내 치수 사업을 했다. 그 설계도가 산해경(山海經) 해내경(海內經)이다.

우가 공공의 신하 상유를 죽이(禹殺相柳)는 등 너무 과격(過激)하여 온 사방에 살던 부족장들이 모여 백익을 만장일치로 뽑아 통치권을 주어 제사장 단군이 통치권마저 위임(委任)받아 단군왕검(壇君王儉)이라 했다.

치수 사업을 주관하던 백익(伯益) 또한 살해당했다. 고향을 떠난 사람들은 떠돌이 상인(행상 行商; Vagabond)이 되었다. 지도자를 잃은 한 지류가 황하문명 발상지로부터 익주(益州)라고 부르던 사천성을 지나 운남성에 정착했다. 예맥족(斯)의 지식인들 현명한 노인들(老子, Elders)이 예부터 믿고 있던 신선이 산다는 높은 산을 찾아 인도 동북부 신앙촌(Sinja Rural Municipality, Sinja Valley)에 이르러 원지인(胡)들과 믿음(신앙; 信仰 Faith)에 관해 학술 담론을 하여 원시불교가 나타났다. 운남성에서는 고조선 토속 신앙 신선추앙사상(神仙推仰思想)이 도교(道敎)로 정리되었다.

그 후에도 중원은 전쟁이 많았다. 전란을 피해 또는 그들의 강압에 못 이겨 많은 예맥족이 같은 길을 따라 인도 동북부에 이르렀다. 그곳에서 새로 나타난 원시불교는 인도에 있던 토속 신앙을 믿는 사람들과 유혈 충돌이 나타났다. 예맥족(斯)은 원시불교의 수호 전사(Valor, 守護戰士)로 봉사하여 시라(尸羅) 란 신라(新羅)의 옛 이름이 나타났다.

전국시대 말기에 원시불교가 금미달 지역에 들어왔다. 금미달(今彌達)을 떠난 사람들이 해안으로 내려와 미(彌)자가 들어간 여러 부족 국가가 나타났다. 그들이 점차로 한해의 동서 연안을 따라 흩어져 나갔다. 남중국 해안 4,000여 리에 걸쳐 신미제국(新彌諸國) 20여 국을 이루고 살았다. 이를 남조 역사서에는 왜 백제 신라 임나 가라 진한 변한 "倭百濟 新羅 任那加羅 秦韓慕韓" 일곱 나라를 왜왕이 다스렸다고 했다.

弓忽山.又今彌達

고향을 떠나 떠돌이 상인이 되었던 가야 사람들이 인도 남쪽 미개척지 섬나라를 발전시켜 사자국(獅子國) 스리랑카에서 미륵신앙(彌勒信仰)이 나타났다.

위진(魏晉) 혼란기에 하남성 급군에서 죽간(汲冢竹簡)이 발굴되었다. 맹자(孟子)가 만났던 위양왕(魏襄王; ? ~ 기원전 296년)의 무덤이었다. 그 내용에 우왕의 아들 계가 백익은 죽였다(益乾啟位, 啟殺之)는 기록이 나타났다. 급총죽간을 살펴본 황보밀(皇甫謐)은 단군을 검루(黔婁)라 했다. 왕검(王儉)의 검과 같은 어음이다. 그가 수도로 정한 평양(平

壤)이 하동 안읍(都平陽或安邑)이라 했다. 전국시대 많은 학자들이 글을 남겼지만 내용이 혼미하여 마지막 단군을 확인 하기가 어렵다.

맹자가 만났던 양혜왕(梁惠王)을 수유(須臾)라 했다. 떠나가는 그를 위한 특별 궁중 연회가 있었다. 이를 수유리악(須臾離樂) 수유리례(須臾離禮)라 했다. 고려가요 가시리의 주인공인 가야국 가실왕(嘉悉王)을 수유(須臾)라 했다. 가실왕 이전 왕이 금미달을 떠나 아사달에 가서 산신이 되었다는 마지막 단군이란 추리를 했다.

동양 상고사를 연구하시는 분들에게 다시 한번 부탁합니다.

역사서는 언제나 글 쓴 사람 위주로 유리하게 기술하지 않아요? 많은 분들이 "일본 역사서가 그렇다"고 하면서도 아직 중국 역사서가 그렇다고 언성을 높이는 분은 몇몇뿐입니다. 동양 상고사, 특히 한국 상고사는 중국에서 당대의 석학이 이리저리 글자를 돌려 작성한 기록에 숨어 있습니다. 시야를 최대한 넓혀서 찾아야 합니다.

편술자의 사료 풀이가 종전 사학들의 풀이와는 많이 다릅니다. 가능하면 사리판단의 기본이 되는 [오염되지 않은 마음. veil of the ignorance]으로 숙독해 주시길 바랍니다.

필자는 뿌리를 찾아 교직에서 은퇴한 이후 동북아시아 역사 연구 경과 보고를 네 권의 영문으로 출판했다. 이 책은 영문본을 종합한 내용에 마지막 단군을 찾아가는 과정을 간략히 설명한 논문집이다. 단군조선의 시말이 모두 중국 문헌에 있다. 그러나 찾는 방법이 틀려 못 찾았다. 상식적 판단이 찾은 방법의 기초다.

중국 고전에 혼미하게 기술된 특정 사건들을 중원에서 밀려난 단군조선의 후손이 새로운 시각에서 설명한다. 필자가 설계하여 연구한 결론을 모은 새로운 학설이라 '각종 현대 백과사전'에 실린 내용과 비교분석하여 독자 여러분이 스스로 판단해 주시기를 바란다.

모솔, 이 돈성 드림.
Don S. Lee MD
7628 Georgetown Pike. USA

Don S. Lee, pen name "Mosol" was born in 1940, educated, received MD degree in Korea, came to US in 1970. He was trained in the Indiana University Medical Center, hold a faculty position in the George Washington University, and retired in 2010 from the Georgetown University Medical center.

He had learned to understand the Ancient Chinese classics in Korea, joined a group of Korean scholars interested in Neo Confucian Study; "Study of Toegye philosophy "退溪學," and served the position of vice president representing the Washington DC area for two years.

He had been active in writing critical essays, and was formally recognized as a writer by the Korean circles in 2010.

Retired from GWU and Georgetown University in 2010.

2011: First Book in Korean "뿌리를 찾아서, Searching for the Root"

2013: Ancient History of the Manchuria. Redefining the Past. By Xlibris, USA.

2015: Ancient History of Korea. Mystery Unveiled. By Xlibris, USA.

2015 November: Co-author; Korean Heritage Room. Cathedral of Learning University of Pittsburgh.

2016 August 8th: 古朝鮮 찾기. In Search of Old Joseon. 책 미래. Seoul Korea.

2018 August 29th: Ancient History of Northeast Asia Redefined 東北亞 古代史 新論. By Xlibris, USA.

2020 October 29th: Ancient History of Korea: Mystery Unveiled. Second Edition. By Xlibris, USA.

2023 April 11th: We Need Another Voice: Taoism to Zen Buddhism. By Xlibris, US

여러분이 참여한 책:

2022년 4월: 그때 그곳에서 나의 증언. 대동 filed.

2024 September 3rd: Forgotten War of 1950 In Their Adolescence Remembered by 6 Octogenarians. Kindle edition. By Amazon. USA

2024 November: The Forgotten War of 1950. By Amazon, USA

차 례

| 머리말 | 4
| 서 문 | 16

제1장 전설에서 역사 시대 / 하상주와 고조선의 관계
I. 전설에서 역사 시대
   1. 동북아 상고사의 특성   31

II. 하상주와 고조선의 관계
   1. 단군(壇君)을 천독(天毒)으로   51
   2. 도산(塗山, 涂山)이 회계산(會稽山)   54
   3. 구주는 얼마나 큰가   56

제2장 서주의 시말
   1. 서주 역사 요약   68
   2. 주무왕의 선물 이괘(利簋)   88
   3. 주선왕(周宣王)의 화친맹약   103
   4. 주인승려(周人乘黎) 진지승(晉之乘)   109
   5. 발해(勃海)가 어디였나   120

제3장 발조선 시대(發朝鮮 時代)

1. 발조선 시대(發朝鮮 時代) 본론   129
2. 서주동천(西周東遷) 춘추오패   135
3. 신원 불명의 성인 유하혜(柳下惠): 고조선의 은자(非朝隱者)   143

제4장 원시불교의 발생과 전래

1. 원시불교의 발생과 전래 서론   149
2. 대루탄경(大樓炭經)   160
3. 천축국(天竺國) 인도(印度)의 어원   167
4. 고조선 문자 천부인(天符印)   172
5. 원시불교의 중원 전래에 나타난 신라와 가라   176
6. 지나(支那)의 어원   187

제5장 마지막 단군 찾기

1. 마지막 단군 찾기 개요   201
2. 금미달이 신라 가야의 본향이다   205
3. 마지막 단군 전후   209
4. 작가 미상의 고려가요 가시리   229
5. 옥새(玉璽)의 유래   242
6. 맺는말   249

제6장 북부여(北夫餘)

1. 부여의 어원 Etymology of Buyeo ... 257
2. 동명(東明)이 떠난 곳 ... 260
3. 바둑(圍碁. Go game)의 시원(始原): 시대와 장소 ... 266
4. 삼국지에 실린 부여(不與) ... 269
5. 금미달의 낙안(樂安)을 낙랑군(樂浪)으로 ... 271
6. 중원에 나타난 부여(夫餘) ... 274
7. 삼한(三韓) 땅 청구(靑丘靑丘)의 어원 ... 278
8. 진한(辰韓) 진국(辰國) 신라(新羅) ... 284

제7장 삼국지(三國志)를 다시 보다

1. 삼국지(三國志)를 다시 보다 ... 309
2. 삼한(三韓) 사람들의 출원지 ... 310
3. 위만조선(魏滿朝鮮)과 금조선(今朝鮮) ... 311
4. 삼한(三韓)의 유래 ... 315
5. 한해 서쪽 연안 ... 317
6. 남만주에 나타났던 공손씨(公孫氏)의 시말 ... 321
7. 고구려 왕자 발기와 공손도 ... 323
8. 김일제(金日磾)의 아들을 공손홍(公孫弘)의 아들로 ... 325
9. 비류의 대륙 백제 ... 328
10. 염사치(廉斯鑡) 염사인 준왕이 도착한 한(韓)의 위치 ... 336

제8장 총론

    1. 한예(韓濊)의 수도 이전 애환 아리랑   343

    2. 백제(百濟)의 수도 이전   346

    3. 현재 사용 하는 신라(新羅)의 연혁   349

    4. 광개토대왕의 사인   363

    5. 가라(加羅)의 어원과 수도 이전   367

    6. 가락국 가락국수 가라피리   373

    7. 통일신라와 일본(日本)의 탄생   375

    8. 고려의 발상지 해동성국(海東盛國) 발해   378

    9. 고구려의 수도 평양   379

    10. 에필로그 – 바둑의 시원   384

후기   395

필자약력   399

서 문

재미 한인으로서 도산 사상의 실천적 방안

구한 말 민족의 선구자 도산(島山), 안창호(安昌浩, 1878년~1938년)는 안중근(安重根, 1879년~1910년) 의사와 동본 동년배셨다. 도산 사상의 실천은 현대 교육 탈 봉건 제도. 자주독립으로 요약된다. 국내외 여러 사람이 노력하여 자주독립은 하였지만 많은 영토를 잃어버리고 나라는 두 동강이 났다.

시대는 변한다. 배가 태풍을 만나 항해를 하듯, 주위 환경에 따라 때때로 방향을 바꾸어야 한다. 그러나 목적지는 변할 수 없다. 우리는 동양 최초의 국가 조선(朝鮮)이란 이름을 유지하고, 개천절(開天節) 행사를 치르고 있다.

항해사의 목적지가 분명 하듯 우리는 민족의 넋(魂)을 지켜나가야 한다.

"우리가 물이라면 새암이 있고 우리가 나무라면 뿌리가 있다
이 나라 한아바님은 단군이시니 이 나라 한아바님은 단군이시니
우리가 물이라면 새암이 있고, 우리가 나무라면 뿌리가 있다."

단군왕검을 살해한 중원 세력은 우리 역사를 뿌리째 파헤쳐 놓고 동북아 역사의 물줄기를 바꾸었다. 인접 국가 세력에 몰려 은폐되었던 역사적 사실을 밝히는 일이 첫째요, 이를 모르는 한국 사람들에게 알려줌이 둘째요, 온 세상에 알려주는 것이 셋째다.

진리는 반드시 따르는 자가 있고, 정의는 반드시 이루는 날이 있다.
(도산의 말씀)

도산이 살아 계신다면 유유히 흘러온 조선(朝鮮)의 뿌리를 찾아 오늘에 이른 과정을 온 세상에 알리자고 외치실 겁니다.

우리 문화의 근간은 유불선(儒佛仙)이다. 고려 시대 이후 불가의 가르침은 등외시 되었다. 모화사상에 잠든 한국 사학계는 반일을 부르짖는 재야 사학계의 거센 비판을 받고 있다. 그러한 소용돌이 속에 중원 세력은 꾸준히 동북 공정을 실행하고 있다. 대학에는 시진평(翟近平)관까지 설치한 현실이다.

성경에 유태인의 역사가 실려있듯, 유가(儒家) 기록 이외에 경외서(經外書) 또는 위서(僞書)라고 부르던 각종 기록과 불교 경전에도 동북아 상고사가 숨어 있다.

원시불교의 탄생과 전래에 동북아 역사가 있다. 전국시대에 금미달(今彌達)에서 미륵(彌勒)이란 글자가 나타났다. 미륵(彌勒)이 가람(伽藍)에서 다루던 영역을 미지(彌地)라 했다. 미륵을 [안왕(雁王) 또는 아왕

(鵝王) 즉; 내가 삼족오 (三足烏) 를 숭상하는 지역 사람들의 왕]이라 했다. 불당을 안당(佛堂日鴈堂)이라 하고 기러기가 날아가려고(鴯) 날개를 활짝 편다고 하여 서안아(舒鴈鵝)라 했다. 모두 은유법을 인용한 상징적인 표현이다. 거위 기러기 하는 이름이 금미달이 점령되던 시절에 나타났다고 본다.

가람(伽藍)에서 밀려 금미달을 떠난 사람들이 발해만으로 나와 동남아 해안을 따라 수천리에 흩어져 신미제국 (新彌諸國) 20여 국이 나타났다. 그들이 가야국 가실왕(加耶國嘉悉王)의 후손이다. 해운업을 하는 큰 상인(大商主僧伽)으로 인도 동남 해안에 있는 섬나라 승가라국(僧伽羅國), 즉 세일론에 이르러 원시불교와 금미달 지역 토속 신앙이 융합한 미륵신앙(彌勒信仰)이 나타났다.

대당서역기에 실린 사자국(獅子國)이 "승가라국(僧伽羅國)", 스리랑카의 옛적 이름이다. 남 천축국이라던 인도 남단 "Ceylon, Sri Lanka"에 있었다. 사자국은 한글 어음 사자(嗣子), 스승의 아들이란 뜻 글자 사자(師子)를 음차(音借)한 이름이 "Sinhalese"다. 가라(加羅)가 진라(真臘. 占臘[Zhēnlà, Chenla])라고 부르던 크메르의 남쪽에 있었다. 그들이 사용하던 항구 승가포(僧伽浦)가 "Singapore" 라 본다. 해상(海商)으로 일하던 가실왕(加耶國嘉悉王)의 후손들이 동남아 해안을 따라 불교를 중원에 전래시켰다.

학계에서는 아직도 조상의 이름자를 박달나무 단자 단군(檀君)이라 쓰고 있다. 아니다. 제(祭)터 단(壇)자 단군(壇君)이 옳은 글자다.

사기에 실린 미지 수천리(彌地數千里)란 문구와 삼국사기 첫 장에 실린 궁예 시조(弓裔始祖) 성박씨(姓朴氏) 란 글자를 풀이하지 못하고 있다. 금미달 지역에서 발해만으로 내려온 역사적 사실을 몰라 왜왕 비미호(卑彌呼)가 신라 아달라 이사금(阿達羅 尼師今)에게 사신을 보냈던 사실을 오늘의 경상도와 일본 열도 사이에 교류가 있었다고 한다.

한반도에서는 지정학적 연유로 동북아 역사 속에 있는 한국 상고사를 올바로 연구할 수 없다. 도산이 살아계셔서 한국 사학계의 현황을 보신다면 민족의 근원인 단군조선을 찾아보라고 재미 지식인들에게 부탁하시리라.

여러 사람 의견을 들어야 합니다. 언행(言行)은 사람의 품격이요, 역사는 민족의 혼(魂)이라 합니다. 시대는 바뀌었습니다. 그러나 민족의 혼(魂)은 지켜야 합니다.

우리는 지금 선구자 [서재필, 이승만, 안창호] 같은 분들이 미주에서 자주독립을 위해 싸웠듯이, 동북아시아 상고사 바로 세우기 운동에 중역을 맡아야 할 시대에 살고 있다.

인접국가 세력에 몰려 은폐되었던 역사적 사실을 밝혀 세상에 알리면 "사연이 잠겨있는 한자(漢字) 사용법"을 모르는 절대다수의 외국인 학자들이 따르게 됩니다. 서양 학자들에게는 중원 사람들이 글자 작란으로 이웃 국가를 우롱했다는 사실을 알려주어야 한다. 배웠다는 사람들이 중국 사람들의 글자 작란에 물들어 아직도 깨어나지 못하고 있다.

이들을 일깨워 줌이 도산이 주장한 오늘의 계몽이다.

    조선(朝鮮)이란 글자의 유래를 보면, 예맥(濊貊, 意在)족이 사는 땅에 뜻이 있어 홍산문화권에서 내려와 글자를 만들어 동북아시아 상고사에 종주국으로 등장했었다는 근거가 중국 문헌 여러 곳에 있다. 무쇠라고 부르던 철(鐵-銕-鉄)이란 글자에, 예맥, 부여(濊貊, 夫餘)란 글자 속에 우리 선조들이 중원을 석권했었다는 뜻이 있다. 오늘도 무쇠란 낱말은 [정신적으로나 육체적으로 강하고 굳센 사람이나 물건을 비유적으로 이르는 말]로 쓰이고 있다.
    동양 최초의 역사서 상서(尙書)에 하나라(夏書) 이전에 높은 사람 유우씨(有虞氏)가 다스리는 나라가 있었다. 유가에서는 우서(虞書)가 무슨 뜻인가를 설명하지 않았다.
    당나라 불교 스님들이 만든 법원주림(法苑珠林)에는 문수보살(文殊菩薩), 양거(儴佉; 晉陽을 떠난 사람), 범서(梵書) 다음 창힐(倉頡) 이전에 글자를 만들었다는 문구가 있다. 신라 자장법사(慈藏法師)가 중국 산서성 오대산에 가서 문주 스님으로부터 불법을 배울 때(文殊授法) 동이(東夷)가 문자를 만들었다는 애기를 들었다. 새로운 기술을 개발하여 좋은 철기를 만들어 중원을 석권한 발조선 시대(發朝鮮 時代)가 있었다. 이 시기를 중원 사람들은 춘추 전국시대라 한다.

    당나라에 유학했던 최치원(崔致遠, 857년~908년?)은 [한때 고구려와 백제가 중원을 석권했다]는 기록을 남겼다. 수나라가 중원을 통일하기 전 남북조 시대에 삼한의 후손들이 중원을 석권했다. 임유관(臨渝關) 전쟁이 나타났다. 그 당시에 지나(支那)라고 부르던 남쪽 나라에 살던 사람들이 대만을 거쳐 한반도와 구주에 이르렀다. 신라가 전함을 타고 울릉도를 정벌했다. 아직도 탐모라국(躰牟羅國)이라 부르던 대만 섬(Formosa Island)에는 아리랑의 어원이 되는 아리산(阿里山)과 가라산(加羅山), 가라호(加羅湖)가 있다. 가라안다(sinking, 沉沒)는 강원도 해안 특산물인 가시리묵하는 낱말이 나타났다고 본다.

그 후 중원을 통일한 수나라가 처음으로 한해를 건너 일본 열도와 유구를 다녀갔다.

민족의 혼을 지키려고 일연(一然, 1206년 ~ 1289년) 스님은 삼국유사를 이승휴(李承休, 1224년 ~ 1300년)는 제왕운기(帝王韻紀)를 이암(李嵒, 1297년 ~ 1364년) 선생은 환단고기 "단군세기"를 남겼다. 권근(權近; 1352년 ~ 1409년)의 응제시(應製詩)에도 단군신화가 실려있다. 이는 모두 송나라 사신과 같이 왔던 서긍을 접대했던 김부식(金富軾, 1075년 ~ 1151년) 이후 사람들이다.

십육국시대 남조 역사서에는 광개토대왕 비문에 실린 신라 임나 가라(新羅, 任那 加羅)와 같은 글자가 실렸고, 같은 글자가 한반도 남부에 있었다. 세 지역에 나타난 이름자의 상관관계를 아무도 합당하게 설명하지 못하고 있다.

이렇게 한국 사학계에서도 중원의 그늘 밑에 올바른 풀이를 못하고 영토마저 점차로 빼앗긴 수치를 당해왔다. 모두 이를 "지정학적"이란 술어로 그 사정을 설명한다. 해가 지구를 돌아 새날이 온다고 오랫동안 잘못 인식했듯이, 중국몽에서 깨어나지 못하고, 아직도 좁은 시각에서 풀이하여 이러한 오류가 나타났다.

지정학의 핵심 요인:
지정학(地政學, geopolitics)이란 지리적인 위치관계가 정치관계에 미치는 영향을 연구하는 학문이란 뜻이다. 핵심 요인은 교류와 의사소통이다.

옛적에는 큰 산맥과 강을 국경으로 했다. 교류에 불편을 느껴서다. 그러나 생활필수품을 찾아서는 그러한 자연 장애를 극복하고 교류를 했다는 사실이 스리랑카 역사에 승가라국(僧伽羅國)이란 이름이다. 홍산문화권에서 분수 계곡을 따라 소금을 찾아 산서성 해지(解池)에 이르렀고, 차마고도를 따라 히말라야 동단에 이르렀다. 뱃길로는 해안을 따라 동남아 여러 곳에 이르렀다. 자연과학의 발달로 문물 교류의 양상이 바뀌었다. 자연적 장애물을 지나 자유로운 의사소통이 실천되고, 해양을 건너 좋은 값에 많은 물량을 구입하여 수만 리에서 운송해 오고 있다.

지중해를 페니키아(Phoenician)인이 개척 석권하듯, 동아시아 해안을 오랫동안 부여씨가 통치했다. 금미달 쌍간하 연안에서 나타난 북부여(北扶餘,夫餘, 기원전 4세기 ~ 494년)에서 삼한(三韓)이 나타났다. 부여씨가 바다를 건너 여러 나라를 세워 이를 백제라 했다.

광운에는 중원에 자리 잡은 부여씨의 유래를 왕성하게 중원에 퍼져 살았다는 뜻이 있는 글자로 예맥족으로 설명했다. 지나(支那)라고 하는 남쪽에는 오랫동안 신라, 백제, 가야, 왜가 있었다. 광운여(廣韻余)자 설명에는 금백제왕 부여씨(今百濟王夫餘氏)란 문구가 있다. 통일 신라 이후 북송(北宋) 시절에도 백제가 중원에 있었다는 뜻이다.

부여씨가 넓은 바다 해상권을 장악했다고 하여 한해(瀚海, 翰海)라 했다. 태평광기(太平廣記)에는 "金可記, 新羅人也"라 출처를 "續仙傳"이라 했다. 흥부-놀부의 원전이라 한다. 이렇게 중원에는 오랫동안 삼한의 후손이 살았다.

부여씨가 대륙 백제를 건국했다. 수서(隋書)에 실린 백가제해(百家濟海)를 간략한 글자다. 백제 전성기에는 큰 바다 동서 연안에 수도를 두고 22개 담노(擔魯)가 있었다. 중국 동쪽 바다를 한해라고 했다. 삼한(三韓)이 다스리던 바다를 음이 같은 글자로 바꾸어 '날개를 펴다'라는 뜻의 글자 한해(翰海)라고 기록했다.

신라 백제 왜 일본(倭, 日本)과의 관계: 진수가 금미달(今彌達) 지역 호타하 연안에 살던 세 지도자 삼감(三監)이란 뜻을 삼한(三韓)이란 명칭을 만들고 높은 지도자(큰 가한, Kahan)란 뜻을 비하 음차하여 적을 소다 왜(倭; wēi wō wǒ; 魏, 微: 汗[hán])자로 기록했고 글자를 바꾸었다. 근거가 삼국지 왜인전과 단석괴전에 있다. 한국(汗國)을 공격하고 한인(汗人) 수천 명을 잡아갔다. 동이전에는 원시불교가 중앙아시아를 돌아온 전래 경로에 왜(倭)자가 실렸다.

진수는 중원의 "변두리에 사는 외방인을 음이 비슷한 왜(倭)자로 바꿔 실었다. 변두리에 사는 사람들을 사음하여 변한(弁韓), 또는 변의 사음자 변씨란 여러 글자를 만들었다.

이 왜(倭)자가 신라 백제 임나 가라와 같이 광개토대왕 비문에 실렸고, 중원의 동쪽 해안을 따라 흩어져 나가 왜왕이 다스렸다는 기록이 여러 남조 역사서에 실렸다. 이들이 모두 수나라가 중원을 통일하던 시절에 한해(瀚海)를 건너 동쪽으로 와 수나라에 들기 불쾌한 문구를 보냈다. 부여씨가 대륙에서 밀려나 수나라에 보낸 서한에 "해 뜨는 나라 천자가 해지는 나라 족하에게"라는 문구에서 나타났다. 화가 난 수양제가 609년에 사신으로 처음으로 한해의 남단 항로를 따라 백제를 대만섬(躭车羅國)을 지나 죽도를 돌아 낙동강 하구 김해를 거쳐 구주를 다녀왔다.

문무왕 10년 봄에 왜(倭)가 이름을 일본으로 바꾸었다(倭國更號日本)는 통고를 하고 701년에 당나라에 알렸다. 수로왕이 통치했던 김해를 도사마(都斯麻), 즉 백제 무녕왕(武寧王, 462년 ~ 523년)의 수도라고 했다.

중원 사람들이 한해(瀚海)의 동쪽을 탐방한 첫 기록이 수서에 있다. 그에 백제와 신라 여러 나라가 왜를 강국으로 만들었다는 기록이 있다. 그 당시 수나라가 동번기(隋東蕃 風俗記云; 대만섬 방문기)를 만들어 양나라 때부터 그 섬에 있던 신라 왕실의 유래를 남겼다. 통전에 실린 이 기록이 사라졌다고 한다. 통전과 같은 시대 편술된 신구 당서와 수서는 살아있다.

왜(倭)의 종주국이었던 부여씨의 백제가 660년에 멸망했다. 왜가 주동이 되어 한반도 이외 백제 담로(擔魯)였던 여러 나라를 동원하여 (너무 늦게) 구원병으로 왔다가 백강전투(白江戰鬪, 663년 8월)에서 패망하고 돌아가 오늘의 관동 지역에 도읍을 정하고 일본(日本)이란 칭호를 사용했다. 그 후로도 구주에 있던 왜는 계속 신라를 치려 하여 문무왕이 죽어서라도 왜를 막겠다는 결심에 유언을 남겨 바닷속 왕릉(海中王陵)이라 한다.

신라 본기에는 [문무왕 이후에도 왜는 신라에 적대 관계였고 일본은 우호적이었다]는 증거가 여러 곳에 보인다. 그러한 여파가 임진란 때에도 나타났다. 구주 사람들(倭)이 주동이 되어 정명가도(征明假道)란 기치 아래 한반도를 침략했다. 임진란 이전에는 대만섬을 침략했다. 일본 땅(관동)에 자리 잡은 도쿠가와 막부는 임진란에 관여하지 않아 이조(李朝) 왕실 사절단을 극진히 맞아들였다.

조선통신사(朝鮮通信使) 일행의 방문을 그린 그림이 국보로 전해 온다. 부여씨가 장악했던 동양의 해양권을 해신으로 추모하는 신라의 해상 장보고(張保皐, 弓福 ?~846년)가 이어받아 월남부터 중국 동해안 여러 지역에서 그를 추모하고 있다. 옛부터 한국사람들이 많이 사는 만주(滿洲) 심양(瀋陽)에서는 장보고 기념관(張保皐 記念館)을 설립했다고 영문 위키에 실렸다.(Jang Bogo - Wikipedia.)

모르는 사이에 매수당하다.

특히 가까운 지역은 강 하구에 염수가 밑으로 올라오듯, 모르는 사이에 피해를 당하는 경우가 많다. 좋은 뜻에서 시작한 결과가 본인도 모르는 사이에 이적 행위로 비판받을 수도 있다. 도산은 이러한 점에 조심하라 했다.

한글 표기법을 개정한다는 소식을 들은 당시 필자는 이를 [문법은 헌법보다 중요하다. 남북한으로 갈라져 있고, 만주 등 해외에 사는 교포들의 의견도 참조하는 시간적 여유가 필요하다]고 극히 반대했다. 후에 이를 주관했던 김XX 교수의 친필 편지를 받았다. 그 원인은 한글학회 두 학파간의 감정에서 시작되었다. 물리대 국어학과에서 주도권을 잡고 있어 문턱이 높았다. 사범대학 국어학과 교사들이 전국에 흩어져 있고 정부 관계에서도 일하던 상태라 문리대 한글학과는 실질적으로 영향력을 잃었고 수적으로 부족이었다.

현지인이 뜻을 살려 기록한 동북아 국가 명사를 현지음에 따른다는 외래어표기법은 역사 왜곡을 했던 사학가와 같은 매국 행위를 저질렀다.

삼한(三韓) 땅 한반도에 있는 큰 강은 마땅히 클 한자 한강(韓江)으로 적어야 한다. 현지인의 뜻을 살린 옛적 번체 이름자로 선조들이 쓰던 북경(北京) 상해(上海) 광동(廣東) 하는 글자로 사용해야 한다.

도산은 계몽이란 뜻을 그 당시 상황에 맞게 인문 사회 과학 분야에 적용했다. 시대는 변했다. 도산이 인용한 계몽이란 어휘를 깊이 살펴볼 때다. 자유 국가 남한에 사는 사람들은 앞서 인용한 학교 선생직을 넘어 새로운 현상을 찾아 연구하고 있다. 각계각층에서 활약하여 한강의 기적을 이루었고, 한류라는 새로운 용어가 나타났다. 그러나 지식인의 모화사상은 사라지지 않았다. 중국 공산당 지도자 시진평관을 대학 교정에 설치한 현실이다. 우리 선조가 살아온 역사를 잘못 인식한 배운자의 행태다.

우리 민족이 상형글자를 처음 만들었다. 고려가요 가시리를 진음(秦音)이라 했다. 진시황이 중원을 통일하고 여러 글자를 하나로 통일하여 예서(隸書) 문자가 나타났다. 비천한 사람들이 사용했던 글자 시문(斯文)으로 색인된 금인명(金人銘)을 공자가 읽었다. 산서성(隸省)에 살던 예(濊·穢·薉) 맥(貊·貉) 사람들이 쓰던 글자가 오늘의 번체다.

미국에서 공부하고 한국에 돌아간 사람들이 과학기술 발전에 큰 공을 세웠다. 인문과학 분야에서도 동북아 상고사를 깊이 연구하는 풍토가 자리 잡아야 한다.

    재미 지식인들이 주동이 되어 새로운 연구 방법으로 역사적 사실을 찾아가는 기틀을 만들도록 일깨워 주어야 한다. 이 길이 미국에 사는 지식인들이 해야 할 도산 사상의 실천이다.

모솔, 이 돈성

2/11/2024

McLean, Va. USA

Ps: Dosan 2023 Award. From the 2nd Dosan International Essay Contest.

제1장

I. 전설에서 역사 시대

I. 전설에서 역사 시대

  1. 동북아 상고사의 특성

II. 하상주와 고조선의 관계

  1. 단군(壇君)을 천독(天毒)으로

  2. 도산(塗山, 涂山)이 회계산(會稽山)

  3. 구주는 얼마나 큰가

1. 동북아 상고사의 특성

역사는 모든 <인문사회과학의 모체>라고 필자는 정의했다. 전설에서 기록으로 바뀌는 전환기에 단군조선(壇君朝鮮)이 나타났다. 그에 관련된 역사적 사실을 모든 기록 이외에 언어와 토속 신앙 풍속(cultural anthropology) 등 여러 문화유산에서 찾아가고 있다. 사마천은 단군(壇君)을 황제(黃帝)로 바꾸어 이 전환기를 오제본기(五帝本紀)에 올렸다.

상서(尙書) 순전(舜典)에 실린 [북쪽에서 내려와 공동체를 만들었던 공공(共工; commune)의 지도자 환두(驩兜)를 숭산(崇山)에 귀양보냈다]는 무리가 사기 우공 편에는 삼위기택(三危旣宅)이라 했다. 즉 세 높은 산에 집을 짓고 살았다고 실렸다. 이 문구가 삼국유사에 실린 삼위태백가이 홍익인간(下視 三危太伯可以弘益人間)이란 문구다.

삼국지 부여전에 은 정월 제천(殷正月祭天)이라 했다. 음력이란 은력의 다른 사음(殷陰)자다.

1) 한국 고유의 개천절

태고에 중앙아시아 유목민이 동물을 따라 아침 해가 뜨는 동쪽으로 옮겨왔다. 어두웠던 밤하늘에 초승달이 나타났다. 시월 상달 초사흘을 첫해의 첫날로 하여 개천절이라 했다. 개천이란 하늘이 뚫렸다는 뜻이다. 유대인의 "하누까(하누카 Hanukkah), 즉 하늘이 깨졌다."와 같은 개념이다.

그들이 홍산문화를 이루었다. 그 한 지류가 풍백(風伯)·우사(雨師)·

운사(雲師)와 같이 3,000명을 거느리고 산서성 서쪽 분수를 따라 남쪽으로 내려와 황하문명 발상지에 이르렀다. 그곳에서 조선(朝鮮)이란 나라 이름이 나타났다. 그 시기를 요순시대 또는 당우지제(唐虞之際)라 한다. 순임금 등극하자 숙신씨가 활((肅慎弓矢)을, 현도씨가 보옥(玄都氏來朝, 貢寶玉)을 들고 찾아갔다. 순임금이 백익에게 사제권을 맡기고 산서성 해지 연안 운성시 평양(平壤) 일대 명저에서 살다(帝居于鳴條) 죽었다.

배(舟)와 써레(plough): 동이 수령 백익(伯益)이 우(禹)의 아버지와 같이 지형을 살펴 물길을 바로 잡아 홍수를 피하도록 설계도를 만들어 젊은 우를 현장 감독으로 치수 사업을 시작했다. 분수 하류에 이르렀다. 진흙밭 도랑을 건너야 했다. 그때 쪽배(舟)와 써레를 만들어 사용했다. 배(舟)를 처음 만들어 사용한 사람에 이론이 많으나 급총 죽간을 정리했던 소철(束皙)이 남긴 백익작주(伯益作舟)란 문구가 합당한 설명이라고 본다. 이 두루 주(舟)자 어음에서 주(故書舟作周)나라란 이름이 나타났다.

물길은 더더욱 거세지고 서쪽에서는 더 큰 물줄기 황하가 내려와 옥토에 범람했다. 옛적에 분수 상류에서 하던 방법으로는 홍수를 막을 수가 없게 되어 논쟁이 생겼다. 현장 감독이었던 우가 너무 과격하여(大戰于甘) 피 싸움(血鬪)이 났다.

논형 전허(論衡雷虛) 편에는 백익 살해 사건이 기록되었다. 숙진씨 북쪽 마을에 우가 상유를 죽이고, 운우를 공격(禹攻雲雨)했다. 하왕조가 이루어지던 시절에 살인 사건이 일어났다. 이를 세간에는 세워 놓은 나무(장승)를 자른 사람이 하늘에 용을 얻었다고 하는데, 그가 살인자

라고 했다. 감허(感虛) 편에는 다재다능한 백익이 우물을 만들어 마을이 생겼다.1

지도자를 보호하던 사람들을 바람막이라는 뜻에 방풍씨(防風氏)라 했다. 우(禹)가 방풍씨(殺防風氏)를 죽였다는 얘기는 선진 문헌 여러 곳에 실렸다.2 우(禹)가 폭력을 가하여 우격(禹擊)다짐이란 낱말이 생겼다.

재의(祭意) 편에는 일월성신 세 별이 되어 고요한 밤하늘의 신이 되었다. 사시사철이 생기고 산천에 귀신이 되었다.3 우사(雨師)가 견우가 되어 북극성을 보좌하는 칠성 신앙의 핵심이 되었다. 견우직녀 설화가 나타났다.4 북두칠성 별자리를 서양에서는 소가 끌어 밭갈이하는 농기 써레(plough) 또는 국자(Dipper) 라고 한다.

우리 말에는 쓸어 내다 버리는 쓰래 박, 평편하게 지표를 고른다는 뜻에서 소 두 마리가 끄는 농장기 "쌍 쓰레"란 말이 있다. 눈썰매를 탄다. 옛적에 소 등에 짐을 실을 때 당기는 끈을 북두 끈, 또는 북두 고리라 한다. 북두 고리같이 험한 손 이란 표현을 썼다. 수령을 보호하다 별이 된 북두가 어근이다.

동이 수령 백익이 군사 훈련 목적으로 사냥을 권장하여 납형절이 나타나고, 바둑을 창안하여 실내에서는 작전 계획을 익혔다고 추론된다.

---

1 論衡 感虛:《傳書》又言:「伯益作井, 龍登玄雲, 神棲崑崙. 雷虛: 盛夏之時, 雷電迅疾, 擊折樹木, 壞敗室屋, 時犯殺人.
2 竹書紀年 帝禹夏后氏: 會諸侯于會稽, 殺防風氏. 國語 魯語下: 仲尼曰:「丘聞之: 昔禹致 群神于會稽之山, 防風氏後至, 禹殺而戮之, 其骨專車.」史記 孔子世家:「禹致群神於會稽山, 防風氏後至, 禹殺而戮之, 其節專車, 此為大矣.」
3 論衡 祭意: 群神謂風伯, 雨師, 雷公之屬. 四時生成, 寒暑變化. 日月星辰, 人所瞻仰. 水旱, 人所忌惡, 四方, 氣所由來. 山林川谷. 此鬼神之功也 고요(高堯: 至高之兒)
4 論衡 說日: 實者, 夏時日在東井, 冬時日在牽牛. 牽牛去極遠, 故日道短; 東井近極, 故日道長. 夏北至東井, 冬南至牽牛, 故冬夏節極, 皆謂之至; 春秋未至, 故謂之分.

북두칠성 신앙에는 우물 정(井)자가 같이 붙어 나온다. 단군왕검 백익이 북을 고안했다. 예부터 큰 행사에는 북을 사용했다. 개천절 행사를 영고(迎鼓)라 했다.

고구려에서는 수인(燧人, 장승, totem pole)에 천을 메달은 수신(隧神·襚神)을 모셔 개천절을 치르고, 귀신, 사직 영성(靈星)을 숭배했다.5

수인(燧人)이란, 불을 처음 만들어 쓰던 사람이라는 뜻글자다. 수신(隧神·襚神)에서 시체에 수의를 입히는 풍속이 나타났다. 밝음의 기원이란 한인(桓因)을 유인씨(有因氏), 유소씨(有巢氏), 불가에서는 제석(帝釋)이라고 칭한다.6 소자는 불쏘시개를 뜻했다.

위험(危險)이란 글자는 왕검이 살던 산속 삼위태백(三危太伯), 즉 왕검성(王儉城)을 올라가려고 온갖 노력을 다했던 결과에서 나온 문구다. 왕옥산이 왕검성(王儉城)이다.

2) 삼족오(三足烏)와 고인돌

사람이 죽으면 삼족오를 타고 하늘나라로 간다고 믿었다. 이름 있는

---

5 史記 樂書: 太史公曰: 余每讀虞書, 至於君臣相敕, 維是几安. 故聞宮音, 使人溫舒而廣大. 故君子不可須臾離禮, 須臾離禮則暴慢之行窮外; 不可須臾離樂, 須臾離樂則姦邪之行窮內. 故樂音者不可須臾離樂, 須臾離樂則姦邪之行窮內. 三國志 高句麗傳: 以十月祭天, 國中大會, 名曰東盟.其公會, 衣服皆錦繡金銀以自飾.大加主簿頭著幘, 如幘而無餘, 其小加著折風, 形如弁.其國東有大穴, 名隧穴, 十月國中大會, 迎隧神還於國東上祭之, 置木隧於神坐.

6 韓非子: 民食果蓏蚌蛤, 腥臊惡臭而傷害腹胃, 民多疾病, 有聖人作, 鑽燧取火以化腥臊, 而民說之, 使王天下, 號之曰燧人氏. 燧人氏 - 维基百科, 自由的百科全书. 有巢氏_百度百科 維是几安. 故聞宮音, 使人溫舒而廣大. 故君子不可須臾離樂, 三國志 高句麗傳: 以十月祭天, 國中大會, 名曰東盟. 其公會, 衣服皆錦繡金銀以自飾. 大加主簿頭著幘, 如幘而無餘, 其小加著折風, 形如弁. 其國東有大穴, 名隧穴, 十月國中大會, 迎隧神還於國東上祭之, 置木隧於神坐.

지도자는 죽어서 별이 되었다. 어린이들은 밤하늘을 쳐다보며 "별 하나, 나 하나, 별 둘, 나 둘"하고 별을 세어 가며 꿈을 키웠다. 상여에는 삼족오를 상징하는 장닭을 올려 놓았다. 지도자가 죽으면 큰 무덤을 만들고 때로는 큰 돌을 입혔다. 고인돌, 지석묘(支石墓)에서 묘지 석이 나타났다.

예부터 유가(儒家)에서는 "해 속에는 세 발 달린 까마귀. 달 속에는 토끼와 두꺼비가 산다."라고 믿고 있었다. 토끼와 두꺼비가 해가 뜨는 장면을 먼저 보려고 경주한다는 설화가 나타났다. 바다에는 용왕이 산다고 믿었다. 거북이가 토끼 간을 구하려다 실패한 우화도 있다. 수경주에는 금미달 지역 안문관 쌍건하 일대에 삼족오가 기록되었고, 누수(灤水) 서쪽에는 비구니가 살던 곳이 있었다. 후한 초 85년에 북쪽 대군 고유에서는 세 발 달린 오리 새끼가 태어났고, 세 발 달린 오리가 산동성 패국(沛國)에 모였다. 산동성 제녕시(濟寧市) 무씨사(武氏祠) 벽화에 삼족오가 그려져 있다.[7]

3) 동양 역사서의 특성, 한자(漢字)

분수 계곡에서 치수 사업을 위해 첫 공동체(共工; commune)가 나타났다. 지도자 환두(驩兜)를 "歡兜"로, 숭산(崇山)을 '嵩山'으로 바꾸어 분수 연안에서 나타난 사건을 중원으로 옮겼다. 치수 사업 말기에 피싸움

---

[7] 論衡 說曰: 儒者曰:「日中有三足烏, 月中有兔, 蟾蜍.」夫日者, 天之火也, 與地之火無以異也. 水經注 灤水: 又案《瑞應圖》, 有三足烏, 赤烏, 白烏之名, 而無記于此烏, 故書其異耳. 水側有石祇洹舍并諸窟室, 比丘尼所居也. 무씨사 - 위키백과, 우리 모두의 백과사전(wikipedia. org) 東觀漢記 肅宗孝章皇帝: 章帝元和二年, 三足烏集沛國. 代郡高柳烏子 生三足, 大如雞, 色赤, 頭上有角, 長寸餘. 詔曰:「乃者白烏, 神雀, 甘露屢臻, 降自京師.」又有赤烏, 白燕.

이 벌어져 온 부족장이 모여 만장일치로 선출한 단군왕검(壇君王儉)이 조선(朝鮮)이라는 이름은 숨기고 순이 우에게 지도권을 넘겼다(帝舜謂禹)고 기록했다. 우(禹)의 아들 계(夏后帝啓)가 백익의 추종 세력 유호씨(有扈氏)를 하동 지역 감(甘)에서 정벌하고 하왕조를 세웠다. 그 후손들이 몇 대에 걸쳐 원주민을 학살했다. 이를 윤정(胤征)이라 했다. 하왕조는 해지 연안 명조(桀走鳴條)에서 멸망했다.

고조선 문자 시문(斯文): 동서 문화권 모두 옛적에는 그림 글자로 의사를 전달했다.

동양 역사서는 예전부터 써오던 그림이 간소화된 글자가 아직도 쓰이고 있다. 황하문명 발생지에 들어온 이방인 주(周)족이 현지인 예맥족(濊貊, 斯)을 노예로 부려, 그곳에 전해 오던 옛 이야기를 상형 글자로 남기고 그들의 어음으로 읽는 소리를 남겼다. 하여 동양고전에는 한국 사람들의 선조(斯)가 써 오던 어음이 남아있다.

육서(陸書)와 육법언(陸法言): 대륙(大陸)이라고 부르던 북쪽에서 내려온 사람들이 글자 만드는 방법을 육서(陸書)라 한다. 북쪽 사람들이 글자를 만들어 사용하던 방법을 뜻했다. 이를 여섯 가지 방법이라고 잘못 풀이했다. 육법언(陸法言) 또한 가상 인물이다. 북쪽 사람들이 남쪽으로 내려와 의사소통에 불편이 나타났다. 같은 글자를 읽을 때 음운이 달라 운서(韻書)가 나타났다. 문구를 만들고 그를 다른 사람이 해석할 때 다르게 풀이하고 현지인의 어음으로 읽었다. 황하문명 발상지를 구주(九疇, 九州), 사마천은 구등(九等)이라 했다.[8] 등이란 우리말이다. 산 등 같은 아홉 개의 높은 지역이란 뜻이다.

사마친이 살던 당시에 벌써 원시불교가 중원에 들어왔다. 등(等: ⺮, 寺)이란 글자는 삿갓을 쓴 사람이 높은 산등 위에 지어 놓은 사원에 산다는 뜻의 상형 글자다.

사마천은 이르기를 "학자들이 많은 기록을 남겼지만, 믿을 만한 것은 몇 없다. 시경과 서경에도 없어진 곳이 있으나, 유우씨(有虞氏, 즉 단군조선과 (뒤를 이은) 하나라의 기록(虞夏之文可知)을 알 수 있다"라고 했다.9 고조선에 관한 전설을 기록으로 남겼다는 증거다. 사마천은 위서(魏書云)의 초본이 되는 우본기(禹本紀)를 읽었다.

시대가 흐르면서 글자와 풀이가 변했다. 이를 종합해 만든 강희자전이 필자가 동양 고전을 들여다볼 수 있는 유일한 창구였다.

4) 어떻게 찾았나?, 왜 못 찾았나?

답은 간단하다. 찾는 방법이 틀려 못 찾고 포기했다.

여러모로 생각해 볼 때 "내가 친 골프공이 여기쯤 왔다"라는 결론에서 찾고, 찾고 또 찾는다. 무엇이든 찾는 방법은 상식적 판단에 근거하여 찾는다. 골프공을 찾다 같은 회사에서 만든 공을 찾았다. 그러나 자신이 그려놓은 표식이 없다. 그 공은 내가 찾는 공이 아니라고 확신한다. 이러한 현상이 동북아시아 전역에 흩어져 살던 삼한 땅에 사는 예맥(濊貊, 斯)족 역사 연구의 특성이다. 이를 중원 사가들이 아전인수격으로 이용했다.

---

8 《說文》裦五十一里, 廣七里, 周百十六里] 라고 했다. 한원지전 韓原之戰: (陝西韓城) 交戰, 晉軍兵敗戰, 晉軍兵敗
9 史記 伯夷列傳: 夫學者載籍極博, 猶考信於六藝. 詩書雖缺, 然虞夏之文可知也. 堯將遜位, 讓於虞舜, 舜禹之間, 岳牧咸薦, 乃試之於位, 典職數十年, 功用既興, 然後授政.

사관이 살던 영역에서 나타났던 사건을 모두 기록할 수는 없다. 기록했던 여러 사건도 시간이 지나 분량이 많아지면 추려서 간략하게 기록한다.

중국 사관이 살던 지역에서 나타났던 사건이 후세 기록에 실리지 않은 사건을 "SMa-In"이라 하고, 처음부터 사관이 취급할 수 없던 머나먼 영역에서 나타난 사건을 "SMa-Out"이란 개념으로, 찾고 찾고 또 찾아본다. 이러한 단계를 여러 번 걸쳐 결론이 나왔다. 이러한 연구(硏究) 방법을 <절차적 삼단논법에 의한 연구>라고 부르겠다.

마치 같은 회사에서 만든 골프공을 찾아 자신이 찾던 공이라고 우기듯, 홍산 문화 문화권에 살던 비슷한 사람들이 살던 미지의 영역에서 나타난 사건(SMa-Out)을 중국 사관들이 중원에서 발생했던 사건에 대해 기록 하지 않았던 사건(SMa-In)이라고 한다. 중원 세력은 이렇게 고의적으로 역사적 사실을 숨겨 영토를 확장해 왔다.

그림 글자로 기록된 동북아 상고사는 일종의 수사학 범주에 속하는 새로운 학문이다.
"A New Band of Forensic Science" 분야로 다루어야 한다.
어부, 사냥꾼, 강력범 수사 등 모든 수사(搜査; search)는 상식적 판단에서 찾기 시작한다. 역사학은 모든 인문사회과학의 모체다. 학문은 연구를 해야 진전이 있다.
필자는 이를 첫 영문본부터 한글판 "古朝鮮 찾기" 등 여러 차례 강조했다.[10]

이아(爾雅)란 [니 예기]란 뜻의 니예를 사음한 글자다. 금미달 마읍 (馬邑) 일대에 살던 (갈가마귀 떼라고 폄하 한) 유목민(馬, 磨聲相近故爾)들의 언어, 개적(蓋狄)어를 남쪽 사람들이(雅, 楚烏) 이해할 수 있도록 풀이한 최초의 사전이다.11

5) 홍산 문화권에서 왔다

사대 문명의 하나로 인식하고 있는 황하 문명 이전에 북쪽(SMa-Out)에 홍산 문화가 있었다. 기록을 남긴 황하 문화권 밖이었다. 북쪽에서 남쪽으로 내려왔다. 이를 흔히들 하늘에서 내려왔다고 풀이했다. 서쪽에서 온 융(戎, Jung)이 동북쪽, 홍산 문화에서 분수(汾水; 絳水, 涑水) 계곡을 따라서 남쪽으로 내려오다 공동체(commune, 共工)가 나타나 치수 사업이 시작되었다.12 중앙아시아에서 온 서융(西戎)이 황하 문명권 북쪽이라 하여 그들을 북적(北狄), 백적(白狄), 백작(白翟)이라 했다. 산서성 분수 계곡이 백의민족(白衣民族)의 발상지다.13 북쪽에서 내려온

---

10 Ancient History of Manchuria: Redefining the past: College of William Mary vs Johns Hopkins University. Lee Mosol's Book Collection: Type in "Work. MEDIA" https://www.ancienthistoryofkorea.com/book/.Mosol Lee Facebook. "We Need Another Voice; Taoism to Zen Buddhism" to many places
11 水經注 灅水:《爾雅》曰: 鸒斯, 卑居也. 孫炎曰: 卑居, 楚烏, 犍為舍人以為壁居.《說文》謂之雅. 雅, 楚烏. 灅水出鴈門陰館縣, 東北過代郡桑乾縣南. 桑乾水自源 東南流, 右會馬邑 川水, 水出馬邑西川, 俗謂之磨川矣。蓋狄語音訛, 馬, 磨聲相近故爾. 其水東逕馬邑縣 故城南, 干寶《搜神記》曰: 昔秦人築城于武州塞內以備胡, 城將成而崩者數矣.《字彙》上曰齒. 下曰牙.
12 단군왕검(壇君王儉)은 실존 인물이었다. The legendary Dangun Wanggeom was a real person « Lee Mosol's Book Collection(ancient history of korea. com) 환단고기 논문집, 2021. 5, p29. 古朝鮮 찾기 In Search of Old Joseon. 後漢書: 逵所著經傳義詁 及論難百餘萬言, 頌, 誄, 書, 連珠, 酒令凡九篇, 學者宗之, 後世稱為通儒
13 康熙字典: 涑: 北過降水, 至于大陸.《廣韻》音絳. 孟子 滕文公下當堯之時, 水逆行, 氾濫於中國. 蛇龍居之, 民無所定. 下者為巢, 上者為營窟.《書》曰:『涑水警余.』涑水者, 洪水也. 使禹治之.

사실을 '하늘에서 내려왔다'라는 뜻으로 풀이, 미화하여 난생 설화가 나타났다.

　치수 사업을 하던 요순시대에, 북쪽에서 내려오던 예맥(濊, 貊)족이 사는 삼위 태백(三危 太伯) 지역에 환웅의 아들이 뜻이 있어(意在斯焉) 그 지역에 처음으로 세운 나라를 단군조선이라 한다. 동이 수령 백익이 주선하여 우(禹)의 아버지 곤(鯀, 虁)과 같이 설계도를 만들고 젊은 우(禹)를 현장에 보내 치수 사업을 했다. 그 설계도가 산해경(山海經)의 초본, 해내경(海內經)이다. 그 첫 문구가 천독이 다스리던 고조선에 관한 설명이다.

"東海之內, 北海之隅, 有國名曰朝鮮, 天毒, 其人水居, 偎人愛人"

　진 태강 원년(279년)에 급총 죽간이 발굴되어 우의 아들 계(帝啓)가 동이수령 백익을 죽이고 지도권을 빼앗았다는 사실이 밝혀졌다. 그 후에 백익을 추모하는 사람들이 그가 살던 여울가에 백충장군 현령비(百蟲將軍 顯靈碑)를 세웠다.14 비문 내용에는 "성은 이씨요 고양씨(帝高陽)의 둘째 아들 백익(伯益)"이라고 했다. 둘째 아들이란 서자 환웅(庶子桓雄)과 같은 뜻으로, 큰아들은 하늘나라에 있고 떠나온 아들이란 뜻이다. 고조선의 시조와 사망 원인이 밝혀졌다. 그러나 무덤에 묻힌 왕의 이름이 혼잡하다. 낙양(洛陽), 낙수(洛水) 하는 이름이 치수 사업을 관장하던 사람(河伯)이 살던 지역에 나타났다. 그곳 산모퉁이에 다리를

---

14 水經注 伊水:《百蟲將軍顯靈碑》, 碑云: 將軍姓伊氏, 諱益, 字隤敳, 帝高陽之第二子 伯益者也. 康熙字典: 降: 下也, 歸也, 落也. 伏也.《爾雅·釋天》降婁, 奎婁也.《左傳·襄三十年》於是歲在降婁, 降婁中而旦.《註》周七月, 今五月, 降婁中而天明. 又《屈原·離騷》帝高陽之苗裔兮, 朕皇考曰伯庸.

놓았다는 뜻의 양산(梁山)이 있다. 그곳에서 지도(海內經)와 홍범(洪範)을 기록한 글이 나왔다 하여 낙출 단서(洛出丹書) 하출 녹도(河出綠圖) 또는 하도(河圖) 낙서(洛書)라 했다.15 백익(伯益)을 따르던 사람들이 양주(梁州), 이주(益州) 사천성을 지나 구름에 덮인 남쪽 산 너머 운남성(雲南省)에 도착했다. 그곳에서 서쪽 히말라야 산령으로 올라가 원시불교가 나타났다. 중원에 남아있던 고조선 사람들이 저 먼 구름 남쪽(雲南) 운남성으로 내려가 여러 나라가 나타났다. 양자강 남쪽 넓은 지역을 지나(支那)라고 했다.

6) 고조선의 발생지

산해경에 실린 곳이 단군조선(壇君朝鮮) 발상지다. 치수 사업을 하다 과격한 행동을 하던 우가 물러나고 사방에 흩어져 살던 동이 부족 국가 지도자들이 만장일치로 수령 백익(僉曰伯夷)을 지도자로 뽑아 왕검(王儉)이란 글자가 나타났다. 통치권을 잃은 우의 아들 계 무리를 모아 단군왕검 백익을 살해하고 나라를 세웠다. 그를 하 나라의 시조로 하여 재계(帝啟)라 한다. 그곳에 상나라 말기에 서백창(西伯昌)이 들어와 서주가 나타났다. 하동 해지 북쪽 연안(東海之內, 北海之隅) 해지 연안 운성시가 고조선 수도 평양이다. 서주 발상지에 백이숙제 사당이 있어야 한다. 하동 永濟市에 있었다.

---

15 論衡 正說: 儒者說五經, 多失其實. 夫聖王起, 河出《圖》, 洛出《書》.《河圖》從河水中出,《易》卦是也.禹之時, 得《洛書》,《書》從洛水中出,《洪範》九章是也. 故伏羲以卦治天下, 禹案《洪範》以治洪水. 古者烈山氏之王得《河圖》, 夏后因之曰《連山》, 殷人因之曰歸藏; 伏羲氏之王得《河圖》, 周人曰《周易》.

하동 해지 북쪽 연안(東海之內, 北海之隅)
해지 연안 운성시가 고조선 수도 평양. 永济市에 백이숙제 사당

7) 떠돌이를 뜻한 상(商)자 홍산 문화권에서 내려오다

산서성 태원 일대에서 치수 사업을 시작했다. 이를 공공(共工, commune) 시대라 했다.16 북쪽에서 내려온 사람들(禹, 皋陶, 益, 契, 后稷, 伯夷, 夒, 龍, 倕)이 단군조선과 상(商, 기원전 1600년~1046년경) 나라를 세웠다. 불을 처음 사용했다는 수인(燧人, 遂人取火)을 북쪽에서 내려온 사람이란 뜻이 있는 '수(倕)'자로 기록했다. 권력 투쟁이 있었다는 사연이 이러한 글자 속에 있다. 우(禹)의 아들 계(啟)가 주동이 되어 고조선을 세운 동이 수령 백익을 살해하고 하(夏)나라를 세워 재계(帝啟)라 했다. 단군조선 발생지에 주나라가 나타나 원주민은 하루살이(蜉蝣) 같은

---

16 潛夫論: 契. 約也. 搖光如月正日, 感女樞幽防之宮, 生黑帝顓頊. 其相駢幹. 身號高陽, 世號共工. 代少暤氏.其德水行, 以水紀, 故為水師而水名. 承少暤衰, 九黎亂德, 乃命重黎討訓服. 曆象日月, 東西南北. 作樂《五英》. 有才子八人, 蒼舒, 隤凱, 檮演, 大臨, 尨降, 庭堅, 仲容, 叔達, 齊聖廣淵, 明允篤誠, 天下之人謂之八凱. 共工氏有子曰勾龍, 能平九土, 故號后土, 死而為社, 天下祀之. 娀簡吞燕卵生子契, 為堯司徒, 職親百姓 順五品.

떠돌이(vagabond) 행상(商)이 되었다. 이들이 익주(益州)라 부르던 사천성을 지나, 운남성에 이르렀다. 분수를 따라 북쪽으로 갔던 사람들이 전국시대까지 금미달에서 번창했다. 그곳이 점령당하여 해안으로 나와 동남아시아 해안을 따라 세일론에까지 이르렀다.

북쪽으로 올라간다는 표현이 상행(上行)이다. 이를 높은 사람이 사는 곳, 즉 서울로 올라간다고 하고, 같은 뜻의 두 글자를 반복하여 '언제나(恒常) 항상 변함없이'라는 뜻으로 사용한다. 최초의 역사서 상서(尙書)에는 단군왕검(伯益)을 음이 비슷한 글자 백이(伯夷)로 바꾸어 요순시대의 상나라 시조 계(契)와 같이 치수 사업을 했다. 그가 북쪽 상산(常山, 恒山) 계곡에 남아있어 상(商)이라 했다. 무왕(武王) 희발이 선물한 이괘(利簋)에 상(商)자의 최초 금석 문자 원형이 있다. 상/숭 상(尙商常崇) 네 글자는 모양과 뜻이 비슷하다. 무왕(武王)은 <두 글자를 한 글자 珷>로 강희자전(https://ctext.org/zh)에 실린 글자와 모양이 다르다.

상산(常山, 恒山) 또한 숭산(崇山)을 바꾼 글자다.

상나라의 먼 시조로 인식하는 계/설/글(契)이라고도 읽는 글자는 '긁어서 남긴 자국'이란 뜻이다. 오늘 한국어에 '계약서, 긁어 부스럼, 글안, 글짓기' 하는 어휘에 남아있다.17 그 후손이 계단(契丹)이란 나라를 세웠다. 이를 여러 어음으로 읽고 있다.

서주 발생지에서 나타난 백이(伯夷) 숙제 사연의 '고죽'이란 글자를

---

17 康熙字典: 契: 約也.《易·繫辭》上古結繩而治, 後世聖人易之以書契. 又合也. 又神合也.《神仙傳》魏伯陽作參同契二卷. 又憂苦也. 又怯也.《註》契, 怯. 需, 懦也. 同离(遼西薛氏), 高辛氏子, 舜五臣之一, 商之祖也. 別作偰. 契三神之歡.《註》三神, 上帝, 泰山, 梁父. 契丹, 國號. 宋爲南朝, 契丹北朝, 後改號遼.

북쪽으로 옮겨 고죽국(孤竹國)이란 가상왕국을 금미달 지역 산속에 접붙여 중산국(中山國)이 나타났다. 스님이 출처를 밝힌 위(魏)나라가 한동안 사라졌다가, 춘추시대 말기에 진(晉)나라가 부서져 위(魏), 조(趙), 한(韓)의 세 나라가 중산국을 흡수하는 혼란기에 다시 나타난다.

이방인 주족(周族)이 고조선 발생지에 들어와 원주민을 노예로 삼아 은(殷)나라와 고조선 사람들이 떠돌이 상인이 되었다. 살기 위한 방책이 구멍가게 또는 떠돌이 판매꾼(雜商人)이 되었다. 상서(尚書)에 상서(商書) 편이 있다. 문헌에는 사마천이 은(殷)이라고 한 나라를 상(商)으로도 기록했다. 북쪽 높은 지역에서 나타난 나라라는 뜻이다.

8) 록도문(綠圖文)과 녹도문(鹿圖文), 전서자(篆書字), 고조선 문자

산서성 서쪽에서 분수가 내려와 황하와 만나는 지역에서 동이 수령 백익이 지도권마저 위임받아 단군왕검이 다스리는 단군조선(壇君朝鮮)이 나타났다. 그곳에서 그림 글자와 산해경의 초본인 지도가 나타났다. 록도(綠圖)란 글자는 동이의 수장으로 알려진 전욱고양씨(顓頊氏)와 관계가 있다. 그의 후손이 대흥안령 서남쪽 일대에서 나타난 홍산 문화의 근간을 이루었다. 진서(晉書)에 전욱수학어록도(顓頊受學於綠圖)란 문구가 있다. 백호통론(白虎通德論)에는 제전욱사록도(帝顓頊師綠圖)란 글자가 있다. 출처를 전왈(傳曰)이라 했다.

신서(新序)에는 전욱학호록도(顓頊學乎綠圖)라 했고, 신선(新書)에는 강 안에 들어가 녹도를 취(取綠圖)했다 하고, 회남자(淮南子)와 묵자에는 하출 녹도(河出綠圖)라 했다.

단군조선시대의 천부경(天符經) 81자가 신지 녹도문의 원본이라는 설도 있다. 기원이 심원하다. 그러나 중국 문헌에는 녹도문(鹿圖文)이란 글자가 없다.

록도(綠圖)란 문구를 남긴 반고는 한서 고금인표(漢書 古今人表)에서 동양인의 시조를 설명했다. 태호 복희씨(太皥 伏羲氏)를 첫째로 하고, 여러 부족의 지도자를 순서대로 염제신농씨(炎帝神農氏), 황제 헌원(黃帝軒轅氏), 소호금천씨(少昊帝金天氏), 전욱고양씨(顓頊帝高陽氏), 제곡고신씨(帝嚳高辛氏), 도당씨(陶唐氏)로 나누어 이들을 상상성인(上上聖人)이라 하고, 그들의 후손을 상중인인(上中仁人), 그다음을 하중지인(上下智人)라 했다. 전욱고양씨(顓頊 帝高陽氏)의 후손으로는 백이량부(柏夷亮父) 록도(綠圖)라 했다. 한서에는 백익을 백이(柏夷)로 적었다. 그 밑에 록도(綠圖)라 했다. 어떻게 설명하던지 록도(綠圖)란 글자는 백익과 직접적인 관계가 있다. 어(於) 자는 우(于) 자로 쓰였다. 그 글자는 위(爲)와 같이 높다는 퉁구스어의 사음자다. 록도(綠圖)란 글자 앞에 붙인 어조사가 아니라 <옛적에 높으신 분이 록도(綠圖)를 만들었다>는 풀이가 합당하다.

천부경(天符經)을 '록도(綠圖)'라고 했다. 고조선 땅에서 귀향살이를 하던 주 문왕(文王)이, 괘사(卦辭)를 주(周)역(易)이라고 이름을 바꾸었다. 태극(太極) 문양으로 전해오고 있다.

예부터 문구의 출처를 밝힌 전왈(傳曰)이라는 어휘설명 또한 다양하다. 오래된 춘추좌전을 칭하는 경우가 흔하지만 전왈(傳曰)이라하고 뒤에 따라 나온 문구 설명을 찾아보면 좌전에 보이지 않는 "鳥之將死, 其

嗚也哀"란 문구를 썼다. 이 문구는 진-한시대 이전부터 전해 오는 구전이란 뜻이다. 논어에는 증자가 인용했다. 유향의 신서, 사기 골개열전에는 전왈(傳曰)이라 하고, 삼국연의에는 성인이 남긴 말(聖人云) 이라 했다. 설문에는 말린 꿩 고기(Dry Meat)를 설명하면서 요임금 때는 납향 납(腊), 순임금 때는 꽝포 거, 날짐승포 거(腒)라 한다.

반고가 <전 왈(傳曰)이란 뜻은 예부터 구전되어 내려오는 설화에 따르면>하는 뜻이 분명하다. 여씨춘추에 녹도번박(綠圖幡薄)라 했다. 번박(幡薄)이란 낱말은 부적의 '가차 글자'라고 한다. 예부터 붉은 글자로 적어 단서 부록(丹書符籙)이라 했다. 광운(廣韻)에는 록(籙)자를 도록(圖籙)을 뜻한 글자라고 했다.

옛 전서(篆書字), 즉 고조선 지역에 전해오던 글자를 근거로 만든 주역(周易 繫辭)에 실려있기를; "河出圖, 洛出書, 聖人則之"라고 했다. 이를 직역하면, "황하에서는 지도(圖)가 나오고 낙수에서는 글자(書)가 나왔다. 성인의 법칙이다." 창힐(倉頡)이 만들었다고 했다. 불가 기록에는 <동이 양거(儴佉)가 창힐 이전에 글자를 만들었다.>고 했다.[18]

원주민 고조선 사람들이 창힐 이전에 문자를 만들었다.

황하문명의 발상지에서 치수 사업을 하느라고 단군왕검 백익이 그려놓은 설계도(산하 구릉(丘陵)을 그려놓은 약도(山海經, 山河經)와 그를 설명한 글자를 뜻한 문구다. 즉, 법칙 칙(則)자는 칼(刂)로 조개 껍질

---

18 康熙字典: 佉:《法苑珠林》造書凡三人, 長曰梵, 其書右行. 次書佉盧, 其書左行. 少者倉頡, 其書下行. 見《唐書·異域志》又神名.《釋書》佛說彌勒成佛經, 其先轉輪聖王, 名儴佉. 有四種兵, 不以威武, 治四天下. 又《陀羅尼經》佉佉.《註》文殊眷屬.《又》佉呬佉呬.《註》普賢眷屬. ◎按佉, 梵音去佐切, 見就形門.

(貝)에 긁어 놓은 글자란 뜻이다. 이 글자는 향찰(鄕札)의 '札(筍)자와 같이 칼로 긁어 만든 상형 자로 소식을 전해 오던 증거품이다. 긁어 상형 글자를 만든 사람들은 빛을 숭상하던 천한(斯) 해(合, 解, 亥, 奚) 족이었다. 그들이 살던 지역에 따라 지방의 토산물인 대(竹) 또는 조개껍질(貝)을 썼다. 칙(則) 자는 자연의 법칙을 뜻한다. 단군왕검 백익(伯益)의 말씀이 곧 법칙이란 뜻에서 익법(謚法)이라 했다. 중국 사람들은 이를 시법(謚法)이라고 바꾸었다. 주역에 실린 문구를 직역하면, 진서(晉書)에는, 곽박(郭璞)이 산해경에 주(註)를 달았다. 단군왕검의 유언을 요사(繇辭)라고 했다. 같은 글자(繇 부역 요, 말미암을 유, 점괘 주, 역사 요, 점사 주)가 산해경에 우가 공공의 신하 상요를 죽였다(殺相繇)는 글자다.19 같은 글자가 주역에 나오는 계사전(繫辭傳)에 실렸다.

태고적 단군 조선시대부터 자연의 법칙을 설명하려는 노력이 역경에 실려있다.

최근에는 록도(綠圖)라는 글자를 "그림을 파란 글자로 그려 록도라 한다"라는 낭설을 퍼뜨리는 자들이 중국에 많이 있다. 옛 중국 문헌에 나타난 록도(綠圖)란 문구를 살펴보면 그러한 근거가 없다. 어음이 같은 글자 "綠, 鹿, 籙"로 바꾸어 기록했다. 진시황에게 알렸던 록도서(奏錄圖書)가 녹도문(鹿圖文)으로 기록되었다. 책 상자 록(籙)자는 도교(道敎)의 비문(祕文)을 뜻한 글자라 한다. 사슴 록자 녹도문(鹿圖文)은 단군왕검 백익이 치수 사업에 관여했던 지역에서 나타났다.

---

19 山海經: 有胡不與之國. 大荒之中, 有山名曰不咸. 有肅慎氏之國. 共工臣名曰相繇, 九首蛇身, 自環, 食于九土. 其所歍所尼, 即為源澤, 不辛乃苦, 百獸莫能處. 禹湮洪水, 殺相繇, 其血腥臭, 不可生穀

천부경(天符經)을 천부인(天符印) 또는 록도(綠圖)라 했다. 이를 간략한 문양이 태극(太極) 문양으로 전해오고 있다. 지도자를 잃고 그곳에 남아 있던 예맥족은 방랑 생활을 하다 운남성에 정착했다. 그곳에서 히말라야 동쪽에 올라가 원시불교가 나타났다. 불교 고전에는 동북아시아 상고사가 실려있고, 예맥족(濊貊, 斯)이 쓰던 옛 한국어의 어음이 살아 있다.

II. 하상주와 고조선의 관계

　동아시아 역사에 나타난 왕조의 순서를 <하상주>라고 한다. 공자가 편술한 상서가 동양 최초의 역사서이다. 그는 왕조의 순서를 "尙書: 虞書, 夏書, 商書, 周書"로 기록했다. 하나라 이전에 유우씨(有虞氏)가 세운 나라가 있었다. 그가 백익 단군왕검이다.

　중국 하남성(河南省) 안양(安陽)시 일대에서 다량의 갑골문(甲骨文)이 발굴되어 그곳이 은(殷)나라의 도읍이었다는 결론이 나왔다. 은나라 시조는 치수 사업에 관여했던 사람이다. 북쪽이 상구(商丘)에 살던 설(契)의 후손 상후(商侯)를 은으로 옮겨 상나라를 은(遷)이라고 한다. 북쪽 세력에 내려 여러 번 여러 곳으로 수도를 옮겼다.

　태고적 동양 문명이 나타났던 시절을 요순시대(堯舜時代) 또는 당우지제(唐虞之際) 라고 한다. 순임금에게 지도권을 넘긴 전설적 제요

도당씨(帝堯陶唐氏)가 군주로 나타났다. 현재 북경 정부는 옛 왕조를 확인하고자 하상주시대(夏商周時代) 공정을 실행했다. 예부터 알려진 분하 가까이 있는 마을이란 뜻의 임분(臨汾)시 일대를 발굴하여 도사유지(陶寺遺地; Taosi archaeological site)라고 발표했다. 도사유지라는 글자는 도당(陶唐)씨 절(寺)터의 유적지(遺跡地)란 뜻이다. 천문을 관찰하던 곳이라고 전해진다.

그곳에서 한 해를 뜻하는 세(歲)자가 나타났다. 세(歲)자에서 예맥(濊貊)을 뜻한 여러 글자 "濊貊, 濊貊, 濊 貊"를 쓰고, 진수는 옥저(沃沮)라는 새로운 이름을 썼다. 수경주(水經注)와 시경(詩經), 강희자전에 실린 "예 옥저 濊,沃,沮"란 글자 설명을 종합해 보면, 산서성 일대에 살던 부족의 지도자가 살던 곳에서 세(歲;year)자가 나타났다.

옛 사전 이아 석천(이아·釋天)에 "唐虞曰載, 夏曰歲, 商曰祀, 周曰年"란 문구가 있다. 이아 석목소(爾雅·釋木疏)에는 "杻一名檍, 今宮園種之, 名萬歲木"라고 했다. 이 지역 부족의 지도자가 살던 궁정 앞에 <참죽나무 억, 감탕나무 억(檍)이라고 부르던 나무(가죽나무) 상단 축시(丑) 방향에 나타난 샛별을 세 성(歲星)이라 했다. 이를 목성(木星, Jupiter)이라고 했다. 이 나무로 활을 만들고, 마차 바퀴며, 배(Boat) 바닥으로 사용했다. 그러한 나무를 박달나무(檀)라고 우겨 그 궁정에 살면서 아침 해 뜨는 때에 제사를 베풀던 지도자 단(旦, 壇公)을 박달나무 단자 단공(檀公)이라고 적었다. 그들을 호되게 처벌한 장면이 시경에 실린 벌단(伐檀) 또는 벌목(伐木)이란 편명이다. 예맥(濊貊)족은 중앙아시아 <태백산 일대에서 日月星 삼신(三神, 三辰)의 빛을 숭상하여 동쪽으로 옮겨온 사람들>이다. 이렇게 궁정에 있던 나무 위에 나타난 샛별에서

<세성(歲星), 세배(歲拜) 풍속, 세금>하는 낱말이 나왔다. 조조의 아들은 세 해(歲)자를 눈 설이라고도 읽는다(歲亦讀雪)라고 했다. 우리 동요에 <쎄쎄쎄 아침 바람 찬바람…>이 있다.

그 시절에 치수 사업이 실시되어 여러 사람 이름이 기록에 실려있다. 그때 단군 설화가 나타났다. 상나라 말기에 기자가 조선에 갔다는 기록이 있고, 산해경 해내경에는 조선에 관한 설명이 있다. 지도자를 '천독'이라 했다. 천독이 상나라 북쪽에서 내려와 괴롭힌다는 기록도 있다. 분명 고조선은 상나라 이전부터 중원에 있었다.

옛적에 북쪽에서 산서성 분수(汾水) 계곡을 따라 내려와 아사달(阿斯達)에 수도를 정하고, 합심하여 치수 사업을 시작하던 시절에 조선(朝鮮)이 나타났다. 천독이 살던 지역에 주족이 들어와 검을 려자 려국을 멸(滅黎國)하고 서주(周西)가 나타났다.[20]

고조선은 산서성에서 나타나 산서성 북쪽 대현 오대산 영역이 금미달에서 분산되었다.

1. 단군(壇君)을 천독(天毒)으로

산해경(山海經) 해내경(海內經)에 조선천독(朝鮮天毒)이란 문구가 있

---

20 尙書 微子: 殷既錯天命, 微子作誥父師, 少師. 天毒降災荒殷邦, 方興沈酗于酒. 父師若曰:「王子! 天毒降災荒殷邦, 方興沈酗于酒, 乃罔畏畏, 咈其耇長舊有位人. 今殷民乃攘竊神祇之犧牷牲用以容, 將食無災. 史記 宋微子世家: 殷帝乙之首子而 帝紂之庶兄也. 紂既立, 不明, 淫亂於政, 微子數諫, 紂不聽. 及祖伊以周西伯昌 之修德, 滅黎國, 懼禍至, 以告紂. 紂曰:「我生不有命在天乎? 是何能為!」於是微子度紂終不可諫

다. 가상 인물 황제(黃帝) 때부터 시작되었지만 백익이 치수 사업을 하려고 해지 연안을 중심으로 해내경을 만들었다. 만든 사람이 있던 곳이라 "밖이 아닌 안쪽"이라 했다.

상서 마지막 미자 편에 천독(天毒) 죽서기년 사기에는 상나라 시절 기록에 천독이란 글자가 없다. 상나라 마지막 군주 제신(帝辛, 紂王, ?~ 기원전 1100년경) 의 서형이라 큰아들이란 뜻에 미자(微子)라 했다. 사마천은 그를 시조로 하여 전국시대 송나라가 되는 송미자 세가 편을 만들었다.21 사료를 종합해 보면 단군왕검(壇君王儉)은 실존 인물이었다. 간략히 요약해서 <박달나무 단자 단군(檀君)이란 어불성설이다.> 이를 바꾸어야 한다는 요지의 편지를 국사편찬위원회에 보냈다. 얼마 후, 아래와 같은 편지를 받았다. 상해 임시정부 수립 100주년이 되던 해 8.15 행사에 나가 연세대학교 외솔관에서 처음으로 단군조선이 산서성에서 나타났다는 발표를 했다. 그 후 ○○역사재단 주최 학술대회에서 「단군왕검(壇君王儉)은 실존 인물이었다」는 논문을 발표했다. 그 재단에서 논문집으로 출판했다.

그러나 아직도 강단 사학계에서는 아무런 반응이 없다.

---

21 孟子 梁惠王下: 昔者文王之治岐也, 耕者九一, 仕者世祿. 昔者公劉好貨. 對曰:「昔者大王好色, 愛厥妃.《詩》云:『古公亶甫, 來朝走馬, 率西水滸, 至于岐下. 爰及姜女, 聿來胥宇.』當是時也, 內無怨女, 外無曠夫. 王如好色, 與百姓同之, 於工何有?」

상해 임시정부 수립 100주년 8.15 행사 연세대학교 외솔관 발표(사진 저자 제공)

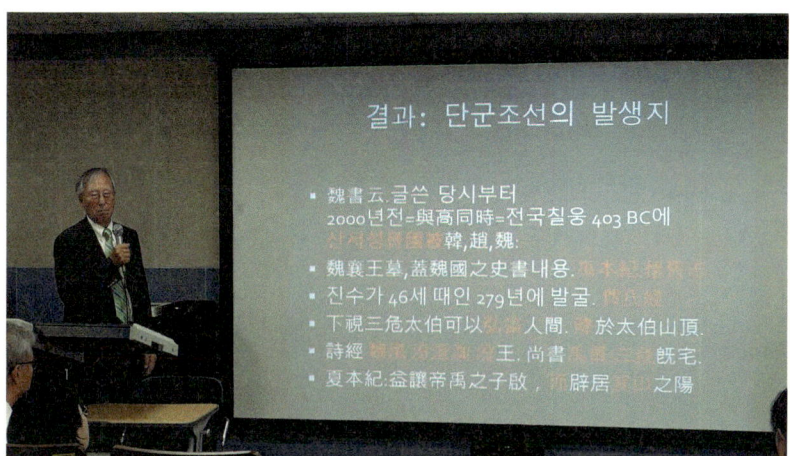

연세대학교 외솔관 발표 자료, 국사편찬위원회 편지

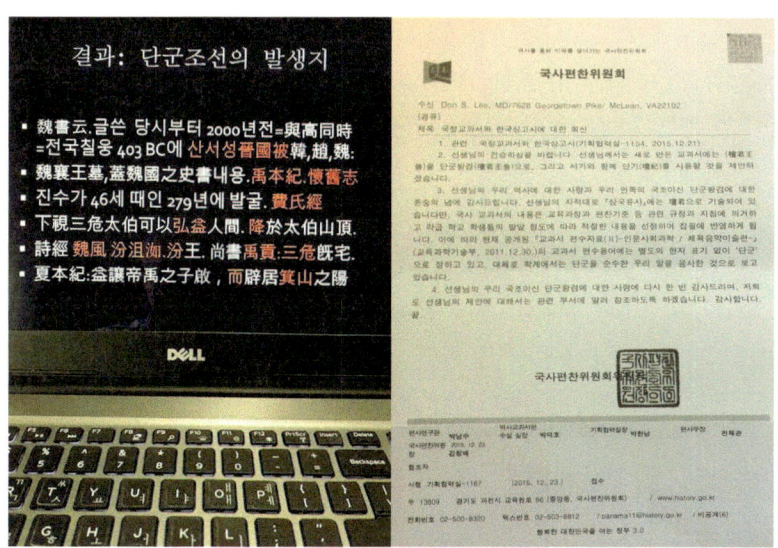

상나라 마지막 왕 주(紂), 주신(紂辛)이 연경의 융적(燕京之戎) 려국(黎國)을 정벌한 서백창(西伯 昌), 계력(季歷)을 감금하였다.22 아들 희발(姬發)이 인심을 잃은 제신을 목야에서 대파했다. 이를 놓고 천벌을 받았다는 뜻에 고조선 발생지에서 나온 연합군을 천독이라 했다. 고공단보의 셋째 아들이라 계력이다. 서주의 시말에서 다루기로 한다.

천독이 한국 동화에 나오는 천도깨비, 도깨비다. 도깨비 기왓장, 귀면와(鬼面瓦) 가 있다. 이를 치우천왕을 묘사한 형상이라고 한다. 귀신(鬼神) 도깨비가 사는 산이라 방홀산 또는 궁홀산(弓方忽山) 금미달(今彌達)이라 했다.

산해경에 실린 천독(天毒)을 숨기려는 연막극을 쳤다. 당나라 때 편찬된 예문유취(藝文類聚)와 송나라 때의 백과사전 격인 태평어람(太平御覽)에는 한나라 때 만들어졌다고 하는 저자 실명의 활지지(括地志)를 인용하여 천독국(天毒國), 즉 불교국을 남쪽 귀주의 불교국 야랑국(夜郎國) 또는 서역 "捐毒 天篤"이란 사음자로 기록했다.23

2. 도산(塗山, 涂山)이 회계산(會稽山)

도산(塗山)이란 진흙으로 덮인 산이란 뜻이다. 사마천은 흙 토 변을 지워 사용했다. 우가 도산(涂山)씨의 딸을 맞아 아들 계를 얻었다. 그곳

---

22 竹書紀年 文丁: 二年, 周公季歷伐燕京之戎, 敗績. 四年, 周公季歷伐 余無之戎, 克之, 命為牧師. 十一年, 周公季歷伐翳徒之戎, 獲其三大夫, 來獻捷. 王殺季歷. 周武王: 十六年, 箕子來朝. 複姓有魯步氏
23 康熙字典:《後漢·西域傳》天竺國, 一名身毒國, 在月氏東南數千里. 天毒.《括地志》天竺國, 有東, 西, 南, 北, 中央五國.《通志略》天竺卽捐毒也

에서 마지막 회의를 하고 상공을 계산하고 물러났다. 하여 회계산(會稽山)이라 한다.24 이를 양자강 하구에 접붙여 영토를 넓혔다. 급총죽간에 진능(晉陵)이라고 밝혔다. 분수가 황하로 이어지는 침수가 자주 있던 언덕이다. 그곳 우물에서 회계옥명(會稽嶽命)이란 단군왕검 백익의 유언이 색인된 종(井中得一鐘)이 나타났다. 그곳에는 여문(閭門)을 세우고, 시조를 모시는 재궁(齋宮)을 비롯한 여러 유적이 남아있다.

농경사회의 개막: 고조선 발생 시대부터 수렵 생활에서 농경사회로 바뀌기 시작했다. 사마천은 홍범구주(洪範九疇)를 구등(九等)이라 했다. 치수 사업을 하여 침수가 되지 않는 높은 지역 9곳이 생겼다. 그곳(疇)에는 경작지(田)와 장수(壽)를 비는 절(寺)이 있었다. 글자 위에 대 죽(竹)을 씌운 글자는 은둔생활을 뜻했다.

사마천 이전에 원시불교가 중원에 들어왔다는 증거가 등(等)이란 글자 속에 있다.

농경사회로 바뀌기 시작하여 시조를 신농씨(神農氏)라 했다. 고조선 경기 지역에 들어온 이방인이 원주민들이 모시는 염제(炎帝) 또는 복희(伏羲)를 농신(農神) 후직(后稷)으로 바꾸어 주족의 먼 시조로 만들었다. 복희란 글자에는 "개(伏)를 기르는 유목민"이란 뜻이 있다. 그들이 밝음

---

24 竹書紀年 帝禹夏后氏 : 五年, 巡狩, 會諸侯于塗山. 八年春, 會諸侯于會稽, 殺防風氏. 夏六月, 雨金于夏邑. 秋八月, 帝陟于會稽. 禹立四十五年 史記: 生啟予不子. 夏后帝啟, 禹之子, 其母塗山氏 之女也. 穆王有涂山之會. 命曰會稽. 會稽者, 會計也. 晉書: 會稽嶽命, 上有古文奇書十八字, 云「會稽嶽命」, 餘字時人莫識之. 璞曰: 「蓋王者之作, 必有靈符, 塞天人之心, 與神物合契, 然後可以言受命矣. 觀五鐸啟號於晉陵, 棧鐘告成於會稽, 瑞不失類, 出皆以方, 豈不偉哉! 若夫鐸發其響, 鐘徵其象, 器以數臻, 事以實應, 天人之際不可不察.」帝甚重之. 山海經: 有塗四方, 中有山. 在后稷葬西

의 기원(義)을 찾아 동쪽으로 옮겨 왔다. 염제(炎帝)를 강씨(姜氏) 또는 열산씨(烈山氏)라 한다. 분수 지류인 강수(絳水, 洚水) 연안에서 순임금이 농사를 지었다는 열산(烈山) 지역으로 내려왔다는 뜻이 있다.

3. 구주는 얼마나 큰가

치수 사업으로 완성된 [구주(九州, 九疇, 九丘, 九土)가 얼마나 큰가]는 여러 기록에 나와 있다. 관자(管子) 소문 편에는 천자의 영역이 천 리(地方千里)라 했다. 맹자와 회남자(淮南子)에도 온전할 순방천리(九州之大, 純方千里)라 했다. 문왕같이 거짓이 없다(文王之德之純)는 뜻글자. 설문해자(說文解字)에는 하동 염지는 [길이가 51리, 폭이 7리, 둘레가 106리. 解池: 河東鹽池. 袤五十一里, 廣七里, 周百十六里]라고 했다. 수경주와 태평어람에도 같은 내용이 실려있다.

분하 위수 분지 : 구주의 크기 현존하는 해지의 8배 미만

초승달 모양 안에 있었다.
夏后, 殷, 周之盛, 地未有過千里者也 九州之大, 純方千里 ; Yuncheng

간략하면 구주는 [해지(解池) 크기의 4배 정도] 였다. 오랜 시간 동안 호수가 줄어 들었다 하더라도 해지(解池) 연안을 둘러싼 지리 지형을 보면 현존하는 해지의 8배 미만이었다. 그 영역을 서주 무왕이 차지했다.

구주(九疇)에는 고을마다 농경지와 절(寺)이 있었다. 그곳에 사는 분

께 헌납하는 예맥족의 풍속(貊道)이 기독교에서 실행하는 헌금 십일조의 기원이 되었다.

해지 동북 연안에 있는 운성시(運城市)가 단군왕검이 수도로 정한 평양(平壤)이다. 그곳에 유목민이 살았다 하여 연경지융(燕京之戎)이라 했다. 초씨역림에 나오는 조선 또한 산서성에 있었다. 이곳에서 백익의 후손들이 지도자를 잃고 시련을 겪던 일화가 잠부론(潛夫論志氏姓)의 고성(苦城)하는 글자에 있다. 풀 초(草; ⺾, 古)의 머리 글자는 잡초가 무성한, 개발되지 않은 곳이란 뜻이다. 고성(苦城)이란 고생 하던 곳이다.

산해경에는 고성(苦城)에 살던 사람을 천독(天毒)이라 하고, 통치하던 부족 연맹을 조선(朝鮮)이라 했다. 해내경에 나오는 천독(有國名曰朝鮮, 天毒)이란 독(毒)자는 형태가 비슷한 [쌍토 규 (圭) 밑에 어미 모(母)자가 붙은 상형 글자]다. 옛적에 해(解, 奚, 亥, 흐어) 라고 읽든 글자와 讀音이 같은 "圭, 母, xié/시애/쉐"라고 읽는 글자를 모양이 비슷한 독(毒)자로 바꾸었다. 그가 순임금(帝舜有虞氏)으로부터 사제권을 위임받고 융우로부터 통치권을 물려받고 평양(平壤, 苦城, 運城市)에서 조선(朝鮮)을 선포한 단군왕검(壇君王儉)이다. 이를 순임금이 역산에서 농사(舜耕歷山)일을 하며 지냈다고 한다. 이곳이 한국 국화 무궁화 순(蕣)자의 출원지다.

초씨역림에는 백익 살해 사건의 자초지종이 간략히 실려있다. 수경주에 [한무제가 분수에서 보정을 얻어(漢武帝獲寶鼎于汾陰) 그 해를 원정이라 했다는 중산(中山) 남쪽] 이다. 이 좁은 지역에 있던 지명을 사마천은 한무제 당시의 넓은 영역에 뿌려 놓았다.

탁록전(涿鹿大戰)의 위치: 사기 오제본기에 치우천왕과 황제가 싸웠던 곳을 탁록 전투(涿 鹿之戰)라 한다.25 죽서기년에 황제 헌원씨(黃帝軒轅氏) 거유웅(居有熊)이라 했다.

헌원이란 [동이 훤히 튼다] 는 뜻의 밝아 온다는 옛적 어음을 가차한 글자다. 거유웅이란 서쪽에서 온 융(西戎)이 사는 지역에 살았다. 단군 신화에 나오는 환웅을 가상 인물 황제 헌원으로 만들어 중원 세력의 시조로 했다.

치우(蚩尤) 또한 만든 이름이다. 죽서기년에는 없다. 황제 헌원 다음에 전욱고양씨(顓頊高陽氏)를 지도자(帝)로 기록했다. 치우(蚩尤)를 "구려지군 九黎 之 君"이라 했다. 글자를 보면 "어리석을 치, 치 우(蚩尤)"란 "벌레 떼의 지도자"란 뜻이 있다. 백익을 백충장군이라 부르듯 상대방을 비하한 글자다. 탁록이란 족쇄를 채운 돼지와 사슴(鹿, 麂, deer)떼 들이 노는 산야(涿鹿之野)에서 싸웠다는 뜻이다. 마지막이 탁록전이 있던 곳을 하북성 탁록현(河北省涿鹿縣)이라 한다. 고조선 마지막 수도가 있던 금미달 영역이다. 그곳에 황제릉(黃帝陵)을 만들었다. 황제는 2,000년을 살았다는 꼴이다.

涿邪水《魏土地記》曰: 下洛城東南六十里有涿鹿城,
城東一里有阪泉,泉上有黃帝祠.

---

25 竹書紀年 黃帝軒轅氏: 元年, 帝即位, 居有熊. 初制冕服. 史記 五帝本紀: 以與炎帝戰於阪泉之野. 三戰然後得其志. 蚩尤作亂, 不用帝命. 於是黃帝乃徵師諸侯, 與蚩尤戰於涿鹿之野.

사방 천리라고 밝힌 구주에서 발생했던 사건들을 북쪽으로 밀어붙여 중원 세력의 영토를 확장했다.26

연나라 장수 진개(秦开. 秦開, ? ~ ?)란 유령 인물이다. 산간지(邢丘) 형(邢; 开: 阝)자는 열을 개(开, 開)와 마을(邑, 陵阜)이란 상형 자를 겹쳐서 만든 글자로, 새로 생긴 마을(frontier town)이란 뜻이다. 평평할 견(幵)자를 开→邢 로 바꾸었다. 세본과 옥편에는 백익작전(伯益作井)이라 했다. 춘추좌전에는 이를 은폐하여 우물을 판 사람을 형백(井伯, 卽 邢伯), 즉 백익이라고 했다.27 진(秦)이 빼앗은 땅(邢, Frontier town)은

---

26 道家 列子 黃帝: 列姑射山在海河洲中, 山上有神人焉, 吸風飲露, 不食五穀; 心如淵泉, 形如處女, 不偎不愛, 仙聖為之臣; 不畏不怒, 愿愨為之使; 不施不惠, 而物自足; 不聚不斂, 而己无愆. 陰陽常調日月常明, 四時常若, 風雨常均, 字育常時, 年穀常豊; 而土无札傷, 人无夭惡, 物无疵厲, 鬼无靈響焉.

백익(伯益)의 후손들이 살던 마을이다. 고조선 마지막 수도가 있던 방홀산(忽山) 금미달(今彌達, 彌地)을 빼앗고 장성을 쌓았다.

일주서에는 백익 살해 사건과 관계된 우의 아들 계(啟之五子, 忘伯禹之命)가 탁록전 설명에 나타났다.28 오늘의 북경 서북서쪽에 있는 하북성 장가구시 탁록현(涿鹿縣)을 지나는 어느 강 언덕(涿鹿之河)에서 싸웠다. 수장현에 치우총이 있다는 곳은 산서성 오대산 동북쪽, 안문관 북쪽에서 시작한 쌍간하 호타하(滹沱河) 상류에 탁록현(涿鹿縣) 이 있다. 역수가 흐르는 지역과 여울 이름들이 수경주에 혼미하게 실렸다. 북경과 천진시를 지나는 영정하(永定河)의 상류다.29 수장현(壽張縣)이란 곳이 일설에는 하북성 보정시(河北省保定市) 유역이라고 한다. 매년 시월초(十月朔)에는 꼭 붉은 색 큰 안개구름(大霧)이 내려와 치우기라 했다.30

탁록현(涿鹿縣)에 치우성이 있었다. 그 일대를 비리지구(非理之溝)라 했다. 제 환공이 구지산(凫之山) 밑에서 고죽(孤竹)을 치고 올라갔다가

---

27 春秋左傳 閔公元年: 狄人伐邢, 管敬仲言於齊侯曰, 戎狄豺狼, 不可厭也, 諸夏親暱, 請救邢以從簡書, 齊人救邢. 康熙字典 井: 穴地出水曰井.《世本》伯益作井.《汲冢周書》黃帝作井. 又布井.《玉篇》穿地取水, 伯益造之, 因井爲市也.《左傳》有井伯, 卽邢伯. [6]. 史記 太史公自序: 爲秦開地益衆, 北靡匈奴, 據河爲塞, 因山爲固, 建楡中. 作恬列傳第二十八 論衡 書解: 管仲相桓公, 致於九合: 商鞅相孝公, 爲秦開帝業, 然而二子之書. 鹽鐵論 非鞅: 崇利而簡義, 高力而尚功, 非不廣壞進地也, 然猶人之病水, 益水而疾深, 知其爲秦開帝業, 不知其爲秦致亡道也.

28 逸周書 嘗麥解:王若曰:「宗揜大正, 昔天之初, 誕作二后, 乃設建典, 命赤帝分正二卿, 命蚩尤宇于少昊, 以臨四方, 司 □□上天未成之慶,蚩尤乃逐帝, 爭于涿鹿之河, 九隅無遺, 赤帝大懾, 乃說于黃帝, 執蚩尤殺之于中冀, 至于今不亂, 其在啟之五子, 忘伯禹之命, 假國無正, 用胥興作亂, 遂凶厥國, 皇天哀禹, 賜以彭壽, 思正夏略, 今予小子, 聞有古遺訓, 予亦述朕文考之言, 不易.」

29 하이허 - 위키백과, 우리 모두의 백과사전(wikipedia.org)

30 水經注 灅水: 灅水出鴈門陰館縣, 東北過代郡桑乾縣南. 涿水出涿鹿山, 世謂之張公泉, 涿鹿縣故城南, 昔有沙門釋

도망 온 비이지계를 비리지구라 했다. 궁홀산(弓忽山) 안문관(雁門關)을 뜻했다. 옛 향성(都鄕城), 탁야수(涿耶水)란 여울이 있다. 탁수와 가야수를 간략한 글자다. 금미달에 가야국(加耶國)이 있었다. 그 지역 연나라 땅 상곡(聖水出上谷)에서 성수의 발원지다. 진시황이 설치한 군현 중에 제일 북쪽에 있다 하여 상곡이라 했다. 그곳을 고유(高柳)라 했다. 원시불교가 들어와 그곳 정신적 지도자를 소문 석 혜미(沙門釋惠彌者)가 성수가 흐르는 상곡(聖水上谷) 탁록현에 살았다. 소문(沙門: shāmén. Shaman. 당군)이란, 도교에서 '도사 도인 신선'으로 불가에서는 석(釋)이라 했다. 북쪽 유(柳)에서 내려왔다 하여 유하(柳下)란 명사를 붙여 유하혜(柳下惠)라는 도교의 선인(神仙, 神僊)이 나타났다. 맹자는 그를 화해의 성인(聖之和者)이라 했고, 한씨외전에는 목숨을 바쳐 신념을 지킨 사람이라 했다. 양자법언에는 그와 상용(尙容, 商容)을 동이 고조선(非朝, 非夷) 사람이라 했다.[31]

궁홀산 금미달에 있었던 요새를 치우성이라 했다.[32] 시월 초에 제사를 드리면 꼭 붉은 빛(Moonlight, 月光)이 내려와 이를 치우기라고 믿었다. 별이 다섯 번 나타났다 사라진 곳, 즉 유능한 지도자가 나타났다 사라진 금미달 지역을 뜻했다. 미륵 도솔천(兜率天) 개념을 믿던 그들은

---

[31] 揚子法言: 世稱東方生之盛也, 言不純師, 行不純表, 其流風, 遺書, 蔑如也. 正諫, 穢德「非夷尙容, 依隱玩世, 其滑稽之雄乎!」或問:「柳下惠非朝隱者與?」曰:「君子謂之不恭. 古者高餓顯, 下祿隱.」
[32] 康熙字典: 蚩: 蟲名.《六書正譌》凡無知者, 皆以蚩名之. 蚩尤, 人名.《書·呂》蚩尤惟始作亂.《註》九黎之君, 號曰蚩尤. 又星名.《晉書·天文志》蚩尤旗, 類彗而後曲, 象旗主所見之方下有兵.《張衡·西京賦》蚩眩邊鄙. 又駿也.《陸機·文賦》姸蚩好惡, 可得而言.《詩·衛風》氓之蚩蚩.《通志·氏族略》蚩氏, 蚩尤之後也.《六書正譌》別作媸, 嗤, 非.《集韻》同蚩. 詳蚩字註. 蚩字右下 从 ㄥ 不从

공손연이 연왕(燕王, 재위: 237년 ~ 238년)이라 자칭하던 때에 개천절 행사를 치렀다는 뜻이다. 후연(後燕, 384년 ~ 407년) 모용씨와 전진 부견(前秦苻堅; 재위: 357년 ~ 385년)의 세력 다툼에 나타난 현상이다.

사료를 종합해 보면 황제는 해지 연안 판천(阪泉)에서부터 금미달에 이르는 고조선 수도 이전(遷)을 따라 2,000년을 싸웠다. 치우기에는 둑(纛)자가 있다. 고조선의 지도자 천독(天毒)이 다스리는 고을 현(毒 縣)이란 뜻을 깃발에 그렸다. 금미달에 살던 사람들이 지나(支那)라고 부르던 그름 남쪽으로 피난을 가서 운남성, 흑성(黔省)이라고도 부르던 귀주성(貴州省)과 광서성에 정착했다. 태족이라 부르던 려민(黎民)이 살던 곳(黔中地)에는 치우의 후손이라 자칭하는 부족이 살고 있다.[33] 그들이 동남아로 진출하여 남방 불교 국가 태국(泰國)이 나타났다. 궁홀(弓忽)산에 살던 치우천왕(蚩尤天王)을 천독 애비 귀신이라고 했다. 한국 전통 기와지붕 처마 끝에 귀면와(鬼面瓦)를 올렸다. 전국시대에 원시불교가 금미달에 들어왔다. 진시황이 금미달 영역 수천리(彌地踵數千里)를 빼앗고 장성을 쌓았다.

궁홀(弓忽)산 금미달에 살던 이름 모를(name unknown) 단군을 불가에서는 미륵(彌勒), 또는 안왕(鴈王)이라 했다. 궁홀산(弓忽山) 요새를 안문관(雁門關)이라 하고, 두루미 미(彌)자를 기러기 안(鴈, 雁)자로 바꾸었다. 불교 사원을 안당(鴈堂)이라고도 한다. 아왕(鵝王)이란 '그들의

---

33 史記 張儀列傳: 張儀者, 魏人也. 始嘗與蘇秦俱事鬼谷先生, 學術, 蘇秦自以不及張儀. 張儀曰:「秦彊楚弱, 臣善靳尚, 尚得事楚夫人鄭袖, 袖所言皆從. 且臣奉王之節使楚, 楚何敢加誅. 假令誅臣而為秦得黔中之地, 臣之上願.」遂使楚. 通典 古荊州: 古蠻夷之境, 楚國黔中之地 東北流逕涿鹿縣故城南 王莽所謂捫陸也. 太平御覽: 黃帝與蚩尤戰于涿鹿之野, 蚩尤作大霧, 彌三日, 軍人皆惑. 黃帝乃令風后法斗機, 遂擒蚩尤.《皇覽冢墓記》曰: 蚩尤冢在東郡壽張縣闞城中, 人常以十月朔, 望見有氣如匹絳, 自上屬下, 號曰蚩尤旗. 說苑: 櫌槍彗孛, 旬始枉矢, 蚩尤之旗, 皆五星盈縮之所生也 黔中之地

시조가 삼족오(三足烏)를 타고 왔다고 믿는 사람들의 왕'이라는 뜻이다. 그들은 마을 언덕 높은 곳에 서낭당(城隍堂)을 차려 놓고 오색천으로 장식한 환웅의 흉상(雄常, 장승, totem pole)을 세우고 살았다.[34]

고조선의 첫 수도 아사달, 단군왕검이 수도로 정했던 평양, 삼가분진 현상이 나타났던 지역, 마지막 수도 궁홀산 금미달 모두 태행산맥 서쪽 산서성(山西省)에 있었다.

---

[34] 山海經 海外西經: 肅愼之國在白民北, 有樹名曰雄常, 先入代帝, 於此取之. 山海經 大荒北經 大荒之中, 有山名曰不咸.有肅愼氏之國. 有蜚蛭, 四翼. 有蟲, 獸首蛇身, 名曰琴蟲

제2장

서주의 시말

1. 서주 역사 요약

2. 주무왕의 선물 이괘(利簋)

3. 주선왕(周宣王)의 화친맹약

4. 주인승려(周人乘黎) 진지승(晉之乘)

5. 발해(勃海)가 어디였나

서론

서주는 상나라 말기에 치수 사업으로 구주가 생겼던 고조선 발생 지역에서 나타났다. 그곳 원주민들이 전설을 기록으로 남겼다. 한국 상고사 모든 의문점이 서주 시대부터 나타났다. 서주의 발생지가 고조선 땅이었다는 증거가 글자 속에 실려있다.

주(周)의 어원과 크기: 하(夏)나라 때부터 주나라 설립 당시까지 함곡관 서쪽에는 늪지대가 있었다. 쪽배(舟)를 타고 사방을 돌아다녔다는 뜻에 나라 이름을 두루 주, 주(周)라 했다. 천자가 또는 단군왕검 백익(伯益)이 배를 만들었다는 기록이 있다.[35]

맹자가 말하기를 황하문명 발생지의 크기는 "천 리밖에 안 되는(未有過千里) 정도로 개가 짖고 닭이 우는 소리를 모두 들을 수 있는 가까운 거리였다"고 했다.[36]

동이(東夷)의 어원: 공자가 편술한 상서 우서(虞書)에 사이(四夷)란 글자가 실렸다. 이를 맹자가 본받아 황하를 경계로 동쪽에 사는 사람을 동이(東夷), 서쪽에 사는 사람을 서이(東夷)라 했다. 하동 해지 연안에 살던 연경지융(燕京之戎)이라 하던 고조선 사람들 또한 동이(東夷)라 부르게 되었다.

---

[35] 康熙字典: 舟:《唐韻》之由切, 音周.《說文》船也.《釋名》舟言周流也. 舟楫之利, 以濟不通.《書·說命》若濟巨川, 用汝作舟楫.《爾雅·釋水》天子造舟.《世本》黃帝臣共鼓貨狄, 刳木爲舟.《呂氏春秋》虞姁作舟.《山海經》滛梁生番禺, 是始爲舟.《束晳·發蒙記》伯盆作舟.《周禮·春官·司尊》春祠夏禴, 祼用雞彝鳥彝, 皆有舟.《正字通》一說古彝有舟, 設而陳之, 爲禮神之器. 以酌以祼, 皆挹諸其中而注之. 舟與彝二器相須, 猶尊之與壺, 缾之與罍. 先儒謂舟形如盤, 若舟之載物, 彝居其上, 非也.《周禮·冬官考工記》作舟以行水.《註》故書舟作周. 鄭司農云: 周當爲舟.

[36] 孟子 公孫丑上:「今時則易然也. 夏后, 殷, 周之盛, 地未有過千里者也, 而齊有其地矣; 雞鳴狗吠相聞, 而達乎四境, 而齊有其民矣. 地不改辟矣, 民不改聚矣, 行仁政而王, 莫之能禦也. 詩經大雅 文王之什 緜: 古公亶父, 來朝走馬. 率西水滸, 至于岐下. 爰及姜女, 聿來胥宇.

한나라가 영토를 넓혀 고조선 원주민의 천손강림설을 본받아 지도자를 천자(天子)라 하고 천자가 사는 곳을 영점(Zero)으로 동서남북(東西南北)에 사는 사람들을 사이(四夷)라 했다. 수도가 함곡관 서쪽이라, 서쪽에서 와 홍산문명을 이루고 내려와 함곡관 동쪽 중원 넓은 지역 흩어져 살던 유목민 부족들이 모두 동이(東夷/人)로 기록되었다.

1. 서주 역사 요약

상서(尚書)에는 우서(虞書), 하서(夏書), 상서(商書), 주서(周書)의 순서로 상고시대 순서를 기록했다. 하(夏)나라 이전에 우씨(虞氏)가 다스리던 나라가 있었다. 죽서기년에 실린 유우씨(有虞氏)라 했다. 그가 동양에서 최초로 세운 나라가 고조선이다. 조선이란 이름을 숨기고 하상주(夏商周)로 왕조를 기록했다. 고조선의 궁정에서 토의한 내용을 기록한 책이 상서(尚書)다.[37] 우서(虞書)란 웃 사람, 즉 높은 사람의 기록이란 뜻이다. 상나라 말기에 주나라가 나타나기 시작(殷始咎周)했다. 이를 상나라에서 쫓겨난 주족이 들어와 원주민을 올라타고(殷始咎周, 周人乘黎) 주나라가 나타났다.

서주의 시조: 서주의 선조는 함곡관 동쪽 상나라 땅에서 들어온 고공단부(古公亶父, 周太王) 문왕이다.[38] 그를 농(農)신으로서 숭배되는 후

---

[37] 尚書 夏書 甘誓: 啟與有扈戰于甘之野, 作《甘誓》大戰于甘, 乃召六卿. 王曰:「嗟!六事之人, 予誓告汝: 有扈氏威侮五行, 怠棄三正, 天用剿絕其命, 今予惟恭行天之罰.
[38] 史記 周本紀: 古公有長子曰太伯, 次曰虞仲. 太姜生少子季歷, 季歷娶太任, 皆賢婦人, 生昌, 有聖瑞. 古公曰:「我世當有興者, 其在昌乎?」長子太伯, 虞仲知古公欲立季歷以傳昌, 乃二人亡如荊蠻, 文身斷髮, 以讓季歷.

직(后稷)의 후손으로 접붙였다. 서주 시대부터 유목 생활에서 농경사회로 바뀌었다.

고조선의 수도가 있던 살기 좋은 하동 해지 연안에 자리를 못 잡고 서쪽으로 가 기산 밑에 정착했다. 고공단부 주태왕(周太王)이 정착했던 부풍미양(扶風美陽) 일대, 즉 오늘의 섬서성 위수 연안 서안 일대에 여러 부족 국가들이 있었다. 설문해자에 부풍(扶風)을 입력하면 나오는 이름들이 모두 위수(渭水) 분지에 있다. 위수(渭水) 동쪽 해지(鹽池) 서쪽 분수(汾水)와 황하(黃河)가 만나는 겹경지에서 큰 싸움이 있었다. 이를 전우감지야(戰于甘之野)라 하고, 전쟁 후에 남긴 격문을 감경(甘誓)이라 했다. 고조선 세력을 제압하고 그 지역에 하(夏)나라가 생겼다.[39] 그곳에 들어온 이방인 주족(周人)이 원주민을 올라타고(乘黎) 무참히 학살하여 조윤(祖伊)이 달려가(상나라 왕에게) 알렸다. 그 사실을 기록한 편명이 상서에 실린 서백감려(西伯戡黎)다. 동이수령 백익을 왕검이라 했다. 검을 려(黎)자는 원주민을 뜻한 글자다. 이를 천할 시(斯)자로도 썼다. 서주 시대에 고조선 지역에 전해오던 전설을 기록으로 남겼다. 원주민이 노예가 되어 고난을 겪는 사람들이 사는 곳에 내려왔다는 사실을 천할 시(意在斯焉古朝鮮)라 했다. 원주민은 사납게 반항했다. 그 뜻을 담은 글자가 예맥(濊貊)이다. 사마천의 아버지가 같은 문구 "意在斯乎! 意在斯乎"를 유언으로 사용했다.

원주민들이 솥(鼎)과 글자를 만들었다. 황하 동쪽에는 지도를 남긴

---

39 水經注 渭水: 渭水又東合甘水, 水出南山甘谷, 北逕秦文王萯陽宮西, 又北逕五柞宮東, 又北逕甘亭西, 在水東鄠縣, 昔夏啟伐有扈作誓于是亭. 淮南子: 九鼎重味, 珠玉潤澤, 洛出丹書, 河出綠圖

백익의 후손이, 서쪽에는 서주(周)가 나타났다. 이를 낙출단서(洛出丹書), 하출록도(河出綠圖)라 했다.

右扶風縣
扈: 夏后同姓所封, 戰於甘者.在鄠, 有扈谷, 甘亭.

주족의 본향은 오태백세가에 실린 형만(荊蠻)이 살던 미개한 지역이다. 상나라 땅이었던, 호북성(湖北省) 양양시(襄陽市) 지역이다. 그곳에서 함곡관 서쪽에 들어온 고공단부(古公亶父)가 주태왕(周太王)으로 추존되었다. 그들이 원주민을 학살하고 노예로 삼아 큰 칼(劉)로 사람을 많이 죽인 살인자를 미화하여 공유(公劉)라 했다.

전설에 나오는 농업의 신(神農)으로 알려진 태호복희(伏羲神農), 염제(炎帝)를 후직(后稷)으로 바꾸어서 주의 최초 먼 시조로 만들었다. 동물을 잡았다는 뜻과 곡식을 거두어 들였다는 뜻의 확/확 "获獲穫"자를 혼용했다는 설도 있다. 주(周)족이 원주민을 학살한 만행을 선행으로 바꾸었다. 장자와 여씨춘추에는 황하문명 발생지에 살던 부여(浮游), 즉 예맥(濊貊, 斯)족을 만물의 시조(萬物之祖)라, 즉호가득이루(則胡可得而累)라 했다.[40] 부여사람들(胡不與之國)의 천하라는 한국어 표현이다. 같은 뜻을 회남자(淮南子)에는 "攬逐萬物之祖"란 문구로 기록했다. 부여를 '몽둥이를 들고 사슴을 잡으려고(扌, 右: 麇. 鹿, 君) 쫓아가는(逐) 사람들(君)'이라 불렀다.

---

[40] 呂氏春秋 孝行覽 必己: 若夫道德則不然: 無訝無訾, 一龍一蛇, 與時俱化, 而無肯專為; 一上一下, 以禾為量, 而浮游乎萬物之祖, 物物而不物於物, 則胡可得而累? 此神農. 黃帝之所法. 尚書 西伯戡黎: 殷始咎周, 周人乘黎. 祖伊恐, 奔告于受, 作《西伯戡黎》西伯既戡黎, 祖伊恐, 奔告于王. 曰:「天子! 天既訖我殷命」

1) 금인명(金人銘)과 노자

공자가어 관주(觀周)에 노자를 만나 대화를 나누었다는 기록이 있고, 후직조(后稷廟) 금인명(金人銘)이란 글자가 있다. 주족의 시조 동상(銅像)을 만들어 뒷면에 글자를 새겼다. 한서에는 금인명을 황제명(黃帝銘)이라 했다. 공자가 읽었다는 금인명(金人銘)은 시문(斯文)으로 "언행에 조심하라. 그를 지키지 않으면 불행한 결과를 맞게 된다"는 등 사회생활의 규범(規範)이 되는 문구가 실렸다. 후한서(後漢書)에 시경(斯經), 시문(斯文)과 시도(斯道)란 글자가 있다. 금인명은 서주의 원주민 예맥족(黎; 濊貊, 斯)이 만들어 쓰던 글자다.[41] 금인(金人)은 환웅천왕의 동상(銅像)이다.

청구(靑丘)를 청우(靑牛)라고 했다. 노자는 동주 왕실 도서관에 있던 고조선 사람들이 사용한 문자(斯文)로 작성된 많은 기록(시서경)을 가지고 떠나갔다. 이를 열선 전에 '승청우거거(乘靑牛車去)'라고 했다. 온 세상 어디에도 푸른 소는 없다. 음과 꼴이 비슷한 글자 "丘, 牛"로 바꾸었다. 노자가 하룻 밤만에 5,000자가 실린 도덕경을 남기고 서쪽으로 올라갔다.[42] 황제가 자부선인을 만났던 청구(靑丘)에 전해오는 역사서(晉之乘) 등 각종 고전(시서경, 詩書易經)을 싣고 떠나갔다는 뜻이다. 단

---

[41] 시경(斯經)과 시도(斯道) 시문(斯文)《Lee Mosol's Book Collection》
[42] 孔子家語 觀周: 孔子觀周, 遂入太祖后稷之廟, 廟堂右階之前, 有金人焉. 參緘其口, 而銘其背 曰:「古之慎言人也, 戒之哉! 無多言, 多言多敗; 無多事, 多事多患. 君子知 天下之不可上也, 故下之; 知眾人之不可先也, 天道無親,而能下人. 戒之哉!」孔子既讀斯文也, 太平廣記: 老子將去 而西出關, 以昇崑崙. 關令尹喜占風氣, 逆知當有神人來過, 乃掃道四十里. 以禾為量, 而浮游乎 萬物之祖, 物物而不物於物, 則胡可得而累? 此神農, 黃帝之所法. 尚書 西伯戡黎: 殷始咎周, 周 人乘黎. 祖伊恐, 奔告于受, 作《西伯戡黎》西伯既戡黎, 祖伊恐, 奔告于王. 曰:「天子! 天既訖 我殷命.」

군조선에 전해오던 사회생활의 규범이 운남성을 지나 원시불교 발상지에 전해졌다. 이를 맹자는 '초지도올(楚之檮杌)'이라고 했다.

고전에 실린 금인(金人): 공자가 주나라 궁전에 세운 동상(金人, 銅像) 뒷면에 새긴 글자를 모두 읽었다. 주나라 사관으로 있던 노자를 공자가 만났다. 금인명(金人銘)에 실린 몇몇 문구가 도덕경(道德經)에 실렸다.

김일제가 동상(銅像)을 앞에서 기도했다. 진나라 때 사문 실리방 떼거리가(秦時沙門室利房等) 왔다. 진시황이 천하를 통일하고 병장기를 모두 녹여 금인 열두 개(金人十二)를 만들었다. 불가에서는 이 두 기록에 실린 금인(金人)을 불상(佛像)이라고 한다.

진시황 시절에 사문 실리방등(沙門室利房等) 원시불교 스님이 중원에 들어왔다.[43]

사마천은 산등에 사찰이 있었다는 뜻에 구등(九等)이란 글자를 남겼다.

永済市에 백이숙제 사당 : 서주의 크기 현존하는 해지의 8배 미만
(초승달 모양 안에 있었다.)

夏后, 殷, 周之盛, 地未有過千里者也九州之大,
純方千里解池: 河東鹽池.袤五十一里, 廣七里,
周百十六里.

---

[43] 康熙字典: 秦時沙門室利房等至, 始皇以爲異, 囚之. 夜有金人, 破戶以出. 漢武帝時, 霍去病過焉支山, 得休屠王祭天金人以歸, 帝置之甘泉宮. 金人者, 浮屠所祠, 今佛像卽其遺法也.

무왕이 목야전에 참전했던 전우에게 선물로 만들어 준 이괘(利簋)가 1976년에 섬서성 서안 동쪽에서 발굴되었다.44 서주의 발생 유래를 연인한영(燕人韓嬰)과 맹자가 남겼다.45 순(舜)임금은 하백(馮夷)을 협조하다 실패한 여러 사람이 살던 곳(諸馮)에서 태어나 해지 서북쪽 하동군 안읍명조(鳴條: 河東郡安邑縣)에서 사망했다. 순(舜)이 가서 살던 곳은 하동역산(舜耕於歷山) 일대로, 단군왕검이 수도로 정했던 해지(解池) 연안 평양(平壤) 지역이다. 순(舜) 이미 개척지에 갔다는 뜻에 '풀 초 변(艹)'을 더했다. 우연의 일치인가? '무궁화 순(蕣)'자를 한국의 국화(國花)로 정했다.

주문왕은 기산 주위(岐周)에서 태어나, 필영(畢郢)에서 죽었다.46 하여 순임금은 동이(東夷), 주문왕은 서이(西夷)라 했다. 서주의 수도를 중심으로 사방을 정하여 동이 서융 북적 남만이라는 이름이 나타났다. 주족은 남만(南蠻)이다. 이를 은폐 미화하여 주문왕을 서이(西夷)라고 칭했다.

두 사람이 살던 곳은 천여 리, 세대 또한 천여 년 떨어져 있지만 앞 뒤 두 성인은 뜻을 얻어 전 중국을 다스렸다. 『태평어람』에서 이 세 군주는 춘추오패와 같이 모두 사람을 많이 죽인 죄인이라 했다.47

---

44 利簋 - 维基百科, 自由的百科全书(wikipedia.org). 利簋銘文 - 维基文库, 自由的图书馆 (wikisource.org). [珷征商隹(唯) 甲子朝歲 鼎(貞) 克昏(聞) 夙又(有) 商辛未王才(在)𥳑師易(賜)又(右)吏利 金用乍(作)𢉩公寶尊彝]

45 康熙字典:《前漢·百官公卿表》蓻作朕虞.《師古曰》, 古益字《應劭曰》, 伯益也. 又《集韻》籀文㮈字. ○按《說文》作蓻, 首上从卝, 不連. 舟:《說文》船也.《釋名》舟言周流也.《爾雅·釋水》天子造舟,《呂氏春秋》虞姁作舟.《束皙·發蒙記》伯盆作舟 姁

46 尙書 湯誓: 伊尹相湯伐桀, 升自陑, 遂與桀戰于鳴條之野. 孟子:「舜生於諸馮, 遷於負夏, 卒於鳴條, 東夷之人也. 文王生於岐周, 卒於畢郢, 西夷之人也. 地之相去也, 千有餘里; 世之相後也, 千有餘歲. 得志行乎中國, 若合符節. 先聖後聖, 其揆一也.

47 太平御覽 皇王部一 敘皇王上:《孟子》曰: 人皆有不忍人之心. 言人人皆有不忍加惡於人之心也.

사마천은 외지에서 고조선 경기 지역에 들어온 이방인을 원주민들이 모시는 염제(炎帝), 복희신농(伏羲神農)을 농신(農神), 후직(后稷)으로 바꾸어 주족의 먼 시조로 만들고 주족의 시원을 세가 첫째로 했다. 희발(姬發)이 집권 12년에 목야에서 상나라를 정벌하고 아버지 창을 추존하여 문왕(文王, ? ~ 기원전 793년)이라 했다. 무왕 15년에 순임금을 방문했던 원주민 숙신씨(肅愼氏 來賓)가 손님으로 왔다. 16년에는 도망갔던 기자가 돌아와 폐백을(箕子來朝) 바쳤다.

도망갔던 기자를 조선에 봉했다고 하듯, 고공단보가 무리를 이끌고 도망가서 살던 곳을 기산 밑에(率西水滸, 至于岐下) 봉했다고 기록했다. 주태왕 이전은 만들어 붙인 혈통이다. 주태왕이 원주민(㑃, 獶, 徯, 解) 여자 노예(姬)가 낳았다 하여 주무왕(周武王)을 희발(姬發)이라 한다. 원주민이 관노(官奴)가 되어 전설을 기록으로 남겨 예서(隷書)라 한다. 북쪽 공공국의 공백(共伯) 화(和)가 지휘한 원주민의 반란으로 희발의 후손은 함곡관 동쪽으로 쫓겨 나와서 주는 망하고 동주가 되었다.[48]

2) 관저숙녀(關雎淑女)가 문왕 후비(后妃) 궐비(厥妃)

원주민 지도자를 황하 물결이 굽이치는 곳에서 물고기를 잡는 물수리(fish eagle)에 비유한 글자가 관저구(關雎鳩)다. 수문장의 딸을 궐비

先王有不忍人之心, 斯有不忍人之政矣, 以不忍人之心, 行不忍人之政, 治天下可運之掌上也. 又曰: 五霸者, 三王之罪人也. 趙臺卿章句曰: 五霸大國康政以率諸侯也. 齊桓, 晉文, 秦穆, 宋襄, 楚莊是也. 三王, 夏禹, 商湯, 周文王也. 今之諸侯, 五霸之罪人也. 天子討而不伐, 諸侯伐而不討.
48 고조선(古朝鮮), 단군조선의수도: 아사달(阿斯達) 금미달(今彌達)《Lee Mosol's Book Collection》

(厥妃)라 했다. 애궐비(愛厥妃)에 관한 사연을 읊은 시문이 시경국풍주 남에 나오는 관관저구(關關雎鳩)라는 글자다. 서쪽에서 온 돌궐(突厥, 蹶父)계통수문장의 딸을 후비로 삼아 이방인 서주의 시조가 번창했다 하여 관저지덕(后妃有 關雎之德)이라 했다. 이 시대를 성강지시(時) 또는 성강지치(成康之治)라고 한다. 그 후, 원주민의 봉기로 서주의 세력이 시들어 가자 이 문구를 증자가 관저지란(關雎之亂)으로 바꾸었다.

필자의 웹사이트에서 시경주남 첫 편인 관저(關雎) 내용을 간단히 설명했다.[49]

관저와 관련된 여러 문구(關雎之義, 關雎之亂)에 상(商)나라 말기에 여러 글자로 기록된 강태공(姜太公, 여상呂尚)과 상용(商容)이 나타난다.

상(商)나라 마지막 주왕(紂)이 주 문왕(文王)이 된 서백(西伯)을 정리(羑里, 羑裏)로 귀양보냈다. 서백 희발이 여상(呂尚)으로부터 단서(丹書)를 받고 10년 후에 상(商)나라를 정벌했다.[50] 기자를 감옥에서 풀어주고 돌아오는 길에 난리를 일으켰던 상용의 여문에 표창(表商容之閭)을 했다.

3) 강태공(姜太公)의 단서(丹書)

강태공(姜太公)이 주무왕(周武王)에게 단서(丹書)를 바쳤다고 한다. 강희자전에는 강태공이 견융계사지승(犬戎雞斯之乘)을 얻어 바쳤다고

---

[49] 관저지란(關雎之亂) - 2: 증자(曾子)가 바꾸었다. 《Lee Mosol's Book Collection》
[50] 康熙字典:《正字通》雞斯. 商王拘西伯於羑里. 太公得犬戎雞斯之乘, 以獻. 竹書紀年 帝辛: 三十一年, 西伯治兵于畢, 得呂尚以為師. 四十二年, 西伯發受丹書于呂尚. 史記 殷本紀: 釋箕子之囚, 封比干之墓, 表商容之閭.

했다. 설문에는 길황지승(吉皇之乘)을 주 문왕 때 견융(犬戎)이 바쳤다고 했다. 견융계사란 글자는 원주민을 '개를 데리고 사는 꼬리도 나지 않은 햇병아리 같은 천한 사람들'이라는 뜻으로 비하한 글자다. 고조선 원주민의 족보를 단서(丹書)라 했다. 이를 길황지승(吉皇之乘)이라 했다. 길황지승(吉皇之乘)을 맹자는 진지승(晉之乘)이라고 했다.[51] 진(晉: 晉: 明出地上)자에는 조선이란 뜻이 있다. 당숙우(唐叔虞)를 봉했던 곳에 유우씨(有虞氏), 즉 단군왕검의 후손이 살았다는 뜻이다. 단군조선의 족보를 이렇게 여러 글자로 실었다.

시황제(始皇帝)란 칭호의 어원: 허진은 고조선의 지도자를 "홍익인간, 제세이화"의 통치 이념을 시행하던 우수한 지도자란 뜻에서 '길황(吉皇)'이라 했다. 금미달을 얻은 진나라 왕(秦王政)이 길황(吉皇)이 다스리던 고조선의 영토 전역을 얻어 다스리기 시작했다. 전설의 삼황오제(三皇五帝)를 간략하여 진(秦)시황제(始皇帝)라 했다. 풀이가 다양한 삼황의 한 사람이 길황(吉皇)이다. 필자가 보기에는 천부인 세개(天符印三箇)를 아들에게 주었던 환웅천왕을 길황(吉皇)이라 했다.

길할 길吉자는 길(Korean word road or pike, 道)의 어음을 가차한 글자다.

은정월 재천(殷正月祭天)가 있다.

한국어 "길, 기리"의 어원이다. 애국가에 실린 "대한사람 대한으로 길이 보전하세"의 "길이는 기리"로도 읽는다. "길, 길다, 오래 오래 영원히"하는 뜻의 어음을 가차한 글자자 길할 길(吉)자다. 길 도(道; 辶,

---

[51] 說文解字: 吉皇之乘, 周文王時, 犬戎獻之. 孟子 離婁下: 晉之乘, 楚之檮杌, 魯之春秋, 一也

首)자는 횃불을 들고 앞서가는 지도자(伯; 亻白) 즉 동이수령 백익을 따라간다는 뜻이다.

애국가에 실린 "대한사람 대한으로 기리 보전하세"의 어원은 "吉皇之乘"의 길할 길(吉)자에서 왔다. 아니 그 뜻의 어음을 허진이 길황지승(吉皇之乘)이라 했다. 길, 기리란 "단군조선의 가승보, 즉 족보"를 뜻했다. 이 가승보를 "여러 글자로 적는 강태공이란 사람이 무왕의 아버지 서백 창"에게 주었다.

고조선 원주민의 족보를 단서(丹書)라 했다. 고조선의 가승보를 얻었다는 뜻이 단서(端緖)를 찾았다는 어휘로 전해온다.

함곡관에 살던 물수리(魚鷹, osprey)를 관저(關雎), 그를 태공망여상이라 했다. 여상(呂尙)은 서주 북쪽(上, 尙) 분수 연안 자그만 여울(개울)가에서 살다가 내려온 사람이다. 서백창(西伯昌)이 원주민 강태공의 딸을 부인으로 받아들여 아들을 보았다. 아들이 어머니 혈통을 따라 성(姓)명을 희발(姬發)이라 했다. 어음 희(姬, jī)는 해(解, jiě, jiè, xiè; 徯契)의 동음 이자로 하인 시녀(侍女)란 뜻이다. 서백창(西伯昌)이 필(畢)에 묻혔다. 아들 희발이 필(畢, bì)에서 하늘에 제사를 올리고 출병했다.[52] 마칠 필(畢, bì)자는 빛(光, beam of light)을 음차(音借)한 글자다. 고조선의 수도를 빼앗아 그 세력이 끝났다는 뜻이 있다.

---

[52] 史記 周本紀: 武王即位, 太公望為師, 周公旦為輔, 召公, 畢公之徒左右王, 師修文王緒業. 九年, 武王上祭于畢. 東 觀兵, 至于盟津. 周公旦把大鉞, 畢公把小鉞命畢公釋百姓之囚, 表商容之閭.

순망치한(脣亡齒寒)의 발상지 : 동주시대 우(虞), 괵(虢)의 위치,
傳說隱于虞 ["南宋时期的大文豪辛弃疾为何
被称为 "词中之龙" 趣历史网

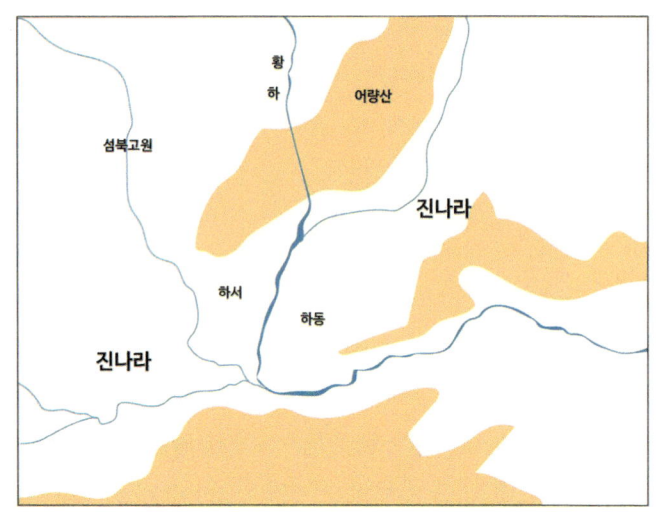

《竹書紀年》曰: 晉獻公十有九年, 獻公會虞師伐虢, 滅下陽;
虢公醜奔衛, 獻公命瑕父, 呂甥
邑于虢都.孔安國《傳》: 傳說隱于虞, 虢之間,
即此處也.傳巖東北十餘里, 即巔輪坂也.傳
說傭隱, 止息于此, 高宗求夢得之是矣.橋之東北有虞原,
原上道東有虞城, 堯妻舜以嬪于虞
者也.《晉太康地記》所謂北虞也.城東有山, 世謂之五家冢,
冢上有虞公廟,《春秋穀梁傳》
曰: 晉獻公將伐虢, 荀息曰: 君何不以屈產之乘, 垂棘之璧,
假道于虞.公曰: 此晉國之寶也.
公從之, 及取虢, 滅虞, 乃牽馬操璧, 璧則猶故.即宮之奇所謂: 虞,
虢其猶輔車相依, 脣亡齒
寒, 虢亡, 虞亦亡矣.

고조선 수도 평양(平壤)이 산서성 운성시

4) 상용(商容)과 기자(箕子)

상(商)나라 말기에 '미자(微子), 기자(箕子), 비간(比干) 세 현인'이 있었다. 모두 상용은 기자 이전 사람으로 상나라 마지막 왕 제신(帝辛殷紂紂 帝紂)의 집권 초-중기에 재상(宰相)이었다. 사기 은본기와 주본기에도 상용이 현인으로 실렸다.

무왕이 목야전에서 승리하고 전후 수습 복구책으로 상용을 찾으려 고향에 사람을 보냈다. 이를 표상용지려(表商容之閭)라 했다. 기자(箕子)가 풀려났던 때에 상용(商容)은 그의 고향에 은거하고 있었다. 공자가 만났던 노자가 상용(老子學商容)으로부터 배웠다는 문구도 있다.

양자법언(揚子法言)에는 상용(商容)을 상용(尚容)이라 했다. 그와 기자(箕子) 유하혜(柳下惠)는 모두 고조선(非朝)의 은자(隱者)로 동이(非夷尚容)라고 했다.53 일주서(逸周書)와 사기 등 여러 문헌에는 표상용지여(表商容之閭)라고 실려있다.

려(閭)자는 재궁 마을 입구를 뜻했다. 상용이 은퇴했던 곳은 삼문협 함곡관에 가까운 부열이 은닉했던 고조선 땅(傅說隱于虞)이었다. 전승장군 무왕이 돌아오는 길에 있는 여문(閭門)에 표상을 드렸다. 기자가 갔던 조선(朝鮮)에 상용(商容)이 있었다.

상나라는 무정이 부열(傅說)을 얻어 국토를 확장했다. 무을(武乙)이 고공단부를 함곡관 서쪽 위험한 지역 옛 고조선 땅으로 보냈다. 그곳에 세 개의 작은 나라들이 나타났다.54 세 국가 중 하나를 유소씨(有蘇氏)가 다스렸다. 초 두머리에 소(蘇: ++, 穌: 息也)자는 홍수로 잃어버렸던 시양(息壤)에 살던 사람의 후손이란 뜻이 있다.

---

53 揚子法言: 世稱東方生之盛也, 言不純師, 行不純表, 其流風, 遺書, 蔑如也. 或曰:「隱者也.」曰: 「昔之隱者, 吾聞其語矣, 又聞其行矣.」 或曰:「隱道多端」曰:「固也! 聖言聖行, 不逢其時, 聖人隱也. 賢言賢行, 不逢其時, 賢者隱也. 談言談行, 而不逢其時, 談者隱也. 昔者箕子之漆其身也, 狂接輿之被其髮也, 欲去而恐羅害者也. 箕子之《洪範》, 接輿之歌鳳也哉!」 或問:「東方生名過實者, 何也?」曰:「應諧, 不窮, 正諫, 穢德. 應諧似優, 不窮似哲, 正諫似直, 穢德似隱.」「請問名」曰:「詼達.」「惡比?」曰:「非夷尚容, 依隱玩世, 其滑稽之雄乎!」 或問:「柳下惠非朝隱者與?」曰:「君子謂之不恭. 古者高餓顯, 下祿隱.」

54 群書治要 春秋左氏傳下: 君無穢德, 又何禳焉, 若德之穢, 禳之何損, 詩, 曰: 惟此文王, 小心翼翼, 昭事上帝, 聿懷多福, 厥德不回, 以受方國翼翼, 恭也. 聿, 惟也. 回, 違也. 言文王德不違天人, 故四方之國歸往之, 君無違德, 方國將至, 何患於彗, 詩. 曰: 我無所監, 夏后及商, 用亂之故, 民卒流亡, 若德回亂, 民將流亡, 祝史之為, 無能補也. 公悅, 乃止.

봉신연의(封神演義) 기주후소호(冀州侯蘇護) 편에 유소씨(有蘇氏)와 달기에 관한 내용이 실렸다. 기주에 살던 단군왕검의 후손이 유소씨(有蘇氏)다. 걸왕이 유소씨(有蘇氏)를 정벌하고 노획한 달기(妲己)가 애첩이 되었다.

수상상용(首相商容)이 조언하다 실패하여 고향으로 돌아갔다. 중신들은 유능한 수상을 애석하게 떠나보내고 눈물을 흘리며 상나라 수도로 돌아왔다. 돌아온 관리들은 그러한 기색을 나타내지 않았다. 희발이 상나라를 치려고 맹진(孟津)에 갔다가, 아직 때가 아니라고 돌아왔다. 삼 년 후 상(商)나라에 민중 봉기가 나타난다. 이 기회를 이용하여 배를 타고 황하를 건너 목야전에서 상나라 군사를 무찔렀다. 이를 주관했던 사람을 제상으로 인식하여 만들어 붙인 이름이 상용(商用)이다. 길거리에 세워 놓은 환웅천왕의 흉상(雄常)을 상용이라 했다. 같은 개념의 흉상을 금으로 만들어 집안에 모셨다. 이를 금인(金人)이라 했다.

상(商)나라 사람들이 환웅천왕의 흉상(雄常, totem pole)을 징표로 사용(用)했다 하여 상용란(商用亂)이란 민중궐기(蹶起) 대회를 의미했다.

5) 군무예덕(君無穢德)

군소치요에 실린 시경문구 "夏后及商用亂之故, 民卒流亡" 는 현존하는 시경에는 보이지 않는다.[55] 하나라와 상나라의 말기에 고난(苦難)을 겪던 이유를 군무예덕(君無穢德)이라 했다. 예덕이란, 더러운 덕이라

---

55 毛詩正義: 邶鄘衛譜邶, 鄘, 衛者, 商紂畿內方千里之地. ○正義曰:《地理志》云:「河內本殷之舊都, 周既滅殷, 分其畿內為三國,《詩·風》邶, 鄘, 衛是也.」如《志》之言, 故知畿內. 以畿內, 故知方千里也. ○其封域在《禹貢》冀州大行之東

풀이할 수 없다. 예(穢)맥족의 지도자와 같은 현명한 군주가 베풀었던 덕치를 뜻했다. 하동고성(苦城)에 살던 예맥족 지도자가 올바른 통치를 했다는 뜻이다.

상용지여(商容之閭)의 여(閭)자는 여문(閭門, Tori Gate. 鄕為閭: 삼족오를 숭상하는 사람들이 사는 마을 앞에 세워 놓은 여문(閭門) 모양의 관을 만들어 사용했다. 그러한 관(閭)을 북당(北唐)에서 선물로 갖고 성주회에 왔다. 기자가 도망갔던 고조선 땅이었던 태행산(逃入太行山隱居)에 환웅상(桓雄像, totem pole)이었다. 숙신씨(肅愼氏) 마을 북쪽에 선인대제(先入代帝) 웅상(雄常)이 있었다. 이를 상용(商容)이라 했다. 무왕은 상나라를 정벌한 뒤 기자를 석방하고, 상용(商容)을 다시 그 자리에 앉히려고 했지만(商容而復其位), 패망한 상나라 지도층은 걸의 아들 무강을 록부(武庚祿父)로 세워 반강(盤庚)의 유업을 계승하도록 했다. 상용이 상나라 사람이었다면 무강이 상나라를 계승할 수 없었다. 상용(商容)은 상(商)나라 사람이 숭상하던 환웅상(桓雄像, totem pole)이었다.

6) 서백창(西伯昌)의 아들 서백발(西伯發)

상나라 마지막 30대 왕 제신(帝辛)이 희발의 아버지 서백창(西伯昌)을 수감했다가, 뇌물을 받고 풀어주었다. 창이 죽고 아들 서백발 또한 원주민을 학살(西伯發伐黎)했다. 문왕이 강녀(姜女)를 부인으로 받아들였다.56 강녀(姜女)는 제나라의 시조로 알려진 강태공여상(姜太公呂尙)

---

56 孟子 梁惠王下: 孟子對曰:「昔者大王居邠, 狄人侵之. 事之以皮幣, 不得免焉; 事之以犬馬, 不得免焉; 事之以珠玉, 不得免焉. 乃屬其耆老而告之曰: 『狄人之所欲者, 吾土地也. 吾聞之也: 君子

의 딸이다. 오늘의 태원 일대 내릴 강자 강수(洚降水) 연안이 강태공의 본향이다. 진주(晉州)가 한국 강씨의 본향이라 한다. 강태공(姜太公) 여상(呂尚)이란 '위(上)에 있는 여울(水, Creek) 이란 뜻'이다. 그의 혈통을 고조선 땅에 하나라가 나타나던 시절(虞夏之際)에 북쪽 분수 연아여(封於呂)에 봉해졌던 사람의 후예라 했다. 그가 내려와 재궁(齋宮)이 있던 곳에 정착하여 제(齋, 齊)나라가 나타났다.[57] 주선왕 때, 그곳에 번후 중산부가 성을 쌓았다. 그에서 여문(閭門)이란 낱말이 나타났다.

상서에는 주목왕(周穆王)이 여후(惟呂命)에게 명하여 하나라 때의 보속형(夏贖刑)을 개조하여 만들었다는 여형(呂刑)이 있다. 산서성 분수(汾水) 계곡에 여량시(呂梁市)가 있다. '여울을 건너는 다리가 있던 곳'이라는 뜻을 담고 있다.

단군조선의 재실을 지키던 사람을 궁지기(宮之奇)라 했다. 고조선이 분산되어 북쪽으로 도망갔다. 그 세력이 진(晉)나라를 위협했다. 유우씨(有虞氏)의 종가 후손 우(虞)가 진나라를 큰 댁(晉, 吾宗也)이라는 등 정신 나간 얘기를 하여 듣다 못한 재궁지기가 "순망치한(脣亡齒寒)"이라고 조언을 했다. 진나라 순식(晉荀息)의 계획에 따르면 두 나라가 모두 망한다는 뜻이다. 진(晉)나라는 그렇게 '虢, 虞' 이 두 나라를 모두 멸망시켰다. 분수(汾水) 하구분음(汾陰)에 재궁(齋宮)이 있었다. 오늘의 산서성(山西省) 영하현(榮河縣) 북쪽 보정(山西萬榮縣西南寶井村寶鼎)이

不以其所以養人者害人. 二三子何患乎無君? 我將去之.』去邠, 踰梁山, 邑于岐山之下居焉. 邠人曰:『仁人也, 不可失也.』從之者如歸市.『世守也, 非身之所能為也. 效死勿去.』君請擇於斯二者
[57] 史記 齊太公世家: 太公望呂尚者, 東海上人. 其先祖嘗為四嶽, 佐禹平水土甚有功. 虞夏之際封於呂, 或封於申, 姓姜氏. 夏商之時, 申, 呂或封枝庶子孫, 或為庶人, 尚其後苗裔也. 本姓姜氏, 故曰呂尚.

나타난 곳이라 한다.58 원정(元鼎) 4년(기원전 113년)에 분음에서 보정(寶鼎)이 발견되었다. 한(漢) 무제(武帝)가 후토(后土; 神農后稷)의 사당을 세우고 제사를 드렸다.

보정(寶鼎)이 발굴된 곳: 분수(汾水) 하구분음(汾陰)에 재궁(齋宮)이 있었다.

弓矢斯張.雙鴈曰乘
보옥대궁(竊寶玉大弓) 숙진씨활(肅愼弓矢)
단궁(檀弓) 맥궁(貊弓)

한국 전통 활

---

58 全唐詩 汾陰行 君不見昔日西京全盛時, 汾陰後土親祭祠, 齋宮宿寢設儲供, 撞鐘鳴鼓樹羽旗. 漢家五葉才且雄, 賓延萬靈朝九戎. 柏梁賦詩高宴龍, 詔書法駕幸河東, Key word: 山西萬榮縣西南寶井村寶鼎

傳說為馬車的發明者.
《荀子·解蔽》: "奚仲作車, 乘杜作乘馬."
楊倞注: 《世本》云: '相土作乘馬,' 杜與土同……以其作乘馬之法,
故謂之乘杜"

 고공단부를 따르던 주족이 유신(維新)이란 미명 아래 모든 수단과 방법을 가리지 않고 원주민을 제압했다.[59] 계력(季歷)이 본거지를 정읍(程邑)으로 옮기고, 원주민의 수도 연경(燕京之戎)을 빼앗으려다 실패(敗績)했다.

 상나라 말기 왕조는 무을(武乙), 문정(文丁), 제을(帝乙), 다음 제신(帝辛)이 주왕(紂王)이라고도 하는 마지막이다. 상나라 문정(文丁)이 주공 계력(周公季歷)을 죽였다.

 계력(季歷) 이전의 가승보에는 많은 의문이 있다. 주 무왕의 복잡한 혈통을 강희자전에는 농업의 주신인 후직(后稷)의 13세 후손이고 공단부(亶父)라 한다.

 제신(帝辛) 집권 21년에 제후들이 서백창을 찾아(諸侯朝周)갔다. 부모를 잃었던 백이숙제(伯夷叔齊自孤竹歸于周)도 참여했다. 집권 23년에 서백창을 유리(于羑里)에 감금했다. 서백창이 죽고 아들 발이 서백(西伯發)이 되었다. 서백(西伯)이 된 희발(姬發)이 집권 11년(기원전 1046년)에 상나라를 멸하고 4년 후에 되돌아 온 기자를 만나고 다음 해에 죽었다. 서주는 무왕부터 12대 유왕(幽王) 11년에 망했다. 시경에는

---

59 https://ctext.org/zh:《詩》曰:「周雖舊邦,其命維新.」《書·胤征》舊染污俗, 咸與維新

빈(邠, 豳, 彬) 세 글자 중에 울타리 안에 돼지를 가둔 글자 빈(豳)자 하나만 보인다. 빈풍(豳風)이란 국풍(國風)이 있다. '빈(邠, 豳)'이란 곳은 풀이가 다양하다.60

지도에서 그림 글자로 개념을 남긴 것을 찾으려고 하다 보니 이상한 풀이를 많이 했다.

우부풍이라 부르던 곳으로 오늘의 섬서성 서안부(右扶風美陽縣陝西西安府)라 한다.

모시정의(毛詩正義)에 이르기를 국풍(國風)중에 주공과 소공이 다스리던 지역(周南, 召南)의 향가 25편을 정풍(正風)이라 하고 나머지 국풍은 변풍(變風)이라 했다. 변풍은 모두 주나라 왕실이 쇠약해지던 시절에 나타났다. 어음 변(變)은 여러 글자로 적는 변한(弁韓) 사람들이 부르던 가요란 뜻이다. 글자 꼴이 번잡한 빈풍(豳風) 7수와 그 옆에 있던 작은 나라 조풍(曹風)은 서주의 경기 지역에서 나타난 향가다. 부여(扶餘, 夫餘)의 어원이 되는 하루살이 부유(蜉蝣)가 조풍(曹風)에 실렸다.

7) 시치국지도(習治國之道)

시치(習治)란 [시(斯解)가 다스리다]란 뜻이 정치(政治)다. 칙호시합(則好始洽)이라, 즉 그 법칙은 물이 합쳐 흘러가듯 조화를 이루도록 했다. 익힐 습(習)이라고 읽는 글자는 시(西 昔 斯 息 解 亥)의 동음이자다. 그 부족이 춘추시대 초기(齊桓之時)에 난을 일으켜 "고시치칙상시란이야(故

---

60 廣韻·豳: 地名本豳國之地又有豳城公劉所邑蓋此地也, 因以名州亦作邠又姓出姓苑. 康熙字典·邠: 《說文》周太王國, 在右扶風美陽縣, 亦作豳. 互詳豕部豳字註. 又《廣韻》州名, 今屬陝西西安府. 又與彬同. 文貌. 《揚子·太經》斐如邠如, 虎豹文如.

習治則傷始亂也)라, 즉 고조선(習治國: 息壤) 사람들이(習: xí, 奚, 息, 攜, 昔, 解) 다스리던 법칙이 상하여 난리가 나타나기 시작했다"고했다. 이를 관자는 환공 때 미란(桓公彌亂, 今國彌亂)이라 했다. 미가 다스리던 사람들이 중원을 석권했다는 뜻이다. 필자는 발조선 시대라 정의했다.

시치국(習治國) 지도자를 시경에서는 비왕(非王), 관자는 해왕지국(海王之國)이라고 했다. 해국지대환(解國之大患)이라는 문구도 있다. 신흥 유가들이 글자 작란을 하여 고조선의 뿌리를 감추었다.[61]

옛적 고조선 수도를 지키던 원주민(燕京之戎)이 반항했다. 이를 적반하장격으로 적인(狄人; 고조선 원주민)은 여러 가지 뇌물을 바쳐도 듣지 않고 오직 땅만을 요구한다고 했다.[62] 이때 하나라 때 쓰던 윤정(胤征) 즉 유신(維新)이란 용어가 같은 지역에 또다시 나타났다. 원주민 동화 학살 정책을 실시했다는 뜻이다. 이를 끝낸 시기를 성강지치(成康之治)라 했다. 양자법언(揚子法言)에는 성강지시(周康之時)에 선조를 찬미한 송(頌)을 불렀고 그전에는 관저(關雎)를 읊었다. 즉 주 무왕의 외할아버지 강태공이 전에 서주 발생지인 고조선 땅의 지도자(斯干)가 다스려 이를 시치(習治, 斯治)라 했다.[63]

---

61 周易 易經 ䷜坎: 習坎, 重險也. 水流而不盈, 行險而不失其信. 維心亨, 乃以剛中也. 行有尚, 往有功也. 天險不可升也, 地險山川丘陵也, 王公設險以守其國, 坎之時用大矣哉! 習坎: 君子以 常德行, 習教事. 山海經 海內經: 洪水滔天. 鯀竊帝之息壤以堙洪水, 不待帝命. 帝令祝融殺鯀于羽郊. 鯀復生禹. 帝乃命禹卒布土以定九州.
62 孟子 梁惠王下: 孟子對曰:「昔者大王居邠, 狄人侵之. 事之以皮幣, 不得免焉; 事之以犬馬, 不得免焉; 事之以珠玉, 不得免焉. 乃屬其耆老而告之曰: 『狄人之所欲者, 吾土地也. 吾聞之也: 君子不以其所以養人者害人. 二三子何患乎無君? 我將去之.』去邠, 踰梁山, 邑于岐山之下居焉. 邠人曰: 『仁人也, 不可失也.』從之者如歸市. 『世守也, 非身之所能為也. 效死勿去.』君請擇於斯二者.」
63 揚子法言: 周康之時, 頌聲作乎下,《關雎》作乎上, 習治也.

중국의 모사꾼들은 이렇게 글자 작란을 해서 그를 증거로 영토를 확장해 왔다. 최근에는 논어학이 편시(習)자를 공산당 주석 시진평(習近平)을 뜻 한 글자로 바꾸어 그가 장기 집권할 수 있는 기틀을 만들었다.

2. 주무왕의 선물 이괘(利簋)

서백창 희발이 함곡관을 나와 배를 타고 황하를 건너 목야에서 상나라 군사를 격파하고 마지막 왕 제신(紂王, 帝辛, ? ~ 기원전 1046년)을 그의 애첩 달기와 함께 처형했다.

서안 동쪽, 함곡관 서쪽 사이에 있는 임동현(臨潼縣)에서 1976년에 골동품이 나타났다. 바닥에 글자가 있어 선물의 사연이 밝혀졌다. 이를 이괘(利簋)라 한다. 글자를 금석문 연구한 사람들이 아래와 같이 풀이했다.

이괘명문
珷征商隹 (唯) 甲子朝岁鼎 (貞) 克昏 (聞) 夙又 (有) 商辛未王
才 (在) 管师昜 (賜) 又 (右) 吏利金用乍 (作) 䄠公宝尊彝.

주무왕(珷)이 상초(商隹)를 같이 정벌한 선공(䄠公)에게 주었다.[64]

초(隹; cuī)자는 '꼬리도 나지 않은 햇병아리'라는 뜻의 글자다. 아직도 한국어에 남아있는 어휘와 표현이다. 평안도 방언이 인칭을 뜻한 치(혹

---

[64] 康熙字典. 䄠:《唐韻》《集韻》《正韻》諸延切, 音襢.《說文》旃, 或从亶.《周禮·春官·司常》通帛爲䄠.《註》通帛, 謂大赤, 從周正色.《又》孤卿建䄠.《註》孤卿不畫, 言奉王之政教而已

치, 염사치, 양아치)가 초(隹, cuī)자다. 이쾌에 나타난 금석 문자 '선(䄠)'은 '제터 단(壇)'자와 비슷하다. 제터 단(壇)자를 박달나무 단(檀)자로 바꾸어 설명했다. 그 시절에 제사를 올렸다. '제터 [祭-]란 뜻의 단(壇; 祭場. 祭壇)'자가 없을 리가 없다. 그러나 보이지 않는다. 후한 광무제 때에 어용학자들이 옛 경전에서 백여만언(百餘萬言)을 바꾸었다는 기록이 있다.

무왕이 만들어 준 기념품은 단군왕검(壇君王儉)의 먼 후손, 단공(壇公)에게 주었다. 그가 햇님의 후손을 사음하여 만든 글자 필/비공(畢bì 毕公)으로 시경의 시간(斯干)이다. 천한 원주민의 지도자란 뜻이다. 그가 백이 숙제의 동생이다. 그의 선조가 다스려 시치(習治)라 했다. 성왕(成王)이 아버지 친구가 살던 고을을 빼앗고 강 건너에 성을 쌓아 살게 했다. 이 역사적 사실을 왕수(王帥) 연사성한(燕師城韓), 왕사한후명(王錫韓侯命)이라 했다. 무왕의 죽마고우를 한후(韓侯)라고 불러 그 지역을 한원(韓原)이라 한다. 그곳에서 두 진(秦, 晉)나라가 싸워 한원 지전(韓原)이라 한다. 한반도에 사는 삼한(三韓) 사람들의 고향이다.

1) 떳떳할 이(彝)자는 조상의 대명사로 쓰인 글자다.

경전문헌에는 보(寶)자가 없다. 모두 "寶"자로 실렸다. 백익을 뜻한 이(彝)자는 "彝"가 원조이다. 어떤 사연에서 쌀 미(米)자는 살려 두고, 명주실 사(糸)자를 나눌 분(分)자로 바꾸었다. 분하(邠, 汾)와 관계가 있다는 뜻이다. 명주실의 상형이 들어있는 이(彝)자를 이아(爾雅)에는 제기로 풀이하고, 모든 법도의 상징으로 풀이했다.[65] 상서와 시경에는

---

[65] 爾雅 釋器: 彝, 卣, 罍, 器也. 爾雅 釋詁: 典, 彝, 法, 則, 刑, 範, 矩, 庸, 恆, 律, 戛, 職, 秩, 常

"彛"로 실렸다.66 산해경에는 이 두 글자가 없다. "彝"자는 상서대전, 사기색은 등주로 한나라 이후 문헌에 나온다.67

설문해자에는 상서에 있다는 문구를 인용했지만 글자가 다르다.68
백익을 살해하고 그를 여러 글자와 별명을 붙여 기록했다.69 상서순전(尙書舜典)에 '여러 사람이 추천하여 백익(伯益)을 지도자로 만들었다'는 문구를 백관전에는 글자를 은폐했다.70 숨겨진 글자를 응소는 백익(伯益也)을 뜻한 상형 자라고 밝혔다. 백익의 후손이 세운 정세가에는 글꼴은 비슷하나 획수가 다른 글자(彛, 彝)로 기록했다.

이래 명문 끝에 두 글자 "尊彝"를 "鼎彝"라고도 하여 조상을 섬기는 제사에 쓰는 귀한 물건으로 풀이했다. 단군왕검 백익(伯益)의 후손을 뜻한 글자가 이(彝)자다. 이(彝)자를 은닉하거나 여러 형의 글자로 기록하여 혼란을 초래했다.71 홍범에 나타난 이윤(彝倫)이란 글자는 여러 단군이 지켜오던 우리 한민족의 오래된 율법이란 뜻이다. 모든 일을 실

也, 柯, 憲, 刑, 範, 辟, 律, 矩, 則, 法也.
66 武王旣勝殷, 邦諸侯, 班宗彝, 作《分器》. 詩經 蕩之什 烝民: 民之秉彝, 好是懿德. 彝: 〔古文〕蘇 𪓟鮮《正韻》延知切, 音姨.《說文》宗廟常器也. 从糸. 糸, 綦也. 升, 持米器, 中實也. 彑聲.《左傳·襄十九年》取其所得, 以作彝器.《註》謂鍾鼎爲宗廟之常器. 又《廣韻》酒尊也.《爾雅·釋器》彝卣罍, 器也.《註》皆盛酒尊, 彝其總名. 又《廣韻》法也.《周禮·春官》司尊彝.《註》彝, 灋也. 言爲尊之灋也.《書·洪範》彝倫攸敍.《詩·大雅》民之秉彝.《玉篇》一作.
67 尙書大傳 天子衣服, 其文華蟲, 作繢, 宗彝, 藻火, 山龍.
68 說文解字:《商書》曰:「彝倫攸斁.」
69 康熙字典:《前漢·百官公卿表》作朕虞.《師古曰》, 古益字.《應劭曰》, 伯益也. 又《集韻》籀文嗌字. ○按《說文》作, 首上从丱, 不連
70 尙書 虞書 舜典: 帝曰:「疇若予上下草木鳥獸?」僉曰:「益哉!」帝曰:「俞, 咨! 益, 汝作朕虞.」益拜稽首, 讓于朱虎, 熊羆. 帝曰:「俞, 往哉! 汝諧.」
71 帝乃震怒, 不畀『洪範』九疇, 彝倫攸斁. 鯀則殛死, 禹乃嗣興, 天乃錫禹『洪範』九疇, 彝倫攸敍.

천할 때는 순서에 따라(바를 유, 차례 서) 유서(攸敍)라고 강조했다.

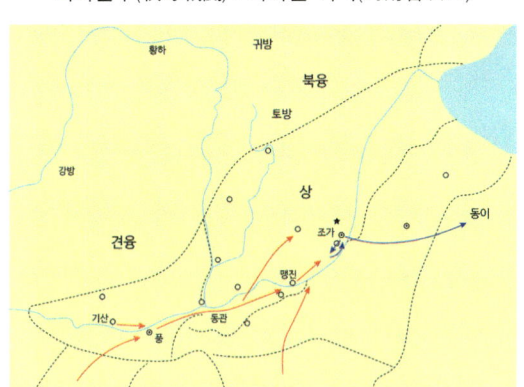

목야전투(牧野戰鬪) : 목야전 위치(河南省淇县)

동쪽으로 많이 옮겼다.
坶: 坶野殷近郊地名古文尚書作此坶
十二年辛卯, 王率西夷諸侯伐殷, 敗之于坶野.王親禽受丁南單之臺,
遂分天之明.立受子祿父, 是爲武庚.夏四月, 王歸于豐,
饗于太廟.命監殷.遂狩於管.作《大武樂》.

순임금(帝舜有虞氏) 시절에 가까이에 살던 숙신씨(肅愼氏)가 활을 선물로 가지고 찾아왔고, 멀리 북쪽에서 옥으로 장식한 보물(寶玉)을 가지고 온 현도씨(玄都氏)가 있었다. 상나라 시조 설현왕(契玄王)을 현도씨(玄都氏)라 했다. 그 또한 치수 사업에 관여했다. 숙신(肅愼)이란 글자에는 '엄숙하게 빛(辰)을 섬기는 마음을 가진 착한 사람'이라는 뜻이 있다. 같은 글자가 국어 노어(魯語)와 춘추좌전에도 나온다. 삼진은 해와 달과 별(三辰, 日月星也)을 뜻한다. 진(辰)자는 동쪽 또는 아침을 뜻한다. 진(辰fá /bhiæt bhiæt. 화빛) 훤히 밝다는 뜻이고, '큰진이해(sun)다(大辰者何), 또한 별이다. 큰진이 북극성이다'라고 했다.

2) 삼신(三神) 사상의 근원: 진(辰)을 신(神)이라고도 발음했다

삼신이란 뜻은 해와 달 그리고 북극성(三辰, 日月星)을 의미한다. 이를 사음한 여러 글자(震, 娠, 振, 眞, 陳, 秦, 晉. 伸, 神, 愼, 辛, 信, 晨, 脹, 迅)는 모두 별 진(辰)자에서 유래되었다. 북현무라고 하는 [현(玄)자는 북쪽에 높이 멀리 떠 있는 가물가물한 작은 물체]를 뜻한 복합 상형 글자다. 단은 신과 같다(旦: 又與神同)는 문구가 있다. 서역 사람들이 중국의 제일 서쪽, 옛 제후 국진(秦)의 영역이었던 감숙성을 진단(震旦)이라 했다. 중국에서는 같은 지역을 신주(神州)라고도 했다. 진(辰)자와 음이 같은 여러 글자로 적었다. 한국말에 갓난 애를 <아기, 애기, 아해(兒)>라고 했다. 이를 한자로는 해동(孩童) 또는 동해(童孩)라고 적었다. 애기의 어원은 햇님의 은총을 받아 태어난 생명체란 뜻이다. 어린 아기를 뜻한 합성 글자 해(孩; 子, 亥)는 <당시에 고조선 사람들을 비하하여 돼지 떼들>이라고 했다. 돼지들의 애기를 뜻한 글자다. 돼지 떼들이 강을 건넜다. 삼시도하(三豕渡河)란 사자성어가 이곳에서 나타났다. 그 지역에서 나타난 전쟁을 한원지전(韓原之戰)이라 한다.

3) 성주회(成周會)

반란을 진압하고 전승을 기념하는 큰 축제가 함곡관 동쪽에서 열렸다. 이를 성주회(成周會)라 한다. 그 축제에 기자가 나타났다. 성주회를 마치고 영백(榮伯)이 이괘를 만들어 숙진(息愼)씨에게 주었다.[72] 이를 이응래

---

[72] 史記 周本紀: 成王旣遷殷遺民, 周公以王命告, 作多士, 無佚. 召公爲保, 周公爲師, 東伐淮夷, 殘奄, 遷其君薄姑.成王自奄歸, 在宗周, 作多方. 旣絀殷命, 襲淮夷, 歸在豊, 作周官. 成王旣伐東夷, 息愼來賀, 王賜榮伯作賄息愼之命. 竹書紀年 成王: 三十年, 離戎來賓

빈(離戎來賓)이라고 했다. 즉, 떠나갔던 원주민이 되돌아왔다고 했다.

사기에(단군왕검. 동이부락수령) 백익이 우의 아들 계에게 양위하고 살던 곳이다.(益讓帝禹之子啟, 而辟居箕山之陽) 같은 곳을 기산 주위란 뜻에 여러 글자(箕山之陽; 陰)로 기록했다. 기(箕)자는 기자를 뜻한 글자다. 기산은 어느 분지 안에 있던 산이라 그 주위에 마을이 있었다. 금미달 지역 청구(青邱)를 의미했다. 이를 설문에는 푸른 오리(wild duck) 청부지소(青鳧之所)로, 여씨춘추여람에는 청도지소(青島之所)로 바꾸어 기록했다.73

문헌을 종합해 보면, 오늘의 산서성 임분시(臨汾市, 古稱平陽)가 아사달(阿斯達)이다. 그 후 수도를 북쪽으로 옮겨, 오늘의 태원시가 오랫동안 수도로 사용되었다. 세금을 바치기로 정했던 목성(木星, Jupiter)이 궁전 뜰에 있는 나무 위에 비추면 유(柳樫)자가 '성목요일(聖木曜日)'이란 이름이 나타났던 곳이다.

숙신씨(肅慎氏)가 옳은 글자 선택이다. 왕회해에는 기장을 뜻한 직진(稷慎)이라 했고, 사기에는 '식진(息慎)'이라는 비하하는 단어를 썼다. 한후 영역에서 나는 특산물을 동호황웅(東胡黃羆)이라 했다.

기자를 도망갔던 사슴으로 묘사했다. 그가 돌아와 주왕실에 폐백을 바치고 서주 창립에 공헌했다.74 기자에 관한 기록을 남겼다고 하나 내용이 전하지 않는 기자 편(作箕子)이 있다. 고조선에서 보낸 특사(彌土)

---

73 說文解字 木部: 伊尹曰:「果之美者, 箕山之東, 青鳧之所, 有櫨橘焉.」康熙字典:《呂覽·本味篇》果之美者, 箕山之東, 青鳧之所, 有甘櫨焉.」
74 逸周書: 周室之初箕子陳疇周官分職皆以數紀大致與此書相似. 周室之初箕子陳疇. 武王既釋箕子囚, 俾民辟寧之以王. 彌宗旁之. 其左泰土, 臺右彌土, 獨鹿邛邛, 邛邛善走者也. 孤竹距虛. 不令支

는 중앙 무대 오른쪽 높은 자리에 있었다. 공공국을 외로운 사슴 자리(獨鹿邛邛)로 준비해 놓았지만 나타나지 않아 고죽군 자리는 비었다(孤竹距虛)고 기록했다. 성주회 당시 백이숙제가 은닉했다는 곳, 즉 분수 강수 연안에선 왕의 아버지가 잡혀갔다 하여 그를 왕분(汾王)이라 했다.

부영지(不令支)란 영지(靈芝)버섯이 나는 곳, 신령한 곳 영지(靈地)란 뜻을 가차, 전주한 글자다. 발해(勃海)라 하던 산서성 동북부 대현 오대산 일대다.

황하문명 발생지에 살던 이들을 여러 이름으로 기록했다. 부여 구려 선비 선우하는 이름 모두 고조선 사람들의 부족 국가에 붙였던 이름이다. 시경과 춘추 삼전, 국어, 신서 등 선진 문헌에 나오는 이름들이다.

부여는 시경 조풍에 부유(蜉蝣)로, 산해경에는 호부여지국(胡不與之國)으로 나온다. 서쪽에서 온 <오환족(烏孫, Scythian)으로 그 일대에 살던 사람들과는 다른 떠돌이>라는 뜻이다. 순자에는 부유작시(浮游作矢)라고 했다. 순임금 시절에 선물로 가지고 찾아온 숙신씨(肅慎氏)와 같은 부족이 지도자를 잃어 북쪽으로 다시 올라가고, 남아있던 사람들을 하루살이 같은 떠돌이(vagabond)라고 했다.

숙신씨의 지도자가 주무왕의 친구로 상나라를 정벌하고 가까이 지낸다. 그 상황을 읊은 시문이 시경에 실린 시한(詩經 斯干)이다. 그에게 이괘를 선물로 준 사람이 무왕의 아들 성왕이다. 그다음이 강왕이다. 이두왕 시절(成康之際)에 더 이상 원주민 학살이 없었다 하여 성강지치(成康之治)라 한다. 아들에게 원주민 세력을 조심하라는 뜻에 필명(畢命)을 남겼다.[75]

---

[75] 史記 周本紀: 成王將崩, 懼太子釗之不任, 乃命召公, 畢公率諸侯以相太子而立之. 成王既崩, 二公率諸侯, 以太子釗見於先王廟, 申告以文王, 武王之所以爲王業之不易, 務在節儉, 毋多欲, 以

강왕의 아들이 4대 주소왕(周昭王)이 되었다. 그가 한강을 건너다(涉漢) 코뿔소의 공격을 받아 많은 군사와 같이 죽었다. 왕(昭王) 첫 해에 원주민이 세력을 키웠던 사실을 복설상위(復設象魏)라 했다. 그가 원주민과의 전쟁에서 크게 다쳤다. 이를 한 수를 건너다(涉漢) 코뿔소를 만났다(涉漢, 遇大兕)고 기록했다. 그 후 3년 만에 죽었다.76

앞서 서주 창립의 영역과 정풍 변풍의 뜻을 설명했다. 논란의 대상이 되고 있는 관저(關雎)를 첫 시문으로 실은 주남에는 광한(漢廣)이 있다. 한수(漢水)를 '건너다'라는 뜻이 섭한(涉漢)이다. 광한이 그 지역을 읊은 시문이다. 서주 설립 초기에 발생한 사건이라 사기 주본기(周本紀)에 마땅히 실렸어야 할 글자가 실리지 않았다. 죽서기년에 실린 연사성한(燕師城韓)이란 문구는 연경의융(燕京之戎)을 데리고 무왕의 죽마고우였던 필공이 살던 운성시 평양성을 빼앗고 강 건너 섬서성에 살도록 새로 성을 지었던 사실을 적은 문구다. 그곳 서주 발상지에서 제후국 두진(秦晉) 나라가 기원전 645년에 싸운 전쟁을 한원지전(韓原之戰)이라고 한다. 클 한(韓, Khan)자, 즉융의 지도자를 한나라 한(漢)자로 바꾸었다.77

4) 한(韓)을 한(漢)자로 시경 주남 광한(漢廣) 섭한(涉漢)에 올렸다

시경 주남 광한(漢廣)을 모시정의 태평어람 시설 등 여러 문헌에는

篤信臨之, 作顧命. 太子釗遂立, 是為康王. 康王即位, 遍告諸侯, 宣告以文武之業以申之, 作《康誥》. 故成康之際, 天下安寧, 刑錯四十餘年不用. 康王命作策畢公分居里, 成周郊, 作《畢命》.
76 竹書紀年 成王: 十二年, 王帥, 燕師城韓. 王錫韓侯命. 三十年, 離戎來賓
77 尙書 夏書 禹貢: 荊及衡陽惟荊州. 江, 漢朝宗于海, 九江孔殷, 沱, 潛既道, 雲土, 夢作乂. 厥土惟塗泥, 厥田惟下中, 厥賦上下. 竹書紀年 成王: 三十年, 離戎來賓

문왕(文王)의 업적을 미화한 사실을 읊은 시(賦)라 했다. 그러나 시문을 읽어보면 그 뜻이 다르다.

> 南有喬木, 不可休息. 漢有游女, 不可求思. 漢之廣矣,
> 不可泳思. 江之永矣, 不可方思. 翹翹錯薪,
> 言刈其楚. 之子于歸, 言秣其馬. 漢之廣矣,
> 不可泳思. 江之永矣, 不可方思. 翹翹錯薪,
> 言刈其蔞. 之子于歸, 言秣其駒. 漢之廣矣,
> 不可泳思. 江之永矣, 不可方思.

반복되는 "漢之廣矣, 不可泳思. 江之永矣, 不可方思"로 시인의 감정을 표현했다. 한(漢)은 연경(燕京)에 사는 지도자(韓)를 의미했다. 이방인 주족이 융족 지도자 한(韓 Gahan, Khan)의 영역은 '탐나지만 얻을 수 없었다'는 뜻이 담긴 시문이다.

뒤를 이은 목왕(穆王)이 서왕무(西王毋)를 찾아갔다. 서역(西膜之所) 곤륜산(崑崙山)에 가장 현명한 사람 곤륜선인(崑崙八仙)이 산다는 전설을 믿고 그를 찾아갔던 기록이 『목천자전(穆天子傳)』이다.

사기에는 목천자가 없다. 한서에 '목목천자(穆穆天子)'라는 문구가 있다. 목천자(穆天子)란 그 지역 통치자를 지극히 높여 부른 존칭이다.

5) 목천자전(穆天子傳)

목천자(穆天子)는 고조선 원주민의 후예다. 나이 50세에 왕이 되어 54년을 통치하고 기궁(祇宮), 즉 종묘에서 죽었다. 진서에 주설립 이후

목왕 100년(自周受命至穆王百年), 비목왕수백세(非穆王壽百歲)라 했다. 아니 비(非)자는 그가 100세를 살았다는 뜻이 아니라 해지 연안에 살던 왕검의 후손인 해비씨(解柀氏) 비씨(費氏, 妣)가 혈통임을 의미한다. 일주서(逸周書, 汲冢周書)에 목왕 서역 여행에 관한 기록이 있다. 그가 미지의 세계를 다녀온(遭大荒) 이유는 "모구환분재(謀救患分災)" 즉, 재앙과 환란 속에 빠진 나라를 구하기 위해서였다. 올바른 판단(이윤, 彛倫)을 들으려고 곤륜선인(昆侖仙人)을 찾아갔다.

초씨역림(焦氏易林)에 <모두 북해로 돌아와서 서왕무(西王毋)를 배알(拜謁)하고 대접을 받았다>는 곳이다. 무(毋)자를 어미 모(母)자로 잘못 읽고 있다. 곤륜상석실에 산다고 인식했던 신선(女仙,真人)이 서왕무다. 그가 살던 지역을 서막지소위홍로(西膜之所謂鴻鷺)라, 즉 서쪽 사막에 큰 기러기와 백로가 사는 곳이라 했다. 서왕모/무(西王毋)와 관구/무구검(毋丘儉)은 같은 글자다.

목천자는 조상이 하늘에서 내려왔다는 제일 높은 산을 찾아갔다. 곤륜산이란 신농시 때 운사우사가 살던 곳이다.[78]

목천자의 혈통이 중원에 기록으로 전해왔다. 이를 우본기(禹本紀)라 했다. 사마천이 읽었다. 그 내용에 황하가 곤륜산(河出崑崙)에서 시작했다는 기록이 있었다. 장학은 흉노에게 쫓겨 천산남로를 통해서 역을 다녀와서 목천자가 보고 왔던 곤륜산(Khan Tangri)을 못 보았다 하여

---

[78] 焦氏易林 井: 三人爲旅, 俱歸北海. 入門上堂, 拜謁王母. 勞賜我酒, 懽樂無疆. 太平御覽 真人下: 茅盈從西城王詣白玉龜臺, 朝謁王母, 求長生之道, 王母授以玄真之經, 又授寶書童散四方. 太平廣記 女仙一 西王母: 茅君從西城王君詣白玉龜臺, 朝謁王母, 求長生之道.

사마천이 목천자의 얘기가 거짓말이라고 결론을 내 '판타지 소설'이라고 한다. 아니다. 그는 곤륜산이 있는 중앙아시아를 다녀왔다. 목천자가 다녀온 사실을 읊은 시문(賦)이 소아기소(圻招)라 했다.[79] 그러나 시경에는 그 이름이 붙은 시문은 없다. 가장 비슷한 시(詩)문이 시경소아(詩經小雅祈父之什)에 실린 기부(祈父)라 본다.

곤륜(昆侖)이 서주 북쪽에 산다고 인식하고(홍산 문화권으로) 올라갔다. 이곳을 "항산(恒山)은 또는 상산(常山)"이라고 피휘했다. 상나라 시조설(契, 卨)이 정착한 곳이다.

분수 계곡을 따라 올라갔던 사람들의 얘기로는 서쪽에서 왔다고 하여 되돌아와 천산 북로를 따라 서쪽으로 갔다. 곤륜산(崑崙山, Khan Tengri 天山)은 찾았지만 곤륜선인(崑崙仙人)은 만나지 못하고 제공모부(祭公謀父)가 간하여 목왕은 돌아왔다. 곤륜산(崑崙山)은 환웅 천왕이 하늘에서 내려왔다고 믿던 중앙아시아에 있는 신비로운 설산이다.

요순시대에는 "강력한 독재자가 없던 시절(無君長)이라 한 제사장이 통치하던 사회"였다. 그 후에 사람을 죽이고 정권을 장악한 독재자가 나타나 그 직권을 자식에게 넘겨 준 세습제가 나타난 짧은 시기를 성강지치(成康之治)라고 했다. 선왕 직전을 공화기라 한다. 북쪽에 있던 공공국 지도자(共工伯) 화(和)가 정치를 했다는 뜻이다. 그 전에 나타난 목천자 또한 주무왕의 혈통이 아니다. 서주 초기에는 같은 혈통이 아닌

---

[79] 詩說 小雅傳:《圻招》: 穆王西征, 七萃之士咸怨, 祭公謀父作此詩以諷諫, 賦也. 毛詩正義:《周本紀》云: 武王崩, 子成王誦立. 崩, 子康王釗立. 崩, 子昭王瑕立. 崩, 子穆王滿立. 崩, 子共王緊扈立. 崩, 子懿王囏立.崩, 共王弟孝王闢方立. 崩, 子夷王溪立. 崩, 子厲王胡立. 崩, 子宣王靜立. 崩, 子幽王宮湦立. 自武王至幽王.

사람들이 통치한 사실을 '주조삼가(周朝三恪)'라는 묘한 이름을 붙였다.[80] 삼가라고 읽는 글자는 한국어다. 각(恪)자는 세 사람이 서로 살핀다(窓, 念)는 뜻이 있는 글자다. 이방인이 원주민을 다스리던 터라 매사에 조심할 수 밖에 없었다.

우왕의 아들 계(帝啟)가 백익을 따르던 사람들을 섬멸하고 기분이 좋아 춤을 추었다는 대목지야(大穆之野)라 한 곳의 지도자라 하여 목천자(穆天子)라 했다.

서주 역사에 천자란 칭호를 받은 사람은 목왕(穆王) 뿐이다. 말기에 선왕의 아버지를 납치해 간 공공국 화(共伯和)가 그곳에서 천자(天子)의 업무(事)를 돌보았다. 성강지치라 자랑하던 시절 끝에 나타난 토착세력의 반란을 맞아(復設象魏) 싸우다 소왕(周昭王)이 전사했다. 사기에는 사냥을 나갔다. 왕(周昭王)이 죽었어도 부끄러워 알리지 않았다.[81] 그때에는 왕권이 거의 없었다. 소왕이 19년을 통치하다 죽어 이미 50세인 아들이 목왕이라 한다. 상식 밖의 설명이다.

소왕을 동행했던 제공(祭公)이 목왕과 같이 서쪽 여행을 하고 돌아온 기록이 목천자전이다.[82] 목천자(穆天子)는 서주 혈통을 이어받은 사람이 아니다. 목천자(穆天子)를 안내했던 제공(祭公)이 기부지습(祈父之

---

[80] 孔叢子 王曰:「周存二代, 又有三恪. 其事云何?」答曰:「封夏殷之後以為二代, 紹虞帝之胤備為三恪. 康熙字典:《詩·商頌》執事有恪. 又周武王封虞夏殷之後爲三恪. 群書治要 周禮 秋官: 謂所不臣者, 三恪二代之後與.

[81] 史記 周本紀: 子昭王瑕立. 昭王之時, 王道微缺. 昭王南巡狩不返, 卒於江上. 其卒不赴告, 諱之也. 立昭子滿, 是為穆. 穆王即位, 春秋已五十矣. 王道衰微, 穆王閔文武之道缺, 乃命伯冏申誡太仆國之政, 作冏命. 復寧.

[82] 竹書紀年 昭王: 元年庚子, 王即位, 復設象魏. 十九年春, 有星孛于紫微. 祭公, 辛伯從王伐楚. 逸周書: 周公云歿,

什)을 남겼다. 연경지융(燕京之戎)이라던 고조선 수도 사람이 목천자전(穆天子傳)을 남겼다. 목천자를 동행했던 재공(祭公) 또는 기부(祈父)란 글자가 모시 정의에는 "祈, 圻, 畿同" 이 세 글자가 같은 뜻이라 했다. 융족인 제문공(祭文公)을 시켜 목천자 가문의 역사 기록(史戎夫作記)을 남겼다. 또한 목(穆)왕이 좌사융부(左史戎夫)를 시켜서 그 당시 기록을 남겼다. 사마천이 읽었던 우본기(禹本紀)는 고조선 발생지가 본향인 목천자의 족보라고 본다.

죽서기년과 일주서에 그의 행적이 보인다. 기도를 드리는 사람, 즉 사제(단군, priest)를 뜻한 글자다. 사융부(史戎夫)와 같이 고조선 수도 해지 연안 평양에 살던 제사장, 천독(天毒)의 뒤를 이은 단군이었다.[83] 평양을 연경(燕京)이라 했다. 그가 읊은 시문을 묶어 기부지습(祈父之什)에 실었다. 기부(祈父)를 포함한 여러 시문이 한글 어순이다.

시경 풀이에는 예부터 논란이 많으나 시경 풀이에는 특히 기부지습(祈父之什)은 좌전, 일주서, 한시외전 등 여러 고전에서 풀이가 다르게 설명되었다. 한시외전에 "《詩》曰:「有母之尸雍.」"란 문구가 있다. 어머니의 시신을 안고 "有母之尸雍"의 글자를 바꾸어 "有母之尸饔"라 했다. 앞서 관저(關雎) 풀이에서 설명한 덕을 란으로 바꾼 증자(曾子曰)가 바꾸었다.

祈父,
予王之爪牙.胡轉予于恤,
靡所止居
祈父,

---

[83] 毛詩正義:《祈父》,刺宣王也. 刺其用祈父不得其人也. 官非其人則職廢. 祈父之職, 掌六軍之事, 有九伐之法.

予王之爪土.胡轉予于恤,
靡所底止
祈父, 亶不聰.胡轉予于恤, 有母之尸饔

기부, 나는 왕의 친우병 지도자다.(북쪽으로는)
호의 영역을 돌며 갖은 고생 다 하고,(서쪽)
모해(말갈) 사람들이 사는 집에 머물렀다.
기부, 나는 왕의 친우병 지도자다.
(북쪽으로는) 호의 영역을 돌며 갖은 고생 다 하고,
(서쪽) 모해(말갈) 사람들이 사는 지역에까지 이르렀다.
기부단이 불총하여, 호의 땅을 돌며 나 온갖 고생 다 하다,
(돌아와 보니 모두들)
어머니의 시신을 껴안고 있구나.

기부가 단군이란 뜻이 글자에 있다. 주족이 현지 지도자의 칭호를 따서 단부(亶父)라 했다. 그 후 선왕의 아버지 려왕(厲王)이 잡혀가는 시련을 겪었다.

6) 공백화(共伯和)는 원주민

그 후 원주민의 폭동으로 왕망분치(王亡奔彘)하여 그곳에서 죽었다. 자초지종을 살펴보면 려왕(厲王)이 돼지 떼들이 사는 곳으로 잡혀갔다. 한후가 그곳에서 첫날밤을 잤다. 장인귈부의 고향이 돼지 떼들이 사는 곳이었다. 북쪽 공공국의 지도자 화가 내려와 천자의 업무를 실행했던 13년 간(共伯和攝行天子事, 기원전 841년 ~ 기원전 828년)을 공화(共和)시대라 한다.[84] 선왕 원년에 연후(燕侯)가 죽었다. 공백화(共伯和)가연혜후(燕惠

---

84 竹書紀年 宣王: 元年甲戌春正月, 王即位, 周定公, 召穆公輔政. 復田賦. 作《戎車》. 燕惠侯薨.
厲王: 十二年王亡奔彘. 國人圍王宮, 執召穆公之子殺之. 十三年, 王在彘, 共伯和攝行天子事.

侯)다. 사마천은 소공주공두제상행정(召公周公二相行政)을 맡아보았다고 했다. 이 시절 함곡관 동쪽, 옛적에 주공단의 동생들이 반란을 일으켰던 지역에 정나라 위나라가 나타났다. 주(周) 진(秦, 申) 정(鄭桓公) 위(衛) 네 나라 간의 혈연관계가 복잡하다. 백익(伯益)의 후손들(伯夷之後, 伯翳之後)이 시조로 나타났다. 획수가 다르나 형태가 비슷한 글자로 바뀌었다.

서주의 몰락: 주선왕의 아버지 려왕(厲王)이 잡혀간 곳에서 원주민 여자들 사이에 아들을 보았다. 그가 선왕의 이복동생이다. 그를 정(鄭)에 식읍을 주어 시조 정환공우(鄭桓公友)라 한다. 정환공은 백익의 후손이다. 그 사람들을 검을 려(黎)자로 또는 어음을 가차한 검(黔)자로 기록했다. 원주민의 폭동으로 서주의 마지막 왕과 정환공우(鄭桓公友)가 려산 아래(驪山下)에서 살해당했다. 검을 려와 같은 뜻의 검모위군(黔牟為君)이란 글자가 강숙세가에 실렸다.[85]

위강숙세가(衛康叔世家)에는 선왕의 첫째와 둘째 아들(太子伋之弟黔牟)을 군(為君)이라 한다. 기원전 696년, 태자가 죽은 후 그의 동생 흑모(黔牟)가 위나라의 왕(衛黔牟元年)이 되었다. 그 전에 나타난 연혜후(燕惠侯)가 공백화(共伯和)이다.[86] 사마천은 연혜후(燕惠侯, ? ~ 기원전 827년)

二十六年, 大旱, 王陟于彘.周定公, 召穆公立太子靖為王. 共伯和歸其國, 遂大雨. 魯武公來朝. 史記 周本紀: 召公, 周公二相行政, 號曰「共和」. 共和十四年, 厲王死于彘. 太子靜長於召公家, 二相乃共立之為王, 是為宣王. 宣王即位, 二相輔之, 修政, 法文, 武, 成, 康之遺風, 諸侯復宗周. 不可記已. 自三代之興 晉書: 其中經傳大異, 則云夏年多殷; 益乾啟位, 啟殺之; 太甲殺伊尹; 文丁殺季歷; 自周受命, 至穆王百年, 非穆王壽百歲也; 幽王既亡, 有共伯和者攝行天子事, 非二相共和也. 其《易經》二篇, 與《周易》上下經同

85 史記 衛康叔世家: 頃侯厚賂周夷王, 夷王命衛為侯. 頃侯立十二年卒, 子釐侯立. 釐侯十三年, 周厲王出 奔于彘, 共和行政焉. 二十八年, 周宣王立. 四十二年, 釐侯卒, 太子共伯餘立為君. 共伯弟和有寵於釐侯, 多予之賂; 和以其賂賂士, 以襲攻共伯於墓上, 共伯入釐侯羨自殺. 衛人因葬之釐侯旁, 諡曰共伯, 而立和為衛侯, 是為武公. 春秋左傳 隱公五年: 鄭人侵衛牧, 以報東門之役, 衛人以燕師伐鄭 52 史記 世家 燕召公世家: 自召公已下九世至惠侯. 燕惠侯當周厲王奔彘, 共和之時.

이전 연나라 기록은 실종되었다고 했다. 춘추 좌전 첫 지도자인 노은공(魯隱公, 기원전 722년 ~ 712년) 6년에 위(衛)나라, 정나라를 정벌했다는 기록에 나타난 연(燕)자를 전국시대에 고죽과 같이 북쪽으로 옮겨 중산국 영역에 연도(燕都)가 나타났다. 그 시절에 위(魏)자를 '燕'으로 바꾸었다고 했다. 그곳에 신독국(申毒國)에서 온 도술인 시라(道術人名尸羅)가 왔다.

목천자와 공백화(共伯和)는 고조선 원주민이다.

3. 주선왕(周宣王)의 화친맹약

주선왕이 화친맹약을 했다는 문구는 필자가 만들었다. 선왕이 자기보다 나이가 많은 조카 딸을 주면서 [서주의 북쪽 끝을 알 수 없는 넓은 땅에 사는 예맥(濊貊, 斯)족을 통치해 달라고 한후에게 부탁]했다. 한혁 마지막에 읊은 "王錫韓侯, 其追其貊, 奄受北國, 因以其伯"이라는 구절은 선왕의 뜻이었다. '그추그맥(其追其貊)'이란 문구는 끝을 알 수 없는 북쪽 나라를 모두 통솔하여 주나라를 편하게 만들어 달라는 부탁이었다. 한후는 승낙했다. 예쁜 여자 중에서도 자기 조카 딸을 주고서 주의 영토를 괴롭히는 북쪽 세력을 다스려 달라고 부탁했으니 화친맹약이 분명하다.

1) 시경한혁(韓奕)

윤길보(尹吉甫)가 선왕의 화친맹약을 화려하게 읊은 6장(六章皆賦)

---

86 史記 世家 燕召公世家: 自召公已下九世至惠侯. 燕惠侯當周厲王奔彘, 共和之時.

이 사실에 근거한 시문이라 한다. 이는 정서에 초점을 두고 작성한 글이다. 이에 실린 내용을 사실 의학을 연구하듯 다루다 보니 논쟁에는 끝이 없다. 정서나 가치를 다루는 학문이 아니라 사실을 다루는 학문(學問)이란 뜻에 사실(事實)의 학(學)이라 했다.

죽서기년에 따르면 주선왕 원년에 연혜후(燕惠侯)가 죽었다. 선왕 집권 4년에 왕명궐부여한(王命蹶父如韓)이라는 문구가 있다. 수단과 방법을 가리지 않고 한(韓)의 젊은 지도자를 데려오라(如;依從)고 명했다는 뜻이다.

궐부(蹶父)란 서백창의 애첩 궐비(厥妃)와 같은 돌궐 계통 유목민을 뜻한 글자다.

한후가 첫날 밤을 보낸 곳이 궐부(蹶父)가 살던 곳이다.

선왕 누이는 아버지와 함께 잡혀가서 분수 연안 도둑들의 소굴, 도(屠)에 살던 세력이 궐부의 부인이 되었다. 끌려갔던 선왕의 아버지가 새로 장가들어 살다 아들 둘을 두었다. 맏아들, 즉 선왕의 이복동생을 정에 봉하여(鄭) 나라의 시조가 된 환공(桓公)이다.[87] 동생이 위군검모(衛君黔牟) 군이다. 위(衛, 鄭) 모두 고조선 사람들의 나라다.

이왕(厲王)이 잡혀갔던 분수 연안에서 살아 분왕(汾王)이라 했다. 그곳

---

[87] 詩說 小雅續:《六月》: 尹吉甫帥師征獫狁, 史籀美之, 賦也. 說文解字 序: 及宣王太史籀, 著大篆十五篇, 與古文或異. 太平廣記 大篆: 按大篆者, 周宣王太史籀所作也. 或云, 柱下史始變古文, 或同或異, 謂之篆. 周太史史籀所作也, 與古文大篆小異, 後人以名稱書, 謂之籀文. 康熙字典·屠:《說文》刳也. 从尸者聲. 又《廣韻》殺也, 裂也.《前漢·高帝紀》今屠沛. 又姓.《拾遺記》軒轅去蚩尤, 遷其民善者於鄒屠之地, 惡者於有北之鄉, 其先以地命族, 後分爲鄒氏屠氏. 又申屠. 休屠, 匈奴王號. 休音朽.

에 선왕의 매형(妹兄) 궐부(蹶父)가 살았다. 서주 일대에 정나라, 위(衛)나라가 있었다.[88] 천자의 업무를 맡아보았던 공백화(共伯和)는 융(戎)족이다.

노선공 9년(成公九年) 기원전 582년이라고 좌전에 시대를 밝혔다. 미(麋)란 미(彌)와 같은 음이다. 미국(麋國)이란 미(彌)가 통치하던 땅이란 뜻이다. 창해군이 생겼던 지역의 사람들을 미연발동(麋然發動)이라고 했다.

첫 장에 한후의 혈통을 "혁혁양산, 우순지치(奕奕梁山, 維禹甸之)"라는 문구로 묘사했다. 선조는 우(禹)가 아니라 치수 사업을 총괄했던 백익이다. 양산 서쪽 가까이 작은 여울가에 백익(伯益)이 살았다.

백익을 비하하여 저 늙은이란 뜻에 이기씨(伊耆氏)라 했다.

그가 살던 곳에 흐르는 여울을 이수(伊水), 실권하여 낙수(洛水)라고 했다. 낙수(洛水), 양산(梁山) 일대에 살던 백익의 추종자들이 사천성(四川省)을 거쳐 운남성에 정착했다. 옛적에 사천성을 익주(益州)라 했다. 한후가 살던 지역의 특산물을 보면 부피한성(溥彼韓城)은 산서성 분하 수계가 아닌 태행산맥 동쪽이다. 한후에게 통치해 달라고 부탁한 지역은 끝을 알 수 없는 동북아시아 전역이다. 산서성 동북쪽 [대현에 있는 오대산 일대]가 발해다.

2) 선왕중흥(宣王中興)

한후와의 약속을 어기고 윤길보(尹吉甫)를 시켜 고조선 남쪽 영역이

---

[88] 史記 鄭世家: 鄭桓公友者, 周厲王少子而宣王庶弟也. 宣王立二十二年, 友初封于鄭. 封三十三歲, 百姓皆 便愛之. 幽王以為司徒. 和集周民, 周民皆說, 河雒之間, 人便思之. 史記 衛康叔世家: 立太子伋之弟黔牟為君, 惠公奔齊. 衛君黔牟立八年, 齊襄公率諸侯奉王命共伐衛, 納衛惠公, 誅左右公子. 衛君黔牟奔于周, 惠公復立

었던 태원에 올라(于太原)가 지도자를 잡아 왔다. 그를 북쪽 산속에서 잡다 새장에 감금시켰다는 뜻에 번후 중산부(樊侯仲山甫)라 했다. 그가 여상(呂尙)의 후손을 위하여 재궁(齋宮)이 있던 곳에 가서 성(城齊)을 쌓았다. 그 상황을 애석히 여겨 읊은 시문이 증민(烝民)이다. 번후(樊侯)가 서주의 노예가 된 원주민 예맥족(濊貊, 意在斯)을 데리고 그곳에 전해오던 전설을 글자로 남겼다. 번후를 사주(史籀)라 한다.[89]

천한 사람들이 조탁(雕琢), 전각(篆刻)하여 만든 글자를 주문(籀文)이라고 한다. 예서(隸書)의 기초가 되는 글자다.

其追其貊,奄受北國
臱夷,東方國名.卽扶餘也須臾를 臱夷

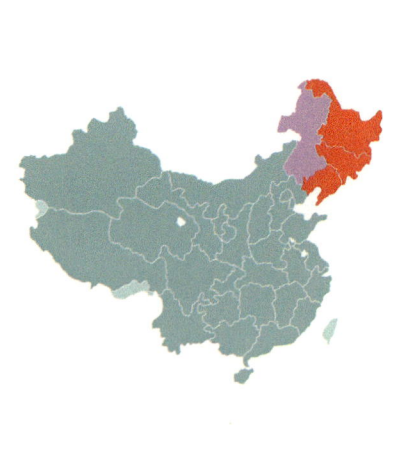
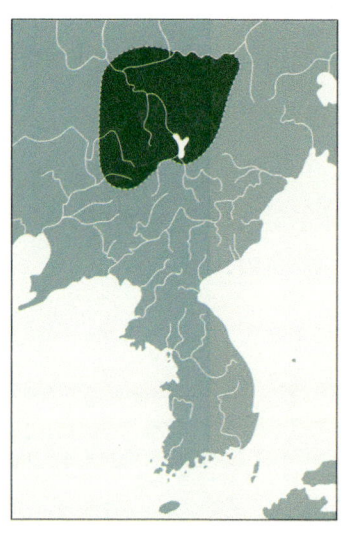

---

89 詩說 小雅續:《六月》: 尹吉甫帥師征玁狁, 史籀美之, 賦也. 說文解字 序: 及宣王太史籀, 著大篆十五篇, 與古文或異. 太平廣記 大篆: 按大篆者, 周宣王太史史籀所作也. 或云, 柱下史始變古文, 或同或異, 謂之篆. 周太史史籀所作也, 與古文大篆小異, 後人以名稱書, 謂之籀文.

그 당시 중산부와 길보 두 사람이 많은 시문을 남겼다. 선왕은 좌충우돌하여 많은 업적을 남겼고, 이에 따라 '성강지유풍(成康之遺風)'이란 문구가 생겼다. 고조선 영역에 들어와 유신이란 미명 하에 폭정을 하다 성왕, 강왕 때에는 온갖 권모술수(權謀術數)를 써서 원주민을 다스리다 선왕은 살해당했다.

선왕 말기부터 다음 유왕이 피살당한 시절의 기록이 혼미하여 주선왕(周宣王)의 사망과 서주의 몰락에 대한 사실을 밝히기가 어렵다.

서주의 수도 북쪽이란 뜻의 북국을 만주 땅으로 옮겼다.

3) 주선왕(周宣王)의 사망과 서주의 몰락

서주 중흥을 이루었던 선왕이 집권 38년에는 산서성 원주민 명조의 융(條戎)과 싸워 패하고 그다음 해 집권 39년에는 강수 연안의 융(姜戎)과 싸워 패했다. 산서성의 범씨(范氏)는 홍범의 범자에서 따왔다. 두백(杜伯)이 범씨의 시조다. 주선왕이 죄없는 두백을 죽였다. 이 사건 발생 3년 후 다른 사람이 화살에 맞아 죽었다. 활을 쏜 사람에 관해 의견이 분분하다. 죽은 두백의 귀신이다. 두백의 아들이라는 등 춘추를 비롯한 여러 문헌에 혼미하게 실렸다. 장자 양왕(讓王) 편과 죽서기년의 기록을 보면 "진목 후 꿈에 세자 원수놈이 도망 나가 사라져 버렸다(世子仇出奔)"고 기록 되어있다. 산서성 원주민이 죽였다.[90] 사기태사공자서

---

[90] 竹書紀年 厲王: 十二年 王亡奔彘. 國人圍王宮, 執召穆公之子殺之. 十三年, 王在彘, 共伯和攝行天子事. 二十六年, 大旱, 王陟于彘. 周定公, 召穆公立太子靖為王. 共伯和歸其國, 遂大雨. 魯武公來朝. 史記 周本紀: 召公, 周公二相行政, 號曰「共和」. 共和十四年, 厲王死于彘. 太子靜長於召公家, 二相乃共立之為王, 是為宣王. 宣王即位, 二相輔之, 修政, 法文, 武, 成, 康之遺風, 諸侯復宗周. 不可記已. 自三代之興 晉書: 其中經傳大異, 則云夏年多殷; 益乾啟位, 啟殺之; 太甲殺伊尹; 文丁殺季歷; 自周受命, 至穆王百年, 非穆王壽百歲也; 幽王既亡, 有共伯和者攝行

(自序)에 실린 정백(程伯)이 두백(杜伯)이라 했다. 주선왕이 죄없는 그를 죽여서 주세력이 몰락했다. 목왕 이후 효왕(孝王)이 서쪽 융족의 침략을 막았던 신후(申侯)에게 봉지를 주어 제후국 진(秦)이 나타났다. 선왕 때에 진(秦)을 제후국으로 승진시켰다. 그곳 서융의 침략으로 대부 진중(秦仲)이 살해당했다. 원주민의 세력에 밀려 동쪽으로 쫓겨났다. 그때 진목공과 성왕의 이복동생 정환공이 세운 정나라의 보호를 받으며 함곡관을 나와 동주라 한다.[91]

서주 동천 이후 춘추오패가 나타났다. 둘째 패자인 진문후(晉文侯, 재위 기원전 780년 ~ 기원전 746년)에게 내린 문후지명(文侯之命) 뒤를 이어 진목공(秦穆公)에게 진경(秦誓)을 내렸다. 서주 동천 당시 동반자였던 정(鄭)나라를 벌하려다 진양공(晉襄公)이 참전하여 실패한 내용이 실렸다. 이때부터를 춘추전국시대라 한다. 필자는 '발조선시대'라 이름했다.

사마천은 공자 세가에서 시경의 내력을 간략히 설명했다.[92] 시대적으로 제일 오래전에는 고조선 발생 시기, 중편은 상나라와 서주의 전성기(上采契后稷, 中述殷周之盛), 서주의 말로 유려지결(幽厲之缺)이라고 했다.

주유왕(周 幽王, ? ~ 기원전 771년)은 주선왕(周 宣王, 기원전 862년 ~ 기원전 782년)의 아들이다. 주나라의 제10대 왕이 여왕(周 厲王, 기

天子事, 非二相共和也. 其《易經》二篇, 與《周易》上下經同

[91] 史記 鄭世家: 鄭桓公友者, 周厲王少子而宣王庶弟也. 宣王立二十二年, 友初封于鄭, 王在酆, 共伯和攝行天子事.史記 秦本紀: 非子居犬丘, 好馬及畜, 善養息之. 犬丘人言之周孝王, 孝王召使主 馬于汧之間, 馬大蕃息. 孝王欲以 태사공열전에 爲大駱適嗣. 申侯之女為大駱妻, 生子成為適 召穆公立太子靖為王. 共伯和 歸其國, 遂大雨.魯武公來朝.

[92] 史記 孔子世家: 孔子生魯昌平鄉陬邑. 其先宋人也, 曰孔防叔. 古者詩三千餘篇, 及至孔子, 去其重, 取可施於禮義, 上采契后稷, 中述殷周之盛, 至幽厲之缺, 始於衽席, 故曰「關雎之亂以為風始, 鹿鳴為小雅始, 文王為大雅始, 清廟為頌始」.

원전 890년 ~ 기원전 828년, 재위 기원전 877년 ~ 기원전 828년)이다. 주(周)선왕이 한후(韓侯)와 화친맹약을 하여 원주민을 이용했던 짧은 기간을 미화하여 한서에 선왕중흥(宣王中興)이라 했다.

4. 주인승려(周人乘黎) 진지승(晉之乘)

맹자는 중국의 역사서에서, '시가 죽고 나서 춘추가 나타났다'고 설명했다. 진지승(晉之乘), 노지춘추(魯之春秋)와 초의 도올(楚之檮杌)은 모두 같은 나라의 역사에서 분리되었다는 뜻이다.

강희자전에 승(乘)자를 여러 글자 "勝登因治計" 뜻으로 사용했다. 설문해자에서 'ノ 삐침 별 부에 속한 10획(탈 승, 수레 승乘)과, 나무 목 부에 속한 12획(桀 탈 승, 수레 승乘의 本字)이 두 글자가 같다'고 했다. 맹자가 진지승(晉之乘)이라고 한 문구는 산서성에 있던 고조선 종가의 가승보(今宗譜曰家乘)를 뜻했다.⁹³ 역사서를 승지(乘志)라고도 했다.

끝에 깃털 둘을 붙인 화살을 승(乘chéng)이라 했다. 자신이 있는 곳으로부터 올라간다는 뜻이 승자에 있다. 상승하대(上乘下代)란 문구가 있다. 세대(乘代)를 간략한 글자다. 수구(乘丘)에서 나온 옥돌로 옥새를 만들었다. 그 원산지 이름을 따서 수극지벽(垂棘之璧)이라 한다. 북쪽에서 내려온 가시덤불 같은 존재가 소유했던 보옥이란 뜻이다. 그 보옥이 처음 기록에 나타난 곳이 하동 평양 일대였다. 진헌공(晉獻公, 재위:

---

93 《康熙字典 乘:《廣韻》駕也, 登也.《易·乾卦》時乘六龍以御天. 又因也.《孟子》不如乘勢. 又治也.《詩·豳風》亟其乘屋. 又勝也.《周語》乘人不義陵也. 又計也.《揚子·方言》雙鴈曰乘. 又物四數皆曰乘.《孟子》發乘矢. 又乘丘, 地名.《爾雅·釋地註》乘丘, 形似車乘也.《孟子》晋之乘. 今宗譜曰家乘, 義與史乘通. 說文解字 桀部: 桀: 覆也. 从入, 桀. 桀, 黠也. 軍法曰乘.

기원전 676년 ~ 기원전 651년) 시절 제상 정백백리해(井伯百里奚: 기원전 726년 ~ 기원전 621년)와 원암, 순식(原黯,荀息: ? ~ 기원전 651년)이 활약하여 고조선 사람들(여융驪戎의 나라) 우(虞) 괵(虢)을 정벌하고 여희(驪姬)를 얻었던 시절이다.94 진헌공(晉獻公)의 아들이 주평왕(周平王)으로부터 규찬(圭瓚)을 받은 진문후로 두 번째 춘추오패가 되었다. 수극지벽(垂棘之璧)을 규찬(圭瓚)이라 했다.

고조선 재궁지기(齋宮之奇)를 궁지기(宮之奇)라 했다. 그에 실린 궁지기(宮之奇)란 글자는 한국어. 유우씨(有虞氏)의 똑똑하지 못한 후손 우(虞)나라의 재궁(齋宮) 관리인을 뜻했다. 우(虞)나라는 주목왕부터 서주가 쫓겨 함곡관을 나오던 시기까지 중요한 역할을 했다.95

궁궐을 뜻한 대루(高閣大樓)에서 특별 행사에 쓰던 음식이 시루떡이다. 이를 서양에서 축하연의 대명사(xx cake)로 쓰인다. 대루탄경, 맹자에 실린 이루, 부루태자, 해부루 등 여러 명사가 나타났다.

수극지벽과 굴산지승(垂棘之璧與屈產之乘), 굴산은 뽕나무 밭(桑田)으로 시경 위풍에 실렸다. 그 지역에 백익유우씨(有虞氏)의 후예가 살았다.96 진지승(晋之乘: 晉之乘)이라고 한 획수가 다른(9, 10) 승자로 적은 문구는 고조선의 역사 기록(宗譜曰家乘)이라는 뜻이있다. 진지승(晋之

---

94 淮南子 說林訓: 棄晉以垂棘之璧得虞, 虢, 驪戎以美女亡晉國. 춘추오패.
95 竹書紀年: 帝舜有虞氏, 十四年, 卿雲見, 命禹代虞事. 虢公師師北伐犬戎 王使虢公伐晉之曲沃. 晉鄂侯卒, 曲沃莊伯復攻晉. 晉獻公會虞師伐虢, 滅下陽, 虢公醜奔衛. 公命瑕父, 呂甥出于國都 絲辭所謂 『先王以作樂崇德, 殷薦之上帝』者也」 及帝即位, 太興初, 會稽剡縣人果于井中得一鐘, 長七寸二分, 口徑四寸半, 上有古文奇書十八字, 云「會稽嶽命」, 餘字時人莫識之. 璞曰: 「蓋王者之作, 必有靈符, 塞天人之心, 與神物合契, 然後可以言受命矣. 觀五鐸啟號於晉陵, 棧鐘告成於會稽, 瑞不失類, 出皆以方, 豈不偉哉! 若夫鐸發其響, 鐘徵其象, 器以數臻, 事以實應, 天人之際不可不察.」 帝甚重之. 단군왕검의 유언 《Lee Mosol's Book Collection (ancienthistoryofkorea.com)》
96 水經注 河水: 周武王以封太伯後虞仲于此, 是為虞公.《晉太康地記》所謂北虞也. 城東有山, 世謂之五家冢, 冢上有虞公廟,《春秋穀梁傳》曰: 晉獻公將伐虢, 荀息曰: 君不以屈產之乘, 垂棘之璧, 假道于虞. 公曰: 此晉國之寶也.

乘)이란, '옥돌이 나는 지역의 역사서'를 의미한다. 한후에게 맡아달라고 부탁했던 북국, 즉 고조선의 역사서. 거란어는 한국어와 어순이 같다.

중산국 지역에 대대로 전해 오던 귀중한 기물(吾寶)을 달라고 요구한 품목이 옥새와 고조선 역사서다. 이를 진지승(晉之乘)이라 했다. 전국시대에 북쪽으로 밀려갔던 고조선의 후예가 이 두 보물을 영토 분쟁에 사용하다 결국 나라도, 보물도 모두 빼앗겼다. 이 두 보물은 황제가 자부선인을 만났다는 청구(靑丘)에 있었다.

승(乘)자에는 스님이란 뜻(佛曰最上乘)도 있다. 푸를 청자 글꼴을 바꾸어 청구(靑丘)를 산동반도 청주 땅이라 하고 오를 승자를 휘둘러 원시불교가 들어왔던 안문관이 있는 곳을 '쌍안왈승(雙鴈曰乘)'이라 했다. 앞서 금미달에 있던 이름 낙안(樂安)을 낙랑(樂浪)으로 바꾸었다고 논증했다. 낙랑의 특산물은 활이다. 그 활을 낙랑단궁(樂浪檀弓)이라 했다. 숙진씨가 예부터 선물로 사용했던 특산물이다. 활에 맞아 죽은 매(隼)를 숙진씨가 만든 화살(肅慎氏)이라고 공자가 밝혔다. 맹자가 말한 진지승(晉之乘)이란 뜻은 '산서성 대현 청구(靑丘)에 전해오던 숙신씨(肅慎氏)의 가승지(乘志)를 의미했다.

춘추삼전모두 도절보옥대궁(盜竊寶玉大弓)이란 문구가 있다. 훔칠 절(竊; qiè)자는 사음자로 '契, 挈, 窃, 鍥'라고도 기록했다. 안씨 가훈(顔氏家訓)에는 '반고가절부의 역사(班固盜竊父史)를 훔쳤다'는 문구가 있다. 절인지제(竊人之財), 절인지미(竊人之美)란 문구도 있다. 이렇게 훔칠 절(竊)이란 글자의 뜻과 사용이 뚜렷하나, 공자가 말한 "其義 則丘竊取之矣" 문구는 풀이를 달리 한다. 절부의 역사(竊父史)란 글안의 역사, 즉 고조선의 역사를 반고가 훔쳤다는 뜻이다. 양자법언(楊子法言)에는 조절국영(晁:竊國靈也)이란 문구가 있다. 아침 조자(晁:古朝字)의 옛 글자는 햇빛이 비춘다는 뜻이다. 청구(靑丘)에 수도를 두었던 고조선의 역사길 황지승(吉皇之乘)을 진지승(晉之乘)이라 했다.

서주의 역사 속에 동북아 여러 나라의 기원이 있다. 맹자가 남긴 세 지역 사람들의 역사가 같다(魯之春秋, 一也)는 뜻의 기록이다. 전한기에는 맹자가 말한 뜻을 우하상주서(虞夏商周之書) 모두가 같은 역사의 연속(其揆一)이라 했고, 군소치요에는 치수 사업을 하다 실패한 우의 아버지 곤을 도올(鯀, 檮杌也)이라 했다.

남쪽 초지도올(楚之檮杌)이라 했던 지역에 오태백(吳太伯)이 나타났다. 오월춘추에 백익이 우의 아버지곤(禹父鯀)과 같이 산해경 초안을 잡았다. 초지도올(楚之檮杌)의 '도올이란 도덕경이 초나라 땅을 지나서 서쪽으로 올라갔다'는 사음자다.

춘추에는 절여초맹(竊與楚盟)이라 했다. 금미달에서 흩어져 나간 남,북 두 나라가 굳은 맹세(故曰匱盟)를 했다. 고조선 사람들이 산동성과 초나라 영역에 흩어져 살다가 남쪽 지나라고 부르던 귀주(貴州)로 올라갔다.

1) 홍익인간(弘益人間), 홍범구주(洪範九疇)

중국 문헌에는 '홍익인간(弘益人間)'이라는 문구가 없다. 앞서 다룬 성강지치 이전 관저(關雎)를 읊던 시절, 시가 다스리던 법칙, 시치칙(䛁治則)이라는 강물이 제 길을 찾아 흘러가듯 다스린다는 뜻이 홍익인간(弘益人間)이란 문구에 가깝다.

치수 사업을 하던 곳에 있던 진흙더미도 산에서 회의를 하고 우가 밀려났다. 우의 추종세력이 백익을 죽였다. 상나라가 뒤를 이었다. 옛적에 상나라의 시조설(契, 계/걸/글)이 우왕을 도와 공을 세워 중하 문명의 발생지 변두리가 되는 산서성 서북쪽 상산(幽州 常山, 恆山, 崇山, 上山), 즉 오환(烏桓, 烏丸, 烏亘)산이 있는 당(唐, 商丘)에서 성장했다. 단군왕검의 수도 평양(平壤, 平陽)이 해지 연안 운성시 일대에 있었고, 모든 부족장들과 같이 회의를 하고 후임을 백익(伯益)에게 넘겨주고 떠난 곳이 회계산(會稽者, 會計也)이다. 해지 일대(息壤)에 살던 원주민을 모든시(習; xí)라는 어음의 해/시(解奚音攜出姓解, 息)자로 기록했다. 연경 지융(燕京之戎)이 다스리던 법칙을 시치칙(習治則)이라 했다. 그들이 '홍익인간(弘益人間) 홍범구주(洪範九疇)'의 개념을 지켜왔다. 분수(汾水) 하류 산서성 해지 연안이다. 그곳에 진흙으로 덮인 도산(塗山)이 있었다. 목천자(穆天子)도 제후들을 모아 도산(塗山)에서 회의를 했다.

'단군왕검(壇君王儉)'이란 글자는 중국 문헌에 없다. 왕검(王儉)의 검(儉; 亻, 僉)자는 "모든(여러 참, 僉) 사람(人)이 뽑은 지도자"란 뜻이다. 사방에 살던 검을 려자 여민(黎民), 구려(九黎)의 지도자 검수(黔首)들이 만장일치로 뽑은 사람이란 뜻이다. 상서에서는 <순이 백익에게 사제원을, 우에게는 통치권을 넘겼다. 후에 백익이 통치권마저 물려받아 제정일치 통치권자가 나타났다. 이를 단군왕검이라 한다.>

이렇게 단군왕검(壇君王儉)이란 뜻이 분명한 고유명사를 은폐(隱蔽)해 단군(壇君)을 사음대자하여 여러 글자로 적었다. 그 하나가 검루(黔婁)라는 글자다.

한나라(兩漢) 이전에는 보이지 않던 고유명사가 남북조시대에 "왕검(王儉) 홍익(弘益)하는 글자"로 나타났다. 백충장군 현령비(百蟲將 顯靈

碑)문에 백익(伯益)이 전욱고양씨의 둘째 아들이고, 성은 이씨(伊氏) 휘가 익(諱益), 자는 토개(字隤敱)라 했다. 전국시대에 백익의 후손 어느 단군이 봉변을 당했다. 그를 수유(須臾)라 했다. 마지막 단군 편에서 다룬다.

백익(伯益)은 산서성 서남쪽, 분수 하류에서 피살당했다. 그때부터 후손들이 분수를 따라 동북쪽으로 옮겨 왔다. 중원에 남았던 사람들은 남쪽으로 내려갔다. 남쪽에 있는 귀주성(貴州省)을 검주(黔州)라 한다.

분수가에 살던 맥족의 여러 지도자가 모두 치수 사업에 노력했다. 모두 공헌이 많았지만, 동이수령 백익(伯益) 한 사람만이 제정일치의 최고 지도자가 되었고, 치수 사업에 성공하여 "홍범구주(洪範九疇)를 받았다"고 한다. 이 시절 이곳에서 홍범구주, 홍익인간(弘益人間), 재세이화(在世理化)의 개념이 나타났다고 풀이한다.

2) 회계옥명(會稽嶽命)이 단군왕검 유언

진서(晉書)에 실린 회계옥명(會稽嶽命)이란 문구가 있다. 요사(繇辭)는 상나라가(산서성에서) 천도하기 이전, 여러 왕들의 노래와 숭덕을 기록한 내용이다. 계(乾啟)가 즉위하고 한창 번영하던 시절에 회계 염(鹽) 현(會稽剡縣) 사람이 우물에서 길이가 7촌 2분 되는 종을 찾아냈다. 그 종에 고문上有古文奇書十八字 18자가 있었다. "회계악명(會稽嶽命) 이외 글자는 당시 사람들이 판독하지 못했다."(당대의 석학인) 곽박이 보기에는(郭璞曰) 해왕(蓋王)이 만든 작품이다. 아래 글귀는 서진 초기에 전해오던 산해경의 자료를 모아 주(註)를 달았다는 곽박(郭璞曰)이 한 이야기다.

<햇님의 후손 지도자(蓋王)가 회계산 정상에서 내린 명이다. 틀림없

이 영부(靈符), 즉 '자신의 속마음에서 약동하는 모습을 형상화한 천서'의 뜻이 있다. 변방의 옥에 갇힌 천인지심(塞天人之心)은 여신물합계(與神物合契)라 연후에 가이 언수명(言受命)이리라. 계(啟)가 종을 치며 진능(晉陵)에 외치는 소리가 회계에 들려온(天人之際不可不察) 천심이 인심이라 꼭 알려지리라. 해왕은 과연 심중하시구나.>라는 뜻이다. 회계(會稽), 진능(晉陵)이란 도산씨(塗山氏)가 살던 곳을 뜻했다. '회계악명'이 단군왕검의 유언이라 본다. 『대제예기(大戴禮記)』에 따르면, 이 일대에 삼황오제가 자리를 잡았었다. 일연스님이 위서(魏書)에 단군왕검이 세운 고조선의 수도 평양이 해지 연안 가까운 곳에 있던 도산에서 회계했다 하여 그곳에 있던 우물이 감옥이었다.

　백익을 가두었던 우물은 산해경에 나타난 조선(朝鮮)의 발상지와도 일치한다. 그러나 중국 문헌을 찾아보면 조선(朝鮮)이란 글자는 있지만 "홍익인간, 弘益人間"이라는 글자는 보이지 않는다.
　순임금이 지도권을 다른 사람에게 이양했다는 기록이 "於是夫負妻戴攜子以入於海,終身不反也"란 문구다. 이를 '부인을 등에 업고 아들의 손을 잡고 바다로 들어가서 돌아오지 않았다'라고 풀이한다. 이는 잘못된 풀이다. 끌 휴자로 풀이하는 휴자(攜子)가 순임금이 지도권을 물려준 사람이 산해경에 천독(天毒)으로 실린 동이 수령 백익이다. 인용한 문구는 '부인을 뒤에 두고 떠나 휴자가 사는 해지 북쪽 연안에 가서 돌아오지 않았다'라는 뜻이다.
　서왕무(毋; 西膜)의 무(毋)자에 홀 규(珪)의 핵심이 되는 구슬 옥(玉)자 위에 점을 붙여 주(主)자와 비슷한 글(毒)자로 바꾸었다. 천독(天毒)이란 '하늘(天)로부터 통치권(圭)을 일임받은 사람'이란 뜻이 있다.

요순우 모두 서쪽에서 온 융족(戎禹)으로 모계 혈통(성) 시(姒, si, xi, xie)와 같은 어음으로 읽었다. 그 글자의 뜻은 "옥으로 만든 규(圭)를 든 mǔ mú wǔ wú, 맥(母, 冊, 貊, 貉, 貃)족사람"이란 뜻으로 "소 우는 소리로 기록된 부족의 최고 지도자(君)"란 뜻이다. 시애(xié xī xí/해, 巂)라 부르는 성씨가 이곳 해지 연안에서 나왔다. 시애를 자슈이(子 , 巂也: 雅鳥), 즉 북쪽에서 내려온(垂: 佳) 꼬리도 생기지 않은 병아리라는 뜻의 글자다. 주무왕의 명으로 만든 이괘명문에 무왕정상추(珷征商巂)라 했다.

상나라의 왕을 햇병아리라고 했다.

산해경에 북해지우(北海之隅)라 한 곳은 산서성 해지(解池) 북쪽 연안이란 뜻이다. 이를 집운에서는 "하동지음; 東海之邑"이라, 즉 황하 동쪽 해지(解/海池) 옆에 있는 마을이라고 했다. 천시애(天巂)가 살던 지역에 있던 호수라 하여 염지(鹽池)라는 보통 명사를 쓰지 않고 고유명사인 시애지(xié chi, 解池, 해지; 天池)라 했다. 글자 "xié/시애/쉐"와 같은 발음의 글자가 해지 연안에 살았던 휴자(攜, xié 子)다. 그에게 순임금이 양위를 하고 돌아오지 않았다. 장자 "왕의 직위를 이양했다는 양왕 편, 여씨춘추, 고사전" 등 많은 고전에 실려있다.

산해경 해내경에 실린 "천 xié/시애/쉐(天)"가 단군이다. 다음에 실린 '외인애인(偎人愛人)'은 단군왕검을 설명한 문구가 된다. 강희자전에서는 외(偎)자를 "사랑 애(愛)란 뜻, 또는 나라 이름"이라고 했다. 여기에 나타난 외(偎, wēi/왜이)자는 다른 사음자 위(wēi/왜이; 魏, 巍, 倭)와 같은 뜻을 대신한 글자다. 발음법(phonology)을 다룬 광운에서는 "회, 灰, wēi/왜/외로 발음하는 글자" 편에 올렸다.

이외인애인(偎人愛人)이라는 문구는 "높은 사람(魏人, 攜, 壇君)은 모든 사람을 사랑한다, 즉 홍익인간(弘益人間)이란 뜻이 있다"라고 본다.

천자라고 풀이되는 "천 xié/시애/쉐(天)는 해지 북쪽 연안에 살았다.

그는 지도자(魏)로, 포용력이 있고 사람들을 사랑했다.

시경에 실린 위풍(魏風)은 해지 연안의 국풍이다. 이 지역 또는 우왕의 후손들의 행적을 남긴 역사서를 '위서, 위지, 위약(魏書, 魏畧, 魏志)이라는 이름'을 썼다.

홍범구주(洪範九疇)의 기원이다. 상서순전(尙書虞書舜典)에는 당시의 형법이 그려져 있다. 죽서기년 우왕 편(竹書紀年帝禹夏后氏)에는 사형법이 있었다. 유가에서는 상서홍범 편을 설명하며 서주의 포형(甫刑) 제도는 상서 여형(尙書·呂刑)을 본받아 여후(呂侯)를 시켜 우(禹)왕의 속형(贖刑), 즉 벌금형을 본받아 더 가혹한 형벌을 만들었다고 한다. 그러나 기자(箕子)가 천도(天道)에 관하여 자신의 소신을 남긴 내용이라고 전해오는 홍범(洪範)에는 포형(甫刑) 즉, 여형(呂刑)과 같은 내용이 없다.

무왕은 성주회에 와서 서주에 조공을 바치고 그를 찾아온 기자에게 한 첫 질문이 "이윤(彝倫)이 무엇인가"이다. 상서에 있다는 문구를 인용한 비문에는 '홍범구주이윤유서(洪範九疇彝倫攸敍)'라 했다. 이윤(彝倫)유서란 문구를 떼어버려 홍범구주(洪範九疇)의 본뜻이 모호하게 되었다.

3) 홍범구주(洪範九疇), 이윤유서(彝倫攸敍)의 뜻

'떳떳할 이(彝)'는 이괘명문 풀이에서 백익을 뜻한 글자라고 밝혔다.

이윤(彝倫)이란, '단군왕검 백익의 가르침'이란 뜻이다.

사마천은 '한국식 한자 발음으로 읽어 상서에 실린 글자와 같은 발음이나 뜻이 다른 글자'로 적었다. 홍범(洪範)을 '鴻範', 구주(九疇)를 '구등(九等)', 이윤(彝倫)을 '상윤(常倫)'이라 했다. 홍범구주(洪範九疇)란 '홍수로 범람하던 중화 문명의 발생지에 있던 아홉 계곡의 경작지를 다루는 지침'이란 뜻이다. 역사적 배경과 홍범의 문맥 전체를 살펴보면 이윤(彝倫)을 흉노의 풍속(獫狁之俗)이라고 표현했다.

주무왕은 아래와 같은 질문을 기자에게 던졌다.

「嗚呼! 箕子.惟天陰騭下民, 相協厥居, 我不知其彝倫攸敍.」

유가에서는 이 질문을 여러 가지로 풀이했다. 필자는 아래와 같이 풀이한다. 환웅천왕께서 말을 타고(해곡, 解谷)에 내려(天陰騭下)와 모든 사람들이 서로 협조하여(民相協) 궐부와 궐녀(蹶父, 厥女)가 살던 지역에서 살라고(厥居) 하였지만, 나는 이윤유서(彝倫攸敍)를 모르겠다. 하여, 같은 흉노 융족인 그 시대의 학자였던 기자의 설명을 듣고자 했다. 고조선 발생지에 살던 사람들의 가치관을 궐덕(厥德)이라 했다.

사전에 "오랑캐 이름 궐(厥, jué/지왜, 좨)자는 옛적에 중국 서쪽에 살던 흉노의 선조를 뜻한 글자라고 했다. 흔히들 투구(head protective gear, helmet), 두무(兜鍪)라 하는 말이 돌궐(突厥)로 기록되었다. 한후(韓侯)의 장인이 궐부(蹶父)다. 분수를 따라 내려온 동이의 지도자를 죽서기년에는 제순유우씨(帝舜有虞氏)라 했다. 유우씨가 단군왕검 백익(伯益)이다.

산서성 해지 연안 호경(鎬京)에 자리 잡은 주무왕이 기자에게 물었던 핵심 문구가 이윤유서(彝倫攸敍)이다. 후한 말, 채중랑(蔡中郞, 蔡邕,

132년 ~ 192년)이 남긴 비문에는 그 뜻이 "사리연유순서"라 했다. 상식적으로 누구나 이해할 수 있는 판단 기준에 따라 자연스럽게 순서를 맞추어 실행하라는 뜻이다.

이윤유서(彝倫攸敘)가 무엇인가는 먼 남북조시대 흉노족이 세운 후위성제(後魏成帝, 拓跋濬)가, 465년에 발표한 칙소에 뚜렷하게 나와 있다. 회의가 끝나 퇴장할 때 순서를 정한 이야기다. 이곳에 참석한 사람은 모두(직책에 관계없이) 늦게 참석하여 맨 뒤에 있던 사람이 먼저 나가라는 것이 바로 '이윤유서(彝倫攸敘)'라고 했다. 유교 사상에 따라 억지로 만든 예법 관례하는 허식은 우리 흉노의 습관이 아니다. 자연스럽게 우리 풍속대로 문앞에 있는 사람부터 나가라는 뜻이다.

하늘로부터 인수받았다는 '홍범구주 이윤유서(洪範九疇 彝倫攸敘)' 문구의 뜻은 "자연의 순리에 따라(follow the law of nature. Be it natural.) 누구나 이해할 수 있는 상식적인 판단으로 사람을 다스림이 곧 이윤(彝倫)을 올바르게 실천함(彝倫攸敘)이라 했다.

처음 "弘益"이란 글자는 서진시대 진수(陳壽 233년 ~ 297년)가 편찬한 삼국지 고유전(三國志 高柔傳)에 홍익대화(弘益大化)란 문구가 실렸다. 갈홍(東晉葛洪, 283년 ~ 343년)이 서술한 포박자(抱朴子)에도 나타난다. 내용은 불로장수의 비법을 다룬 도교 서적이다. 당나라 때 편찬된 통전복야(通典僕射) 편에 "재상홍익지도(宰相弘益之道)"라는 문구가 실렸다. 제사장(단군)이 주장하던 홍익의 도란이라는 뜻이다. 송대 태평광기 신선(神仙三) 편에 홍익무량(弘益無量)이라는 문구가 실렸다.

이러한 중국 사료를 종합해 보면, 통천 관직 복야(通典 職官 僕射)에 실린 재상 홍익지도(宰相弘益之道)라고 칭한 문구가 홍익인간이다. 재상(宰相)은 공공의 신하 상요(相繇)로 단군(壇君)왕검을 뜻했다. 홍익(弘益)이라는 글자는 동이수령 백익이 치수 사업을 관장하던 지역이란 뜻이 담겨있다.

4) 단군조선의 건국 이념이 최상의 통치 방법

단군왕검이 인수받은 홍범구주 이윤유서(洪範九疇 彛倫攸敍)를 바탕으로 한 "홍익인간(弘益人間) 재세이화(在世理化)의 건국 이념"에는 우리 민족이 오랫동안 지녀온 하늘을 숭배하는 경천사상(敬天思想)에 뿌리를 두고 있다. 이조 말기에 나타난 동학(東學)사상의 근간이 천도교(天道敎)의 인내천(人乃天) 사상"이다. 사람이 곧 하늘이라는 뜻이다. 현재 통용되는 "성인 한 사람 한 표"란 개념의 근본이 되었다.

이윤유서(彛倫攸敍)의 뜻은 "어떤 일이든 적시 적소에 처리해야 한다"로 풀이된다. 이는 동서고금을 막론하고 누구에게나 어려운 사안이다. 오늘에 이르기까지 완전무결한 통치 체제는 찾아내지 못했다. 자연과학계에서는 끝없이 자연의 법칙을 찾아가고 있다. 이를 찾으려고 과학계에서는 학술지를 통하여 대화를 계속해 나가고 있다. 인문사회과학 분야에서도 서로 의견을 발표하고, 이를 계속 상의하여야 발전이 있다.

5. 발해(渤海)가 어디였나

동양 고전에는 음이 같은 발해(渤海)와 발해(渤海)란 기록이 있다. 음이 같은 한해(翰海, 瀚海)라는 글자도 있다. 물 수 변이 없는 글자는 내륙에 있던 지명이다. 그러나 이를 혼용해 기록하여 풀이가 난해하다. 현지인이 얘기한 발해(勃海)에 선인이 산다는 발해(在渤海中)를 바다로 인식했다.

1) 발해(勃海) 오대산

밝은 햇살이 비치는(勃海) 높은 산 세 봉우리에 신선이 산다고 믿었다 하여 고조선 사람들은 높은 산의 조용한 곳을 찾았다. 예맥족(濊貊, 斯)이 운남성에 갔을 때 곤륜(昆侖)이 살고 있다는 높은 산을 찾아갔고, 그곳에서 원시불교가 나타났다. 사마천은 조선 열전에 한나라 해군이 산동반도 북쪽 해안을 따라 열구에 도착했던 사실을 '종제부발해(從齊浮渤海)'라 했다. 그 밖에는 물 수 변이 없는 발해(勃海)란 글자를 썼다. 한서에는 두 글자를 혼용했다.

진수 또한 사마천과 같이 구별해서 사용했다. 물 수 변이 없는 발해(勃海)란 글자는 바다(sea)가 아니라 <밝은 해가 뜨는 지역이란 그 지역 사람들이 쓰던 어음>을 뜻글자(한자; 漢字)로 훈역한 글자이다. 좌전에는 밝다는 어음을 사음하여 발해를 비해(北海)라고 했다. 한서에 나오는 비해(北海)라는 곳이 바다가 아니라 태행산맥 동쪽 연안의 내륙지역, 아침 햇살이 비추는 세 높은 산(三神山)이 있던 곳이다. 신선(神仙)이 사는 곳이라고 인식하여 불사초 불로약이 있다고 믿었다. 숫자 셋(三)을 음이 같은 글자(參, 蔘)로 적어 고려 산삼이 특효가 있다고 했다.
산해경에 실린 북해(北海解池)를 사음하여 다른 글자로 비해(裨海)라고 했다.[97]

---

[97] 山海經 海內經: 東海之內, 北海之隅, 有國名曰朝鮮, 天毒, 其人水居, 偎人愛人.

비(裨)자와 고구려 성씨 북(北; bèi)자는 빛(beam of light)을 뜻한 사음자다.98 고구려에서 영성(靈星)을 모신다는 별이 북두칠성(北辰, 北斗七星)이다. 고구려에는 유기라고 하던 비기(裨記, 秘記)가 있었다.

단군 조선 수도 평양이 북해(北海解池, salt lake) 연안에 있었다. 목천자는 여행 중에 염호(salt lake, 青海)를 지나갔다. 전국시대에 제나라 북쪽에 바다가 있다는 사실을 알고 북해(北海)라고 했다. 왜연(倭, 燕), 열고사 조선, 하는 이름이 실린 해내북경(海內北經)이다. 그 편에 봉래산(蓬萊山)이 실렸다. 서왕모(西王母)와 곤륜산은 여러 편에 실렸다.

전국시대에 고조선이 동서로 양분되었다. 사마천은 호 동호라 했다. 고조선의 후예들이 세운 여러 나라를 "五胡 십육국"이라고 한다. 조선의 평민이란 뜻에 '선비족'이라 했다. 탁발씨(拓跋氏)의 탁(拓)자는 땅이란 뜻이고, 발(跋)자가 북(北)쪽을 뜻한다. 탁발씨(拓跋氏)가 나타난 곳이 옛적에 우리 양곡이라 부르던 북부 산서성 아사달(阿斯達) 지역이다. 북당(北唐)의 어음 북(北 [běi]은, 머리빗(hair comb)과 같이 빛(light) 또는 햇빛(sun-ray)의 사음자다.

해(解)를 당숙우(唐叔虞)가 식읍으로 정해서 성씨로 했다. 비씨(費氏)는 "햇빛(sunray)이라는 뜻의 해비씨(解枇氏)"와 같이 당숙우의 후손이다.99 두자성 해비씨가 해씨로 바뀌었다. 고구려성에 북씨(北; 又高麗

---

98 三國史記 百濟本紀第六 義慈王: 高句麗亦以高辛氏之後, 姓高氏.「見《晋書》載記. 古史曰: 百濟·高句麗」同出扶餘. "又云: 秦, 漢亂離之時, 中國人多竄海東." 則三國祖先, 豈其古聖人之苗裔耶? 何其享國之長也? 至於百濟之季, 所行多非道, 又世仇新羅, 與高句麗連和, 以侵●之, 因利乘便, 割取新羅重城, 巨鎭, 不已, 非所謂親仁善 ●, 國之寶也. 於是, 唐天子再下詔, 平其怨, 陽從而陰違之, 以獲罪於大國, 其亡也亦宜矣

姓) 즉, 해씨가 있다고 했다.[100]

2) 영지(靈芝)버섯이 나는 발해(勃海) 삼신산

사마천의 사기에 발해(勃海)를 태행산맥 높은 산악 지역을 묘사했다. 삼신할미, 마고 할매, 청구 구미호가 살던 곳인 산서성 대현 오대산 일대를 물 수 변이 없는 발해(勃海)라 했다. 그곳 신령스러운 지역(靈地)에서 나는 버섯을 영지(靈芝)버섯이라 하여 불사초 불사약의 으뜸으로 꼽았다.

---

[99] 《廣韻》自唐叔虞食邑于解, 後因氏. 《姓苑》北魏有解枇氏, 後改爲解氏. 𥙿: 《唐韻》府移切 《集韻》說文接益也. 《徐曰》若衣之 接益也. 又《韻會》與也, 附也. 又《廣韻》補也. 𥙿之爲言 又《孟子·荀卿列傳》於是有裨海環之. 《註》裨海, 小海也. 又邑名.

[100] 北 乖也. 伏也. 奔也. 又高麗姓. 北㡌子眞治京氏. 易世本云晉有高人隱於北㡌刾以爲氏 『北』古『別』字

제3장

발조선 시대(發朝鮮 時代)

1. 발조선 시대(發朝鮮 時代) 본론

2. 서주동천(西周東遷) 춘추오패

3. 신원 불명의 성인 유하혜(柳下惠):고조선의 은자(非朝隱者)

발조선 서문:

관자에 발조선(發朝鮮)이란 글자가 있다. 사기 오제본기에는 북 산융 발 식진(北山戎, 發, 息愼)이라 했다. 일주서 왕회해에 풀 해(解隃冠)자 옆에 있는 발인(發人)자는 기자를 뜻했다. 기자는 성주회 자리에 나타나 심금을 울리는 감사의 뜻을 전하고 주 왕실에 들려 폐백을 바치고 고향에 돌아가서 살다가 죽었다. 폐백을 바치고 연회를 베푼 장면이 시경에 실린 록명(鹿鳴), 즉 '사슴이 운다'란 시문이다. 폐허(廢墟)가 된 궁(宮)터가 보리밭으로 변한 모습을 보고 "맥수가 麥秀歌"를 남겼다. 시경에는 기자와 관계되는 시문이 여럿 있어 보인다.

일주서에는 기자(周室之初箕子陳疇周官分職)가 서주 초기 관제 분직 설정에 관여했다는 문구가 있으나, 기자라는 편명만 실렸다.

발(發)자를 밝다는 사음자로 인식하여 처음으로 발조선고(發朝鮮考)란 표제로 제출했었다. 같은 내용을 영문으로도 제출했었다.[101] 되돌아 보니 발자는 동사다.

밝다는 사음자는 비(非) 또는 바다 해(海)자로 썼다. 발조선시대(發朝鮮 時代) 역사 기록이 관자다. 춘추전국 전환기에 공자, 말기에 맹자, 여불귀 등 많은 사람들의 기록이 있다. 맹자가 이르기를 시망 연후 춘추 작(詩亡然後 春秋作)이라 했다. 열국이 쇠약해진 시절에 여러 나라의 국풍이 나타났다. 산서성 태원 임유관(遼西臨俞) 일대 사람들이 중원을 석권했다는 뜻이다. 이를 변한 사람들(今隷變)의 향가(變風)라 했다.[102]

---

[101] Linguistic and Historical examination of Bal Joseon - 發朝鮮考. To JNEAH. 한국 고대사 학술지.

중원에서 춘추시대(春秋時代)라고 부르는 시기는 단군조선(朝鮮)을 이루었던 여러 부족이 중원을 석권하던 시대다. 관자에 환공 미란(桓公彌亂), 발조선(發朝鮮), 여주(餘州, extra state), 북주후모(北州侯莫)라는 문구가 있다.103 위대한 나의 태양(O Sole Mio)라는 뜻의 '햇빛 대, 클 영 뮻'라고 읽는 글자에 미개하다는 뜻을 담아 풀 초를 붙인 글자를 북주후의 이름 자(莫: 上: ++, 下: 뮻)로 실었다. 북쪽 '미개척지에 나타난 태양(뮻; 붉을 단 丹)같은 지도자'라는 뜻이다.

또한 금국미란(今國彌亂), 미란(彌亂)이란 문구도 있다. 경전 문헌에는 미(彌)가 많이 실렸다. 미(彌)가 다스리던 사람들이 중원을 석권했다.

맹자 등의 많은 학자들이 인용한 시경 소아 북산(北山)에 "온 천하가 모두 비왕(非王)의 영토다, 또는 비왕의 신하다"라는 시구가 있다. 이 시(詩)를 부(賦)라고 했다. 사실을 실었다는 뜻이다. 아닐 비(非)라고 읽는 글자는 머리카락을 빗어 내리는 참빗(comb, hairbrush)같이, 하늘에서 떨어지는 햇살의 상형 자다. '빗물'을 하늘 위에서 내려온다 하여 '비 우(雨)'라 하듯, 빛(Beam of light, sunbeam)을 뜻한 글자다.

서주 말 혼란기 상황이 진서(晉書)에 자세히 실렸다. 춘추시대 초기에는 항상 1,200개 국(國)이 있었다. 242년 간의 골육상쟁(骨肉相爭)의 시기가 지나서는 36개국 군주가 죽고 52개의 나라가 망했다. 춘추경전에 실린 숫자만도 170여 개국이 넘고, 139개국이 있던 장소는 알려졌다. 이 시기를 발조선 시대(發朝鮮 時代)라 함이 마땅하다.104

---

102 孟子 離婁下: 孟子曰:「王者之迹熄而詩亡, 詩亡然後春秋作. 晉之乘, 楚之檮杌, 魯之春秋, 一也. 其事則齊桓, 晉文, 其文則史. 毛詩正義: 所以無伯禽頌者, 伯禽以成王 元年受封於魯, 於時天下太平, 四海如一, 歌頌之作, 事歸天子, 列國未有變風, 魯人不當作頌.《周南》為王者之風,《召南》為諸侯之風. 十二國並變風也. 當周夷王時, 衛國政衰, 變風始作. 王道衰, 諸侯有變風; 故變風之詩, 皆發於民情 說文解字 渝: 變汙也. 从水俞聲. 一曰渝水, 在遼西臨俞, 東出塞

103 康熙字典: 吴:《玉篇》徒來切, 音臺. 日光也. 大也《廣韻·入聲·鐸·莫》莫. 無也, 定也.《說文》本模 故切日旦冥也, 詩經 小雅 北山: 溥天之下, 莫非王土. 率土之濱, 莫非王臣. 大夫不均, 我從事獨賢.

1. 발조선 시대(發朝鮮 時代) 본론

1) 산서성에 살던 동이가 무쇠를 개발

고조선의 중흥이 있었던 요인은 산서성 사람들이 새로운 철기를 제작하는 기술을 개발했기 때문이다. 동이란 글자 속에 그 뜻이 있다. 무쇠(铁)를 뜻한 글자 철 이(銕: 字林云鐵名)라고 읽는 글자에는 동이(夷)가 금속을 다루었다는 뜻이 있다. 무쇠라고 부르던 철(鐵 銕 铁)자에, 우리 선조들이 '예맥 부여(濊貊, 夫餘)족이 중원을 석권했었다'는 뜻이 있다. 부여가 만물의 시조란 문구(浮游乎萬物之祖)도 있다.

오늘날에도 무쇠란 낱말은 '정신적으로나 육체적으로 강하고 굳센 사람이나 물건을 비유적으로 이르는 말'로 쓰이고 있다.

주 무왕이 목야전에서 승리하고, 옛 상나라 땅에 형제들을 봉하여 상나라 마지막 왕의 아들을 감시하라고 하였지만, 삼감의 난(三監-亂)을 당했다. 3년에 걸쳐 이를 평정한 후에 성주회(成周會)를 열었다. 이 왕회해에는 그 당시 서주를 둘러싸고 있던 모든 군소 국가들이 사절단을 보냈다. 사절단을 그들이 사는 방향에 따라 기술했다. 미(彌)를 따르는 부족이 많이 참석했다.[105] 해(解)라는 대표단은 유관을 선물로 들고 왔다.

---

[104] 山海經: 不咸山在肅愼國. 有樹名雄常, 先人代帝, 於此取衣. 其俗無衣. 中國有聖帝 代立者. 晉書 志第四 地理上: 春秋之初, 尚有千二百國; 迄獲麟之末, 二百四十二年, 弒君三十六, 亡國五十二, 諸侯奔走 不得保其社稷者不可勝數,《春秋》經傳者百有七十國焉. 百三十九知其所居

[105] 逸周書 王會解: 皆西面, 彌宗旁之, 為諸侯有疾病者之醫藥所居, 相者太史魚, 大行人皆朝服, 有繁露. 堂下之東面, 郭叔掌為天子菜幣焉, 絻無繁露. 內臺西面正北方, 應侯, 曹叔, 伯舅, 中舅, 比服次之, 要服次之, 荒服次之, 西方東面正北方, 伯父, 中子次之. 方千里之內為比服, 方

해는 "해모수, 해부루" 하는 이름에서 나타난 해(Sun, 太陽)의 사음자다.

옛적에는 "복성 해비, 해빛, 해비; 复姓解毗, 解批, 解比" 하는 이름이 해(解, Xie/씨애)로 되었다. 또 하동(河東; 황하의 동쪽)에 있는 해라는 곳인 해지(解池)에서 살던 사람들이 해를 성으로 썼다.106 진(晋)에는 해씨(解氏)가 많았다. 해씨를 오늘날의 북경어 [jiě/지애]로 발음하지 않고 협곡관 서쪽 한원에 있는 염호, 해지(解池)와 같은 발음을 유지하고 있었다. 나라 이름 '발해국(渤海國)' 역시 '밝은 해'라는 뜻이다. 같은 어음에 물 수 변이 없는 발해(勃解, 勃海)도 있다. 이는 내륙에 있던 지역명이다.

시경 북산(北山)에 실린 연연거식(燕燕居息)에서는 제비를 여러 글자(玄鳥. 鳦鳥生商, 鳦, 鳦)로 기록했다. 상나라 발생지와 관련이 있다. 주희는 한혁 두 곳에 실린 제비 연(燕)자를 서로 다르게 설명했다. 제비 연(燕, 薰, 鷰)자는 "연 나라, 잔치, 편안하다, 어여쁜 모양" 등 설명이 다양하다. 상형 자라 했다. 글자(薰) 모양은 "화려한 건물(大樓)의 처마 밑에 집을 지은 새의 형상"이다. 금미달에 있던 고조선 수도를 연도(燕都)라 하고, 그 일대를 연나라 땅이라고 했다.

시경 북산(北山)에 나오는 "普(溥)天之下, 莫非王土"라는 문구는 밝고 넓은 하늘 아래에는 막비왕토(莫非王土)라, 즉 햇님의 후손이 다스리는

二千里之內爲要服, 方三千里之內爲荒服, 是皆朝於內者. 堂後東北爲赤帝焉, 浴盆在其中, 其西, 天子車立馬乘六, 青陰羽亮旌, 中臺之外, 其左泰土, 臺石彌土, 受贊者八人, 東面者四人. 呦呦鹿鳴, 食野之苹. 我有嘉賓, 鼓瑟吹笙. 吹笙鼓簧, 承筐是將. 人之好我, 示我周行.

106 康熙字典:《姓苑》北魏有解枇氏, 後攺爲解氏 "解比: 复姓解毗, 解批, 解比" 燕: 玄鳥也. 籋口, 布翄. 枝尾. 象形. 凡燕之屬皆从燕.《左傳·隱五年》衛人以燕師伐鄭. 燕有二國, 一稱北燕, 故此註言南燕, 以別之.

땅이 아닌 곳이 없다. 시경에서는 마지막 수도 금미달에 살던 단군을 비왕(非王)이라 했다. 관자는 비왕(非王)을 해왕(海王)이라고 했다.107 오대산 일대에 옛 성왕이 살던 곳(昔聖王之處士)이다. 신선이 살던 청량사(清涼寺)가 있던 산을 청량산(清涼山)이라 한다. 그곳에 있던 큰 건물에 제비가 돌아와 처마 밑에 보금자리를 찾은 곳이라 연연거식(燕燕居息)이라 했다. 소공석을 시조로 하는 제후국 연(燕)은 정나라와 같이 동주 수도 가까이에 있었다. 마지막 단군이 아사달에 내려와 함곡관 서쪽 안읍과 동쪽에 있던 정(鄭)나라를 정벌했다.

국어(國語)에는 연어(燕語)가 없다. 정어(鄭語)에 비왕의 지손과 외척(非王之支子母弟甥舅)이라 했다. 그들이 세운 나라가 제후국 정(鄭) 나라의 사방에 무려 25개국이 있었다.108 그중에는 서주의 제후국이었던 나라들도 융적의 나라였다. 요서 지역, 즉 금미달에 나타난 고죽국을 백적비자(白狄妣子)라고 했다.109

맹자(孟子, 기원전 372년? ~ 기원전 289년?)와 같은 시대에 살았던 여불위(呂不韋, ? ~ 기원전 235년)의 여씨춘추에는 중원 사방에는 지

---

107 詩經 北山, 普天之下, 莫非王土, 率土之濱, 或燕燕居息, 或盡瘁事國. 或息偃在床, 或不已于行.詩說:《北山》: 大夫行役, 不得以養其父母而作是詩, 賦也. 毛詩正義: 或燕燕居息, 燕燕, 安息貌. 或盡瘁事國. 盡力勞病, 以從國事. 或息偃在床, 或不已於行. 箋云: 不已, 猶不止也 燕:《説文》鳥也.《爾雅·釋鳥》燕燕, .《疏》燕燕, 又名. 古人重言之.《詩·邶風》燕燕于飛.《玉篇》俗作鷰.《集韻》亦作䴏.《詩·小雅》悉率左右, 以燕天子.《傳》以安待天子.《又》或燕燕居息.《傳》燕燕, 安息貌.《齊語》昔聖王之處士也, 使就閒燕.《註》閒燕, 猶淸淨也.

108 國語: 桓公為司徒, 甚得周眾與東土之人, 問于史伯曰:「王室多故, 余懼及焉, 其何所可以逃死?」史伯對曰:「王室將卑, 戎狄必昌, 不可偪也. 當成周者, 南有荊, 蠻, 申, 呂, 應, 鄧, 陳, 唐; 北有衛, 燕, 狄, 鮮虞, 潞, 洛, 泉, 徐, 蒲; 西有虞, 虢, 晉, 隗, 霍, 楊, 魏, 芮; 東有齊, 魯, 曹, 宋, 滕, 薛, 鄒, 莒; 是非王之 支子母弟甥舅也, 則皆蠻, 荊, 戎, 狄之人也.

109《廣韻》古山戎孤竹,白狄子二國之地, 秦爲遼西郡, 隋爲北平郡,唐爲平州

도자가 없는 여러 소읍국가(此四方之無君者)가 있었다. 발해만 연안에는 예맥족의 고향(穢之鄕)이 있고, 안문(鴈門)관 북쪽에 수규지국(須窺之國), 즉 수유(須臾)가 다스리던 나라 고조선이 실려있다. 전국시대에는 산서성 북쪽으로부터 발해만 연안으로 내려갔었다.[110]

상서 우공 편(商書大傳)에 "제도부열(帝都不說)"이라는 문구가 있다.[111] 제도(帝都)란 성왕(聖王) 또는 천자(天子)라고도 기록된 단군이 살던 궁홀산 금미달을 뜻했다. 그곳에 살던 사람들이 피난을 갔다. 부여전(夫餘傳)에 '우리 선조는 도망 온 사람'이라 했다. 그국은부(其國殷富)란 문구는 '그 나라는 풍요로웠다'는 뜻이다. 그곳에 살던 사람들의 선조가 "고리지국(高離之國), 즉 북부여 발상지인 금미달에서 왔다"라고 했다. 부여(夫餘)라 하던 곳이 북만주가 아니라 공손연이 잡힌 오늘날의 당산 일대였다. 그곳이 동명성왕(東明因都王夫餘之地)이 자리 잡은 부여다.[112] 그로부터 점차 분가하여 여러 곳에 나타나게 된 군소 국가 ○○부여(北夫餘, 扶餘, 夫余, 東扶餘)다. 이는 북부여 편에서 다룬다.

은정월(殷正月祭天) 개천절이란, 금미달에서 쓰던 달력을 은역이라 했다. 은이 음으로 와전되어 음력설이라 한다.

서주 말기에 주 선왕(周 宣王, 재위: 기원전 827년 ~ 기원전 782년)

---

110 呂氏春秋 恃君: 非濱之東: 非濱之東, 夷, 穢之鄕, 大解, 陵魚, 其, 鹿野, 搖山, 揚島, 大人之居, 多無君; 夫風, 餘靡之地, 縛婁, 陽禺, 驩兜之國, 多無君; 氐, 羌, 呼唐, 離水之西, 僰人, 野人, 篇笮之川, 舟人, 送龍, 突人之鄕, 多無君; 鴈門之北, 鷹隼, 所鷙, 須窺之國, 饕餮, 窮奇之地, 叔逆之所, 儋耳之居, 多無君; 此四方之無君者也

111 商書大傳: 帝都不說, 境界以餘州, 山海經 大荒北經: 有胡不與之國, 烈姓, 黍食

112 三國志 夫餘傳: 公孫淵伏誅, 玄菟庫猶有玉匣一具. 今夫餘庫有玉璧, 珪, 瓚數代之物, 傳世以爲寶, 耆老言先代之所賜也.

의 이복동생인 환공(桓公) 우(友)가 기원전 806년 정(鄭) 땅에 봉해져서 정나라가 나타나 연(燕) 나라와 같이 주나라 왕을 모시고 함곡관(函谷關) 동쪽으로 나왔다. 기원전 771년 서주(西周)가 망할 때 환공 우(友)가 죽었다. 아들 무공(武公)이 남쪽에 있던 동괵(東虢)과 회(鄶) 나라를 멸망시키고 나라의 명맥을 이어갔다. 이를 신정(新鄭)이라 한다. 그 당시 쫓겨 나왔던 소공석의 후손을 남연(南燕)이라 한다. 목야전에 참전했던 소공석(召公奭)이 봉지로 받은 제후국 연(燕)은 서주의 첫 수도 가까이에서 주 왕실을 보좌했다. 그 지역 향가를 소남(召南)이라 한다. 공자孔子님께서 연거(燕居)했던 지역이다.

공자가 살던 시절에 '순망치한(脣亡齒寒)'이라는 사자성어가 나타났다. 기원전 655년 진후(晉侯)가 인접해있던 고조선 두 부락 우와 괵(虞以伐虢)을 공략했다.

2) 전성기에 서주동천(西周東遷) 춘추오패 현상이 나타났다

두목 패(霸)자에는 '어두운 밤하늘에 처음 나타난 달빛'이라는 뜻이 있다.

서주(기원전 1046년 ~ 770년) 시절에 원주민을 이용하여 중원 문화의 기틀을 잡던 서주가 기원전 771년에 유왕(幽王)이 살해당하여 수도를 동쪽의 낙읍으로 옮겼다. 이를 서주동천(西周東遷)이라 한다. 동주(기원전 770년 ~ 256년) 시절 초기에 춘추오패(春秋五霸)의 첫 세 사람이 주나라 왕실을 보호했다. 다섯 사람의 이름이 다양하다. 춘추시대 강력한 지도자 다섯 사람을 춘추오패라 했다.

춘추오패는 제나라의 환공(齊 桓公, 재위: 기원전 685년 ~ 기원전 643년), 진나라의 진 문공(晉文公, 재위: 기원전 636년 ~ 기원전 628년), 진나라의 목공(秦穆公, 재위: 기원전 659년 ~ 기원전 621년)이 활동하던 시기에 고조선 세력이 약화 되어, 명칭이 '천자(天子)'에서 우물쭈물하는 조선의 지도자란 뜻의 '선우(鮮虞)'로 바뀌게 되었다. 부여와 가까이 있었다. 이 글자는 노양공(魯襄公, 기원전 575년 ~ 기원전 542년) 시절에 처음으로 나타난다. 공자(孔子, 기원전 551년 ~ 기원전 479년)가 살던 시절이다. 여러 제후가 싸우던 상황을 공자가 기술했다. 공자 이전에도 강한 지도자가 있었다. 서진 두예(杜預, 222년 ~ 285년)가 오백지패(五伯之霸也)라 한 어휘에서 나왔다.[113]

춘추에 실린 오백지패(五伯之霸也)의 마지막 두 사람을 춘추오패의 첫 세 사람으로 기록했다. 오백지패(五伯之霸也)의 첫 세 사람은 서주 동천 이전에 활동하던 고조선 발생지 원주민의 지도자였던 "곤오씨昆吾氏, 대팽씨大彭氏, 시위씨豕韋氏" 세 사람이다. 시경 상송장발(商頌 長發)에 '무왕이 이들을 격퇴했다'고 읊었다. 상 무정(武丁)이 꿈에서 본 부열을 얻어(夢求傅說) 상나라를 강국으로 만들었다. 부여(扶餘, 夫餘)의 어원이라고 논증했다. 시위란 돼지 떼라는 뜻이다. 그들이 만든 나라가 위국(韋國) 이다. 함곡관 동남쪽 오늘의 하남성 골현(滑縣)에 있다가 산동성으로 옮겼다.

말기에 무쇠 만드는 기술이 전국에 알려져 전국시대가 나타났다.

---

[113] 白虎通德論 號: 五霸者, 何謂也? 昆吾氏, 大彭氏, 豕韋氏, 齊桓公, 晉文公也.《註》夏伯昆吾, 商伯大彭, 豕韋, 周伯齊桓, 晉文.「天子微弱, 桓公帥諸侯以尊周室, 一正天下」者, 成二年《左傳》云「五伯之霸也」, 杜預云:「夏伯昆吾, 商伯大彭, 豕韋, 周伯齊桓, 晉文.」霸:〔古文〕䩗《說文》月始生霸然也.

2. 서주동천(西周東遷) 춘추오패

1) 제 환공(齊桓公) 산융 고죽정벌(山戎 孤竹)

앞에서 설명한 바와 같이 선왕 중흥이란 20여 년간이 지난 후에는 옛 고조선 땅에 살던 비천한 사람들 예맥(濊貊, 斯), 즉 려민(黎民, 九黎)들이 강성하여 서주는 동쪽으로 쫓겨와 춘추전국시대로 넘어가게 되었다.

관포지교(管鮑之交)라는 사자성어를 남긴 관중(管仲)과 포숙(鮑叔)은 춘추시대 제(齊)나라 사람이다. 전설적 인물 강태공을 시조로 하는 제나라는 노나라 동북쪽 산동반도 거의 전역 고조선 영역에 접붙였다. 주 선왕이 재궁 제(齊, 齋宮)에 성을 쌓았다. 고조선 사람들을 산융(山戎) 예맥(穢 貊) 또는 개적(蓋狄)이라고 했다. 제 환공이 영토를 넓히는 계책을 관자에게 문의했다. 제나라 주위에 있는 나라에 사신을 보내 해우유폐(使海于有蔽), 즉 물 밑이 보이지 않도록 수면을 덮는 수법을 추천했다.[114] 제 환공(桓公, 재위: 기원전 685년 ~ 기원전 643년) 5년에 산양을 치려 하던 중, 조공은 않고 문피만 비싸게 사라고 하던 북주후 모(北州侯 莫)를 정벌하기 위해 중원 북쪽으로 올라갔다. 북쪽 영지를 벌하고, 부지산 아래에서 고국군을 살해(斬孤竹)하고, 산융을 만났다. 관중에게 묻기를 어떻게 할 것인가? 이에 관중이 답하기를 "군(君)께서는 제후들을 교육시키시고…." 라고 말을 바꾸었다. 산융을 치러 갔다면서 부영지와 고죽군은 처벌하고, 그 원흉인 산융을 만나서는 마땅히 사생

---

[114] 管子: 管子對曰:「以衛為主, 反其侵地古臺原姑與柒里, 使海於有獘, 渠彌於有陼, 綱山於有牢.」桓公曰:「吾欲北伐, 何主?」管子對曰:「以燕為主, 反其侵地柴夫吠狗, 使海於有獘, 渠彌於有陼.」

결판을 냈어야 할 터인데, 흐지부지하고 말았다. 제 환공은 겁이 나 활 한 번 쏴보지도 못하고 도망 왔다.

환공이 고죽군을 처형하고 계속 전진하여, 산융이 사는 비이지계(卑耳之谿) 십여 리 밖에 이를 때, 갑자기 정지했다. 활을 달라고 하여 겨누더니 갑자기 활을 내리고 좌우를 돌아보며 "너희들 저 앞에 사람을 못 보았느냐"라고 했다. 모두 이야기하기를 "못 보았습니다." 하니, 환공이 말하기를 "사기부제호(事其不濟乎), 어떻게 건너겠나? 내가 대혹(大惑)이라 했다. 키가 한 자밖에 안 되는 산신 유아(山神有俞兒)가 저기에 있다. 그에게 물어 보고 갈 길을 찾았다. 관을 벗어 옆에 끼고 소매를 걷어 올리고 말을 타고 도망치며 외쳤다. "어떻게 건너나? 내가 욕심이 컸어, 정신이 나갔지. 저 건너 그들이 있지 않느냐?"

혼비백산이 되어 정신을 차리지 못하는 환공을 관중이 다음과 같이 달랬다.

"신이 듣기로는 산에 오르면 귀신이 장척이나 되는 작은 아이로 보입니다. 패왕의 군이 흥할 징조입니다. 산에 올라 귀신을 보고 말을 달려 질주하셨으니 바른 길을 택하셨습니다." 팔을 걷어 올리고 계곡 여울을 건너 비이지곡에 이르러 길을 아는 사람을 만나 그의 조언으로 큰 강물을 건넜다. 도망 나온 환공은 말에서 내려 제상 관중이 탄 말 앞에 서서 간곡히 사죄했다. 설원(說苑 辨物)에서도 말 앞에 앉아서 다음과 같이 사죄했다고 한다 "仲父之聖至若此 公拜管仲於馬前曰." 이 역사적 전대미문의 희극을 그린 사료가 설원, 예문류취, 태평어람등 여러 곳에 글자가 약간 다르게 실려 아전인수격으로 풀이했다. 금루자(金樓子)에서는 제 환공이 그의 제상 관중을 성인(仲父聖人也)이라 했다.115 도망 올 때의 사정은 『한비자』와 사기 『제태공세가』에도 실려있다.116 "길을 잃어 늙은 말(老馬)의 도움을 받았고, 마실 물이 없어 개미의 습성을 이용했다." 사마천은 이를 은 하게 "연후(燕莊公)가 고맙다고 따라와 국경을 넘기에 도랑을 파서 막고 돌려보냈다."하는 은유법으로 기록했다. 논란이 많은 요수(遼水)의 기원이 해하 상류다.

재상 관중(管仲)은 묘책을 내어 실신한 환공을 부추겨 강물을 건넜다. 환공이 돌아올 때 건넜던 여울을 멸요자, 요수(遼水)라 했다. 그 당시 중원 세력권에 있는 큰 강 6개 중 하나였다. 천진항으로 흐르는 해하(海河)의 남쪽 지류다. 한국 어음 "해와 하"를 혼용했다. 한원 해지 일대에 살던 사람들(해, 奚, 亥, 解)이 동쪽으로 와 살던 지역의 강이라 하여 해하(海/解河)라고 부르고, 그 강물이 중국에서는 멀리 떨어진 곳에 있는 강이라 하여 요수(遼水)라 했다. 비이지계 동쪽이 요동(遼東)이다. 서주 발생지에 연경 지융(燕京之戎)으로 나타났던 제비 연(燕) 자가 하북성 서남쪽에서 다시 올라와 연(燕) 나라가 설치했다는 장성이 상곡에서 시작하여 해하(海河) 연안에서 끝났다.

2) 제 환공이 도망 나온 비이지계(卑耳之谿/溪)는 어디인가?

비이지계란 고조선 사람들이 살던 계곡이란 뜻이다. 설원(說苑)에서

---

115 三國志 管子 大匡: 北州侯莫至, 上不聽天子令, 下無禮諸侯. 寡人請, 誅於北州之侯.」諸侯許諾
116 韓非子 說林上: 桓公而伐孤竹, 迷惑失道, 管仲曰: 乃放老馬而隨之, 遂得道. 行山中無水, 乃掘地,遂得水. 史記 齊太公世家: 山戎伐燕, 燕告急於齊, 齊桓公救燕, 遂伐山戎 燕莊公遂送桓公入齊境. 諸侯相送不出境.

는 그들이 도망 오느라 고생했던 중에 산속에서 신선 같은 의관(冠冕大人) 한 사람을 만나 큰 강물(其大濟) 요수(遼水)를 건너왔다.117 수경주에서는 비이지계가 진시황 때의 상곡군(上谷郡) 이고, 그들이 건넜다는 강은 래이수의 지류 청리수(灅水: 淸夷水), 즉 하북성(河北省)에 있는 영정하(永定河) 라고 한다.118 일설에는 요서 영지현을 지나던 유수(濡水), 즉 역수(易水) 계곡이라 한다.

고조선 사람들이 살던 산서성 대현 역수(易水) 계곡을 비이지계(卑耳之谿)라 했다. 이 지역이 금미달(今彌達) 영역이다.

북주후 모의 수도는 요수 서쪽 요서(遼西)에 있었다. 제 환공이 정벌 했다는 고죽국은 구지산 남쪽(下虒之山)에서 고죽군을 참수(斬孤竹) 했다지만, 그 후 기록에는 비이지계에 이르러 활 한 번 쏘지도 못하고 허겁지겁 도망 왔다. 비이지계(卑耳之谿)는 안문관(雁門關) 남쪽이었다. 오리(wild duck) 부 부지산(鳧之山)이란 다른 문헌에는 없다. 새로 만든 이름을 관자에 접붙였다. 두루미(彌)를 큰 기러기(鴻)로, 다시 거위(雁)로, 거위를 더 작은 새 오리(鳧, 雁醜)로 비하했다. 서주 발상지에 있던

---

117 說苑: 齊桓公北征孤竹, 未至卑耳谿中十里, 闚然而止, 瞠然而視有頃, 奉矢未敢發也. 喟然歎曰: 「事其不濟乎! 有人長尺, 冠冕大人物具焉, 左袪衣走馬前者.」 管仲曰: 「事必濟, 此人知道之神也. 走馬前者導也, 左袪衣者, 前有水也.」 從左方渡, 行十里果有水, 曰遼水. 表之, 從左方渡至踝, 從右方渡至膝. 已渡, 事果濟. 桓公拜管仲馬前曰: 「仲父之聖至如是, 寡人得罪久矣.」 管仲曰: 「夷吾聞之, 聖人先知無形, 今已有形乃知之, 是夷吾善承教, 非聖也.」
118 水經注 灅水: 淸夷水又西南得桓公泉, 蓋齊桓公霸世, 北伐山戎, 迷孤竹西征, 束馬懸車, 上卑耳之西極, 故水受斯名也. 水源出沮陽縣東, 而西北流入淸夷水. 淸夷水又西逕沮陽縣故城北, 秦上谷郡治此, 王莽改郡曰朔調, 縣曰沮陰. 闞駰曰: 涿鹿東北至上谷城六十里. 史記 匈奴列傳: 燕亦筑長城, 自造陽至襄平. 置上谷, 漁陽, 右北平, 遼西, 遼東郡以拒胡. 當是之時, 冠帶戰國七, 而三國邊於匈奴.

연(燕) 제(齊) 자기 북쪽으로 밀려와 서주 동천 이후 첫 패자가 된 제 환공(齊 桓公, 재위: 기원전 685년 ~ 기원전 643년)의 고죽국 정벌 기록에 실려있다.

도망 올 때 건넜던 여울이 요수(遼水)라 했다. 여울을 건너는 방법(事必濟)이 틀림없이 있다는 글자에서 서북쪽은 연(燕) 동남쪽은 제(齊)의 영역이라고 했다. 양자방언에 나오는 연제지간(燕齊之間)으로 '해하(海河; 永定河) 수계 서남부'를 뜻했다.

기원전 304년에 천축국 도술인 시라(尸羅)가 불상을 들고 왔다. 즉, 위(魏)를 연(燕)으로 바꾸던 때에 고조선 수도에 도술인 사문(沙門, 샤만)이 왔다. 황제가 자부선인을 만났다는 청구(青丘), 즉 산서성 대현 불교의 성역 오대산(五臺山)이 있는 지역이다. 글자 꼴이 다른 푸를 청(青, 靑)자의 유래를 필자의 웹사이트에서 설명했다.[119]

산속에서 신선 같은 의관(冠冕大人)을 한 사람이 자부선인(紫府仙人)이다. 관자는 선인을 '자부패구(柴夫吠狗)'라고 비하했다. 고조선 사람들이 살던 계곡 청구(青丘)를 비이지계곡(卑耳之溪谿)이라 했다. 요수(遼水) 서북쪽에 있었다.[120] 안문관(雁門)이 있는 오대산(五臺山) 계곡

---

[119] 삼한(三韓)땅 청구(青丘)의 유래: 《Lee Mosol's Book Collection》
[120] 說苑 辨物: 齊桓公北征孤竹, 未至卑耳谿中十里, 闖然而止, 瞠然而視有頃, 奉矢未敢發也. 喟然歎曰: 「事其不濟乎! 有人長尺, 冠冕大人物具焉, 左祛衣走馬前者.」管仲曰: 「事必濟, 此人知道之神也. 走馬前者導也, 左祛衣者, 前有水也.」從左方渡, 行十里果有水, 曰遼水. 已渡, 事果濟, 桓公拜管仲馬前曰: 「仲父之聖至如是, 寡人得罪久矣.」管仲曰: 「夷吾聞之, 聖人先知無形, 今已有形乃知之, 是夷吾善承教, 非聖也.」

에, '자줏빛(紫)으로 단장한 곳집(府), 즉 영묘(靈廟)에 살던 선인'을 비하하여 '사나운 개를 데리고 불을 피우고 있는 지도자'라고 기록했다.121

3) 고죽국(孤竹國) 묵태(墨胎)씨

서쪽에서 융족이(西戎) 동쪽으로 와서 홍산 문화를 남기고 분수를 따라 내려와 북적(北狄)이라 했다. 예맥족의 본향에서 황하문명이 발생했다. 그곳에 들어온 이방인 주(周)족이 구전되어 오던 얘기를 원주민 예맥(濊貊, 斯)족을 시켜서 기록으로 처음 남겼다. 음과 훈을 뒤섞어 문장을 만들었다. 옛 상형 글자 어음이 고조선어다.

고죽국(孤竹國) 묵태(墨胎)씨가 그 한 본보기다. 배구가 고려본 고죽국(高麗本孤竹國)이라 한 바와 같이 검을 검(黔)을 묵(墨) 아이 밸 태(胎)씨란 "해비 또는 비"를 성씨로 하던 고조선 사람들(濊貊, 斯, 黔, 黎)의 수장 왕검(王儉)이 세운 나라의 기원, 태반(胎盤, placenta)이란 뜻이다.

상나라 때 고죽국이 춘추시대에는(山戎, 肥子) 두 나라가 되었다.122 제 환공이 죽였다는 고죽군은 북쪽에서 내려온 빛을 숭상하던 백적 또는 북적(白狄, 北狄)의 지도자 비자(𣬉子)를 뜻했다. 즉 고조선의 후예

---

121 水經注 濡水:《水經注》曰: 五臺山, 其山五巒巍然, 故曰五臺. 晉永嘉三年, 雁門郡人五百余家, 避亂入此山, 見山中人為先驅, 因而不返, 遂寧巖野, 往還之士稀有望見其村居者, 至詣尋訪, 莫知所在, 故俗人以為仙者之 都矣.《仙經》云:「此山名為 紫府仙人居之.」其九臺之山, 冬夏常冰雪, 不可居, 即文殊師利常鎮毒龍之所. 今多佛寺, 四方僧徒善信之士, 多往禮焉.
122 通典 古冀州: 平州今理盧龍縣. 殷時孤竹國. 春秋山戎, 肥子二國地也. 今盧龍縣. 有古孤竹城, 伯夷, 叔齊之國也. 戰國時屬燕. 秦為右北平及遼西二郡之境, 二漢因之. 晉屬遼西郡. 後魏亦曰遼西郡. 隋初置平州, 煬帝初州廢, 復置北平郡. 廣韻: 正也, 和也, 易也, 亦州名古山戎孤竹白狄子二國之地秦爲遼西郡隨為北平郡

인 고구려 부여와 같이 해씨가 다스리던 사람들(濊貊, 斯, 墨)의 어느 한 부족국을 뜻했다.

산서성 대현 오대산(山西省 代縣 五臺山) 역수가 흐르는 계곡에 고죽국, 즉 중산국(中山國)이 있었다. 관자에 하부 지산(下巂之山)지역을 수경주에는 장자현서발구산(長子縣西發鳩山)이라 했다.123 비이지계(卑耳之溪)사 오대산 계곡 청구(青丘)이다. 그곳에 맏아들(長子)이 살았다. 그가 발해만으로 내려와 자리 잡은 동명성왕이다. 그가 살던 곳을 동명산(東明山) 위에 화려하고 장엄하게 장식한 천지(天地) 장남지궁(長男之宮)이라 했다. 중원에서는 고조선의 지도자를 맏아들(長子)이라고 인식했다.124

山西省 代縣 大同市 五臺山.
遼西孤竹縣. 令支有孤竹城, 故孤竹國 故濊邑.

---

123 水經注 濁漳水: 濁漳水出上黨長子縣西發鳩山, 易水出涿郡故安縣閻鄉西山, 又東北過濊邑北 清漳逕章武縣故城西, 故濊邑也, 枝瀆出焉, 謂之濊水. 東北逕參戶亭, 分為二瀆. 應劭曰: 平舒縣西南五十里有參戶亭, 故縣也. 世謂之平虜城. 枝水又東注, 謂之蔡伏溝. 又東積而為淀. 一水逕亭北, 又逕東平舒縣故城南. 代郡有平舒城, 故加東.《地理志》: 勃海之屬縣也, 一水北注漳沱, 謂之濊口. 清漳亂流

124 朝鮮이란 글자의 이동 경로 - 3: 천자(天子)와 천왕(天王)이 어떻게 다른가요?《Lee Mosol's Book Collection (ancienthistoryofkorea.com)》

산서성 대현 대동시 오대산(山西省 代縣 大同市 五臺山)

검을 묵(墨) 검을 려(黎, 孋 驪) 왕검(王儉) 은 서쪽에서 온 융족(西戎)이 분수 연안으로 내려와 북적 또는 백적이라 했다. 백 북 두 글자(白, 北)는 밝은 빛을 뜻한 글자다. 내려왔다 하여 내릴 강 강수(洚水, 降水) 연안에 살았다. 강씨, 여씨, 홍씨, 범씨 등 여러 성씨의 본향이다. 그 사연을 은폐하고 흰 옷을 입어 북적을 백적이라 했다. 그들이 동쪽 넓은 지역에 살아 동이(東夷)라고 불렀다. 왕검(王儉)이란 그 당시 사방에 사는 검(黔)이라 부르던 사람들의 지도자가 만장일치로 선출한 최고 지도자라는 뜻이다.125 춘추전국시대에 나타났던 신원 불명의 묵자(墨子, 기원전 470년 ~ 391년?)를 제자백가의 한 학파 묵가(墨家)라 한다. 묵(墨)자를 훈역하여 피부가 검은 사람이라는 등, 다양한 설명을 한다. 아니

---

125 說文解字: 僉: 皆也. 从亼从吅从从.《虞書》曰:「僉曰伯夷.康熙字典‧:《字彙補》靑天切, 音千. 水和鹽也. 僉:〔古文〕鹼.

다. 묵(墨)자는 검수(黔首), 왕검(王儉)에 나타난 어음 '검'을 훈역한 글자다. 단군의 가르침을 이어받아 연구하던 학파다. 화해의 성인(聖之和) 이라던 유하혜가 노나라의 관리(柳下惠吏於魯)라고 했다. 노검루(魯黔婁) 또는 검루 제은사(黔婁, 齊隱士) 라는 현인이 묵자(墨子)인 듯하다.126

금미달 영역 요서(遼西) 태수가 물에서 관을 얻어 열었더니 시신이 살아 나와 이르기를 "나는 백이의 동생 고죽군이다. 성은 이씨 호는 고죽(姓李名孤竹)"이라고 했다.127 고죽국은 고조선의 혈통을 이어받은 나라다. 서주 발생지에서 북쪽으로 밀려왔다.

3. 신원 불명의 성인 유하혜(柳下惠): 고조선의 은자(非朝隱者)

1) 신원불명 성인 유하혜(柳下惠)

고전에 유하혜(柳下惠)란 글자가 혼잡하게 설명되어 있다. 그는 갖은 고난을 겪으면서도 그의 믿음을 지켰다. 세 번이나 쫓아냈지만 가지 않았다. 윤이 백이 공자(伊尹伯夷孔子)와 같은 반열의 성인으로 기술했

---

126 列女傳 魯黔婁妻: 黔婁先生之妻也. 高士傳 黔婁先生: 黔婁先生者. 齊人也. 清節, 不求進於諸侯. 康熙字典: 黔婁, 齊隱士, 有《黔婁子四篇》抱朴子 論仙然不可以黔婁原憲之貧, 而謂古者無陶朱猗頓之富
127 管子·小問篇: 桓公北伐孤竹, 未至耳之谿十里, 闞然止, 瞠然視.《廣韻》古山戎孤竹, 白狄子二國之地, 秦爲遼西郡, 隋爲北平郡, 唐爲平州.《前漢·地理志》孤竹在遼西令支縣. 太平廣記 徐坦: 坦遂詰其由, 樵夫濡睫而答曰: 「某比是此山居人, 姓李名孤竹. 博物志: 遼西太守黃翻上言: 海邊有流尸, 露冠絳衣, 體貌完全. 後翻感夢云, 我伯夷之弟孤竹君也, 海水壞吾棺郭, 求見掩藏. 民有褻襫視者, 無疾而卒

나.128 윤이(伊尹)는 임자(任者), 백이(伯夷)는 청자(清者), 공자는 시자(時者)의 성인이라 했다. 화자(和者)라는 뜻이 오묘하다. 또한 "柳下惠, 不羞汙君, 不卑小官", "知柳下惠之賢", "柳下惠非朝隱者與" 도 있다. 유하혜는 더러운 군주라 해도 부끄러워 하지 않고, 낮은 직위에 있는 비천한 사람이 아니라 현인이다. 유하는 고조선(非朝)의 은자다. 출생지와 이름은 의문이다. 성인 반열에 넣어 화해의 성인 "聖之和者"라 했다. 동방삭이 익살스러운 표현으로 '백익을 우부풍(益爲右扶風), 중산부는 광록 대부, 자하는 태상(子夏爲太常) 유하혜(柳下惠爲大長秋)를 환관의 우두머리'라 했다.

그의 행적과 부인에 관한 간략한 기록이 열여전 현명(列女傳 賢明)편에 있다. 부인이 남긴 기록은 무능역지(莫能易之)라, 번역할 수가 없었다.

설원 일문에 "유하혜(柳下惠) 사후에 여러 사람이 조사했다. 그의 부인이 조사를 하면서 그의 시호가 혜(謚宜爲惠, sun)라 했다"는 기록이 있다.129 삼국지에는 손성(孫盛)의 말을 인용하여 그를 이방인 동이라 유하리어 삼출(柳下夷於 三黜)이라 했다. 전국시대 초기 연책(燕策)에

---

128 孟子 萬章下:「柳下惠, 不羞汙君, 不辭小官. 進不隱賢, 必以其道. 孟子曰:「伯夷, 聖之淸者也; 伊尹, 聖之任者也; 柳下惠, 聖之和者也; 孔子, 聖之時者也. 韓詩外傳: 王子比干殺身以成其忠, 柳下惠殺身以成其信, 伯夷叔齊殺身以成其廉, 此三子者, 皆天下之通士也, 豈不愛其身哉. 列女傳 柳下惠妻: 魯大夫柳下惠之妻也. 柳下惠處魯, 三黜而不去, 憂民救亂. 妻曰:「無乃瀆乎! 君子有二恥. 國無道而貴, 恥也; 國有道而賤, 恥也.」

129 抱朴子內篇: 故孟子謂伯夷, 清之聖者也; 〔柳下惠, 和之聖者也; 伊尹, 任之聖者也〕. 吾試演而論之, 則聖非一事. 孟子: 孟子曰:「伯夷, 聖之淸者也; 伊尹, 聖之任者也; 柳下惠, 聖之和者也; 孔子, 聖之時者也. 孔子之謂集大成. 韓詩外傳: 伯夷, 聖人之淸者也, 柳下惠, 聖人之和者也, 孔子, 聖人之中者也. 說苑 佚文: 柳下惠死, 人ъ誄之. 妻曰:「將述夫子之德, 二三子不若妾之知.」爲誄曰:「夫子之不伐, 夫子之不謁, 謚宜爲惠.」弟子聞而從之. 太平廣記 詼諧一東方朔: 益爲右扶風 仲山甫爲光祿. 百里奚爲典屬國. 柳下惠爲大長秋

실렸다. 사람들은 자신이 저지른 잘못을 모른다고 했다.[130] 기록을 두루 살펴보면, 신원불명의 성인 유하혜(柳下惠)는 북쪽 나라 '버드나무(柳, 欅) 위에 나타난 샛별(木星, Jupiter)을 시절의 척도로 쓰던 곳'에서 내려온 사람이었다. 그곳을 진양(太原晉陽)이라 한다. 북쪽으로 올라가서 고유(高柳)라고 했다.

북쪽 금미달 지역을 버드나무 가지가 늘어진 낙원으로 묘사한 시문이 많이 있다. 북부여기에 시조의 어머니를 유화(柳花)라고 했다. 요서 변한(變汙) 땅에 있던 여울 유수(渝水) 일대에 요새를 만들어 임유관(臨渝關)이라 했다. 고구려와 수나라의 첫 전쟁지로 배구가 고죽국(孤竹國)이 옛 고구려라 했던 곳이다.[131] 오랫동안 선비족의 수도였던 곳을 고유(高柳)라 했다. 고유(高柳)에서 산동성으로 내려온 사람이라 유하혜(柳下惠)라 했다.

2) 고조선의 은자(非朝隱者)

청련거사(靑蓮居士) 이태백(太白)이 남긴 춘일독좌(春日獨坐)에서 "연맥청청 유자비(燕麥靑靑遊子悲), 하제약 유욱금지(河堤弱柳郁金枝), 아재하남 별리구(我在河南 別離久)라 읊었다.

---

[130] 戰國策 燕策: 昔者, 柳下惠吏於魯, 三黜而不去. 或謂之曰:『可以去.』柳下惠曰:『苟與人之異, 惡往而不黜乎? 猶且黜乎, 寧於國外國爾..』柳下惠不以三黜自累, 故前業不忘; 不以去為心, 故遠近無議. 今寡人之罪, 國人未知, 而語寡人者邊天下

[131] 고구려의 삼경(三京) 장안성(長安城)과 임유관(臨渝關):《Lee Mosol's Book Collection (ancienthistoryofkorea.com)》康熙字典: 渝:《唐韻》羊朱切《集韻》《韻會》容朱切, 音兪.《說文》變汙也. 爾雅・釋言》渝, 變也.《詩・鄭風》舍命不渝. 水名.《說文》渝水, 在遼西臨渝, 東出塞.

유하혜(柳下惠)가 살던 시기를 공자 이전 또는 이후 사람이라 한다.132 미자하(彌子瑕) 또한 춘추시대 사람으로 금미달 지역 사람이다. 한서에는 "위양왕(魏襄王, ? ~ 기원전 317년) 때에 여자가 장부가 되고, 남자가 여자가 되었다 하여 여도지죄(餘桃之罪)라는 사자성어가 나타났다.133 그를 미자하(彌子瑕)라 한다.134 그와 공자 제자 자로(子路)는 동서 간으로 변한(卞) 사람이라 했다. 성인 반열에 넣었던 고조선의 은자(非朝隱者) 유하혜(柳下惠)를 이렇게 혼미하게 기록했다.

당우지제 어사위성(唐虞之際)이라 하는 요순시절에 황하문명 발생지에서 나타나 예맥(濊貊, 斯)족이 왕성했다는 뜻에 어 사위성(於斯爲盛)이란 문구로 기록되었던 숙신씨 여러 부족이 수도로 정했던 아사달 평양 금미달은 모두 산서성에 있었다.

---

132 柳下惠 - 维基百科, 自由的百科全书(wikipedia.org) 史記 仲尼弟子列傳: 孔子之所嚴事: 於周則老子; 於衛, 蘧伯玉; 於齊, 晏平仲; 於楚, 老萊子; 於鄭, 子產; 於魯, 孟公綽. 數稱臧文仲, 柳下惠, 銅鞮伯華, 介山子然, 孔子皆後之, 不并世. 史記 孔子世家: 謂「柳下惠, 少連降志辱身矣」

133 漢書 五行志: 史記魏襄王十三年, 魏有女子化為丈夫. 京房易傳曰: 「女子化為丈夫, 茲謂陰昌, 賤人為王; 丈夫化為女子, 茲謂陰勝, 厥咎亡.」一曰, 男化為女. 宮刑濫也; 女化為男, 婦政行也. 彌子瑕 - 维基百科, 自由的百科全书(wikipedia.org)

134 孟子 萬章上: 彌子之妻與子路之妻, 兄弟也. 呂氏春秋 慎大覽 貴因: 禹之裸國, 裸入衣出, 因也. 墨子見荊王, 錦衣吹笙, 因也. 孔子道彌子瑕見釐夫人, 因也. 湯, 武遭亂世, 臨苦民, 揚其義, 成其功, 因也. 故因則功, 專則拙. 彌子瑕 - 維基百科, 自由的百科全書(wikipedia.org)

제4장

원시불교의 발생과 전래

1. 원시불교의 발생과 전래 서론

2. 대루탄경(大樓炭經)

3. 천축국(天竺國) 인도(印度)의 어원

4. 고조선 문자 천부인(天符印)

5. 원시불교의 중원 전래에 나타난 신라와 가라

6. 지나(支那)의 어원

1. 원시불교의 발생과 전래 서론

사마천은 동양 최초의 신앙을 황노사상(黃老思想)이라 했다. 선사시대부터 동북아시아 전역에 예맥(濊貊, 斯)족이라 부르던 유목민이 살았다. 환웅천왕이 아들의 뜻이 구속받고 있는 사람들이 사는 땅에 있어 북쪽에서 내려와 그곳에 나라를 세웠다.

위서(魏書云)에 실린 '같은 의재사(意在斯)란 문구가 태사공이 사마천에게 남긴 유언'에 있다. 시(斯)자를 따라가면 불교의 시원과 분포도가 보인다.

남쪽으로 도망갔던 사람들이 차마고도를 따라 히말라야산맥 동쪽에 올라가 고조선의 토속 신앙을 전하여 원시불교가 나타났다. 운남성(雲南省) 사람들이 전한 고조선에 전해오던 설화와 각종 기록을 원시불교 발생지의 현지인이 번역하여 루탄경(大樓炭經) 초안을 범어(梵語)로 남겼다.[135] 북쪽으로 갔던 사람들이 남긴 환단고기와 남쪽으로 갔던 사람들이 남긴 범어(梵語)로 기록된 불경에는 고조선 역사와 어음이 있어야 한다.

1) 도덕경(道德經)의 유래

황하문명 발상지에 살던 사람들의 토속 신앙을 황로사상이라 했다. 그를 예맥(濊貊, 斯)족 노인(老子)들이 서쪽으로 올라가서 호(教胡)를 가르쳤다. 서쪽으로 가기 전에 진나라 서쪽 관문(西關)에서 하룻밤 만에 남긴 5,000자가 도덕경이라 한다. 노자(老子)는 복수다. 노자 생어은

---

[135] 漢傳佛教與東方文化. 任繼愈.中華佛學學報第12期(1999. 7月出版). 中華佛學研究所發行.

(老子, 陳人. 生於殷)'이란 문구를 은에서 태어났다고 풀이한다. 도가경전에 승청우거거(乘靑牛車去)라 했다. 온 천하 어디에도 푸른 소(靑牛)는 없다. '청구(靑丘)'를 글꼴이 비슷한 '청우(靑牛)'로 바꾸었다. 상나라 때 태어난 노자가 고조선지역 청구(靑丘)에 전해오던 "詩 書 易" 등 각종 기록을 수레에 싣고 갔다는 뜻이다.

급총죽간을 살펴본 황보가 남긴 고사전에 상용의 대도(商容大道)를 노자가 배웠다고 했다. 노자가 상(殷商)나라 상용(商容)에게서 도(道)를 배웠다.136 환웅천왕의 모습을 깎아서 세워 놓은 웅상(雄常, Totem pole)을 상용(商容, 常容)이라 했다. 시경위풍 벌단(魏風 伐檀)에 실린 "彼君子兮, 不素餐兮, 즉 저 군자는 소박한 복록도 받지 않는다"는 시구를 상용의 이야기라 한다. 능력있는 사람이 등용되지 않아 위나라 사람들이 풍자한 시문이라 한다. 노자를 이씨(老子李耳)라 한다. 황로사상(黃老思想)이란 황제 이후 나타난 여러 현명한 사람들의 가르침"이란 뜻이다. 이를 도교(道敎)의 기원이라 했다.

도(道; 辶首)란, 우두머리를 따른다는 뜻으로 '황제(黃帝)의 뒤를 따른다'는 뜻이 있다. 황제는 가상 인물이다. 실존 인물인 단군왕검 백익(伯益)의 가르침을 따른다는 뜻이 길 도(道)자다. 지도자는 인품이 있어야 사람들이 따른다. 덕(德, 悳, 直, 心)이란, '여러 사람의 진심에서 우러난 말을 듣는다'는 뜻의 글자다. 도경(道經)이 나타난 이후에 덕경(德經)

---

136 淮南子 繆稱訓: 老子學商容, 見舌而知守柔矣; 列子學壺子, 觀景柱而知持後矣. 故聖人不為物先, 而常制之, 其類若積薪樵, 後者在上. 人以義愛, 以黨群, 以群強. 是故德之所施者博, 則威之所行者遠.

이 나타났다. 상용(商容)이란 글자는 서낭을 뜻한 글자다. 이를 관자는 비천하지 대도(非天下之大道)라, 즉 밝은 세상으로 인도하는 큰 길이라 했다. 맹자에는 군자지대도(君子之大道)라 했다. 예맥족 노인들이 서쪽으로 눈이 덮인 높은 산간 지역으로 올라갔을 때 원시불교가 나타났다. 불교의 기원을 법현기(法顯記)에는 은殷나라 말기라고 했다. 석가모니는 주장왕(周莊王, 재위: 기원전 696년 ~ 기원전 682년) 9년에 탄생했다. 공자보다 늙어 귀가 먹어 노담(老聃)이라 했다.[137]

장승백이에 서 있는 장승의 가르침이 불교 발생지에 알려졌다. 그곳을 따를 수, 수지(隨地)라 했다. 신자 빌래이지(Sinja village, 신앙촌)라고 세계 문화 유적지로 실린 곳이다. 장승의 모양이 금인(金人), 즉 불상으로, 또는 석상(石像) 하루방, 천축국에서는 사자상으로 나타났다. 상나라 때부터 예맥족 지성인 여러 사람(老子, elders)이 멀리 가서 가르쳤다. 이를 석가여래(釋迦如來)라 했다. 석가여래(釋迦如來)란 [깨인 사람 여럿이 왔다]는 한국어를 이리저리 돌려적은 글자다.

2) 시경의 유래

공자가 주나라 궁정에 있던 동상에 새겨진 금인명(金人銘)을 읽었다. 그 글자를 시문(斯文)이라 했다. 그곳에서 노자를 만났다. 천할 시

---

[137] 高士傳: 老子李耳, 字伯陽, 陳人也. 生於殷時, 為周柱下史. 好養精氣, 貴接而不施, 轉為守藏史. 積八十餘年,《史記》云「二百餘年」. 時稱為「隱君子」, 謚曰聃. 仲尼至周, 見老子, 知其聖人, 乃師之. 後周德衰, 乃乘青牛車去, 入大秦, 過西關, 關令尹喜望氣先知焉, 乃物色遮候之. 已而, 老子果至, 乃強使著書, 作《道德經》五千餘言, 為道家之宗. 以其年老, 故號其書為《老子》 노자(老子) 서진(西晋) 황보밀(皇甫謐)이 편찬한고사전

(斯), 즉 예부터 그 지역에 살던 예맥(濊貊,斯)족이 사용하던 글자다. 사마천은 고조선과 하(夏)나라의 기록(虞夏 之文可知)을 알 수 있다고 했고, 모시정의에는 시경의 기원은 전설을 기록으로 남기던 시절(唐虞始造其初)이라 했고, '고자시삼천여편(古者詩三千餘篇)'란 문구가 있다.138 공자가 예부터 전해 오던 시문 3,000여 편을 추리고 추려 현존하는 시경을 만들었다. 왕풍 이외의 국풍(향가 國風)는 모두 변한의 사람들이 부르던 민요란 뜻에 변풍(變風)이라 했다. 고조선에 전해오던 이야기를 여러 사람이 깊은 산 속 원시불교 발생지(Sinja Village)에 노자가 전했다. 인도 역사에 나오는 베다 시대(Vedic period, 기원전 1500년 ~ 기원전 500년) 사람들이 부르던 베다에는 고조선 사람들이 부르던 민요가 남아있으리라 본다. 범어란 불교 발생지 사람들이 쓰던 언어란 뜻이다. '범어(梵語)'의 범(梵)자는 클 범(範)자의 동음이자로, 홍범구주의 발상지인 산서성 사람들의 어음이 남아있다. 불가에서도 삼태극(三太極) 문양을 쓰고 있다. 사문(斯文)으로 편술되었던 향가를 시경(詩經)이라 했다.139

3) 불교의 개념

사마천은 그가 살던 지역에 전해오는 토속 신앙을 '황로 사상'이라고 했다. 그의 고향이 고조선 발생지다. 고조선 사람들이 권선징악으로 풀이하는 천도를 믿었다. 이를 신선 사상(神仙思想) 또는 신선의 가르침

---

138 史記 伯夷列傳: 夫學者載籍極博, 猶考信於六藝. 詩書雖缺, 然虞夏之文可知也. 堯將遜位, 讓於虞舜, 舜禹之間, 岳牧咸薦, 乃試之於位, 典職數十年, 功用既興, 然後授政.
139 시경(斯經)과 시도(斯道) 시문(斯文)《Lee Mosol's Book Collection》

(仙敎)이라고 믿었다. 자신이 고난을 겪으면서 "천도시야비야(天道是也
非也), 즉 천도라고 하는 것이 옳은 것인가, 그른 것인가" 하고 의심했
다. 사마천은 중원의 지도자 왕(王)자를 천자라 하여 천자지덕(天子之
德) 또는 삼왕지덕(三王之道)이라는 등도와 덕을 분리해서 기술했고,
도교(道敎)란 용어는 쓰지 않았다. 지상에서 모든 것을 다 할 수 있던 지
도자는 죽지 않고 하늘나라를 자유로이 날아다닌다고 인식했던 신선
(仙, 僊)이 되기를 원했다. 신선의 가르침을 천도(天道)라고 칭했다.

수행을 하고 맑은 정신을 유지(精神淸淨)하면 불가(佛家)의 가르침
(則成佛道)을 터득할 수 있다고 한다. 성불이란 뜻을 범어로 '보시(梵語
菩提)'라고 했다. 보시(菩提)란 호어(胡語)다. 그에 관한 문구를 읽어보
면 한국어로 '보살피다.', '보살펴준다.'는 뜻이다.[140] 불(佛)이란 불(火),
즉 횃불(torch)의 어음을 가차한 글자다. 횃불을 높이 들고 앞서가듯이,
세상만사를 훤히 볼 수 있다는 뜻이다. 맏 백(伯), 일백 백(百)자 풀이에
서 설명했다. 고조선에 전해오던 역사 전통 풍속 가치관(詩, 書)에, 끝없
이 변해가는 위험하고 미묘한 세상만사(危微之幾)를 설명하던 역(易)의
개념이 불교 개념에 인용되었다.

성악설의 효시로 알려진 순자(荀子)에 옛 도경(故道經)에 실렸다는
문구가 현재 통용되는 도덕경에는 보이지 않고, 주자 어류 석씨(釋氏)

---

[140] 隋書 道經 佛經: 此身之前, 則經無量身矣. 積而脩習, 精神清淨, 則成佛道. 天地之外, 四維上下, 更有天地, 亦無終極, 然皆有成有敗. 自此天地已前, 則有無量劫矣. 今此劫中, 當有千佛. 自初至于釋迦, 已七佛矣. 其次當有彌勒出世, 必經三會, 演說法藏, 開度眾生. 由其道者, 有四等之果. 道, 佛者, 方外之教, 聖人之遠致也. 俗士為之, 不通其指, 多離以迂怪, 假託變幻亂於世, 斯所以為弊也. 故中庸之教. https://ctext.org/zh-: 佛道: 梵語菩提, 新譯曰覺, 舊翻曰道. 道者通之義, 佛智圓通無壅. 「菩提胡語, 此翻為道. 果德圓通, 名之為道.」

편에 한 구절 실렸다. 주희(朱熹)는 석씨 편에서 불가와 유자, 묵가 법가 등 제자백가와의 관계를 간략히 설명했다. 노자가 서쪽에 가서 호를 가르쳐 원시불교가 나타났다는 문헌에 실린 기록을 순자와 주희가 사실로 논증했다.141 불가에서도 높은 하늘에서 빛을 내리는 일월성진(日月星辰) 삼신(三辰)을 뜻한 삼태극(三太極) 문양을 사용하고 있다. 태초부터 석가모니까지 일곱 부처님(칠성; 七星)이 계셨다. 이후 미륵(彌勒)이 나타났다. 미륵이란 글자가 나타난 곳이 금미달(今彌達)이다. 위(魏)나라 역사서를 편술한 위징(魏徵)은 불교와 도교는 방외지교(方外之敎) 즉, 먼 나라 성인들의 가르침이라 했다. 고조선 원주민(斯)들이 읊던 한과 소망이 하얀 눈이 덮인 높은 산 속에서 원시불교로 나타났다.

4) 석가모니의 출생지

석가모니(釋迦牟尼)란 글자에는 "소가 우는 소리, 馬/牟; móu mù mào의 상형 글자"에는 유목민(牟)이란 뜻이다. 석가(釋迦)란 "멀리서 온 깨인 집안"이란 뜻이 있다. 왜인전에 석가모니의 탄생지를 임아국(臨兒國, lín ér guó / 梵, Lumbinī, 佛)이라 했다.142 즉 "어린 아기 부도(生浮屠)가 태어나려는 나라", 가까운 곳이란 표현을 음역한 글자다. 같은 곳을 람비니원(嵐毘尼園), 또는 람비니(藍毗尼)라 했다. 람전(藍田)에 살던 사람들이 신선한 바람이 부는 히말라야 산골짜기에 올라와 살던

---

141 荀子 解蔽, 聖人知心術之患, 見蔽塞之禍, 故無欲, 無惡, 無始, 無終, 無近, 無遠, 無博, 無淺, 無古, 無今, 兼陳萬物而中縣衡焉. 故道經曰:「人心之危, 道心之微.」危微之幾, 惟明君子而後能知之.

142 三國志 倭人傳: 臨兒國, 浮屠經云其國王生浮屠. 浮屠, 太子也. 浮屠所載與中國老子經相出入, 蓋以爲老子西出關, 過西域之天竺, 教胡. 浮屠屬弟子別號, 不能詳載, 故略之如此

빛을 숭상하는 유목민의 자손이란 뜻이다. 원시불교 발생지와 운남성은 지속적인 교류가 있었다. 노자(老子)가 서쪽에 가서 원주민(胡)에게 도덕경을 가르쳤다는 사실을 동진의 도안(道安, 312년~385년)이 인용했다.

운남성과 천축국이 문화와 믿음이 상통한다는 표현을 '언어를 서로 이해할 수 있었고, 도덕경 두 편을 사용하는 스님들을 보았다'고 했다. 운남성과 교류가 계속 있었다.

'한위지제성행시의(漢魏之際盛行斯意)'라는 문구가 『고승전(宋高僧傳)』에 있다. 도덕경 내용에 예맥족(斯)의 가르침이 있다는 뜻이다.[143]

사마천이 아버지의 유언에 따라 중앙아시아 시탄(斯坦)에서 온 예맥족(意在斯乎!)의 역사를 완성하고자 사료를 구하려고 산서성에 올라갔고, 운남성을 비롯한 남쪽의 여러 지역을 여행했다.[144] 도교(道教)에 심취했던 동진(東晉)의 갈홍(葛洪, 283년 ~ 343년)이 서경 잡기에서 곤명호수(昆明池)를 자세하게 설명했다.[145]

운남성에는 아직도 옛적(고조선)에 쓰던 글자가 남아있다.

---

[143] 大唐西域記: 卷第三: 故道安云. 斯為不易矣. 或曰. 漢魏之際盛行斯意. 致使陳壽國志述臨兒國云浮屠所載與中國 老子經而相出入. 蓋老子西出關過西域之天竺教胡為浮屠. 此為見譯家用道德二篇中語. 便認云與老子經互相出入也. 設有華人能梵語與西僧言說. 兩相允會. 宋高僧傳: 漢魏之際盛行斯意. 致使陳壽國志述臨兒國云浮屠所載與中國老子經而相出入. 蓋老子西出關過西域之天竺教胡為浮屠.此為見譯家用道德二篇中語. 便認云與老子經互相出入也.

[144] 史記 太史公自序: 唐虞之際, 紹重黎之後, 使復典之, 至于夏商, 故重黎氏世序天地. 其在周, 程伯休甫其後也. 當周宣王時, 失其守而為司馬氏. 司馬氏世典周史. 惠襄之間, 司馬氏去周適晉. 晉中軍隨會奔秦, 而司馬氏入少梁.

[145] 大唐西域記: 山經莫之紀. 王會所不書. 博望鑿空. 徒置懷於印竹. 昆明道閉. 謬肆力於神池. 遂使瑞表恆星. 鬱玄妙於千載. 夢彰佩日. 祕神光於萬里. 暨於蔡愔訪道. 摩騰入洛. 經藏石室.

5) 범어(梵語)에는 고조선 사람들의 어음이 있다

대당서역기에는 '시위성(斯為盛)이야'라는 문구가 있고, '석가여래(釋迦如來) 너자 아지족(汝子我之族)'이라는 문구가 있다. 깨달은 사람들 여럿이 와서 '너의 애기(석가모니)는 우리와 같은 족속'이라고 알렸다. 또한, "세존왈, 시자아지족야(世尊曰, 斯人者我之族也)"라는 말도 했다. 석가모니가 '사인(斯人; 老子들) 은 나와 같은 족속이다'라고 말했다.146 인도에는 여러 소읍 국가 있었다. 그중에 김이국(金耳國)이 있다. 뜻이 같은 시킴(Sikkim; 斯金) 왕국이 부탄 왕국 옆에 있었다. 그 일대에 세계문화유산으로 등록된 신앙촌(信仰村; Sinja Valley)이 있다.147 예맥족이 사천-운남성을 지나 히말라야 동쪽에 올라가서 고조선 토속 종교 가치관(斯意)을 전해 원시불교가 나타났다. 말과 글자로 전했다. 옛적 고조선의 언어가 운남성을 거쳐 천축국에 이르게 되었고, 그곳에 원음이 많이 남게 되었다.

무위지교미신(無為之教彌新)이란 문구가 있다. 도덕경의 핵심이 인도의 지도자에게는 새롭다는 뜻이다. 주역계사(繫辭)에 미륜천지지도(彌綸天地之道)란 문구가 있다. '미(彌)'자는 명사로 지도자를 '륜(綸)'자는 동사다. 예부터 미(彌)가 다스리던 고조선 지역에 전해 오던 천지인 우주관을 설명한 문구다. 도덕경에 실린 도생일일생이(道生一, 一生二)

---

146 大唐西域記: 印度者. 斯其一稱. 如來問曰. 汝子我之族也. 今何所在. 母曰. 旦出畋遊 今將返駕. 如來與諸大眾 尋欲發引. 王母曰. 我惟福遇生育聖族. 如來悲愍又親降臨. 我子方還. 願少留待. 世尊曰. 斯人者我之族也.

147 Sinja Valley - Wikipedia. 「五臺山本名清涼山.」 Sinja Village: 「清涼山者, 即代州雁門郡 五臺山也. 以歲積堅冰, 夏仍飛雪, 曾無炎暑, 故名清涼.」 抱朴子 地真 昔黃帝東到青丘, 過風山, 見紫府先生. 受三皇內文, 以劾召萬神 太平御覽: 五臺山《仙經》云: 「此山名為紫府, 仙人居之.」 九臺之山, 冬夏常冰雪, 不可居, 即文殊師利常鎮毒龍之所.

로 점괘를 풀이하는 거북이 홍범을 풀이하며 성인의 법칙(聖人則之)이라 했다.¹⁴⁸

6) 파리(婆夷)의 언어를 파이어(巴利語)라 했다

불교 경전 노파의 언어란 뜻에 파리어(巴利語. Pali Language)라 한다. 석가모니는 어머니 마야부인(摩訶摩耶夫人)이 일찍 죽어 이모(姨母)가 길렀다. 동이 여자란 뜻이다. 석가모니의 모국어가 고조선 사람들이 쓰던 언어다. 마하 마야(摩訶 摩耶)란 애기에게 "엄마야"를 뜻한 어음으로 가르치던 옛적 한국어다. 석가모니의 이모(優婆夷)가 쓰던 언어란 뜻이 파리어(巴利語. Pali Language)다. 그녀가 쓰던 고조선 언어가 초기 불교의 공인어로 채택되었다.

7) 시라(尸羅)와 원시불교

서역기에는 시/사(斯)라고 부르는 신라의 옛 이름 시라(尸羅)와 금미달을 뜻한 두루미 미(彌)자가 많이 실렸다. 신라를 세운 사람들이 그곳 신라와 금미달에서 왔다. 예부터 금미달이 점령되던 시기에도 계속해서 고조선 사람들이 먼 남쪽 나라 운남성으로 피란을 갔다. 저 멀리 구름에 덮인 산 너머 남쪽 나라 운남(云南, 雲南省)을 지나(支那)라 했다. 그 후에도 전란에서 예부터 다니던 차마고도(茶馬古道)를 따라 원시불교 발생지에 이르렀다. 새로 올라온 사람들도 불교 초기 경전에 실린

---

148 康熙字典:《說文》惟初大始, 道立於一. 造分天地, 化成萬物.《廣韻》數之始也, 物之極也.《易·繫辭》天一地二.《老子·道德經》道生一, 一生二. 文心雕龍 正緯: 夫神道闡幽, 天命微顯, 馬龍出而大《易》興, 神龜見而《洪範》耀, 故《繫辭》稱「河出圖, 洛出書, 聖人則之」, 斯之謂也

언어를 쓰는 우수한 사람들로 인정받았다. 예맥족이 쓰던 시라(尸羅)어가 그 지역에 정착하게 되었다. 이런 연유로 불교 경전에 옛 한국어를 가차, 전주한 글자가 많이 있다. 동쪽 인도 땅에 사는 사람들은 지금도 한국 어휘를 많이 쓰고 있다고 한다.

8) 원시불교의 전파(傳播)

원시불교의 중원 전래는 아직 정확히 알려지지 않았다. 필자가 보기에는 '노자가 올라갔던 차마고도와, 후에 카라 고름을 넘어 중앙아시아에서 대륙 통상로(Silkroad)를 통해 금미달 연도에 이르렀다.

중국(中國)을 서역에서 진단(震旦)이라 부른다는 사료의 출처를 루탄경(樓炭經)이라 했다. 불가 기록에는 중국(cina, China)의 어원이라고 풀이하는 진단(震旦)을 일월 선신을 모시는 세 성인이 다스리는 땅(斯坦, 若所謂斯坦, 於義為地. 震旦三聖)이라 했다. 하여 중원에서는 서쪽 땅을 신주(神州)라 했다. 그 지역 지도자를 음이 같은 납신 신후(申侯)라 했다. 그가 진시황의 먼 시조다. 진시황이 중원을 통일하기 전에, 인도의 마우라 왕조(Maurya Empire; 공통 기원전 322년 ~ 공통 기원전 185년) 때에 국교가 되었다. 원시불교는 그보다 3세기 앞서 나타나 인도 서남쪽으로 전파되었다.

인도 동북 산악지대인 수지(隨地)에서 발생한 원시불교는 인도의 서쪽인 인더스문명 발생지를 지나 중앙아시아에까지 파급되었다. 당시에 동서남북 사방에 '마명(馬鳴)', '시파(提婆)', '용수(龍猛/龍樹)', '동수(童受)' 네 사람의 현명한 스님이 있어 이를 '사일조세(四日照世)'라 한다.149 마명(馬鳴: 嘶)은 인도의 최초의 불교 시인이라 한다. 그의 이름자에는 예맥족(嘶:口 斯)의 대변인이란 뜻이 있다. 남인도(南天竺)의 브라만(Brahmin, 婆羅門) 계급 출신의 용수(龍樹)라는 자는 불교 발상지인 '수지(隨地)'에 올라가 노승(老比丘. 李老; 妙雲相佛)으로부터 외국 종교의 뜻을 들었고, 이를 기록하여 수지(隨地 信仰村)에서 쓰던 어문(隨文) 내용을 인도어 경전으로 만들어 중앙아시아에 전파했다. 『대당서역기』에 '대사립 외도의(大師立外道義) 수문파석상그우열(隨文破析詳其優劣)'이란 문구가 있다. '법립(法立)'은 외국에서 들어온 도의 뜻을 의미하고, 그 뜻을 바로 세운 스승을 '법거(法炬)'로 칭했다. 아견산에 있는 연정법거(然正法炬)라고도 했다.150 불법을 세우고 크게 번성시킨 사람이란 뜻이 있다. 이 두 사람이 천축국 사람들이 편술한 루탄경(樓炭經)을 중원에서 사용하던 언어로 번역했다.151

인도를 다른 이름으로 '현두(賢豆)'를 '현수(賢首)'라 했다. 현수에서 흰머리란 뜻의 히말라야 또는 힌두교, 인더스하는 뜻으로 통했다. 인도

---

149 大唐西佛學大辭典/龍樹本跡: 龍樹菩薩之本地, 謂爲過去之妙雲相佛, 又曰妙雲自在王如來, 今爲垂迹之身, 在初歡喜地之位云. 三寶感應錄下曰: 「金剛正智經中: 馬鳴過去成佛號大光明佛, 龍樹名妙雲相佛. 大莊嚴三昧經中: 馬鳴過去成佛號日月星明佛, 龍樹名妙雲自在王如來.」 弘法之付法傳上曰: 「尋本則妙雲如來, 現迹則位登歡喜.」 八宗綱要上曰: 「龍樹則昔之妙雲相佛, 今則寄位於初歡喜..」 (但三寶感應所引二經藏經中無之) 舊稱, 那伽曷樹那, 那伽阿周陀那 Nāgārjuna
150 大唐西域記: 卷第三: 時南印度那伽閼剌樹那菩薩唐言龍猛舊譯曰龍樹非也幼傳雅譽長擅高名. 捨離欲愛出家修學. 深究妙理位登初地. 有大弟子提婆者. 智慧明敏機神警悟. 白其師曰. 波吒釐城諸學人等辭屈外道不擊揵稚. 日月驟移十二年矣. 敢欲摧邪見山然正法炬. 龍曰. 波吒釐城外道博學. 爾非其儔吾今行矣. 提婆曰. 欲摧腐草詎必傾山. 敢承指誨黜諸異學. 大師立外道義. 而我隨文破析詳其優劣然後圖行
151 User dictionary: 龍猛: 舊譯曰龍樹, 新譯曰龍猛. 西域記八曰: 「南印度那伽閼剌樹那菩薩, 唐言龍猛, 舊譯曰龍樹, 非也.」 龍樹之譯名有三: 一, 龍樹(羅什譯之龍樹傳), 二, 龍勝(般若流支譯之順中論), 三, 龍猛(今之西域記). 嘉祥中論疏序會龍樹與龍勝之名, 賢首宗致義記上會龍樹與龍猛之名, 真言宗常依新譯用龍猛之名

에서 중앙아시아로 넘어오는 높고 험한 산령을 힌두쿠시(Hindu Kush) 또는 카라코람(Karakoram)이라 한다. 그 일대에는 아직도 한국어와 유사한 지명 "○○ Tan, ○○ gol 고을"이 있다. 카라코람이란 한국 고대 국가 가라(加羅,加耶)의 어음이라 본다. 수지(隨地)에서 나타난 원시불교가 이렇게 먼 길을 돌아 전국시대에 중앙아시아를 돌아 산서성 오대산 일대 금미달(今彌達)에 알려졌다.

2. 대루탄경(大樓炭經)

폐허가 된 곳을 진흙이 주춧돌을 덮은 곳(涅疊般那地) 또는 회탄(灰炭) 또는 (塗炭)이라 했다. 대루탄경(大樓炭經)이란, 먹칠한 큰 사원(Large temple painted with charcoal graffiti)이라는 뜻이다. 대당서역기에는 루탄(樓炭)이란 글자가 없다. 폐허가 된 곳을 진흙이 주춧돌을 덮은 곳(涅疊般那地) 또는 회탄(灰炭) 또는 도탄(塗炭)이라고 불렀다.152 그곳에서 자씨(茲氏), 즉 부처님이 나타났다. 현장은 황제 헌원 시절 순임금이 구토를 개발한 지도를 만들어 바치던 시절(虞舜之納地圖)에 '이미자씨가 내려왔다(自茲已降)'고 했다.153 산서성 분양시(汾陽市)를 자씨읍(茲氏邑)이라고 한다. 도가 경전에는 황제 헌원이 청구에서 자부선인으로부터 삼황내문(三皇內文)을 배웠다는 기록이 있다.154 이렇게 단군 조선의 발

---

152 大唐西域記: 諸婆羅門無所得獲於涅疊般那地唐言焚燒舊闇維訛也地. 收餘灰炭持至本國. 建此靈基而修供養.自茲已降奇跡相仍. 地今黃黑土雜灰炭. 至誠求請或得舍利. 無挍輕重總入塗炭

153 大唐西域記: 軒轅垂衣之始. 所以司牧黎元. 暨乎唐堯之受天運. 光格四表. 虞舜之納地圖. 德流九土. 自茲已降.

154 抱朴子 地真: 昔黃帝東到青丘, 過風山, 見紫府先生, 受三皇內文, 以劾召萬神, 阿蘇羅, 阿素羅. 譯曰無端, 容貌醜陋之義. 又曰無酒, 其果報無酒之義. 新稱阿素洛. 譯曰非天. 其果報勝似天而非天之義. 為常與帝釋戰鬥之神. 六道之一. 八部眾之一. 名義集二曰: 「阿修羅, 舊翻無

생지에 관련된 사연이 황로사상으로 바뀌어 수지에 이르러 원시불교로 나타났다. 금미달에 있던 큰 건물을 떠났다는 뜻이 맹자 '이루상하(離婁 上. 離婁下) 편'은 궁궐을 떠나 남과 북으로 갔다는 뜻이다.

부여의 큰 궁정 건물에 살던 사람을 해모수(解慕漱), 부루(夫婁, 扶婁) 태자라 한다. 어음이 유대인을 뜻한 히부루(Hebrew)와 비슷하다. 그곳 에서 해안으로 내려온 사람을 궁에 시조 박혁거세라 했다.

1) 진단(震旦)을 시탄(斯坦)이라 했다

총령 동쪽을 '진단(震旦)'이라고 했다. 이를 중원 사람들 치나(cina)의 어음으로 중국을 뜻한 글자라 한다. 불가에서는 '진(震)자는 진시황의 선조가 다스리던 동쪽을 뜻한 글자고, 단(旦)자는 간략해서 시탄, 즉 의 로운 사람들이 사는 땅'이란 뜻이다. 진단삼성, 견삼성조부록록(震旦三 聖 見三聖條附錄) 이라고 했다. 삼국유사 고조선 발상을 설명한 풍백우 사운사(風伯雨師雲師) 세 지도자가 왔다는 곳을 시탄(斯坦)이라 했다. 이를 동쪽으로 어진국(辰國)이라 했다.

진단(震旦)의 우레진 자는 '별 진, 별 신, 때 신(辰)이라 읽는 삼신(三 辰, 日月星也)을 뜻한 글자의 파생 자'로 "벼락 진, 아이 밸 신, 우레 진, 애 밸 신 震"이라고 풀이한다. 이는 '동방 아침의 나라'라는 뜻이다. 출

端正. 男醜女端正, 新翻非天.」 西城記九曰: 「阿素洛, 舊曰阿修羅, 又曰阿須倫, 又曰阿蘇羅, 皆訛也.」 法華文句五曰: 「阿修羅, 此云無酒. 四天下採華, 醞於大海. 魚龍業力, 其味不變. 嗔 妒誓斷, 故言無酒神.」 大乘義章八末曰: 「阿修羅者, 是外國語, 此名劣天. 又人相傳名不酒神.」 玄應音義三曰: 「阿修倫, 又作阿修羅, 皆訛也, 正言阿素洛. 此譯云: 阿無也, 亦云非. 素洛云 酒, 亦云天. 名無酒神, 亦名非天. 經中亦名無善神也.」

처를 불교 경전『루탄경(樓炭經)』이라 했다.

『대루탄경(大樓炭經)』은 중국 서진(西晉)시대에 법립(法立)과 법거(法炬)가 290년에서 306년 사이에 낙양(洛陽)에서 한 역하였다. 세기경(起世經)에는 빛의 종주권을 놓고 환웅과 석제가 다투었다는 기록이 보인다.

진수(陳壽, 233년 ~ 297년)의 삼국지 왜인전에 원시불교의 발생에서 중원에 알려진 사연을 간략히 설명했다. 중앙아시아에 대진국(大秦國) 안식국(安息國)과 인접한 곳에 '시라(斯羅)', '월지(月氏國)', '소륵(疏勒)' 등의 여러 나라가 있었다.155

루탄경(樓炭經)에 실린 옛적 불교식 이름을 현장이 토를 달아 현장(玄奘, 602년 ~ 664년)이 대당서역기(大唐西域記)에 당나라 언어로 기록하여, 고조선어가 그곳에 남아있다. 진수는 불교가 나타난 곳에『노자 도덕경』내용이 '부도소재여 중국노자경 상출입(浮屠所載與 中國老子經相 出入)'라고 했다. 운남성 사람들이 불교의 발생지 원주민과 차마고도(茶馬古道)를 통해 계속 교류가 있었다는 뜻이다.

대루탄경은 같은 길을 따라 낙양에 전래했고, 서진 말기에 번역이 시작되었다.

현지인들이 예맥족(斯, 濊貊 夫餘)이 쓰던 풍속과 신앙을 불교 경전에 남겼다. 불교 경전에는 옛적 예맥족이 쓰던 어음이 상형 글자로 실려있다. 그 한 예가 인도에 관한 이름이다. 축을독(쓴音篤)이라고 읽었

---

155 三國志: 臨兒國, 浮屠經云其國王生浮屠. 浮屠, 太子也. 父曰屑頭邪, 母云莫邪. 浮屠所載臨蒲塞, 桑門, 伯聞, 疏間, 白疏間, 比丘, 晨門, 皆弟子號也. 浮屠所載與中國老子經相出入, 蓋以為老子西出關, 過西域之天竺, 教胡. 於羅屬大秦, 其治在汜復東北, 渡河, 從於羅東北又渡河, 斯羅東北又渡河. 斯羅國屬安息, 與大秦接也. 大秦西有海水, 赤水西有白玉山, 白玉山有西王母, 西王母西有脩流沙, 流沙西有大夏國, 堅沙國, 屬繇國, 月氏國, 疏勒.

고 백제 신라 임나 가야가 남쪽에 있었다는 사실을 무시했다.156 그러나 불학대전(佛學大辭典)에는 '정운인특가라(正云印特伽羅)'란 문구가 있다. 이는 '천부인을 가라 사람들로부터 얻었다'는 뜻이다.

이아(爾雅)가 나타난 시기를 보면, 진시황 때부터 불경을 풀이하려고 노력했다.

동남 유럽과 인도는 알렉산더 대왕 때부터 교류가 있었다. 원시불교 발상지의 풍속, 신앙과 많은 어음이 서구에 알려졌다. 서쪽으로 갔던 인도 사람들이 집시(gypsy)란 종족의 원조다. 천축국(天竺國)을 영어로 "Tianzhu, India"라고 쓰고 있다.

당 현장의 대당서역기에 지나 자전왕 지국호(至那者前王之國號)란 문구가 있다.157 '전왕'이라는 글자를 진시황의 진나라 왕(秦王)으로 풀이하였다. 삼국지 왜인전에 있던 대진(大秦)옆에 안식국에 속했던 '시라국(斯羅國屬安息)'이 있었다. '시라(尸羅)'란 불교를 위해 싸우다 죽은 (殉教者, Valor, Martyrs) 시라(斯羅) 사람들의 시신이 여기저기 흩어진 상황을 뜻한 글자다. 소륵(疏勒, 蘇勒)은 위구르 지역에 있던 나라로, 륵(勒), 즉 우륵(于勒)이 소생해 온 곳이란 뜻이다. 후한시대에 나타났다.

---

156 廣韻 穢: 濊: 濊貊夫餘國名. 廣韻 餘: 殘也. 晉卿韓宣子之後有名餘子者傳餘氏本自傳說 後有留於傅嚴者因號傅餘氏 秦亂自清河入吳漢興還本郡餘不還者曰傅氏今 夫餘爲氏今百濟王夫餘氏也. 康熙字典: 印度之古稱. 西域記曰:「天竺之稱, 異議糾紛. 舊云身毒, 或云賢豆. 今從正音, 宜云印度.」玄應音義曰:「竺今作篤, 或言身毒, 或言賢豆, 皆訛也, 正言印度. 印度名月. 一說云: 賢豆本名因陀羅婆他那, 此云主處, 謂天帝也.」希麟音義曰:「竺音篤, 或言身毒, 或云賢豆, 或云印度, 皆訛. 正云印特伽羅, 此云月.」
157 大唐西域記 卷第五: 大唐國者豈此是耶. 對曰. 然至那者前王之國號. 秦王天子. 早懷遠略. 興大慈悲. 摩訶至那國秦王破陣樂者. 聞之久矣. 豈大德之鄕國耶.

예맥족(斯乃羅漢)은 천축국에서 활약했다. 예맥족의 용사(勇士, 尸羅)들이 중앙아시아를 지나 금미달 영역에 왔다는 뜻이다. 힌두 쿠쉬 협곡을 넘어 중앙아시아로 이어지는 통로에는 옛적 한국어가 남아있고, 경주 금관총에서 출토된 유물이 중앙아시아에서 출토된 유물과 같다.[158]

중앙아시아 불교국 사람들은 아침에 해가 뜨는 동쪽 땅을 '진단(震旦)'이라 했다. 진단(震旦)의 본 뜻은, 천한 예맥(濊貊)족이 사는 '옳은 일을 하는 사람들이(於義爲地) 사는 땅이란 뜻의 시탄(斯坦)'이라고 했다. 서역에는 '○○Stan' 하는 지역 이름이 있다. 그 지역 대월지국에서 온 사신 이존(伊存)으로부터 불경 내용을 말로 전해 들었다. 이아(爾雅)가 나타난 시기를 보면, 진시황때 부터 불경을 풀이 하려고 노력 했다.

'마우라'라는 어음은 '도덕경에 실린 아무위(我無爲)에서 유래'했다고 본다. 예맥족 '현인(賢人) 지도자' 여러 사람을 노자(老子, 賢頭)를 뜻한 어음에서 "Himalaya, Indus, Hinduism" 하는 명사가 불교 국가 영역에 나타났다. 인도에서는 아무런 근심 걱정이 없는 지도자를 '아수가(Aśoka, Ashoka: 阿輸迦)'라고 불렀다. 이를 당나라에서는 '아육왕(阿育訛也王)'으로 기록했다.[159] 최고의 지도자를 무우왕(無憂王, 阿育王)이라고 했다. 그가 진시황 이전에 인도 전역에 불교를 전파하여 아프가니스탄을 거쳐 중앙아시아에까지 이르러서 역불교가 나타났다.[160]

---

158 《題梵書》: 鶴立蛇形勢未休, 五天文字鬼神愁. 支那弟子無言語, 穿耳胡僧笑點頭.
159 大唐西域記: 卷第八: 是無憂王作地獄處. 釋迦如來涅槃之後. 第一百年有阿輸迦 唐言無憂舊曰阿育訛也王者. 頻毗婆羅唐言影堅. 舊曰頻婆娑訛也王之曾孫也
160 https://ctext.org/zh: Aśoka, 舊稱阿恕伽.新稱阿輸迦. 譯曰無憂. 西紀前三百二十一年頃, 於印度創立孔雀王朝之 旃陀掘多大王(Chandragupta) 孫也. 紀元前二百七十年頃, 統

2) 고향을 찾아 금미달(今彌達)에 왔다

원시불교 도인 시라(尸羅)가 뿌리를 찾아 마지막 단군이 살던지 역에 왔다. 기원전 304년에 천축국 도술인 시라(尸羅)가 불상을 들고 연도(燕都)에 나타났다. 시라(尸羅)란, 범어로는 청란(清涼), 진(秦)어로는 성선(性善)이라는 뜻이다. 산서성 오대산 일대에 청량산(清涼山)이 있다. 그곳에서 상형 글자가 처음 나타났다.[161] 토속 신앙을 다루던 선인을 보살로, 선인이 쓰던 건물을 불당으로, 선인이 즐기던 청량산(清涼山)을 문수보살(文殊菩薩)이 살던 오대산(五臺山)이라고 칭했다. 보살(菩薩)이란 보시(菩提)와 같은 옛적 한국어(胡語, 蓋狄語)로 "보살펴 준다"는 뜻이다. 오대산 일대에 옛 단군의 무덤이 펼쳐진 신령한 구릉(丘陵)을 영구(靈丘), 영지(靈地) 또는 청구(青丘)라 했다. 황제가 그곳에 살던 자부선인(紫府仙人居)을 만났다.[162]

여씨춘추에는 우(禹)가 인물을 구하려고 동쪽으로 갔다는 지명에 조곡(鳥谷), 청구 지향(青丘之鄉)이라는 이름이 있다. 서주 창립 초기 대회를 설명한 일주서「왕회해」에도 청구라는 지명이 실렸다. 그곳에 말갈 사람들이 살았다. 남북조를 통일한 수나라가 돌궐가한막사에서 고

一全印度, 大保護佛敎, 使之宣布各地.
[161] 太平廣記 異僧七 宣律師:六國同時, 隸文則非吞併之日也. 此國篆隸諸書, 尚有茫昧, 寧知迦葉佛時之事. 決非其耳目之所聞見也. 又問今西京城西高四土臺. 俗諺云: 是蒼頡造書臺. 多在清涼山五臺之中, 今屬北岱州西, 見有五臺縣清涼府. 皇唐已來, 有僧名解脫. 在巖窟亡來三十餘年. 身肉不壞, 似如入滅盡定. 復有一尼, 亦入定不動. 各經多年. 聖迹迦藍. 菩薩聖僧, 仙人仙花, 屢屢人見.
[162] 康熙字典:五臺山志曰:「五臺山本名清涼山.」華嚴經疏云:「清涼山者, 即代州 雁門郡 五臺山也. 以歲積堅冰, 夏仍飛雪, 曾無炎暑, 故名清涼..」抱朴子 地真 昔黃帝東到青丘, 過風山, 見紫府先生, 受三皇內文, 以劾召萬神 太平御覽: 五臺山《仙經》云:「此山名為紫府, 仙人居之.」其九臺之山, 冬夏常冰雪, 不可居, 即文殊師利常鎮毒龍之所.

구려 사신을 만났다. 그 사연을 배구가 답하기를, 고구려본 고죽국(高麗本 孤竹國)이라 했다. 고구려와 말갈병이 수문제의 아들이 이끌던 수나라 군사를 임유관(臨渝關)에서 크게 격파했다.163 고죽국이 있던 곳을 요서 임유(遼西臨渝)라 했다. 낭랑(樂浪)이란, 청구산(靑丘山)에서 흘러나오는 맑은 물소리를 사음한 글자이며164 말갈어(多語, tartar language, 胡)라고 했다. 사마천은 그곳을 낙안(樂安)이라 했다.

그 지역을 흐르는 여울을 쌍건하, 역수, 성수 등 여러 글자로 기록했다. 가람(伽藍, 神名)이란 명사가 그곳에서 나타났다. 그 시절에는 서왕모(西王母)를 모시는 토속 신앙과 초창기 도교인 신선(神仙, 僊)이 되기를 원하는 풍조가 홍행했다.165 가라(加羅)와 신라는 원시불교 발생지와 깊은 관련이 있다.

불(佛), 부따(Buddha) 하는 어음은 "밝다, 환하다"는 뜻의 고조선 사람들(斯)이 쓰던 말이다. 예수(Jesus)란 예맥족(濊貊, 斯)의 수장 환웅(桓雄)에서 따온 이름인 듯하다. 한인(桓因)을 유가에서는 '유인씨(有因氏) 또는 유소씨(有巢氏)', 불가에서는 '제석(帝釋)'이라고 한다.『세기경(世記經)』에 환인(桓因)이 밝은 빛(light)의 종주권을 놓고 제석(帝釋)과 다

---

163 說文解字 渝: 變汙也. 从水俞聲. 一曰渝水, 在遼西臨俞, 東出塞.
164 康熙字典: 濊: 水名出靑丘山. 逸周書 王會解: 麃麃者, 若鹿, 迅走, 靑丘狐九尾. 以歲積堅冰, 夏仍飛雪, 曾無炎暑, 故名淸涼. 太平御覽 河北諸山:《水經注》曰: 五臺山《仙經》云:「此山名為紫府, 仙人居之.」其九臺之山, 冬夏常冰雪, 不可居, 即文殊師利常鎭毒龍之所. 今多佛寺, 四方僧徒善信之士, 多往禮焉.
165 https://ctext.org/zh: 伽羅Tagara, 多伽羅之略, 香木名. 譯曰度邊地. 羅什譯之仁王經下曰:「以六阿僧祇劫, 集無量明波羅蜜故, 入伽羅陀位, 無相行, 受一切法.」吉藏疏五曰:「入伽羅陀者, 此云度邊地也. 又作沒刀伽羅子. 沒特伽羅者, 譯言取綠豆, 取胡豆, 採菽等姓也. 上古有仙, 取綠豆而食, 此仙種, 云沒特伽羅. 依沒特伽羅姓之 母而生, 故曰沒特伽羅子. 佛弟子中神通第一之比丘是也. 舊稱目犍連. 佛學大辭典/天竺」

투었나는 기록이 있다.

3. 천축국(天竺國) 인도(印度)의 어원

인도(印度)란 인(印)이 도착한 곳, 또는 과법도(法度)를 간략한 글자로 풀이할 수 있다. 불학대전(佛學大辭典)에는 천축국(天竺國)의 어원과 다른 여러 이름으로 기록된 사연을 설명했다. 그 하나가 앞서 인용한 '정운인특가라(正云印特伽羅)'란 문구가 있다.

원시불교가 남아시아 대륙에 퍼지며, 불교국 지역이 여러 이름으로 표기되었다.

천축국은 신독(身毒), 현두(賢豆), 인도(印度) 또는 월(月)이라는 둥 이름에 대한 의견이 분분하다.[166] 산해경에 조선의 지도자를 천독(天毒)이라 한다. 필자는 규를 든 유목민의 지도자(毒)라는 글자를 바꾸었다고 풀이했다.[167] 인도에서 수지(隨地)란 곳을 특별한 나라로 여겼다.[168] 그곳의 사람들이 천축국을 좋은 뜻으로 부른 이름이 인도이다. 인도를 월(月)이라고 부르는 이유는 달의 형상이 여럿으로 변하기 때문이다. 그중 하나가 '사(斯)'다. 모든 세상만사가 쉬지 않고 돌고 돌아 다시 나타난다. 이사, 천할 시(斯)라고 읽는 글자에는 "쪼개다, 떠나다, 희다"는

---

[166] 大唐西域記: 詳夫天竺之稱. 異議糾紛. 舊雲身毒. 或曰賢豆. 今從正音. 宜云印度. 印度之人隨地稱國. 殊方異俗 遙舉總名. 語其所美謂之印度. 印度者. 唐言月. 月有多名. 斯其一稱. 言諸群生輪回不息. 無明長夜莫有司晨.
[167] 山海經에 나타난 천독(天毒) - 끝
《Lee Mosol's Book Collection(ancienthistoryofkorea.com)》
[168] 大唐西域記: 徒置懷於印竹. 昆明道閉. 同風類俗略舉條貫. 異政殊制隨地別敘. 印度風俗語在後記. 異政殊制隨地別敘. 印度之人隨地稱國. 殊方異俗遙舉總名. 語其所美謂之印度.

뜻이 있다. 인도 지도자에게는 수지 사람들이 믿던 종교가 새롭다고 하여 '무위지교미신(無為之敎彌新)'이라고 했다. 인죽(印竹)이라는 글자도 있다. 운남성에서 올라간 수지 사람들이 새로 정착한 곳에서, 그곳을 좋게 여겨 천부인(印)이 도착한(度; reach to. deliver to) 곳이라고 하며 '인도'라고 했다.

인도를 월이라 부르는 이유는 달의 형상이 여럿으로 변하기 때문이다. 모든 세상 만사가 쉬지 않고 돌고 돌아 나타난다. 이사, 천할 시(斯)라고 읽는 글자에는 "희(白, 해, sun, 解)다"는 뜻이 있다. 고조선의 수도 평양이 오늘의 해지(解池) 연안 운성시다. 그 호수(sat water lake)를 씨애치(Xiechi)라고 읽는다.

불경 비구(梵語, 梵文) 등 불교 경전에 나오는 많은 고유명사 또는 형용사는 왕검 조선과 관계있는 사연들을 가차, 전주한 글자다. 고조선 땅이었던 진(晋)나라의 범선자(范宣子)는 홍범(洪範)의 범자에서 성씨를 택했다고 한다. 같은 어음의 범(范, 範)씨가 남긴 글자가 범문(梵文)이라고 본다. 운남성에서 불교 스님이 쓰던 부적(符籍)의 글자와 비슷한 문자가 있다. 홍산 문화권 전욱고양씨가 남겼다는 록도(綠圖, 錄圖)란 글자의 변형이 범문(梵文)이라는 뜻이다. 주무왕을 도왔던 강태공, 태공망이 강성 여씨(姓姜, 氏呂)로 산서성 사람이다. 산서성 진양을 지나는 분수(汾水)로 이어지는 강수(降水)를 여러 글자로 썼다. 그곳에 사는 사람들이 흰 옷(白)을 입어 백적(白狄, 白翟) 또는 북적(北狄)이라 했다. 강수(降水) 연안이 백의 민족(白衣民族) 민족 시원이다.[169] 산서성

---

[169] https://ctext.org/zh: 梵語: 天竺之言語, 由梵天稟承, 故云梵語。西域記二曰:「詳其文字, 梵天所製。原始垂則, 四十七言也.(中略) 因地隨人, 微有改變, 語其大較, 未異本源. 而中印度

강수(降水)를 가차, 진주한 이름이 '강가(ganga, 강언덕)'를 음차한 '갠지스강(Ganges River)', 그 사람들의 성수(聖水)다. 그곳 사람들 또한 흰(白)색을 선호한다.

무시공(無是公)에서 무왕(無憂王)으로 변경되었다. 사마상여는 "無是公, 無是人也, 明天子之義" 라는 문구를 남겼다. 무시공은 현명한 천자란 뜻이다. 무시공(無是; shì, zhǐ , xi)이 서역전에 나오는 무왕(無憂王)과 도덕경의 무위(無爲) 모두 같은 뜻이다.

불학대전에는 천축국을 '신독(身毒)국'이라고 했다. 신독국에 가상인물 황제 헌원(軒轅)이 살았다. 산해경에 나온 천독(天毒)이 다스리던 조선을 '신독국'이라고 했다. 천독이 북쪽에서 상나라를 괴롭혔다. 상 무정이 도깨비가 사는 북쪽 지역괴방(高宗伐鬼方)을 정벌했다.
황제와 싸웠다는 치우(蚩尤), 천왕을 도깨비로 묘사한다. 한무제 때에 촉국의 상인이 인도의 동북부에 있었다. 남월왕조타(趙他南越王), 즉 남조의 지도자는 황옥에 살면서 단군왕검(천독 天毒)이 다스리는 곳이라는 뜻으로 치우천왕이 들었던 둑기(纛)를 달았다. 조(趙)씨는 까마귀 오(烏)자에서 새 조(鳥)자로 바뀌고, 다시 나라 조자로 바뀌었다. 그들은 당시 고조선의 영역이었던 산서성에서 나왔다.

한무제(漢武帝) 당시 서역을 다녀온 장건(張騫, ? ~ 기원전 114년) 보다 앞서 촉국의 상인이 차마고도를 거쳐 인도 동북부, 신독국(乾毒,身

特爲詳正. 辭調和雅. 與天同音.」

毒國), 즉 곤륜(昆崙)이 사는 인도 동북부 수미산(須彌山)이 있는 천축국 (天竺國)과 교류했었다. 소미로(蘇迷盧) 또는 수미(蘇迷盧山唐言妙高山. 舊日須彌)란 글자는 중원에서 신선(神僊)이라고 부르던 단군신화를 전주한 글자다.

모름지기 수, 수염 수(須)라고 읽는 글자는 유목민을 의미한다. 그 지도자를 '수미(須彌山)'라 했다. 곤륜과 같은 뜻이다. 즉, 수미산(須彌山)이 곤륜산(崑崙山)이다. 뫼 산자와 사람 인자를 겸하여 여러 글자로 기록에 나타난다. 곤륜이란 글자가 주로 나타나는 지역은 산서성 분수 여안과 칸 탱그리가 있는 중앙아시아, 그리고 운남성 서쪽에 있다. 수서에 나오는 곤륜인(昆侖人)이 당시 토속 신앙을 주관하던 단군이라고 볼 수 있다.

앞서 강희자전에 여러 글자로 쓰던 천축국 어원을 설명했다. 인도(印度)의 인자는 가라에서 얻어 왔다 印特伽" 란 설명이 있다. 영문 위키피디아에서는 "필자가 노인 또는 현명한 지도자란 뜻을 사음한 이름이 "The word Hindu is an exonym"라 했다.

범어(梵語, Sanskrit)란, 장승을 세워 놓은 신앙촌(因地隨人) 사람들이 쓰던 글자는 그곳에서 얻어왔다. 인득가(印特伽)라 했다. 힌두교(Hinduism)란 이름 자체가 그곳에서 나타난 천부인(天符印, 原始垂則) 47자, 유범천품승(由梵天稟承)이라 했다.[170] 즉, 여러 글자로 기록되던 가

---

[170] https://ctext.org/zh: 梵語: 天竺之言語, 由梵天稟承, 故云梵語. 西域記二曰:「詳其文字, 梵天所製. 原始垂則, 四十七言也.(中略) 因地隨人, 微有改變. 語其大較, 未異本源. 而中印度特為詳正. 辭調和雅. 與天同音.」

야(加耶, 伽倻)와 가라(加羅, 伽羅, 迦羅, 柯羅) 사람들이 천부인을 보관하던 곳집(伽藍堂)에서 사용되던 글자를 이어받아 범어(梵語)라 했다.

현명한 지도자라는 뜻의 '현두(賢豆)'가 '힌두(Hindhu)'이다. 노자(老子)라는 뜻이다. 중원 사람들이 사용한 이름이 '천축국(天竺國)'이다. 어원은 반드시 글자 속에 있어야 한다. 광아(廣雅)에 축은 '죽 쓷, 竹也'이라고 했다. 천축국(天竺國)이란, 하늘(天)을 떠받드(竺)는 나라(國)라는 뜻이다. 운남성에서 시와가무(詩歌舞)를 즐기던 노인들이 높은 곳을 찾아 올라가고 조선의 토속 신앙과 풍속을 전했다. 가라(伽羅) 사람들이 쓰던 글자 시문(斯文)으로 편술되었던 『시서역경(詩書易經)』 또한 천축국에 올라갔다.

시킴(Sikkim, 斯金) 왕국문양 :
시킴왕국문양(1967~1975) - Wikipedia Commons

4. 고조선 문자 천부인(天符印)

환인의 아들 환웅이 천부인(天符印)을 받아들이고 나서 비천한 사람들(예맥, 斯 扶餘)이 사는 땅에 내려왔다. 천부인(天符印)이 천부경이다. 가림토(加臨土, 加臨多) 문자의 어근은 가림(분별, divide)하는 한국어를 사음한 글자이다. 백제 땅 부여에 가림성(扶餘 加林城)이 있었다.171 가림토(加臨土)란, 부여의 발생지인 금미달 가야국을 뜻했다.

불경 기록에 거루/가라선인(Khara, 佉盧, 佉樓仙人)이 창힐이 사용하기 이전에 글자를 만들어 썼다는 기록이 있다. 위진 혼란기에 금미달 지역에 있던 위나라 역사서(蓋魏國之史書)가 발굴되었다. 모두 옻칠로 그려진 과두자(漆書皆 科斗字)로 찍혔다. 과두조전(科斗鳥篆)자가 거루선인(佉樓仙人)이 쓰던 고조선 문자이다.

주선왕 시절에 산서성의 북쪽인 태원에서 중산보(仲山父)가 잡혀 와 구전해 오던 이야기를 기록으로 남겼다. 이를 전(篆)자라 한다. 대당서역기에는 범어를 원시 주칙 47언야(原始垂則. 四十七言也)라고 했다. 범어의 근간은 천부인에 새겨진 글자 획을 이용하며 만든 동양 최초의 표음 문자란 뜻이다. 그로부터 동남아와 티베트 불교국가에서는 표음 문자가 나타났다. 표음 문자의 근간이 만주에 이르러 한글 창작에 반영되었다고 본다.

---

171 後漢書 董卓列傳: 帝疑賦卹有虛, 乃親於御前自加臨檢: he personally conducted an inspection in front of the court. 새우리말 큰사전: 가림마 - 머릿가락을 똑같이 좌우로 나누나. 舊唐書 卷八十八 劉仁軌 郝處俊 裴行儉: 或曰:「加林城水陸之沖, 請先擊之.」仁軌曰:「加林險固, 急攻則傷損戰士」, 이태백전서(李太白全書)

금미달 사람들이 남북으로 흩어져 나갔다. 흩어진 후에 만주로 올라갔다. 발해국(渤海, 震國)에서 당나라에 보낸 "가림토 문자로 된 서한"을 이태백(701년 ~ 762년)이 풀이했다는 기록이 있다. 환단고기 초본이 만주 땅에서 나타났다. 그에 가림토(加臨土, 加臨多) 문자가 실렸다. 해부루와 음이 같은 "Hebrew alphabet"과도 관계가 있다고 본다.

신앙촌에서 쓰던 글자가 범어(梵語)이다. 범어(梵語)란 장승을 세워 놓은 신앙촌(因地隨人)에서 나타난 천부인(天符印, 原始垂則) 47자다. 유범천품승(由梵天稟承)이라 했다. 즉, 곳집에서 쓰던 언어를 이어받은 것이다. 이에 서남방 불교국인 지나 여러 나라의 표음 문자로 사용되고 있다.

천부경에 실린 글자와 내용(無始, 無終)이 도덕경과 불가 기록에 나타나 있다.

푸를 청자를 달 월(月) 또는 붉을 단(丹)의 상형 자로 적기도 한다. 달 월(月)을 근간으로 하는 청(靑)자는 청구(靑丘)에 들어 온, 불교에서 유래된 글자다. 붉을 단 청구(靑丘)는 길황지승(吉皇之乘)이라 하던 단서(丹書)의 주인이 살던 곳이란 뜻이 있다.

불교 경전에는 옛적 예맥족이 쓰던 어음이 상형 글자로 실려있다. 그 한 예가 인도에 관한 이름이다. 축을 '독(竺音篤)'이라고 읽었고, 가야가 있었다는 사실을 무시했다.[172] 서진 시대에 나타난 루탄경(樓炭經)에 실

---

[172] 廣韻 穢: 濊:濊貊夫餘國名. 廣韻 餘: 殘也. 晉卿韓宣子之後有名餘子者傳餘氏本自傅說 後有留於傅巖者 因號傅餘氏秦亂白清河入吳漢興還本郡餘不還者曰餘氏今 夫餘爲氏今百濟王夫餘氏也. 康熙字典: 印度之古稱. 西域記曰:「天竺之稱, 異議糾紛. 舊云身毒, 或云賢豆. 今從正音, 宜云印度.」玄應音義曰:「竺今作篤, 或言身毒, 或言賢豆, 皆訛也, 正言印度. 印度名月. 一說云: 賢豆本名因陀羅婆他那, 此云主處, 謂天帝也.」希麟音義曰:「竺音篤, 或云身毒, 或云

린 옛적 불교식 이름(舊曰,舊云)을 현장이 토를 달아 당나라 언어(唐言)로 풀이했다.173 부도(浮屠)란 글자는 없고, 유목민의 지도자를 뜻하는 한(韓, Kahan, Khan)을 한나라 한(漢)자로, 노자 도덕경과 도가에서 쓰는 문구를 인용한 글자를 이노(李老)와 한자(韓子曰)라고 했다.174 불경에 많이 나오는 '수미(須彌), 도솔(兜率)'하는 글자는 옛적 번역 당시의 사음자라고 설명하느라 단 한 번씩 나타났다.175 수미산(舊曰須彌)을 옛적에 묘고산(唐言妙高山)이라 부르던 높은 산이라고 하고, 동서남북 네 곳을 통치하며 수미를 보호하는 자를 '사천왕(四天王)'이라고 했다. '금은동철륜왕(輪王)'이라고 이름했다. 금륜왕(金輪王)이 사방(四方)을 모두 다스린다.176 그곳에 전륜성왕(輪王之苑囿)이 기거했다. 인도 동북쪽에 차를 많이 생산하는 지역(漢茶城)에서 멀지 않은 곳에 있다.177

도솔타(兜率他) 또는 도설술이란 용어는 '제일 높은 미로(迷路, Maze)가 되살아났다는 산(蘇迷盧山)에서 친히 묘상을 보았다'는 뜻이라고 했다. 도솔을 수미(兜率他)라 했다. 제일 높은 산에 다시 나타났다는 묘상이란 표현은 '요순시절에 삼묘 환두(驩兜)를 북쪽 공공국에 있는 항산에 귀양을 보냈던 무리가 나타났다'는 뜻이다. 아라한(阿羅漢, 阿羅呵,

賢豆, 或云印度, 皆訛. 正云印特伽羅, 此云月.」

173 大唐西域記: 蘇迷盧山唐言妙高山. 舊曰須彌. 又曰須彌婁皆訛略也四寶合成. 海中可居者. 大略有四洲焉. 東毗提訶洲舊曰. 弗婆提. 弗于逮訛也南瞻部洲舊曰. 閻浮提洲. 剡浮洲訛也西瞿陀尼洲舊曰. 瞿耶尼. 的伽尼訛也北拘盧洲舊曰. 鬱單越. 鳩樓. 訛也金輪王乃化被四天下.

174 大唐西域記: 李老曰. 美言者則不信. 信言者則不美. 韓子曰. 理正者直其言. 言飾者昧其理.

175 大唐西域記: 末田底迦舊曰末田地訛略也阿羅漢之所造也. 羅漢以神通力攝引匠人. 升睹史多天舊曰兜率他也. 又曰兜術他. 訛也親觀妙相. 蘇迷盧山唐言妙高山. 舊曰須彌.

176 大唐西域記: 昆明道閉. 謬肆力於神池. 遽使瑞表恆星. 鬱玄妙於千載. 夢彰佩日. 祕神光於萬里. 暨於蔡愔訪道. 摩騰入洛. 經藏石室. 飛英天竺. 文傳貝葉. 聿歸振旦. 太宗文皇帝. 金輪纂票. 寶位居尊. 啟玄妙之津. 書揄揚之旨. 蓋非道映雞林. 譽光鷲岳.

177 大唐西域記: 從烏鐸迦漢茶城北踰山涉川. 行六百餘里至烏仗那國. 唐言苑. 昔輪王之苑囿也. 舊云烏場. 或曰烏荼皆訛北印度境逺

阿羅呵)이라고 기록된 인물 설명에 나온다.

축(筑)을 오를 섭(拾)이라 했다. 운남성으로 내려갔던 노인들이 '다시 되돌아와서 쌓았(筑)다'는 뜻이다. 인도를 뜻한 축을 독(篤)이라고도 발음했다. 쌓을 축(筑)자는 쟁(箏)과 같은 현악기, 즉 가야금을 뜻했다. 운남성에서 선인(仙人)의 경지에 이른 예맥족 노인(老子, 道士)들이 높은 지역에 올라가서 현지인에게 토속 신앙을 소개했다. 당시 그들에게는 대(竹)로 만든 관악기와 현악기 "筑, 竺"가 필수품이었다.178

자객 형가와 같이 갔던 고점리(高漸離)가 현악기를 잘 다루어 이를 선격축(善擊筑)이라 했다.179 삼국지 변진전(弁辰傳)에는 철전(명도전)을 사용하고 축과 비슷한(似筑) 가야금이 있다. 전국시대 산동반도 제나라 영역에서는 "鼓瑟, 擊筑, 彈琴" 하는 풍속이 있었다.180 네 글자 "竺竺, 筑築" 모두 대, 고죽과 관계가 있다. 첫 글자는 통소의 혀를 뜻한 글자다. 어음죽 또한 '축'으로 혼용했다.181 현악기를 뜻한 축(筑)자에

---

178 史記 殷本紀: 得說於傅險中. 是時說為胥靡, 筑於傅險. 故遂以傅險姓之, 號曰傅說. 史記 大宛列傳: 騫曰:「臣在大夏時, 見邛竹杖, 蜀布. 問曰:『安得此?』大夏國人曰:『吾賈人往市之身毒. 康熙字典: 竺: 天竺國名又姓出東莞後漢擬陽侯竺晏本姓竹報怨, 又冬毒切厚也,《集韻》或作竺. 又作箇. 筑: 筑似箏十三弦高漸離善擊筑.《說文》曰: 以竹為五弦之樂也. 又《爾雅》云: 筑拾也. 爾雅 釋言: 筑, 拾也.
179 史記 刺客列傳:「高漸離也.」秦皇帝惜其善擊筑. 使擊筑. 高漸離乃以鉛置筑中, 舉筑樸秦皇帝, 不中.
180 戰國策 齊策: 臨淄甚富而實, 其民無不吹竽, 鼓瑟, 擊筑, 彈琴, 鬥雞, 走犬. 三國志 弁辰傳: 有瑟, 其形似筑.
181 康熙字典: 竺:《廣雅》竺, 竹也. 其表曰筼. 又國名.《後漢·西域傳》天竺國, 一名身毒國, 在月氏東南數千里. 天毒.《郭璞註》即天竺國.《括地志》天竺國.《通志略》天竺卽捐毒也. 又姓.《後漢·竇融傳》酒泉都尉竺曾.《福建志》福清縣石竺山, 其產多竹而少筍.《爾雅·釋訓》竺, 厚也.《疏》與篤同《集韻》或作竺. 又作箇, 史記三家注: 築 → 筑. 廣韻 竹: 本姜姓封爲孤竹君至伯夷叔齊之後以竹爲氏. 今遼西孤竹城是後漢有下邳相竹曾. 急就篇:有瑟, 竽瑟空侯琴筑

나무 목(築)을 더한 글자와 같다고 한다. 불교 스님이 쓰고 다녔던 삿갓 (笠)에는 고죽군을 뜻한 대나무 죽(竹)자가 있다. 화살(arrow)을 천죽 (箭, 天竹也)이라 했다. 대(竹)로 만든 삿갓을 쓴 노인들이 높은 곳에 올라가 살던 천죽국(天竹國)이 천축국(天竺國)으로 기록되었다.

상(商 殷)나라를 부흥시킨 부열(傅說, 夫餘)의 후손이 '가야금을 들고 운남성에서 서쪽으로 올라가 하늘을 높이 떠받드(筑)는 나라를 만들었다'는 뜻이 천축국이다.
'부열(傅說)'은, 예맥족이 세운 부여(夫餘)의 어원이라고 했다.182

사기 은본기(殷本紀)에 실린 "是時說為胥靡, 筑於傅險" 라는 문구의 해석은, '죄인으로 부암성을 쌓던 사람'이라 풀이한다. 이 문구는 '남루한 옷을 입고 부암에서 거문고와 같은 현악기(筑) 줄을 손으로 뜯고 있던 사람'이라는 의미다.
고조선 노인들이 쓰던 악기에서 유래된 이름이 천축국이다.
부열(傅說)이 고조선 영역(隱于虞)에 은거했다.

5. 원시불교의 중원 전래에 나타난 신라와 가라

히말라야산맥 동쪽 수지(隨地)에 정착한 원시불교는 오랜 시간 동안

筝, 釋樂器: 筑, 以竹鼓之, 筑柲之也.
182 廣韻: 晉卿韓宣子之後有名餘子者奔於齊號韓餘氏又傳餘氏本自傅說說既爲相其後有留於傅巖者因號傅餘氏秦亂自清河入吳漢興還本郡餘不還者曰傅氏今吳郡有之風俗通云吳公子夫摡奔楚其子在國以夫餘爲氏今百濟王夫餘氏也.《廣韻》本作濊, 濊貊, 夫餘國名. 或作獩.《集韻》通作薉穢. 濊: 濊貊夫餘國名或作獩須又汪濊.

여러 갈래로 분파되어 넓은 지역에서 여러 분파의 불교가 나타났다.[183] 인도 서부에서 중앙아시아에 이르는 지역에서는 그곳에서 번성했던 종교를 믿는 사람들과 종교 전쟁(宗敎戰爭)이 발생하여 많은 불교 신자가 죽었다. 이 현상을 '시라(尸羅)'라고 불렀다. 신라의 어원인 '시라(斯羅)'가 여기에서 나타났다.

원시불교가 중원에 전래했던 시기에 대한 몇 가지 의견이 있다. 불교는 발생지에서 세 길로 중원에 이르렀다. 진나라 때에 사문 실리방 등(秦時沙門室利房等至)이 도착했다. 원시불교 발상지에서 나타난 노자(老子)의 제자들을 사문(沙門, shaman, 道士, 마니)이라고 했다.[184] 진시황이 이상하게 여겨 감옥에 가두었다. 밤에 금인(金人)이 나타나 문을 부수고 도망갔다. 중원 세력은 서쪽에 있던 진(秦)나라의 영역은 사천성을 포함했다.

그곳에서 살던 사마상여(司馬相如, 기원전 179년 ~ 기원전 117년)에 '방불(仿佛)'이라는 글자가 있다. 공자는 서역에 성인이 있다고 했지만, 그 성인이 부처님을 뜻한 것인지는 불명하다. 사마천이 홍범구주를 구등(九等)이라고 기록했다. 등(等)자에 원시불교가 중원에 이르렀다는 뜻이 나타났다. 진시황 이전인 연소양왕(燕 昭襄王, 재위: 기원전 311년 ~ 기원전 279년) 시절에 천독국 도술인 시라(尸羅)가 금미달 지역 연도(燕都)에 불상을 싣고 왔다.[185] 그때는 이미 마지막 단군이 수도 궁홀산

---

183 大唐西域記 檢索 隨地; 詳夫天竺之稱. 異議糾紛. 舊雲身毒. 或曰賢豆. 今從正音. 宜云印度. 印度之人隨地稱國. 殊方異俗遙舉總名. 語其所美謂之印度. 印度者. 唐言月. 月有多名. 斯其一稱
184 道士 – 다음 한자사전(Daum 漢韓辭典), 沙門 – 다음 한자사전(Daum 漢韓辭典)
185 太平廣記 幻術一: 燕昭王七年, 沐骨之國來朝, 則申毒國之一名也. 有道術人名尸羅. 問其年,

(弓忽山), 혹 방홀산 금미달(今彌達)을 떠났다. 만나지 못한 마지막 단군을 미륵(彌勒)이라 했다. 안문관을 지키던 왕이란 뜻에 안왕(雁王) 또는 아왕(鵝王)이라고 했다.

불경(佛經)은 전한의 애제(哀帝, 기원전 7년 ~ 기원전 1년) 때 중국에 도착했다. 전한이 통치력을 잃었다.186 일설에는 후한 초기 명제(明帝, 58년 ~ 75년) 때에 불경이 전래했다고 한다. 불경 번역(釋: 解)을 위한 자전 이아(爾雅)가 나타났다. 중앙아시아 월지(月支)의 사신이존(伊存)이 부도경(浮屠經)을 구두로 전했다. 을지를 밝거라(薄佉羅)라고 했다. 달빛이 비추어 밝은 나라란 어음을 훈역한 글자다. 불(佛)이란 횃불을 든 사람이란 뜻이다. 육상 통상로(通商路, Silkroad)를 따라 도술인 시라(尸羅)가 금미달 연도에 왔다고 본다.

현장의『대당서역기』에 고조선 어음을 가차, 전주한 글자가 많이 실렸다. 그의 제자가 남긴 현응음의(玄應意義)와 고승전 등 여러 불가 기록을 종합해 보면 예맥족의 어음이 분명하다. 중원 사람들은 발해만 북쪽을 먼 낙원이라 하여 요녕(遼寧)이라 불렀고, 산동성 사람들은 공자 때부터 바다 건너에 낙원이 있다고 믿었다. 그들이 산동반도에서 황해를 건너서 강화도에 도착했다. 호가 산다(州胡)고 했던 강화도 마니산

云. 百四十歲. 荷錫持瓶. 云. 發其國五年, 乃至燕都. 喜術惑之術. 金樓子 興王: 漢哀帝時遣大司空行湯冢

186 康熙字典: 佛 秦時沙門室利房等至, 始皇以爲異, 囚之. 夜有金人, 破戶以出. 漢武帝時, 霍去病過焉支山, 得休屠王祭天金人以歸, 帝置之甘泉宮. 金人者, 浮屠所祠, 今佛像卽其遺法也. 哀帝時, 博士弟子秦景, 使伊存 口授浮屠經, 中土未之信. 以是考之, 秦西漢知有佛久矣, 非明帝始也. 又古本列子周穆王篇, 西域之國有化人, 無西方聖人 名佛之說, 獨仲尼篇載孔子曰: 西方之人有聖者. 蓋假借孔子之語也.

(단군 샤만) 유적을 남긴 사람들이 물 건너, 묘향산(妙香山)에 이르렀다. 스님 가람(伽藍, 神名)이 분향을 해서 이상한 향 냄새가 나는 산이라는 뜻이다. 봉산탈춤 변한양반(弁韓兩班)에 남아있다. 한반도 남쪽으로 내려가면 있는 내륙에 가야국이 나타났다. 그전 전국시대에 나타났다.

금미달을 떠난 삼한의 후손이 해안을 따라 동인도에 이르렀을 때, 미륵불이 나타났다. 운남성을 통해 올라갔던 지역은 지상낙원(Shangri-la)이었다. 운남성에서 도덕경이 완성되었다. 차마고도를 통해 중원에 불교가 전래한 것에 대한 뚜렷한 기록은 없다. 금미달에서 해안으로 내려온 삼한의 후손들이 해안을 따라 스리랑카에 이르러 남방 불교를 중원에 알렸다. 남방 불교 전래는 뒤에 다루기로 한다.

불가 기록에서는 '가야(加耶, ought to go, 去)'라는 어음을 어근으로 하는 여러 글자가 나타났다. 가람(伽藍 神名)의 출원지는, 가야(加耶: 加邪 伽倻)라는 이름 자는 황제가 자부선인을 만났다는 청구(靑丘)이다. 그곳에 있던 가야국(加耶國)을 떠난 사람이 산신이 되었다. 즉 마지막 단군이 조용히 기거하던 곳을 가람(伽藍)이라 했다.

글자를 만들었다는 거루(佉盧)의 거(佉)자는 거(祛)자와 같은 뜻이다. 두 손 모아 기도하러 가버린 사람이라는 뜻의 글자다. 한국말로 "가버린 사람"이란 뜻이다. 「불가 내전(內典)」에 실린 내용을 인용하여 밝거라(薄佉羅)는 달이 밝게 비치는 곳, 즉 빛 월지야(卽月支也)라 했다.[187]

---

[187] 康熙字典: 佉. 與祛同. 國名.《內典》薄佉羅, 卽月支也. 人名.《法苑珠林》造書凡三人, 長曰梵, 其書右行. 次書佉盧, 其書左行. 又佉沙國, 卽疏勒也.《釋書》佛說彌勒成佛經, 其先轉輪

밝은 세상을 찾아 기도하는 불가에서 사용한 어음으로 옛적에 우리 선조가 쓰던 말이다.

불가에서 사원을 가람 신명(伽藍 神名)이라 했다. 람전(藍田)에 있던 큰 누각을 떠나간 사람이란 뜻글자가 가람(伽藍)이다. 람전(藍田)에서 청출어람(靑出於藍), 즉 "새로운 사상이 옛날의 것보다 우수하다"라는 사자성어가 나타났다.188 황제가 자부선인을 만났다고 하는 청구(靑丘, 靑丘)다. 그 깊은 사연이 두 다른 글자로 쓰는 푸를 청(靑, 青)자와, 선인이 변해 하늘나라로 올라갔다는 뜻의 참 진(眞, 真: 僊人變形而登天也)자에 있다. 별 진(辰: 伸也, 申: 神也)자와 같은 뜻이 있다. 한국에서는 붉을 단(丹), 중국에서는 달 월(月)을 바탕으로 하는 형태가 다른 글자를 쓰고 있다. 달 월(月)을 바탕으로 하는 청(青)자는 불교와 관계가 깊다.

청구(靑丘, 靑丘)가 삼한의 발원지다. 그곳은 가야와 신라의 발생지다. 불교와 깊은 관계가 있는 두 나라 이름자는 여러 글자로 적었다. 실라(悉羅)가 본보기이다.

당나라 장열의 양사공기(梁四公記)에 실라국(失羅國)이 있다.189 원

聖王, 名儀佉. 伽藍, 神名. 又《梵書》那伽, 龍也. 竭伽, 犀也. 僧伽藍, 衆園也. 譯云園, 取生植義, 今浮屠所居是也. 凡稱釋氏曰僧伽

188 康熙字典: 浮屠亦作浮圖, 休屠. 按浮屠浮圖. 皆卽佛陀之異譯. 古人因稱 佛教徒為 浮屠. 佛教為浮屠道. 後并稱佛塔為浮屠, 三藍皆可作澱, 色成勝母, 故曰靑出於藍而靑於藍.

189 太平廣記 異人一 梁四公: 扶南大舶從西天竺國來, 賣碧玻瓈鏡, 更問此是瑞寶, 王令貨賣, 卽應大秦 波羅奈國失羅國諸大國王大臣所取, 汝輩胡客, 何由得之, 必是盜竊至此耳. 印度之人隨地稱國. 殊方異 俗 遙擧總名. 語其所美謂之印度. 太平廣記 神仙四十三 廬山人: 盧生忽叱之曰:「汝等所為不悛, 性命無幾.」其人悉羅拜謝中曰:「不敢不敢.」其侶訝之. 盧曰. 此輩盡刧賊也. 其異如此. 元卿言:「盧卿狀貌, 老少不常. 亦不常見其飲食.常語趙生曰:『世間刺客隱形者不少, 道者得隱形術, 能不試, 二十年可以化形, 名曰脫離, 後二十年, 名籍於地仙矣. 又言刺客之死. 屍亦不見.」所論多奇怪, 蓋神仙之流也. 出酉陽雜俎.《張說·梁四公記》黑谷之北有

시불교가 중앙아시아 일대 시라국(斯羅國)이 있던 실크로드를 통해 금미달 지역 연나라 수도에 이르렀다. 이 통로는 오랫동안 이용되었다. 석탈해(昔脫解)의 선조가 중앙아시아에서 금미달에 왔다. 예석(昔)이라고 읽는 글자에는 서(西)쪽이라는 뜻이 있다. 석탈해(昔脫解, 解脫)란 서쪽에서 온 스님이란 뜻이다. 왜국 동북으로부터 일 천여 리에 떨어져 있던 여러 글자로 기록한 지역 사람이라고 했다.[190] 금미달 독룡(毒龍, 須臾)이 사는 옥지(玉池)가 있는 곳에서 가락국의 시조 수로왕(首露王)이 나타났다.[191] 삼감(三監)과 삼경(三卿)이 살았다는 곳, 약으로도 쓰던 람사(藍蛇)가 살았다는 곳에서 가람(伽藍)이란 글자가 나타났다. 진수는 삼감을 삼한으로 바꾸었다. 금미달 지역이 여러 글자로 기록하는 변한(弁韓; 變汙; 弁, 示, 卞) 땅이다.[192] 금미달(今彌達) 궁홀산(弓忽山) 요새를 임유관이라고 했다.

진시황제가 군으로 바꾸어 삼감(三監)이 다스렸다는 금미달(今彌達) 지역을 제일 북쪽이라 하여 상곡(上谷)군이라 했다. 그곳에서 발해만 연안 산동성으로 내려오면서 미추홀(彌鄒忽), 비미호(卑彌呼) 등 미(彌)자가 들어간 여러 나라가 나타났다. 석탈해(昔脫解)가 신라 가까이 있

漆海. 悉羅.

[190] 三國史記: 脫鮮本多婆那國所生也, 其國在倭國東北一千里. 其國王娶女國 王女 爲妻, 有娠七年, 乃生大卵. 王曰:「人而生卵, 不祥也, 宜棄之.」 其女不忍, 以帛裹卵 幷寶物, 置於櫝中, 浮於海, 任其所徃. 初至金官國海邊, 金官人怪之, 不取. 三國遺事: 脫解一作吐解 尼叱今 昔氏父琓夏國含達婆 王一作花夏國王母積女國王之女妃南解王之女阿老夫人. 三國遺事: 乃作詞誡之曰快適 須臾意已閑暗從愁 裏老倉顏不須更待黃粱熟方悟勞生一夢間治身臧否先誠意鱷夢蛾眉賊夢藏何似秋來清夜夢時時合眼到清涼魚山佛彰古記云. 萬魚寺者古之慈成山也. 又阿耶斯山當作摩耶斯. 此云魚也. 傍有呵囉國. 昔天卵下於海邊. 作人御國. 即首露王. 境內有玉池. 池有毒龍焉. 萬魚山有五羅刹女.

[191] 三國遺事: 作人御國. 即首露王. 當此時. 境內有玉池. 池有毒龍焉. 天竺訶羅國佛影事符同者有三. 一. 山之側近地梁州界玉池. 亦毒龍所蟄是也.

[192] 康熙字典:《水部》渝: 變汙也. 从水俞聲. 一曰渝水, 在遼西臨俞, 東出塞

던 휴인(休忍, 百濟及薛羅)을 정벌하고 왕이 되어 벌휴 이사금(伐休泥師今, ? ~ 196년)이라고 했다. 신라 시조 궁예(弓裔) 박혁거세 거서간(居西干)이라 했다. 거서간은 서쪽 궁홀산(弓忽山)에 살던 지도자의 후예라는 뜻이다. 신라 2대왕 또한 서쪽에서 왔다 하여 남해 거서간(南解居西干)이라 했다. 통일신라시대에는 "마야(엄Maya, 摩耶, 麻耶) 부인운 제용춘을 용수(龍春一云龍樹)라 하는 등" 불교에 나타난 글자가 많이 실렸다.

현재 통용되는 이름자 신라 백제 가야 왜의 발생지는 산동성 해안이다. 진서에 백제 설라 휴인 여러 나라(百濟, 薛羅, 休忍等諸國)가 있던 곳이다. 고조선 사람들이 살던 마을을 지나는 여울을 사수(斯水)라 했다. 산동성 미산호(大澤, 微山湖) 연안 사구(沙丘)에서 진시황이 급사했다. 사물현(史勿縣)을 지나는 여울을 사수 또는 사천이라 했다. 그 일대에 가야국(加耶國)이 있었다.193 광개토대왕이 정벌한 지역이다. 그로부터 삼한의 후손들이 뱃길로 동남아 해안을 지나 인도 남쪽 스리랑카에 이르렀다.

루탄경, 대당서역기, 고승전등, 불교 경전에는 옛적 고조선어를 가차, 전주한 글자가 많이 있다. 그러한 증거를 좀 더 보충하여 간략히 적어본다.

『대당서역기』에는 뜬금없이 명나라 때(大明永樂, 1405년) 인도양을 항해했던 정화(鄭和) 이야기가 실렸다.194 진귀한 보물이 많이 나는 섬

---

193 三國史記: 史勿縣進長尾白雉, 賜縣吏穀. 炤知麻立干 加耶國送白雉, 尾長五尺.
194 大唐西域記: 卷第十一: 僧伽羅國雖非印度之國路次附出茶建那補羅國「僧伽羅. 古之師子國.

나라 스리랑카(Sri Lanka, 三郞)를 돌아왔다. 가야국 스님들이 그 섬을 중심으로 해상 무역을 했다. 그 지역 언어 풍속 문화를 영어로 "Sinhala, Sinhalese"라 한다. 대상승가라(僧伽羅)의 영어 사음자다. 그 언어를 "Dravidian language", 즉 '어디에서 왔는지 뿌리를 알 수 없는 언어'라 했다.

나라 국(國)자 앞에 붙은 가라(伽羅)는 타카라(Tagara, 多伽羅)라는 향목을 간략해서 적은 사음자이다. 이 나무 多伽羅之略(다가라, every one leave), 香木名 태운 냄새를 뜻한 글자다. 뱅갈만 연안에 나가족(Naga people)이 살고 있다.

현장이 다녀온 여러 곳에 가라국이 있었다. 이를 무우왕(無憂王), 즉 '그 위에는 아무도 없는 최고의 왕'이 다스렸다. 루탄경에 진단(震旦), '불어비구, 그산심요(佛語比丘, 其山甚樂)'라는 문구가 있다.[195]

아사달을 비구산(比丘山)이라고 했다. 아사달(阿斯達, Asadal, Asadal)은 아침 햇살이 비친 들이라는 뜻을 담고 있다. 음과 뜻을 이리저리 바꾸어 적은 글자가 비구(比丘)다. 아사달에 큰 사원이 있어 그 건물에 수도자가 많이 있었다. 그곳에 살던 사람들을 비구니(比丘尼)라고 했다. '대루탄(大樓炭)'은 고조선의 수도에 있던 큰 사원을 불에 탄 숯으로 낙서를 했다는 뜻이다. 고조선의 수도 아사달에 얽힌 사연이 경(經)에 실

又曰無憂國. 卽南印度. 其地多奇寶. 大明永樂三年. 皇帝遣中使太監鄭和. 奉香華往詣彼國供養. 鄭和勸國王阿烈苦柰兒. 敬崇佛教遠離外道. 攻戰六日. 永樂九年七月初九日至京師.

195 大樓炭經 - 佛經經文 | 佛弟子文庫 佛語比丘:「其山甚樂, 姝好樹木生葉, 華實甚香, 畜獸鳥無所不有, 無與等者也.」佛言:「比丘! 其欝單茄山甚樂, 姝好巍巍, 欝單茄山, 有山名須桓那, 其山有八萬窟, 中有八萬」

렸다. 불교 경전에는 빛을 뜻한 사음자와 훈역된 글자가 많이 보인다. 아사달이 점령당한 상황에서 아수라장(阿修羅場)이란 용어가 생겼다.[196] 인도 설화에는 아수라(Asura)라는 악한 귀신무리로 나타난다. 히말라야, 힌두, 인더스강 하는 어음이 원시불교가 번성했던 지역에 남아 있다.

원시불교의 발생지 '따를 수 수지(隨地)'란, 장승을 세워 놓은 지역이라는 뜻이다.

진수는 임아국이 있던 곳을 타지(墮地, 他地)라고 했다. 그가 글자를 바꾸었다. 수지(隨地)의 뜻은 육서 상형의 풀이에 있다. 상형(象形)을 수체힐굴(隨體詰詘), 즉 서낭신이 길한 이야기를 하려는 모양의 글자와 같이 그럴듯하게 그려놓은 글자가 "日, 月"이라고 했다.[197] 진수가 남긴 고구려전에는 "隨 山谷 以爲居, 食澗水"란 문구가 있다. 고구려 사람들은 서낭을 세워 놓은 산간 지역에서 맑은 여울물을 마시며 살았다는 뜻이다. 그는 고구려 개천절에 이리저리 돌려 수신(隧神)이란 표현을 했다. 시경에 "無縱詭隨"라는 문구가 있다. 수체(隨體)에서 음이 같은 시신(屍身)을 염하는 수의(壽衣)가 나타났다.[198]

---

196 https://ctext.org/zh 阿修羅: Asura, 又作阿須羅. 舊稱阿修羅, 阿須倫, 阿蘇羅, 阿素羅. 譯曰無端, 容貌醜陋之義. 又曰無酒, 其果報無酒之義. 新稱阿素洛. 譯曰非天. 其果報勝似天而非天之義. 爲常與帝釋戰鬪之神. 六道之一. 八部眾之一. 名義集二曰: 「阿修羅, 舊翻無端正.」

197 說文解字 序: 二曰象形. 象形者, 畫成其物, 隨體詰詘, 「日, 月」是也. 三曰形聲. 詩經大雅 民勞: 惠此中國, 以綏四方. 無縱詭隨, 以謹無良. 民亦勞止, 汔可小休. 惠此中國, 以爲民逑. 無縱詭隨, 以謹惛怓. 惠此京師, 以綏四國. 無縱詭隨, 以謹罔極.

198 三國志: 高句麗傳: 多大山深谷, 無原澤. 隨山谷以爲居, 食澗水. 以十月祭天, 國中大會, 名曰東盟. 其公會, 衣服皆錦繡金銀以自飾. 大加主簿頭著幘, 如幘而無餘, 其小加著折風, 形如弁. 其國東有大穴, 名隧穴, 十月國中大會, 迎隧神還於國東上祭之, 置木隧於神坐. 진수가 남긴 요수(遼隧)라는 곳은 어디인가?

《Lee Mosol's Book Collection(ancienthistoryofkorea.com)》

고죽국이 있던 금미달 오대산 계곡을 흐르는 여울에 불교와 관련된 호타(滹沱)란 글자를 만들었다. '타(沱)'라는 글자에는 불교를 믿는 이 방인이라는 뜻이 있다. 불교의 성역인 산서성 대현 오대산 계곡을 흐르는 여울을 치수(治水), 성수(聖水), 쌍간하(桑乾河), 역수(易水), 호타하(滹沱河)라고 했다. 도술인 시라(尸羅)가 온 곳이다. 남북조를 통일한 불교국 수(隋)나라의 '수(隋)'라는 글자 또한 수지(隨地)에서 유래된 글자다. 송고승전(宋高僧傳)에서 같은 수(隨)자를 썼다. 구 당서에는 서역 빙낙주(馮洛州)로 융과 호가 같이 사는 목축하기 좋은 곳으로, 신당서에는 "隨地之宜"로, 수경주에는 황하의 상류에 있던 지명이라 했다.[199] 통전에는 진수의 임아국을 인용했다. 출처를 '진송시부도경(晉宋時浮圖經云)'이라 하고, 중원에서 봉선(封禪) 하는 곳을 타지(墮地)라 했다. 형태는 비슷하고 두 글자에 땅(隨墮地, Tan)이라는 글자를 붙였다.[200]

범서(梵書)라는 글자의 기원은 다음과 같다. 산서성의 실권자였던 범선자(范宣子)가 그를 찾아온 손님에게 "산서성 사람들은 세록(世祿, 가계의 혈통을 기록한 책자)를 갖고 있다"라고 했다. 범(范) 선자의 선조들이 지켜오던 가치관을 히말라야산맥 수지에 전하여 글로 남겼다. 그곳에 사용하던 글자를 음이 같은 범서(梵書)라 했다. 당 현종이 시문 표제를 제범서(題梵書)라 했다. 모두 홍범(鴻範)의 '범' 자를 사음한 글자

---

[199] 舊唐書 地理三: 馮洛州已上十六番州, 雜戎胡部落, 寄於北庭府界內, 無州縣戶口, 隨地治畜牧. 新唐書: 隨地之宜. 水經注 河水: 從蔥嶺出而東北流. 闞駰曰: 河至金城縣, 謂之金城河, 隨地為名也. 《釋名》曰: 河, 下也, 隨地下處而通流也. 通典天竺: 遂俘阿羅那順以還. 晉, 宋時浮圖經云: 「臨倪國, 其王生浮圖太子也, 父曰屑頭耶, 母曰莫耶. 浮圖身服色黃, 髮青如青絲. 始莫耶夢白象始孕, 及生, 從母左肉出. 生而有髻, 墮地能行七步. 此國在天竺域. 通典封禪: 壇上飾以青, 四面依方色. 一壇, 隨地之宜. 又為降禪壇於社首山上.」
[200] 隨 따를 수, 게으를 타1 따르다2. 거느리다3. 몸에 지니다4. 따라서. Follow, listen to, submit; to accompany; subsequently, then. 墮 떨어질 타, 무너뜨릴 휴1. 떨어지다 2. 무너지다3. 깨뜨리다

다. 해초가 먼 바닷길을 배를 타고 갔다. 돛을 달고 바람을 이용하여 멀리 가는 배를 범선(帆船)이라고 한다.

고전을 종합해 보면, 원시불교의 발생지는 히말라야산맥 동쪽 운남성과의 경계 지역이었다. 서주의 경기 지역에 남아있던 고조선 사람들이 사천 분지익주(益州, 古梁州)를 지나 운남성에 정착했다. 그들이 단군왕검 백익(伯益)을 살해한 하우씨(夏禹氏)의 추종자들이 세운 하나라의 시조를 신성시하였다. 옛적에 우왕이라는 뜻에서 석우(昔禹)라 했다.201 이를 큰 나무 위에 돌로 만든 소우(石牛)의 형상이 있다고 기록했다.202 인도판 하루방을 석우(石牛)라 했다. 인도에서 소를 신성시하는 (Holy cow) 풍속이 나타났다. 같은 뜻에 직계 후손이란 뜻의 사자(嗣子)에서 사자국(獅子國)이란 글자가 나타났다. 현두(賢頭), 흰머리(老子)하는 원시불교 발생과 관련된 어음이 힌두교 히말라야, 인더스강, 부탄 등과 같은 이름으로 옛 시킴(Sikkim, 斯金)왕국 지역에 남아있다.

그곳으로부터 인더스강을 따라서 파키스탄 영역에 번창했던 문명과 충돌이 생겨 많은 희생자가 나타났다. 이를 시신이 여기저기 흩어졌다 하여 시라(尸羅, 斯羅)라 했다. 삼국지 왜인전에 시라(斯羅)가 중앙아시아 동북 강 건너(於羅東北) 안식국(斯羅國屬安息) 가까이에 있었다. 그

---

201 新書 胎教: 昔禹以夏王, 而桀以夏亡. 說苑 政理: 昔禹與有扈氏戰, 三陣而不服, 禹於是修教一年而 有扈氏請服, 故曰. 孔子家語 辯物: 孔子曰:「丘聞之, 昔禹致群臣於會稽之山, 防風後至, 禹殺而戮之, 其骨專車焉.」 國語 魯語下: 仲尼曰:「丘聞之: 昔禹致群神于會稽之山, 防風氏後至, 禹殺而戮之, 其骨節專車. 三國志郭淮:「昔禹會諸侯於塗山, 防風後至, 便行大戮.」
202 通典 古梁州下: 益昌古劍閣道, 秦使司馬錯伐蜀所由, 謂之石牛道. 康熙字典一部:《蜀記》秦惠王欲伐蜀, 造石牛, 置金其後. 太平廣記 李冰: 雖甚秋潦, 亦不移適. 有石牛, 在廟庭下.

일대에 월씨국과 목천자가 찾아갔던 서왕무(西王母)가 있었다.203 이 통로를 따라 천축국 도인 시라(尸羅)가 금미달에 도착했다.

원시불교의 전래도 : Buddhist Expansion
- History of Buddhism - Wikipedia Commons

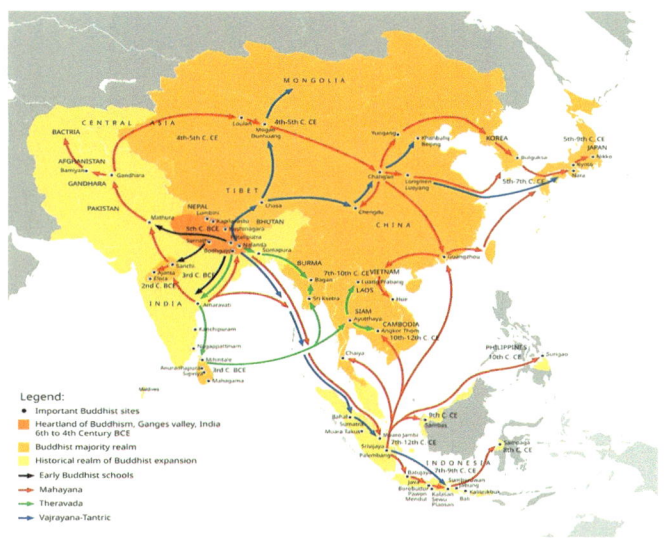

6. 지나(支那)의 어원

중국을 뜻한 글자라고 풀이하는 진단(震旦, Cina)이 루탄경에서 나타났다. 이를 지나(支那)의 어원이라 한다. 잘못이다. 여러 글자(震旦, 真丹, 神丹)로 적은 동쪽 중국은 천한 땅(若所謂斯坦)을 옳은 땅(於義為地)

---

203 三國志 倭人傳: 於羅屬大秦, 其治在汜復東北, 渡河, 從於羅東北又渡河, 斯羅東北又渡河. 斯羅國 屬安息, 與大秦接也. 水西有白玉山, 白玉山有西王母, 西王母西有愉流沙, 流沙西有大夏國, 堅沙國, 屬繇國, 月氏國, 四國西有黑水, 所傳聞西之極矣.

이라 했다.204 천할 시(斯:其, 斤)자는 정의를 위해 도끼를 든 사람이란 뜻이다. 숙진(肅愼)씨는 진(愼, 辰, 晨)을 공경한다는 뜻으로 고조선(朝鮮)의 대명사다. 총령 동쪽은 모두 삼신(辰)을 모시는 고조선 사람들(斯, 肅愼, 夫餘)이 살았다는 뜻이다. 그곳에서 동쪽으로 옮겨 온 한 부류가 내몽고 남쪽 산서성에서 고조선이 나타났다. 그곳에서 지도자 백익(伯益)을 잃고 사천 - 운남성을 지나 원시불교 발생지에 이르렀다. 운남성 산간 지역에 사는 소수 민족은 아직도 도교와 토속 신앙을 믿고 있다. 청(淸)나라 말기에 위원(魏源, 1794년 ~ 1857년)이 저술한 『해국도지(海國圖志)』에는 지나(支那와 至那)가 여러 곳에 보인다.

이태리 선교사가 만든 만국 지도 내용을 인용하여 현지 음으로 적은 태국을 '섬라(暹羅)'라고 했다.205 천축국에서 해안을 따라 태국을 지나 월남에 이르는 방대한 지역을 지나(支那, Sayam)라고 했다.206 하노이의 역사서 『대월사기』 전서에 나타난 지나(支那)는 광동, 광서 장족자치구(廣西壯族 自治區)와 운남성을 포함한 넓은 지역을 지나(支那)라고 했다.207 남천축국 사람들은 지나(支那)를 '인도에서는 사자국(師子國, 獅子國)의 동쪽, 중국 동남부 지명으로 지도자를 천자(支那天子)'라고

---

204 康熙字典 日部: 震旦: 又震旦, 西域稱中國之名 Cina, 又作振旦, 眞丹, 神丹. 翻譯名義集曰: 「東方屬震, 是日出之方, 故云震旦..」近人或云: 震即秦, 乃一聲之轉. 旦, 若所謂斯坦, 於義為地. 蓋言秦地耳. 參照支那條
205 海國圖志 卷五: 東南洋一海岸之國. 萬國地理全圖集》曰: 四大地之中, 亞齊亞最廣大. 長二萬四千裏, 大地北極出地二度, 至七十八度, 英國中線偏東, 自二十六至一百九十度. 南及印度海, 有東京, 暹羅, 北耳西海隅.
206 海國圖志: 西北五十裏, 有支那西寺, 古漢寺也. 西北百裏至花氏城, 育王故都也. 西北五十裏, 有支那西寺, 古漢寺也. 西北百裏至花氏城, 育王故都也. 甫六年, 與佛蘭西戰, 敗績於支那, 國幾不守. 近日乘佛蘭西為俄羅斯所
207 三國史記: 史勿縣進長尾白雉, 賜縣史穀. 炤知麻立干 加耶國送白雉, 尾長五尺.

188 고조선 壇君朝鮮始末考

했다.208 사자(嗣子), 즉 직계 후손 맏아들이 다스리던 나라란 뜻이다. 해운업을 하던 가라국 상인들이 미개척지였던 섬(島)을 개발하여 사자국(獅子國, 스리랑카, Sri Lanka)라 부른다.

운남성에 남조(南詔, Nanzhao)를 세웠던 이족(彝族, 夷族)은 당나라 세력을 물리치고 황금시대를 이루었다. 남조(南詔)의 고빙(高騈)이 읊은 시문(驃信詩曰)에 서역에서 중국을(西域稱中國) 진단이라고 부르던 글자가 "우리가 진단에 살 때(自我居震旦)란 문구"로 실렸다. 최치원(崔致遠, 857년 ~ 908년)이 관여했던 황소의 난에 공을 세웠던 고빙(高騈)은 발해 고씨로 연나라 사람이고 부친을 우후(虞候)라 한다. 단군왕검 백익의 혈통을 이어받은 사람이 운남성에 살았다는 증거다.

이를 '대리국(大理國)'이라 한다.209 '대리(大理)'란, 순임금 때 현명한 법관 고요(皐陶, 씀繇)에게 붙였던 이름이다.210 고요의 아들이 백익(伯益)이라 한다. 앞서 언급한 산서성의 범(凡伯, 范伯)씨는 홍범의 사음자요, 이윤(彝倫)은 백익의 가르침이다. 이꽤 명문에는 백익을 뜻한 글자

---

208 宋高僧傳 釋蓮華. 本中印度人也. 救廣州節度使李復修鼓鑄畢. 一云梵夾本是南天竺烏茶國王書獻支那天子.常聞支那大國文殊在中. 錫指東方誓傳佛教. 乃泛海東邁. 垂至廣州風飄卻返抵執師子國之東. 展轉游化漸達支那印度俗呼廣府為支那. 名帝京為摩訶支那也乃於廣州制止道場駐錫

209 康熙字典:《唐書·南詔傳》初鳳迦異築柘東城, 諸葛亮石刻故在, 文曰: 卽仆, 常以石擋捂. 舊唐書: 南詔蠻蒙異牟尋大破吐蕃於神川, 使來獻捷, 語在《南詔傳》. 黃少卿攻陷欽、橫、潯、貴四州, 吐蕃渠帥論乞髯蕩沒藏悉諾律以其家屬來降. 明年, 並以為歸德將軍.吐蕃寇慶州及華池縣, 殺傷頗甚.《南詔樂》, 南詔異牟等作《奉聖樂》舞

210 尨博:遠藤隆吉曰:「孔子之出於支那, 實支那之禍本也. 支那以蠶絲名, 世謂震旦, 支那, 譯皆言秦. 今人考得, 實為蠶義域多利以英吉利主名. 曰: 語言. 風俗. 歷史. 三者喪一, 其萌不植. 俄羅斯滅波蘭而易其言語, 突厥滅東羅馬而變其風俗, 滿洲滅支那而毀其歷史. 自歷史毀, 明之遺緒, 滿洲之穢德, 後世不聞.

(彝)가 있다. 운남성에 있던 호수를, 백익이기씨(伊耆氏)가 살던 마을을 지나던 이수(伊水 洛水)와 음이 같은 이해(洱海, Erhai)라 했다. 이원현(洱源縣)이라던 고을에 있는 도시를 대리(大理)라고 이름했다. 지나(支那)의 출원지는 동남아시아였다.

예부터 전해오던 고요가 맡았던 대리(皐陶為大理)란 어음과 뜻이 현 티베트불교의 지도자 "달라이라마(Dalai Lama, taa-la'i bla-ma)"라는 칭호로 사용되고 있다. 장족 자치주(廣西壯族) 산간 지역에 인접해 있는 귀인이 사는 곳이란 뜻의 귀주(貴州, Guizhou)를 黔州라 했다. 검수왕검(王儉)하는 어음, 검의 다른 사음자다. 그들 이족(彝族, 夷族)이 치우천왕의 후손이라 한다. 운남성을 정복하지 못한 당 양귀비 안록산의 일화를 남긴 현종 이융기(唐玄宗 李隆基)이 읊은 시문 제범서(題梵書)에 운남성 지도자를 비하하여 '지나제자 무언어(支那弟子 無言語)'라고 했다.[211] 영문본 "We Need Another Voice. Taoism to Zen Buddhism"을 준비할 때는 보이던 시문이 이번에는 찾을 수가 없다.

《題梵書》鶴立蛇形勢未休, 五天文字鬼神愁.
支那弟子無言語, 穿耳胡僧笑點頭.

당나라에 대적했던 운남성 세력, 남소(南詔)를 비하해서 가지자 지나(支那)라고 했다.[212] 서양 사람들이 해상로를 통해 동남아 불교 국가에

---

[211] 全唐詩：唐 李隆基著：《題梵書》:鶴立蛇形勢未休, 五天文字鬼神愁.支那弟子無言語, 穿耳胡僧笑點頭.
[212] 太平廣記　南詔: 南詔以十二月十六日, 謂之星回節日, 遊于避風臺, 命清平官賦詩. 驃信詩曰:「避風善闡臺, 極目見藤越.隣國之名也. 悲哉古與今, 依然烟與月. 自我居震旦. 謂天子為震旦,

이르렀다. 그 지역을 포함한 중국 남쪽 지역을 모두 지나(支那)로 기록되었다. 페르시아 왕자가 코끼리가 많은 지나에 피난을 가서 꽃 같은 신라 공주 화랑(Farang, 花娘, 源花)을 만났다.[213] 동남아에 있던 미얀마 '진라(滇羅)'를 '지나(支那)'로 적었다. 서역에서 진단(震旦)이라고 부르던 이름 중원을 거쳐 만주에 이르러 '진국(辰韓者, 古之辰國)'이라고 부르던 신라의 옛 이름이 와전되어 '지나(支那卽辰, 震, 神)'라 했다. 일부가 서양에 알려져 총령 동쪽 전역을 동일한 국가로 풀이하여 총령 동쪽 땅을 모두 중국(Cina, China)으로 인식했다.

현재 중국 공산당 정부는 '지나'를 일본 사람들이 중국을 비하하여 만든 이름이라고 주장한다. 공식 명칭은 모택동이 붙였던 중화인민공화국(中華人民共和國)을 간략한 중국이라 쓰고 대만섬은 장개석이 통치하는 국가로 인정했다. 지나(支那)는 동남아를 뜻한 글자다. 그곳에 신라가 있었다. 중앙아시아 사람들이 진단 또는 시탄(震旦/斯坦)이라고 부르던 사람들이 동쪽으로 옮겨와 운남성을 거쳐 원시불교 발생지와 동남아 전역에 흩어져 살았다.

여진의 어원은, 만주 땅에 남아있던 진한(辰韓) 사람들이 발해(渤海, 밝은 해가 뜨는 나라)를 세웠다. 발해 또한 동쪽을 뜻한 진국(震國)이라고도 했다. 후고구려를 세운 궁예(弓裔) 또한 마진(摩震)이라 했다는 것에서 출발한다.

翊衛類夔, 契. 伊昔經皇運.」
[213] 三國史記 → 檢索 "源花": 始奉源花. 初, 君臣病無以知人, 欲使類聚羣遊, 以觀其行義, 然後擧而用之. 唐令狐澄《新羅國記》曰:「擇貴人子弟之美者, 傅粉妝飾之, 名曰花郞, 國人皆尊事之也.」 安弘法師入隋求法, 與胡僧毗摩羅等二僧廻. 三國遺事: 彌勒仙花　未尸郞

송나라 사절단에 따라온 서긍(徐兢, 1091년 ~ 1153년)의 고려도경 동문유학(同文儒學) 편에 진여국(觀夫倭辰餘國或橫書 或左書 或結繩) 이란 문구가 있다. 만주에 남아있던 진국(辰國) 사람들인 '진여(辰餘)'를 비하한 글자가 '여진(女眞)'이다. 만주 땅에 신라가 있었다는 기록이「글 안국지」에도 실렸다. 만주족이 세운 청나라 마지막 황제를 애신각라 (愛新覺羅) 부의(溥儀)라고 했다. 신라(新羅)란 글자가 그의 성씨에 있 다. 서역에서는 파미르고원 총령(蔥嶺) 동쪽 땅 진단(震旦)을 해단(盍 旦)이라 부르던 이름이 만주(滿洲: Land of Man, 辰餘＝女眞)와 한반도 에 나타났다. 아침 단자는신(旦當爲神)을 뜻했다. '밝은 해가 떠오르는 곳'이라는 뜻에서 '발해'라 했다. 동호(東胡) 연맹의 한 부족이다. 서쪽 에 살던 유목민이 동쪽에서 나타났다는 뜻이다.

유림열전에 黃老爹, 潘老爹, ○○노부도(○○老爹道)라는 글자가 많이 실렸다. ○○(○○) 가문 또는 학파의 혈통을 뜻한 표현이다. 변노 부도(潘老爹道, 卜老爹道 老爹道)란, 금미달 지역을 대표한 변한 사람들 의 신앙 풍속을 의미했다. 한유(韓愈)가 제사장에 끌려가는 여자를 읊은 글「제녀노녀문(祭女挐女文)」에 '가다(阿爹), 가바(阿八)'란 글자가 보인 다. 인신공양(人身供養, 영어: human sacrifice) 풍속을 그린 시문이다. 한 국어의 사음자다. 아비 다(爹)자는 대대 선조를 뜻한 상형 자다.[214]

수미산(須彌山)이 崑崙(昆侖山): 아직도 한국 방언에 "야곤장계시나"

---

[214] 康熙字典 爹：《廣雅》爹, 父也. 荊土方言謂父爲爹, 故云.《廣韻》爹, 北方人呼父, 與南史不 合.《韓愈·祭女挐女文》阿爹, 阿八. ◎按集韻云: 說文爹, 奢父也. 說文本無父部, 又不載多 部, 集韻引說文誤.《廣韻》羌人呼父也

이란 말이 있다. 곤륜이란 제일 높은 제사장이란 뜻으로, 미의 우두머리(須彌)의 기능을 의역한 글자다. 수미산(須彌山) 또는 수메루산, 메루산은 힌두교 및 불교의 세계관에서 세계의 중심에 있다는 '상상의 우두머리 산 또는 그가 사는 산'이란 뜻으로 강화도의 마니산과 같은 뜻이다.

원시불교의 중원 전래: 삼국지 왜인전에 후한초에 불경이 구전된 시기를 기원전 2년(漢哀帝元壽元年)이라 했다. 후한환제(桓帝 132년 ~ 168년)가 불당을 짓고 불교를 믿었다.[215] 정치 사회적 혼란에 휘말린 후한시대에 토속 신앙에 각종 신앙이 번창했다.

예부터 알려진 통상로 힌두쿠시(喀喇崑崙山 Karakorum)와 서역 통상로(Silk Road)를 통하여 원시불교가 동서로 번져 나갔다. 이때, 중앙아시아에 나타난 불교를 빛 경(景)자를 사용하여 '경교(景敎)'라고 한다.

황건적이 도가(道家)의 탈을 쓰고 나타났다. 이러한 혼란기에 강남 광주(廣州) 지역에 불교가 번창했다. 현장의 서역기 또한 마등(摩騰)이 곤명도가 막혀(昆明道閉) 통하지 못하고 먼 길을 돌아 낙양에 도착해서 불경을 석실에 보관했다고 한다.[216] 원시불교는 차마고도를 따라 운남성으로 들어와서 광주로 퍼져갔다. 십육국춘추에 나타난다.[217] 불교 경전이 중원에 알려진, 후한 초기에 도교 경전으로 알려진 『노자서승경

---

[215] 後漢書: 設華蓋以祠浮圖, 老子, 斯將所謂「聽於神」乎! 及誅梁冀, 奮威怒, 天下猶企其休息
[216] 大唐西域記: 徒置懷於印竹. 昆明道閉. 謬肆力於神池. 遂使瑞表恆星. 鬱玄妙於千載. 夢彰佩日. 祕神光於萬里. 暨於蔡愔訪道. 摩騰入洛. 經藏石室.
[217] 十六國春秋:法明闔賓人少而好學為弗若多羅所知及長氣幹高爽神識明悟與眾 不群博覽經典 潛思八禪遊心七覺時人方之浮頭婆馱孤行山澤不避虎兕晉隆安中至廣州住白沙寺善誦毗婆沙律咸稱為大毗婆沙時年已八十五徒眾八十五人晉故丹陽

(老子西升經)』은 노자가 운남성에서 서쪽의 높은 지역으로 갔다. 왜인전에 노자가 호를 가르쳤다는 문구가 있다. 후한(桓帝 劉志, 132년 ~ 168년)시대 산동성 사람으로 강남에 정착했던 사람이 남긴 모자(牟子)에는 광동성 지역에는 불교가 성행했다고 했다.218 운남성 서쪽에서 노자가 올라갔던 육로를 통해 중원에 전래되었다.

동진(東晉, 317년 ~ 420년) 시절에 해상로를 따라 중국 동해안에 확산되었다. 발해만 연안에 있던 백제 신라 휴인(百濟及薛羅 休忍)이 남방불교에서 가라(加羅)를 나라 이름으로 바꾸어 광개토대왕 비문에 나타났다. 가라(伽羅)란, 어음은 불가에서는 '변두리 조용한 지역으로 갔다'는 뜻이라고 했다.219 금미달 궁궐을 떠나 조용한 곳에서 산다는 신선 이름이라고 풀이한 가람(伽藍, 神名)이 와전되어 나타난 글자다. 그곳에 살던 큰 물새 즉 기러기(水鳥, 鵝之大者)를 '가람조(伽藍鳥)'라고 했다. 금미달 지역 산서성 오대산 일대에 단군 사당으로 추정되는 청량사(清涼寺)가 있던 산을 청량산(清涼山)이라 한다. 서늘할 량(涼)이라고 읽는 글자는 서로 도와준다는 뜻이 있다. 그곳 청구(靑丘)에서 상형 글자가 처음 나타났다.220 가라와 신라는 원시불교 발생지와 깊은 관련이 있다.

---

218 大唐西域記 序:昆明道閉.謬肆力於神池.遂使瑞表恆星.鬱玄妙於千載.夢彰佩日. 祕神光於萬里. 曁於蔡愔訪道.摩騰入洛.經藏石室.同風類俗略舉條貫.異政殊制隨地別敘.印度風俗語在後記.出高昌故地.自近者始.曰阿耆尼國舊曰烏耆. 舊唐書: 牟子 漢桓帝時蒼梧太守牟融著書號牟子, 推美釋氏.見釋門正統四

219 https://ctext.org/zh: 伽羅Tagara, 多伽羅之略, 香木名.譯曰度邊地.羅什譯之仁王經下曰:「以六阿僧祇劫, 集無量明波羅蜜故, 入伽羅陀位, 無相行, 受持一切法.」吉藏疏五曰:「入伽羅陀者, 此云度邊地也.又作沒刀伽羅子.沒特伽羅者, 譯言取綠豆, 取胡豆, 採菽等姓也.上古有仙, 取綠豆而食, 此仙種, 云沒特伽羅.依沒特伽羅姓之母而生, 故曰沒特伽羅子.佛弟子中神通第一之比丘是也. 舊稱目連. 佛學大辭典/天竺

220 太平廣記 異僧七 宣律師:六國同時, 隸文則非吞併之日也.此國篆隸諸書, 尚有茫昧, 寧知迦葉佛時之事. 決非 其耳目之所聞見也.又問今西京城西高四土臺.俗諺云: 是蒼頡造書臺.多在清

통일신라 초기에 청량사(淸凉寺)라는 불교 사원이 나타났다.

남방 불교가 한반도에 전래된 사연은 다음 편에서 다루기로 한다. 기독교가 왕성하기 전에는 집집마다 고사를 지냈다. 마귀 할미(마고 麻姑, 서왕모, 삼신할머니)와 관련이 있다는 몽고점(蒙古點 Mongolian spots)이 한국인의 특징이다. 시루떡이 필수였다. 고사떡이라 했다.

장수왕이 백제 개로왕의 한성을 점령한 시절에 한해 남방로가 개척되어 그를 따라 남방 불교가 한반도 남단에 전래되었다. 그 해상 통로를 따라 해초가 다녀와 남긴 견문록이 왕오천축국전(往五天竺國傳)이다.221 화랑의 유래에서 다루기로 한다.

하늘에 뜬 밝은 빛 삼신(三辰, 日月星)을 찾아 동쪽으로 온 유목민이 숭상하는 토속 신앙을 신선지도(神仙之道. 神道)라 했다. 예맥족 여러 노인들이 원시불교 발상지에 이르러 그곳 사람들과 가치의 철학에 관해 토의하여 원시 성교(聖敎)라고 자칭하던 불교가 인도 동북 히말라야 산중에서 나타났고, 고조선 토속 신앙이, 신선 사상으로 바뀌어 오늘의 도교(道敎, Taoism, Daoism)로 운남 – 사천성 영역에서 나타났다. 전국

涼山五臺之中, 今屬北岱州西, 見有五臺縣淸凉府.皇唐已來, 有僧名解脫.在巖窟亡來三十餘年.身肉不壞, 似如入滅盡定.復有一尼, 亦入定不動.各經多年.聖迹迦藍.菩薩聖僧, 仙人仙花, 屢屢人見.

221 三國志 倭人傳:臨兒國, 浮屠經云其國王生浮屠.浮屠.父曰屑頭邪, 母云莫邪. 此國在天竺城中. 天竺又有神人, 名沙律.昔漢哀帝元壽元年, 博士弟子景盧受大月氏王使伊存口受浮屠經曰復立者其人也.浮屠所載與中國老子經相出入, 蓋以爲老子西出關, 過西域之天竺, 敎胡.昔漢哀帝元壽元年, 博士弟子景盧受大月氏王使伊存口受浮屠經曰復立者其人也. 通典 天竺:後漢通焉, 卽前漢時身毒國. 大夏國人曰:「吾賈人往身毒國 市之.」卽天竺也.或云摩伽陀, 或云婆羅門.在蔥嶺之南, 去月氏東南數千里, 地方三萬餘里.其中分爲五天竺.

시대에 이르러서는 유불선(儒佛仙) 사상이 제자 백가 여러 학파에 반영되어 권선징악(勸善懲惡)으로 나타났다.

다른 가치관을 가진 사람들과 소통할 수 없던 지역에는 토속 신앙의 원형이 오랫동안 전해왔다. 한국, 중앙아시아 북미 대륙 등지에 장승 하루방(totem pole)에 무색 천을 다는 풍속이 서낭당(西娘堂)에 전해오고 있다. 한국 고유의 개천절, 유대인의 하누카(하늘이 깨진 sky open), 중앙아시아와 코미 러시아에서 색이 찬란한 리본으로 장식한 돌무더기, 북미 대륙에 오네이다(Oneida; 降臨, 강림) 등으로 전해온다.

서긍의 고려도경에 "고려는 도산(道山)·선도(仙島)와는 멀지 않으니 고려 백성들이 장생구시(長生久視) 가르침을 숭모할 줄 모르는 것이 아니었다. 다만 중국(中原)에서 이전에는 정벌하는 경우가 많았으므로 청쟁무위지도(清淨清涼無爲之道), 도교로서 교화하는 게 없었을 뿐이다"라고 했다.

도산 선도란 신령한 약초가 자란다는 봉래산(蓬萊山)을 뜻했다. 탐모라국(躭牟羅國)이라 부르던 대만섬(Formosa Island)에는 아리랑의 어원이 되는 아리산(阿里山)과 가라산(加羅山) 가라호(加羅湖)가 있다. 임진란 전후에 조총으로 무장한 왜의 침략을 받아 많은 사람이 죽어 이목대미륵(夷目大彌勒)이 수십 명의 동반자를 데리고 찾아와서 헌록(獻鹿) 괘주(餽酒)하는 종교의식을 하여 희위재해(喜爲除害)라 했다.[222] 그곳

---

[222] Published in KAUPA Letters –Apri 1st, 2024. Adjusted June 7th, 2024
https://www.ancienthistoryofkorea.com/%ea%b0%80%ec%95%bc%ea%b5%ad-%ea%b0%80%ec%8b%a4%ec%99%95%e5%8a%a0%e8%80%b6%e5%9c%8b%e5%98%89%e6%82%89%e7%8e%8b-%ec%86%a1%eb%b3%84%ea%b3%a1%ec%9

에서 나무에 글자를 새겨 뜻을 전했다. 그 글자를 조적문(鳥跡文)이라 했다. 이목대미륵(夷目大彌勒)이란 불가의 스님이 아니다. 산해경 숙신씨 마을에 실린 "有樹名曰雄常, 先入代帝"란 문구가 "Totem Pole 雄常"을 뜻했다.[223]

단군조선 발상지에 있던 숙신씨가 중원을 거쳐 만주 땅 동북쪽에 이르다. 그 한 부류는 중국 내륙을 따라 멀리 불교 발상지에 이르렀다. 전국시대 말기에는 금미달에서 해안으로 내려와 동남아 해안을 따라 남천축국, 미륵보살(彌勒菩薩)의 발상지 스리랑카에까지 이르렀다. 보살이란 보살펴준다는 현재 쓰고 있는 한국말이다.

원시불교의 유래 결론: 한반도를 비롯한 동북아시아에 전해오는 무속(巫俗) 신앙이 동양 종교의 기원이다. The current Korean word "Tree (나무), father(아버지, 아빠, 아비) wish(희망, 소원, 바램, 바라다) are in Buddhist Prayer: "나무아비타불관세음보살"이란 문구로 나타났다. 그곳에서 나타난 미륵보살(彌勒菩薩)을 숭배하는 종교를 편의상 남방 불교라 한다. 바다에서 폭풍을 만나 홀로 쪽배(Canoe, Kayak, 舟, 小船, 小乘)에 몸을 싣고 생사의 기로에서 구원의 밧줄을 갈구하는 소승불교(小乘佛敎)가 나타났다. 그 시절에 벵골만(Bengal)에 정착하여 "나가족, 방가국(Naga People이 Banga(放家, 出家); ancient kingdom of Vanga, or

---

d%b4-%ea%b0%80%ec%8b%a4/.
223 太平御覽 肅愼:《山海經》曰: 不咸山在肅愼國.有樹名雄常, 先入代帝, 於此取衣. 其俗無衣.中國有聖帝代立者, 則此木皮可衣.《家語》曰: 孔子在陳, 惠公賓之於上館.時有集隼庥於陳侯之庭而死, 楛矢貫之, 石砮, 楛, 木名.砮, 箭鏃.其長尺有咫.惠公使以隼如孔子之館問焉, 子曰:「隼之來遠矣, 此肅愼氏之矢也.」

Banga)이" 나타났다.[224]

쿠쉬나메에 나오는 꽃 같은 신라 공주(Princess of Silla)가 미실이로 나타났다. 신라 공주가 숲속의 요정이란 뜻이 있는 Sheilla로 쓰인다.

미륵(彌勒)이란 명사는 금미달에 살았던 마지막 단군을 뜻한 글자다. 금미달이 전란에 시달리는 동안 많은 사람들이 사방으로 흩어져 나갔다. 일부는 육로를 따라 남쪽 나라, 운남성과 귀주성 호남성으로 내려 갔다. 운남성 지도자를 당 현종이 비하해서 지나(支那)라고 했다. 많은 사람은 해하 수계를 따라 옛적부터 친했던 사람들이 살고 있는 발해만 연안 산동성으로 내려와 해안을 따라 흩어져 나갔다.

---

[224] Bengal - Wikipedia.West Bengal - Indian History, Colonialism, Partition | Britannica,

제5장

마지막 단군 찾기

1. 마지막 단군 찾기 개요

2. 금미달이 신라 가야의 본향이다

3. 마지막 단군 전후

4. 작가 미상의 고려가요 가시리

5. 옥새(玉璽)의 유래

6. 맺는말

1. 마지막 단군 찾기 개요

천부인 세 개를 들고 내려와 첫 수도는 아사달 평양이고, 마지막 수도를 궁홀산(弓忽山) 또는 방홀산(忽山) 금미달(今彌達) 금해주(今海州)라 했다. 금미달에서 1,500년 동안 나라를 다스렸다. 이후 아사달에 돌아와 조용히 살다가 산신이 되었다.[225] 인용한 사료의 출처를 위서(魏書)라 했다. 고조선의 마지막 수도는 위도(魏都)다. 위(魏)를 연(燕)으로 바꾸었다는 기록이 사기에 있다. 시기를 살펴보면, 전국시대 말기 귀곡(鬼谷)선생에게서 배웠다는 소진(蘇秦, ? ~ 기원전 317년?)과 장의(張儀, ? ~ 기원전 309년)가 활거하던 시절이다.

그때 원시불교가 연도(燕都) 들어왔다. 고구려가 고죽국이 옛적 자기들 땅이라 침략한다. 스님은 고죽국은 당시 해주라고 인식했다.

전국시대에 많은 학자들이 금미달 지역에 관한 기록을 남겼다. 금미달을 떠나 산신이 되었다는 마지막 단군에 관한 기록이 있어야 한다. 중원기록에는 [갔다, 왔다]는 지도자가 있다. 한국 가요 가야국 가실왕이 그러한 뜻이다. 한국, 중국, 그리고 불가 기록에서 찾아본다.

산서성에 있던 진나라는 고조선 영역이었다. 발조선시대 후기에 한씨(韓氏), 조씨(趙氏), 범씨(范氏), 위씨(魏氏), 중행씨(中行氏), 지씨(智氏)의 여섯 가족이 실력자로 나타나 육경(六卿)이라 했다. 그들이 권력

---

225 三國遺事: 都平壤城 始稱朝鮮. 移都於白岳山阿斯達. 名弓一作方忽山. 又今彌達. 御國一千五百年. 周虎王即位 己卯 封箕子於朝鮮. 壇君乃移於藏唐京. 後還隱於阿斯達爲山神. 壽一千九百八歲. 唐裴矩傳云.高麗本孤竹國今海州

다툼으로 삼가 분진이란 이름이 나타났다.

이후에 중원 세력에 려 영토 분쟁터가 더 북쪽으로 올라가 대현 금미달에 이르렀다. 배구가 인용한 고죽국은 금미달 영역 산속 중산국으로 알려진 곳이었다. 그곳에 나타난 조(趙)나라 재상 우경(虞卿)이 조효성왕(趙孝成王, ? ~ 기원전 245년) 때에 우씨춘추(虞氏春秋)를 여불위(呂不韋, 기원전 292년 ~ 기원전 235년)는 여씨춘추(呂氏春秋)를 만들었다.226 우경(虞卿)이란 유우씨(有虞氏), 즉 백익의 후손이란 뜻이다. 우씨춘추(虞氏春秋)는 사라졌다. 고조선 사람들이 분산되어 서로 이권을 다투던 사연이 실렸으리라 본다.

여불위보다 한 세대 전 사람인 맹자(孟子, 기원전 372년? ~ 기원전 289년?)가 대량에서 양혜왕(梁 惠王)을 만났다. 금미달 영역에 있던 위나라의 제3대 군주 위혜왕(魏惠王, 기원전 400년 ~ 기원전 334년)이 남쪽 함곡관 일대 대량으로 내려가 그를 양혜왕이라 했다. 맹자는 금미달을 떠나 산신이 되었다는 마지막 단군이 누구인가를 알았다.

산서성 삭주시(朔州市) 동쪽 대현(代縣) 일대가 금미달 지역이다. 쌍건하(桑乾河) 즉 호타하가 흐르는 계곡에는 옛 무덤이 많이 있고 은사(隱士)들이 기거하던 숭허사(崇虛寺)가 있었다.227 궁홀산(弓忽山) 금미달에 있던 요새를 안문관(雁門關)이라 했다. 금미달의 두루미 미자를

---

226 虞氏春秋_历史知识:虞氏春秋百科介绍_历史上的虞氏春秋_历史百科(guoxuedashi.net)
227 魏書 → 檢索 "隱士": 太和十五年秋, 詔曰:「夫至道無形, 虛寂為主. 自有漢以後, 置立壇祠, 先朝以其至順可歸, 用立寺宇. 昔京城之內, 居舍尚希. 今者里宅櫛比, 人神猥湊, 非所以祇崇至法, 清敬神道可移於都南桑乾之陰,岳山之陽, 永置其所.給戶五十, 以供齋祀之用, 仍名為崇虛寺.可召諸州隱士, 員滿九十人..」

기러기 안자로 바꾸었다. 오대산(五臺山) 일대는 또깨비 귀신 천독(天毒 㖃)이 나오는 곳으로 인식했다.[228] 그곳에 있었던 마지막 단군을 미륵(彌勒) 또는 안왕이라 하고, 영수(靈壽)를 옛 중산읍(古中山邑)이라 했다. 그 일대 미종방(彌宗旁)에서 성주대회에 금미달 사절단이 단상 오른쪽(臺右彌土)에 앉았다. 참석한 부족의 이름 "고리공공, 고죽, 부영지, 부도하, 동호, 산융(高夷, 邛邛, 孤竹, 不屠何, 東胡 山戎)"이 왕회해에 실렸다. 제환공이 북주 후모를 치러 올라갔던 곳이다. 부족 이름에 영지(令支)가 실렸다. 사음하여 그곳에 영지(令支) 영지(靈芝結就淸靈地)하는 이름을 붙였다. 그 지역 영지(靈地)에서 난다는 불사초 불로약이 영지(靈芝)버섯이다.

방홀산(㖃山) 금미달 계곡을 귀곡(鬼谷) 비이지계(卑耳之谿)라 했다. 그곳 태생이 귀곡선생이다. 성은 왕 이름은 이(王名利)란 사람이 공자(孔子) 이전 진평공(晉平公, ? ~ 기원전 532년) 시절에 그곳에 살아 호를 귀곡(鬼谷)이라 했다.[229] 그의 성명에는 고죽군과 같이 단군왕검 백익 이기씨의 후손 이씨(李氏)란 뜻이 있다. 귀곡(鬼谷)선생의 가르침을 장의(張儀, 기원전 373년 ~ 기원전 310년)와 소진(蘇秦, ? ~ 기원전 317년?)이 배워 활용(活用)했다. 그 일대 안문관 계곡을 흐르는 여울을 역수(易水) 또는 사수(斯水) 쌍건하 성수 청이수(淸夷水)등 여러 이름으로 기록했다.[230]

---

[228] 太平廣記 五臺山池: 五臺山北臺下有龍池約二畝有餘.佛經云, 禁五百毒龍之所.比丘及淨行居士方可一覩. 比丘尼及女子近, 即雷電風雨時大作. 如近池, 必爲毒氣所吸, 逡巡而沒.

[229] 太平廣記 鬼谷先生: 晉平公時人, 隱居鬼谷, 因為其號. 先生姓王名利, 亦居清溪山中. 蘇秦, 張儀, 從之學縱橫之術. 夫至道玄微, 非下才得造次而傳. 先生痛其道廢絕, 數對蘇, 張涕泣, 然終不能寤.

사마씨는 대대로 고조선 발생지에서 살았다. 주 선왕 때부터 주나라의 사관으로 일하던 사마천의 선조가, 마지막 단군이 금미달을 떠나던 시절에 동주왕실을 떠나 진(去周適晉)나라로 갔다.231 그곳(其在衛/魏者)에서 사마천의 조부가 중산국 제상(相中山)으로 있었다.

산서성 태원현(鄔: 太原縣)을 뜻한 [鄔 땅 이름 오, 성 우, 성씨 우, 땅 이름 교]라고 읽는 글자는 삼족오를 숭상하는 사람들이 사는 마을이란 뜻이 있다. 그곳을 진대부 사마미모의 영역(司馬彌牟之邑)이라 했다.232 조나라가 중산군을 흡수했다. 사마희(司馬憙)가 조나라 제상으로 있었다. 공손홍(公孫弘)의 생각에 의심이 있다 하니 공손홍이 도망을 갔다.

마지막 단군에 관한 기록은 이 시대 중원기록에 실렸어야 한다. 제자백가 여러 학파에서 많은 기록을 남겼다. 그러나 모두 찾기 어렵게 기록했다. 급총죽간을 관찰했던 사람들의 기록 또한 혼미하고, 급총죽간서 발굴된 죽서기년을 후세사관들이 보충했다.

다행스럽게도 인도 동북부에서 나타난 원시불교도 시라가 금미달에

---

230 水經注 灅水: 灅水出鴈門陰館縣, 東北過代郡桑乾縣南. 清夷水又西南得桓公泉, 蓋齊桓公霸世, 北伐山戎, 過孤竹西征, 上卑耳之西極, 故水受斯名也. 高誘云: 易水遷故安城南城外東流. 即斯水也

231 史記 太史公自序: 當周宣王時, 失其守而為司馬氏. 司馬氏世典周史. 惠襄之間, 司馬氏去周適晉. 晉中軍隨會奔秦, 而司馬氏入少梁. 自司馬氏去周適晉, 分散, 或在衛, 或在趙, 或在秦. 其在衛者, 相中山. 在趙者, 在趙者, 以傳劍論顯, 蒯聵其後也. 在秦者名錯,與張儀爭論.

232 戰國策 中山策: 司馬憙使趙, 為己求相中山. 公孫弘陰知之. 中山君出, 司馬憙御, 公孫弘參乘. 弘曰:「為人臣, 招大國之威, 以為己求相, 於君何如?」君曰:「吾食其肉, 不以分人.」司馬憙頓首於軾曰:「臣自知死至矣!」君曰:「何也?」「臣抵罪.」君曰:「行, 吾知之矣.」居頃之, 趙使來, 為司馬憙求相. 中山君大疑公孫弘, 公孫弘走出.

왔다. 마지막 수도 금미달에 관한 사연이 불교 기록에 실렸다. 오천축국이라는 인도 전역에 퍼졌다. 금미달(今彌達)을 떠난 사람들이 해운업으로 생계를 유지했다. 동남아를 거쳐 세일론 섬에 도달한 후, 그곳에서 전해지던 원시불교와 융합되어 미륵불(彌勒佛)이라는 종파가 나타났다. 금미달을 떠난 고조선의 후손들이 한해 남쪽 해로를 타고 남방 불교를 전래하여 한반도 남단에서 미륵(彌勒) 신앙이 나타났다. 금미달(今彌達)에 살던 사람들이 믿던 고조선 신앙이 미륵(彌勒) 신앙의 근원이다.

2. 금미달이 신라 가야의 본향이다

금미달을 진(秦)나라가 점령하고 고조선 세력을 막으려고 성을 쌓았다. 장성의 서쪽은 옥문(鴈門), 대군(代郡), 호타하 역수를 지나(嘑沱, 涉易水) 동쪽 끝이 양평(襄平)이라 했다.[233] 수경주에는 장성이 대군 쌍간하(代郡 桑乾河)가 지나는 옛적 탁록현 북쪽이라 한다.[234]

금미달(彌地)에 살던 사람들이 해하를 따라 내려와 발해만 연안에 여러 작은 국가들을 이루고 살았다. 신라 시조를 궁홀산에 살던 지도자의 후손이라 "궁예 성박씨(弓裔 姓朴氏)"라 했다. 신라 초기에 금수로왕의 가락국이 왜와 같이 가까이 있었다. 그들이 세운 나라 이름에 미(彌)자가 실렸다. 비미호(卑彌呼), 미추홀(彌鄒忽) 등이 그 본보기다. 그들이

---

[233] 史記 匈奴列傳: 北破林胡, 樓煩. 而置雲中, 鴈門, 代郡. 其後燕有賢將秦開, 歸而襲破 走東胡, 東胡卻千餘里. 燕亦筑長城, 自造陽至襄平. 置上谷, 漁陽, 右北平, 遼西, 遼東郡以拒胡.

[234] 康熙字典:《說文》作鄣. 又桑乾, 河名. 卽濕水.《水經注》濕水, 出鴈門陰館縣東北, 過代郡桑乾縣南, 又東過涿鹿縣北, 又東南出山過廣陽薊縣北.

해안을 따라 남쪽으로 흩어져 나가 새로 나라를 세워 신미제국(新彌諸國)이 남쪽 해안을 따라 동남아에 나타났다.

이를 비미호의 후손 왜오왕(倭五王)이 임나 가야와 신라를 포함한 7개 나라 "倭 百濟新羅 任那 加羅 秦韓慕韓"라고 했다.235 모두 중원에 있던 이름이다. 동이강국 백제(百濟)는 한해의 동서양 안에 있었다.

1) 산서성 대현 오대산

불가에서는 보지도 못한 마지막 단군을 미륵(彌勒)이라 하고 그 전 단군을 전륜성왕(轉輪聖王)이라 했다. 시대와 장소 그리고 위나라 역사서에 실렸어야 할 마지막 단군은 물론 금미달의 영역까지 밝히지 못하고 있다. 고죽국이 해주에 있었다는 잘못된 기록을 근거로 황해도 수양산(首陽山)에 청성묘(淸聖廟)를 지었다. 백이 숙제가 은거했다는 수양산은 서주 발생지에 있었다. 이를 고조선 수도 이전에 따라 산서성 대현 중산국에 접붙였다.

수경주에 간략한 설명이 있다. 그 연안에 예부터 성이 있었다. 그 물가에 사는 부족을 청리(淸夷)라 했다. 서쪽에서 북적(北狄) 오한족이다.236

---

235 梁書: 新羅者, 其先本辰韓種也. 辰韓亦曰秦韓, 相去萬里, 傳言秦世亡人避役來適馬韓, 馬韓亦割 其東界居之, 以秦人, 故名之曰秦韓. 其國在百濟東南五千餘里. 其地東濱大海, 南北與句驪, 百濟接. 魏時曰新盧, 宋時曰新羅, 或曰斯羅. 其國小, 不能自通使聘. 普通二年, 王募名秦, 始使使隨百濟奉獻方物. 晉書: 分遣使者徵兵於鮮卑, 烏丸, 高句麗, 百濟及薛羅, 休忍等諸國, 並不從.
236 水經注 灅水: 灅水出鴈門陰館縣, 東北過代郡桑乾縣南.《魏土地記》曰: 代城北九十里有桑乾城, 城西渡桑乾水, 去城十里, 有溫湯, 療疾有驗.《經》言出南, 非也, 蓋誤證矣. 魏任城王彰以建安二十三年伐烏丸, 入涿郡, 逐北邃至桑乾, 正于此也. 灅水又東流, 祁夷水注之, 水出平舒縣, 東逕平舒縣之故城南澤中.《史記》: 趙孝成王十九年, 以汾門予燕易平舒, 徐廣曰: 平舒在代. 王莽更名之曰平葆, 後漢世祖建武七年, 封揚武將軍馬成為侯國.

남북조시대 말기에 고구려가 수나라를 공격했다. 임유관 전쟁(臨渝關戰鬪: 598년)이라 한다. 임유관이란 유수(渝水)에 임한 관문이다. 설문해자에는 "渝: 變汙也"라 했다. 변한(變汙, 弁韓) 사람들의 마을을 수나라 때에 유주(渝州)로 바꾸었다.237 그 일대에 호타하(滹沱河) 쌍간하(桑乾河) 치수(治水) 역수(易水) 성수(聖水)라는 등 여러 이름으로 기록된 여울이 흘렀다.

쌍간(桑乾)이라고 붙인 뽕나무 쌍자는 옛 한국어로 세지 도자란 뜻을 음차한 글자다. 부쌍(榑桑)이 아사달(日出湯谷)에서 멀지 않은 북쪽에 있었다.238

셋 중에 흉노는 도망가고 고구려와 부여가 끝까지 버티다가 해하 수계를 따라 해안으로 내려왔다. 한 분파는 만주로 올라갔다. 이를 호(胡) 동호(東胡) 한예(韓穢)라 한다.

필자는 "古朝鮮 찾기"에서 시경에는 북쪽에 있던 진연(晉, 燕) 두 제후국 국풍이 없다. 만들어 붙인 나라 이름이라고 논증했다. 제비 연(燕)자란 나라 이름이 흘러온 경로는 고조선의 이동 경로와 같다. 전국시대 연(燕)나라는 고려본고죽국(高麗本孤竹國)이라 하던 산서성 오대산 일대 위(魏)나라 땅에 접붙인 글자다. 역수를 뜻한 역왕(易王), 재상인 자지(子之)가 연왕이 되었다는 등 연세가 계보가 혼미하다.

연 소양왕(燕 昭襄王, 재위: 기원전 311년 ~ 기원전 279년) 7년에 원시불교가 들어왔다. 연소왕의 아들이 위 안희왕(魏安釐王, 魏 圉, ? ~ 기원전 243년)이다. 사마천의 조부 사마희(司馬僖, ? ~ 기원전243년)

---

237 說文解字: 一曰渝水, 在遼西臨俞, 東出塞《史記》: 渝水之人善歌舞. 後人因加此字. 隋改爲渝州.
238 說文解字: 榑桑, 神木, 日所出也. 从木専聲. 叒: 日初出東方湯谷, 所登榑桑, 叒木也. 象形.

희자를 피휘하여(魏安禧王, 魏安僖王) 등 여러 글자로 적었다.239 마지막 단군이 금미달을 떠나던 시절에 위(魏)를 연(燕)으로 바꾸었다.

급총 죽간에 위(魏)나라의 역사가 안희왕 20년(安釐王之二十年, 기원전 243년)까지 기록되었다. 마지막 단군은 그 전에 금미달을 떠났다.

위(魏)나라가 있던 지역이 산서성 대현 오대산 일대 청량산(淸涼山)에 역대 단군의 무덤이 있었다. 그 모습이 푸른 산봉우리 구릉같다 하여 청구(靑丘)라 했다.240 황제가 자부선인(紫府仙人)을 만났다는 곳이다. 그 일대에서 치우천왕이 싸웠다는 탁록전의 '탁록'이란 지명이 있다. 선인(仙人)들이 살던 곳을 영수(靈壽)라 한다. 단군을 모시던 도교 사당이 있었다고 본다.

중국과 한국에서는 임금이나 고관의 무덤 옆에 신도비(神道碑)를 세웠다.

고조선 토속 신앙에서 유래한 풍속의 흔적이라 본다.241 이는 일본 신도(神道)의 발원지다.

---

239 魏安釐王 - 维基百科, 自由的百科全书(wikipedia.org). 史記: 魏昭王元年. 韓釐王咎元年. 圍殺主父. 與齊, 燕共滅中山. 史記 魏公子列傳: 魏公子無忌者, 魏昭王子少子而魏安釐王異母弟也. 昭王薨, 安釐王即位, 封公子為信陵君. 是時范睢亡魏相秦, 以怨魏齊故, 秦兵圍大梁, 破魏華陽下軍, 走芒卯. 魏王及公子患之.

240 水經注 易水: 易水出涿郡故安縣閻鄉西山. 四周塋域深廣, 有若城焉. 其水側有數陵, 墳高壯, 望若青丘, 詢之古老, 訪之史籍, 竝無文證, 以私情求之, 當是燕都之前故墳也. 或言燕之墳塋, 斯不然矣.

241 太平廣記 異僧七 宣律師: 六國同時, 隸文則非吞併之日也. 此國篆隸諸書, 尚有茫昧, 寧知迦葉佛時之事. 決非其耳目之所聞見也. 又聞今西京城西高四土臺. 俗諺云: 是蒼頡造書臺. 多在清涼山五臺之中, 今屬北岱州西, 見有五臺縣清涼府. 皇唐已來, 有僧名解脫. 在巖窟亡來三十餘年. 身肉不壞, 似如入滅盡定. 復有一尼, 亦入定不動. 各經多年. 聖迹迦藍. 菩薩聖僧, 仙人仙花, 屢屢人見.

3. 마지막 단군 전후

단군은 천부인(天符印)을 지니고 있었다. 이를 옥새(玉璽)라 한다. 직인(職印) 도장(圖章)의 기원이다. 금미달에서 전국새(傳國璽)로 쓰이던 화씨벽(和氏璧)이 나타났다. 화씨벽을 수극지벽(垂棘之璧)이라 했다. 고죽(孤竹) 중산(中山) 또는 발해(勃海)라는 글자로 기록된 곳이다.

불가에서는 미륵(彌勒) 이전의 단군을 전륜성왕(轉輪聖王)이라 했다. 유가에서는 여러 글자로 은밀하게 기록했다. 검루(黔婁)가 그 하나다. 산동성에 나타났던 화해의 성인 유하혜(柳下惠)를 기린(麒麟)같은 인수(仁獸)라고 했다.

전국책 소진 열전에 금미달에 관한 설명이 있다. 맹자가 제선왕(齊宣王)을 만나 소진(蘇秦, ? ~ 기원전 317년?)이 제나라의 강역 설명에 "西有淸河, 北有渤海"라 했다. 같은 곳을 사마천은 발해(勃海)라 했다. 높은 산 셋이 있는 해하 수계 상류 오대산(五臺山) 계곡에 고죽(孤竹) 중산(中山)국이 있던 곳에서 여러 나라가 싸워 주인이 자주 바뀌었다. 오대산(五臺山) 일대를 세신선(神仙)이 사는 삼신산(三神山) 발해(勃海)라 했다.

조무령왕(趙 武靈王, 기원전 340년 ~ 기원전 295년)이 북쪽에 있던 중산국(中山國)을 정벌하고 영토를 넓혔다. 위세가에는 "晉亂. 而畢萬之世彌大, 從其國名爲魏氏"란 문구가 있다. 풀이가 다양하다. 필자가 보기에는 시조 필공고(畢公高)의 최전성기에 난리가 나서 그곳 원주민 예맥(濊貊, 斯)족을 다스리던 미(彌)의 세력이 커졌다. 옛적에 서주 발상지에 있다 사라졌던 고조선(有虞氏)의 뒤를 이은 위(魏)나라가 다시 나타났다.[242]

위문후(魏文侯, ? ~ 기원전 396년)가 위(魏)나라의 초대 제후(재위: 기원전 445년 ~ 기원전 396년)가 되었다. 이름은 아버지 미(彌)가 지도하던 예맥(濊貊夫餘國)족을 뜻한 천할 시/사(斯)라 하고, 성은희(姬 解 해 sun)라 했다. 진헌공(晉獻公, ? ~ 기원전 651년)때 우(虞氏)가 옥새를 잃었다. 그 후 삼가분진 이전 공자(孔子, 기원전 551년 ~ 기원전 479년)와 조양자(趙襄子, ? ~ 443년)가 활약하던 시절부터 산서성 서남쪽 영제시 일대에서(智氏, 范, 中行, 韓, 魏, 趙) 여섯 가문의 싸움이 나타났다. 이를 옛 육진지시(六晉之時)라 했다.243 북쪽 태원 일대에서 휴전 상태에 이르러 이를 삼가 분진이라 한다. 그 후 위안리왕(安釐王, ? ~ 기원전 243년) 때에 금미달, 즉 중산국(中山國) 지역 일대에서 한, 조, 위(韓, 趙, 魏) 세 나라가 진(秦)나라의 공격을 받아 위(魏)나라가 갖고 있던 옥새(璽)를 영토와 바꾸려는 방안이 나타났다.244 전국새(傳國璽)로 쓰이던 옥돌에 새(三足烏, 鳥) 모양을 그린 옥새(玉璽)가 처음 사용되었다. 맹자(孟子, 전 372년 ~ 전 289년)가 만났던 양혜왕(梁惠王), 즉 위나라의 제3대 군주 위혜왕(魏 惠王, 재위: 기원전 370년 ~ 기원전 334년)

---

242 毛詩正義:《詩譜》云:「周以封同姓, 其地虞舜, 夏禹所都之域, 地在古冀州雷首之北. 魏譜魏者, 虞舜, 夏禹所都之地, ○正義曰:《地理志》云:「河東郡有河北縣,《詩》魏國也, 晉獻公滅之, 封大夫畢萬.」 皇甫謐云:「舜所營都, 或云『蒲阪即河東縣』, 是也. 禹受禪, 都平陽或安邑, 皆屬河東.

243 史記 表: 599 기원전 六晉, 宋, 楚伐我(鄭). 548 기원전: 六晉伐我(齊), 報朝歌. 崔杼以莊公通其妻, 殺之, 立其弟, 為景公. 戰國策 秦策 秦昭王謂左右: 昔者六晉之時, 智氏最強, 滅破范, 中行, 帥韓, 魏以圍趙襄子於晉陽.

244 史記 魏世家: 安釐王元年, 秦拔我兩城. 又拔我二城, 軍大梁下, 韓來救, 予秦溫以和. 三年, 秦拔我四城, 斬首四萬. 四年, 秦破我及韓, 趙, 殺十五萬人, 走我將芒卯. 魏將段干子請予秦南陽以和. 蘇代謂魏王曰:「欲璽者段干子也, 欲地者秦也. 今王使欲地者制璽, 使欲璽者制地, 魏氏地不盡則不知已. 且夫以地事秦, 譬猶抱薪救火, 薪不盡, 火不滅.」 王曰:「是則然也. 雖然, 事始已行, 不可更矣.」 對曰:「王獨不見夫博之所以貴梟者, 便則食, 不便則止矣. 今王曰『事始已行, 不可更』, 是何王之用智不如用梟也?」十年, 伐取趙皮牢. 彗星見. 十二年, 星晝墜.

이 대양으로 내려가 그를 양혜왕(梁惠王)이라 한다. 그의 무덤이 급군에서 도굴되었다. 왕의 이름이 혼잡하다. 위 혜성왕(魏惠成王) 혜성왕(惠成王), 혹은(魏襄王墓, 安王冢)이라 하고 장자에는 문혜군(文惠君)으로 기록되어 있다. 대양으로 내려온 혜왕(惠王)이 추연순 우발과 맹자(鄒衍, 淳于髡, 孟軻)를 만났다.245 기원전 259년에는 조나라를 공격해 피뢰(皮牢)를 정벌했다.

한낮에 유성이 떨어지는 소리가 났고, 홍조의 혜성이 나타났다. 논형에는 "해와 달의 관계로 나타나는 일식 현상, 혹시 혜왕이 피를 빨아먹는 기생충을 먹었다면(或時惠王吞蛭)" 하는 등 자연현상에 비유했다. 급총죽간을 살펴본 소철(束晳)의 발총기(發蒙記)에 "원숭이가 수달 피를 부인으로 택했다. 또는 시체를 임신부가 치료했다"는 등 은유적 표현으로 글을 남겨 진실을 밝히기가 어렵다. 소철(束晳)은 여러 곳에서 모양이 비슷한 글자로 바꾸었다.246 발몽기(發蒙記)의 몽자는 무덤 총(冢)자가 분명하다. 풀 초 변을 삭제한 글자가 공자 어머니 무덤을 뜻했다.

흔히들 잠깐이라고 풀이하는 수유의 이름(須臾之名)을 창복지업, 일력부족(倉猝之業日力不足)이라, 즉 서둘러 큰일을 시작하여 끝내지 못했다고 표현했다. 사마천은 수유(須臾)를 명사로 쓰기도 했다. 위혜왕(魏惠王), 즉 맹자가 만났던 양혜왕(梁惠王)을 수유(須臾)라 했다. 위혜

---

245 史記 魏世家: 惠王數被於軍旅, 卑禮厚幣以招賢者. 鄒衍, 淳于髡, 孟軻皆至梁. 梁惠王曰:「寡人不佞, 兵三折於外, 太子虜, 上將死, 國以空虛, 以羞先君宗廟社稷 十年, 伐取趙皮牢. 彗星見. 三十一年, 秦, 趙, 齊共伐我. 秦用商君, 東地至河, 而齊, 趙數破我, 安邑近秦, 於是徙治大梁.

246 康熙字典: 獼:《玉篇》獼如猫.《禮·王制》獼祭魚, 然后虞人入澤梁.《孟子》爲淵毆魚者, 獺也. 淮南子曰: 獺穴知水之高下, 獂鳴而獺之, 故束晳發蒙記曰: 獂以獺爲婦. 舟:《說文》船也.《釋名》舟言周流也.《爾雅·釋水》天子造舟,《呂氏春秋》虞姁作舟.《束晳·發蒙記》伯盆作舟 爾雅釋魚: 鱉三足, 能. 龜三足, 賁. 太平御覽 戶: 束晳《發蒙記》曰: 治戶傷孕婦. 康熙字典: 故束晳發蒙記曰: 獂以獺爲婦.

왕(惠王)의 외교정책을 수유지설(須臾之說)이라 했다.247 사마천은 수유를 보내는 예식, 음악 "須臾離禮, 須臾離樂"이란 문구를 남겼다. 음악 소리는 단상(樂自內)에서, 예식은 단하(夫禮由外入)에서 거행되었다. 가야국 가실왕(加耶國嘉悉王)의 수상 우륵(于勒)이 주관한 송별회 가악, 가시리를 뜻했다. 불교 경전에 가라야차(伽羅夜叉)란 글귀가 있다. 떠나야 한다는 뜻의 사음자다.

진수는 공손도전에 공손연을 처형하니 발해만 일대로 내려온 사람들이 안정되었다는 뜻에 현토시평(玄菟悉平)이란 문구를 남겼다.248

양혜왕이 자신을 늙은이란 뜻에 수(叟) 수유로 풀이했다.

1) 위혜왕(魏惠王)을 수유(須臾)라 했다

스님이 출처를 밝힌 위서(魏書)는 중국 전국시대 위나라의 역사서다. 전국시대 산서성 대현 일대에 있던 위나라의 어느 왕이 남쪽으로 내려간 사람이다. 맹자(孟子, 기원전 372년 ? ~ 기원전 289년)가 만나 대화를 나누었던 양혜왕(梁惠王, 재위: 기원전 370년 ~ 기원전 334년) 이전 왕이 마지막 단군이다.

급군에 있던 그의 무덤이 279년에 도굴당해 위나라 역사서가 세상에 알려졌다. 사마천의 사기와 맹자에는 단군조선에 관한 기록이 있어야 한다.

---

247 史記 樂書: 太史公曰: 夫上古明王舉樂者. 夫禮由外入, 樂自內出. 故君子不可須臾離禮, 須臾離禮則暴慢之行 窮外, 不可須臾離樂, 須臾離樂則姦邪之行窮內. 故樂音者, 君子之所養義也. 史記 田敬仲完世家: 騶忌子以鼓琴見威王, 威王說而捨之右室. 須臾, 王鼓琴, 騶忌子推戶入曰:「善哉鼓琴!」王勃然不說, 去琴按劍曰:「夫子見容未察, 何以知其善也?」騶忌子曰:「夫大弦濁以春溫者, 君也; 小弦廉折以清者, 相也; 攫之深, 醳之愉者, 政令也; 鈞諧以鳴. 史記 張儀列傳:「夫群臣諸侯不料地之寡, 而聽從人之甘言好辭, 比周以相飾也, 皆奮曰『聽吾計可以彊霸天下』. 夫不顧社稷之長利而聽須臾之說, 詿誤人主, 無過此者.

248 三國志 公孫度傳: 城破, 斬相國以下首級以千數, 傳淵首洛陽, 遼東, 帶方, 樂浪, 玄菟悉平.

사마천의 혈통은 전욱고양씨의 아들 중려(帝高陽之子重黎)라 했다. 중려(重黎)를 남정중(南正重) 북정려(北正黎)로 나누어 기록했다. 북쪽 세력을 "검을 검, 귀신 이름 금 黔"자와 "검을 려 黎"자로 기록했다. 왕검(王儉)의 어음 검을 음역 또는 훈역해서 고조선 사람들 묘사에 사용했다. 맹자는 고양씨의 후손을 "검을 려黎"자로 기록했다.249 태사공 사마천은 고조선 역사를 다루던 사관의 후손이다.

맹자는 그 당시 여러 군주를 만났다. 제선왕(齊宣王, ? ~ 기원전 301년)이 당시의 상황을 "전국 통일"만이 유일한 방법이라고 생각했다. 양혜왕은 거대한 꿈을 안고 수도를 남쪽(遷都大梁)으로 옮겼다. 시조 단군왕검이 다스렸던 아사달 지역으로 돌아와 국력을 기르려는 계획을 상의하려던 자리였다. 위혜왕(魏惠王) 이전왕, 위 문후(魏 文侯, 魏斯, ? ~ 기원전 396년)가 진(秦)나라를 공격하여 정(鄭)나라로 쫓고 안읍과 합양을 다시 증축했다. 아들 위무후(魏武侯, 재위: 기원전 395년 ~ 기원전 370년)가 안읍과 낙양에 성(魏城 洛陽 及安邑)을 쌓았다.250 단군왕검 백익이 자리 잡았던 하동과 양산 이수를 지나 서안 일대를 모두 되찾았다. 이를 금미달에서 아사달에 돌아가 산신이 되었다고 기록했다. 위무후(魏武侯)가 마지막 단군이다. 이름 있는 사람이 죽으면 별이 된다는 전

---

249 孟子 梁惠王上: 梁惠王曰:「寡人之於國也, 盡心焉耳矣. 河內凶, 則移其民於河東, 移其粟於河內. 河東凶亦然王道之始也. 五畝之宅, 樹之以桑, 五十者可以衣帛矣; 雞豚狗彘之畜, 無失其時, 七十者可以食肉矣; 百畝之田, 勿奪其時, 數口之家可以無飢矣; 謹庠序之教, 申之以孝悌之義, 頒白者不負戴於道路矣. 七十者衣帛食肉, 黎民不飢不寒, 然而不王者, 未之有也. 焦氏易林 無妄之: 離: 重黎祖後. 康熙字典:《易林》重黎祖後, 司馬大史

250 竹書紀年 威烈王: 魏文侯伐秦至鄭, 還築汾陰 ,郃陽. 竹書紀年 安王: 魏文侯卒.大風, 晝昏. 晉太子喜出奔. 魏城洛陽及安邑, 王垣. 竹書紀年 顯王: 魏惠成王三十六年, 改元稱一年. 王與諸侯會 于徐州. 於越子無疆伐楚.史記 樂書: 魏文侯問於子夏曰: 「吾端冕而聽古樂則唯恐臥, 聽鄭衛之音則 不知倦. 敢問古樂之如彼, 何也? 水經注 河水:《史記》: 魏武侯二年城安邑至垣. 即是縣也. 其水西南流, 注清水. 水色白濁, 初會清流, 乃有玄素之異也.

설이 있다. 위무후(魏武侯)가 죽어 하늘나라에 가서 별이 되었다는 뜻에 왕원(王垣)이라 했다. 자미원(紫微垣)이란 별자리 이름이 되었다.

위 문후 위사가 자하(子夏)와 음악에 관해 의견을 나누었다. 그 내용에 "聽鄭衛之音則 不知倦"는 문구가 악서(樂書)에 있다. 정나라와 위나라의 음악을 들으니 피로한 줄 모르겠다는 뜻이다. 유교 경전 얘기 연예(儀禮 · 燕禮)와 중용에 수유(須臾)란 글자가 있다. 유우씨이 연예(有虞氏以燕禮)란 도술인 시라(道術人尸羅)가 나타났다는 고조선의 마지막 수도였던 금미달 지역 연도(燕都)의 예법을 뜻한다. 잠깐 유, 권할 용, 삼태기 궤, 약한 활 유(臾)자는 부끄러움을 당한 귀한 사람(蕢)이란 뜻글자의 변형으로 풀이했다.251 백충장군 현령비(百蟲將軍 顯靈碑)문에 실린 귀개(隤敳)의 후손을 뜻한 글자다.

선조의 위업을 계승하려고 금미달을 떠나려는 가야국 가신왕을 더 이상 권유할 수 없어 수상 격인 우륵(于勒)이 마지막 송별회에서 읊은 이별곡이 고려가요 가시리다. 이를 사마천은 악서(樂書)에 수유이예 또는 수유이악(須臾離禮, 須臾離書)이라 했다. 한, 중 기록을 종합해 보면 위혜왕(魏惠王)을 수유라 했다. 수유(須臾)가 가야국 가실왕(嘉悉王)이다. 그가 위혜왕(魏惠王)이다. 위혜왕을 보내는 송별식에서 연주한 아악이 고려가요 가시리다.

가시리 4장 후렴에 실린 "나는 위증즐가"는 "대평성대(大平盛代)"와 같이 당시 훈역했던 어음 "위증중가(危症增加)"를 한글로 기록했다. 후렴을 현대어로 풀이하면 "나라는(나는) 위태로운 증상이 날로 증가하

---

251 康熙字典: 臾.《唐韻》《集韻》音匱. 同蕢.《說文》草器也. 古象形. 引論語: 或作蕢. ◎按論語今作蕢.《儀禮·燕禮》寡君有不腆之酒, 以請吾子之與寡君須臾焉.《中庸》道也者, 不可須臾離也

는데, 아태평성대여"가 된다. 한번 읊어볼까요?

2) 유하혜(柳下惠)와 검루(黔婁)는 모두 단군이다

중국 기록에는 단군을 검루(黔婁)라 했다. 고조선 지도자로 풀이되는 화혜의 성인(聖之和), 유하혜(柳下惠)는 한국 기록에 없다. 노검루(魯黔婁) 또는 검루 제은사(黔婁; 齊隱士)라는 현인이 실렸다.252 전국책연책에는 유하혜가 노나라의 관리(柳下惠吏於魯)라고 했다. 북쪽에 살던 단군이 산동성에 정착했다. 또는 산동성에 있었다는 뜻이다.

맹자에는 이루(離婁)란 편명이 있다. 큰 건물, 즉 궁궐을 떠난 사연을 뜻한 편명이다. 한시 외전에는 그를 북방에 별을 뜻한 루(婁)라고 부르는 동물(獸)이 있다고 했다.253 고구려, 부여 지역에는 루(婁)자가 많이 실렸다. 환단고기에는 부루(夫婁) 단군이란 명칭이 있다. 읍루를 옛적 숙진지국(挹婁, 古肅慎之國)이라 했다. 숙진지국은 '금미달을 떠나 만주에 정착했다'는 뜻이다.

유향(劉向)의 열녀전에는 부인에 관한 기록이 두 곳에 실렸다. 유하혜전(柳下惠妻)에는 부인이 그의 행적을 열거하여 글 "陳列其文, 莫能易之"을 지었다. 그녀의 글은 아무도 번역할 수가 없었다. 호가혜(惠)라 했

---

252 列女傳 魯黔婁妻: 黔婁先生之妻也. 高士傳 黔婁先生: 黔婁先生者. 齊人也. 清節, 不求進於諸侯. 康熙字典: 黔婁, 齊隱士, 有《黔婁子四篇》抱朴子 論仙然不可以黔婁原憲之貧, 而謂古者無陶朱猗頓之富

253 漢書 藝文志: 黔婁子四篇. 高士傳 黔婁先生: 黔婁先生者, 齊人也, 修身清節, 不求進於諸侯. 魯恭公聞其賢, 遣使致禮, 賜粟三千鍾, 欲以為相, 辭不受. 齊王又禮之, 以黃金百斤聘為卿, 又不就. 著書四篇, 言道家之務, 號《黔婁子》. 終身不屈, 以壽終. 黔婁物表, 著撰存志. 卻相魯公, 辭卿齊使. 捐世蕭條, 飲食弗備. 賢矣配人, 以康為諡. 韓詩外傳》北方有獸, 名曰婁, 更食而更視.

다.254 유하혜(柳下惠)란 [버드나무 고을(樫柳)에서 내려온 햇님]이란 뜻이라 본다.

당시 그녀는 금미달에 전해오던 글자로 조사를 작성했다(妻爲之弔辭)고 본다. 유하혜가 전축책 연책에 실렸다. 진수는 유하혜(柳下惠)를 하기 전(何夔傳)에 유하리(柳下夷)라 했다. 그에 서삼불출(上不出, 三黜)이란 일화가 생겼다.

노검루처(魯黔婁妻)에는 증자(曾子, 기원전 505년 ~ 기원전 435년)가 그의 문인들과 같이 빈소에 갔다. 북쪽에 살던 검루(黔婁)가 산동(魯, 齊)으로 내려왔다. 증자가 말하기를 두 부부가 모두 비천한 예맥족(唯斯人也 而有斯婦)이라 했다. 검루(黔婁) 선생과 유하혜(柳下惠)를 다른사람으로 기술했다. 도연명의 오류 선생전(陶淵明 五柳先生傳)에 "검루부인이 남긴 애기 黔婁之妻有言"를 남겼다. 검루의 호가 이강(以康)이라 했다.

3) 단군을 도가(道家) 선인(仙人)이라 했다

한서 예문지에는 그가 도가적 이념을 다룬 검루자 4편(黔婁子四篇)이 있다고 했다. 고사전에는 검루 선생을 제나라 사람(齊人), 부르기를

---

254 列女傳 柳下惠妻: 妻曰:「無乃瀆乎! 君子有二恥. 國無道而貴, 恥也; 國有道而賤, 恥也. 今當亂世, 三黜而不去, 亦近恥也.」柳下惠曰:「油油之民, 將陷於害, 吾能已乎! 且彼爲彼, 我爲我, 彼雖裸裎, 安能污我!」油油然與之處, 仕於下位. 柳下既死, 門人將誄之. 妻曰:「將誄夫子之德耶, 則二三子不如妾知之也.」乃誄曰:「夫子之不伐兮, 夫子之不竭兮, 夫子之信誠而與人無害兮, 屈柔從俗, 不强察兮, 蒙恥救民, 德彌大兮, 雖遇三黜, 終不蔽兮, 愷悌君子, 永能厲兮, 嗟乎惜哉, 乃下世兮, 庶幾遐年, 今遂逝兮, 嗚呼哀哉, 魂神泄兮, 夫子之諡, 宜爲惠兮.」門人從之以爲誄, 莫能竄一字. 君子謂柳下惠妻能光其夫矣.《詩》曰:「人知其一, 莫知其他.」此之謂也. 頌曰: 下惠之妻, 賢明有文, 柳下既死, 門人必存, 將誄下惠, 妻爲之辭, 陳列其文, 莫能易之. 列女傳 賢明 魯黔婁妻: 彼先生者, 甘天下之淡味, 安天下之卑位. 不戚戚於貧賤, 不忻忻於富貴. 求仁而得仁, 求義而得義. 其諡爲康, 不亦宜乎! 曾子曰:「唯斯人也而有斯婦.」君子謂黔婁妻爲樂貧行道.

검루자(號 黔婁子), 도가지무(道家之務)를 다룬 책 4편이 있다. 관직에 들어가려고 하지 않고, 노공공(魯恭公), 제왕(齊王)이 준 하사품도 받지 않았다. 검루자 4편을 쓰고 평생 도가적 품성을 기르고 정직하게 오래 살다 죽었다. 그를 북쪽에서 내려온 도교 선인으로 기술했다. 그가 남긴 책, 검루자 4편(黔婁子·四篇)은 사라졌다.

제천(天帝)의 후손을 중원 사람들은 "검을 검, 귀신 이름 금(黔), 별 이름 루, 끌 루, 자주 루, 별 이름 루(婁)라는 별명"을 사용했다. 황보 은 마지막 단군을 검루(黔婁)라 했다. 검루가 살던 곳을 귀신이 사는 산이란 뜻에 궁홀산(弓忽山) 또는 방홀산(方忽山) ― 금미달(今彌達)이라 불렀다. 유하혜(柳下惠)와 검루(黔婁)는 모두 북쪽 금미달 영역 유울 국가 실왕(柳郁國 嘉悉王)이 살던 곳에서 왔다. 북쪽에서 유에서 내려(柳下)온 혜(惠)란 뜻이다. 산동성에 정착하여 노대부 유하혜(魯大夫柳下惠)라고 했다. 익살꾼 동방삭(東方朔)은 [백익을 우부풍(益為右扶風), 중산부는 광록대부, 자하는 태상(子夏為太常) 유하혜를 대장추(柳下惠為大長秋), 즉 환관의 우두머리라 했다. 맹자는 [백이(伯夷)를 청렴의 성인, 유하혜(柳下惠)를 화해(和解)의 성인(聖之和) 공자는 시대의 성인(聖之時)이라] 했다.[255] 두 성인을 비교하면서 금성옥진(金聲玉振)이란 성어를 남겼다. 화혜의 성인(聖之和), 유하혜(柳下 惠)가 쓰던 새를 옥돌에 새긴 도장(玉璽)이 전국 새로 쓰이던 화씨벽(和氏璧)이다. 중원에서는 이를 변화(卞和)씨의 벽이라 한다. 변한(卞韓), 즉 금미달의 지도자 화가 쓰던

---

[255] 孟子 萬章下: 孟子曰: 「伯夷, 聖之清者也; 伊尹, 聖之任者也; 柳下惠, 聖之和者也; 孔子, 聖之時者也. 孔子之謂集大成. 集大成也者, 金聲而玉振之也. 金聲也者, 始條理也; 玉振之也者, 終條理也. 始條理者, 智之事也; 終條理者, 聖之事也. 智, 譬則巧也; 聖, 譬則力也. 由射於百步之外也, 其至, 爾力也; 其中, 非爾力也.」

직인이란 뜻을 이리저리 돌려 설명했다.256

진나라 사람들을 검수(黔首), 서주 시절에는 검을 려 려민(黎民)이라 했다.257 황하문명 발생지에 려산(驪山)이 있다. 그 일대에 살던 려융(驪戎)이 여러 부락을 이루고 살아 구려(九黎)라 했다. 구려지군(九黎之君) 치우가 황제와 마지막 전쟁을 탁록에서 싸웠다.

불가에서 아왕(鵝王)이라 부르던 즉, 내가 [삼족오(三足烏)를 숭상하는 지역 사람들의 왕]이라 했다. 동관한기에 [대군고유(代郡 高柳)에서 까마귀가 다리가 셋인 새끼를 낳았다, 삼족오가 산동성 큰 호수 일대(패국, 沛國)에 정착했다]는 기록이 있다.258

마지막 단군이 금미달을 떠나던 당시 상황을 맹자가 남겼다. 불가에서 아왕(鵝王)이란 글자는 서안(舒鴈 鵝), 즉 기러기가 날아가려고(駒) 날개를 활짝 편 상태를 뜻했다.259 대량으로 내려온 곳에서 맹자를 만나 답론했다. 맹자는 사사건건 위혜왕(鵝王; 魏 惠王, 기원전 400년 ~ 기원전 334년)을 힐책했다. 육구몽(陸龜蒙, ? ~ 881년)은 "駒鵝慘于冰", 육립회소적(陸立懷所適)이라, 즉(원대한 꿈을 실행하려고) "날아갔던 기러기가 뱅판에 내려 실패했다. 등극했던 곳에서 적응했어야 했다."고 읊었다.

---

256 康熙字典: 弁:《說文》本作𠙴. 冕也. 象形. 或作弁.《廣輿記》卞山, 一名弁山. 山石瑩然如玉. 在今湖州府城北. 又《集韻》薄官切, 音盤. 與般同. 樂也.《詩·小雅》弁彼鸒斯.《傳》弁, 樂也.
257 康熙字典: 黔:《說文》黔, 黎也. 秦謂民爲黔首, 謂黑色也. 周謂之黎民 一說黑巾蒙首, 故謂黔首.《史記·秦始皇紀》秦置黔中郡.《前漢·地理志》琅邪郡黔陬縣. 黔羸, 神名.《楚辭·遠遊》造黔羸而見之兮. 亦作黔雷.《禮·檀弓》齊有黔敖.《前漢·古今人表》作禽敖.
258 東觀漢記: 章帝元和二年, 三足烏集沛國. 三年, 代郡高柳烏子生三足.
259 康熙字典 鵝: 駒鵝也. 長脰善鳴, 峩首似傲, 故曰鵝. 鵝見異類差翅鳴, 一名家雁.《爾雅·釋鳥》舒雁, 鵝.

맹자가(참순한 거위를 강경파로 바꾸어) 매(hawk) 고기(鶂鶂之肉)라고 속였던 기록을 왕충(王充)이 논형(論衡 刺孟)에서 비난했다. 맹자가 여러 글자로 사서에 나오는 양혜왕(梁惠王 魏惠王 惠成王 惠王 文惠君 魏罃, 재위 前 369년 ~ 前 319년)에게 한 얘기는; 왕위앵(魏罃)이 공자였던 시절에 등극한 지역(王立於沼上)을 회상하여 남긴 문구다. 늪 소(沼)자는 영소(靈沼)의 뜻했다. 고홍안미록(顧鴻鴈麋鹿)이라 한 문구는 그가 떠난 [안문관이 있는 탁록, 즉 금미달] 고향을 전경을 생각하면서, [현명한 사람은 떠나지 않고 그곳에서 안락한 생활(賢者 亦樂此乎)을 여유하리]는 맹자의 뜻이다. 양혜왕이 떠나온 산서성 대현에 영구(靈丘) 영대(靈台) 영소(靈沼)가 있었다.260 사마천이 수유(須臾)라고 기록한 사람이 떠난 곳이다. 그곳에 삼족오가 나타난 대현 고유(代郡高柳)국이 있었다. 즉 가야국 가실왕(嘉悉王)이 가야금(加耶琴)을 만든 곳이다. 그들이 [떠나야만 했다는 뜻에] 지도자가 떠나간 나라 후손들이 산동성 대택 연안에 정착했다. 이곳이 신라본기파사이사금 23년에 실린 금관국 수로왕(金官國首露王)이다. 가실왕(嘉悉王)이 다스리던 곳을 실직곡국(悉直谷國)이라 했다.261

금미달에서 내려와 나라를 세운 발해만 연안에는 미(彌)자가 실린 이름이 많이 있고, 신라 초기 기록에는 불교 용어가 많이 실렸다. 신령 령자를 따서 고령가야(高靈伽倻)라 했다. 경상북도 상주시 함창읍이라 한

---

260 孟子 梁惠王上:《詩》云:『經始靈臺, 經之營之, 庶民攻之, 不日成之. 經始勿亟, 庶民子來.』
261 三國史記 新羅本紀第一: 婆娑尼師今 23년 音汁伐國與悉直谷國爭疆, 詣王請決. 王難之, 謂金官國首露王年老多智識, 召問之. 首露立議, 以所爭之地屬音汁伐國. 於是王命六部會饗首露王. 五部皆以伊飡爲主, 唯漢祇部以位卑者主之. 首露怒, 命奴躭下里殺漢祇部主保齊而歸. 奴逃依音汁伐主陁鄒干家. 王使人索其奴, 陁鄒不送. 王怒, 以兵伐音汁伐國, 其主與衆自降. 悉直, 押督二國王來降.

다. 금미달을 떠난 가야 사람들이 산동성에서 바다를 건너 마니산(摩尼山) 강화도에 도착했다. 그들이 한반도 깊숙이 들어가 살던 곳이라 본다. 마니(摩尼)란 불가에서 단군을 뜻한 이름이다.

전국시대 말기에는 모든 제후들이 [전쟁은 피할 수 없다. 해결책은 어느 누가 하나로 통합하는 길밖에 묘책이 없다.]고 판단 했다. 이러한 상황에서 맹자는 양혜왕의 부국 강병론을 힐책했다. 주희(朱熹, 1130년 ~ 1200년)는 맹자집 주에서 매(鶂)자와 음이 같은 이이지육(棃棃之肉)이라, 즉 배나무 고기라고 했다.262 또한 위혜왕이 [수도를 대양(大梁)으로 옮기고 위후가 왕을 참칭(僭稱王) 했다]고 비하했다. 당시 제후들이 모두 왕이란 칭호를 쓰던 시절이었다.

고유 북쪽에 안문산(鴈門山, 在高柳北)이 있다. 고유란 지명은 중산국을 점령하고 대군(代郡)수도에 붙인 이름이다. 그 일대에 령구(靈丘) 도인(道人) 당성(當城) 마성(馬城) 쌍간(桑乾) 삼합(參合)하는 이름이 있다. 떠나간 단군을 대(代)신하여 세 지도자가 나타난 곳이다. 상간(桑乾)이란 "유목민 지도자(木)를 돕는 세 보좌관"이란 뜻이다.263 금미달이 함락당

---

262 孟子 滕文公下: 匡章曰: 辟兄離母, 處於於陵. 他日歸, 則有饋其兄生鵝者, 己頻顑曰:『惡用是鶂鶂者為哉?』他日, 其母殺是鵝也, 與之食之. 論衡 刺孟: 辟兄離母, 處於於陵. 他日歸, 則有饋其兄生鵝者也, 己頻顑曰:「惡用是鶂鶂者為哉?」他日, 其母殺是鵝也, 與之食之. 孟子集注: 孟子見梁惠王. 梁惠王, 魏侯罃也. 都大梁, 僭稱王, 溢曰惠. 史記:「惠王三十五年, 卑禮厚幣以招賢者, 而孟軻至梁.」他日歸 則有饋其兄生鵝者, 己頻顑曰:『 惡用是棃棃者為哉?』他日, 其母殺是鵝也, 與之食之. 其兄自外至,曰:『是棃棃之肉也. 棃棃, 鵝聲也.」

263 康熙字典 叒: 榑桑, 叒木.《說文》日初出東方暘谷, 所登榑桑叒木也. 東方自然之神木. 又《精蘊》叒, 順也, 道相似也. 古人發明取友之義, 從三又會意, 同心同德, 而後可相與輔翼也. 桑字從此, 象衆手之形, 非取其義《正韻》二又爲友, 三又爲叒, 所助者多, 故爲順也. 會意. 康熙字典 彌: 益也, 長也, 久也. 弛弓也. 徧也.《周禮·春官·大祝》彌祀社稷禱.《註》彌猶徧也. 又《類篇》終也.《詩·大雅》誕彌厥月.《傳》彌, 終也. 又《廣韻》益也.《論語》仰之彌高, 鑽之彌堅. 又

한 시기에 세 지도자가 이끄는 "흉노, 북부여, 고구려"로 분산되었다.

산서성 대현 일대에 석정곡전에 왕실 전용 우물 금곡(石井俗傳御井琴谷)이 있었다.

통지(通志)에는 변한을 산정한(山井韓)이라 하고 석정 어정(御井) 이란 단군왕검 백익이 우물을 만들어 마을(井 淸也. 伯益作井)이 생겼다는 뜻에 단군의 후손이 사용하던 우물을 뜻했다.264 그곳에 살던 사람들이 산동성으로 내려왔다. 강수가 신본임나가랑인(臣奉任那加良人)이라 밝힌 곳이다. 그곳을 광개토대왕이 정벌했다. 비문에 실린 내용이 동관 한기에 실린 삼족오 사연과 일치한다. 이러한 기록이 동국여지승람에 실렸다.265 망부가(望夫歌)로 알려진 백제가 요정읍사(井邑詞)가 있다. 한, 중 문헌을 살펴보았다. 대군안문산고유(鴈門山, 高柳)라 하던 유울국가실왕(柳郁國嘉悉王)이 해안으로 내려와 산동성에 자리 잡았다. 금미달에 있던 유울국을 떠났다 하여 가야국가실왕(加耶國嘉悉王)이라 했다.

4) 진-한(秦漢) 혼란기 고조선의 남방 한계선

산동성 대택(大澤) 북쪽은 고조선 영역이었다. 즉, 산동성 공자의 고향 곡부(曲阜) 동쪽이 고조선 영역이었다. 공자가 편술했다는 상서 비경(費誓)에 노후백금댁(魯侯伯禽宅)이 공자 고향 곡부(曲阜)에 있다. 그

《廣韻》長也, 久也. 又遠也.《註》彌遠也. 七曰彌.
264 通志: 東夷序略朝鮮濊貊馬韓辰韓弁辰百濟耽牟羅司付新羅侯邸戊天餘高句麗上東沃沮北沃沮附沮七余反 挹婁勿吉又曰棘渴扶桑軸國文身大漠倚流求閩粤春夙百九十五
265 東國輿地勝覽: 園幽御井黯一里有父伽郁國宮闕其旁有石井俗傳御井琴谷柳郁國嘉悉王樂師于勒家中國秦事而製 琴 音伽郁琴縣址三里有地名琴谷世傳勒率工人肄琴之地或云烘琴出於金海之柳僻國但金海柳梯世代無稱嘉悉王者恐出打跳易是錦林王陵縣西二里許朴古藏俗稱錦林王陵東京堤在縣東十謀坎大聊雕雜傳新羅兵萊知有備而邊夜築鞔堤以示其眾新復縣金富軾云本加尸穿縣爲高靈郡領縣景德主改名今未詳口接縣西十里地名有加西谷者凝尸音轉爲

지역은 주나라 때에는 아직 개방되지 않았다고 했다.[266] 공자가 들어갔던 비씨궁(費氏之宮) 무자대(武子之臺)가 있었다. 비씨궁에는 비씨경(費氏經), 즉 해비씨(解枇氏, 費氏, 毗)의 역사서다. 급총에서 나온 예맥(濊貊)족의 역사서다. 이를 고구려가 지니고 있었다. 당나라는 신라군이 평양을 함락했다는 소식을 듣고 급히 달려와 가져갔던 고구려 유기(留記)가 비기(費/秘紀)다.[267]

옛적에 대택(大澤)이라 부르던 산동성 미산호(微山湖) 남쪽이 한고조 유방의 고향이다. 호수 크기가 예전보다 많이 줄었다고 본다.

궁홀산 금미달(五台山, mount wutai) : 五台山

---

266 尚書 費誓. 魯侯伯禽宅曲阜, 徐, 夷並興, 東郊不開. 作《費誓》《書·費誓傳》費, 魯東郊之地名, 竹書紀年 宣王: 王命樊侯仲山甫城齊. 孔子家語 相魯: 孔子言於定公曰:「家不臧甲, 邑無百雉之城, 古之制也. 叔孫不得意於季氏, 因費宰公山 弗擾,率費人以襲魯. 入於費氏之宮, 登武子之臺.

267 三國史記: 詔: 太學博士李文眞, 約古史爲『新集』五卷. 國初用文字時, 有人記事一百卷, 名曰『留記』, 至是刪修. 且高句麗『秘記』曰: '不及九百年, 當有八十大將, 滅之.

전한기(前漢紀)에 산동성 미산호(微山湖: 大澤) 일대에 관한 기록이 있다. 천인지소 부여(天人之所不與), 부여맹씨동(不與孟氏同)이라 했다. 비씨경이 노고문과 같다(費氏經與魯古文同)고 했다.268 고조선 사람들이 공자가 살던 시대부터 진-한 혼란기에도 산동성 대택 일대에 살고 있었다. 맹자(孟子)는 부여의 후손이란 뜻이다. 맹자는 필자가 수유(須臾)가 양혜왕(梁惠王)이라고 풀이한 사람을 만나 대화를 했다. 노인이라고 풀이한 수(叟)자가 수유(須臾)다. 그의 고향이 당시 막강했던 진나라 북쪽 지역을 수지소(叟之所), 그 지역 향가를 고수지위시야(高叟之爲《詩》也)라 했다.269 그 뜻은 아직 합당한 풀이를 하지 못하고 있다. 가시려는 동기를 읊은 시문이라 본다.

매미산 호서 남쪽이 한고조 유방의 고향 패현(沛縣)이 있다.

삼족오가 그려져 있는 산동성 가상(嘉祥)현 무씨사당(武氏祠堂) 이무자대(武子之臺)가 있던 지역이다. 노나라와 제나라는 부풍 지역에 살던 강족이 세운 나라이다.270 그들을 엄(奄)이라 불렀다. 주공단의 아들 백금(伯禽)이 노나라의 시조라 한다. 그 옆에 신원이 혼미한 강태공(太公望呂尚)이 봉지로 받은 제(齊)나라를 노나라와 같이 산동성에 이식했다.271 전한시대 규홍(眭弘)이 노국번헌(魯國蕃人) 사람이라 했다. 말갈

---

268 前漢紀 孝成皇帝紀二: 語曰. 腐木不可以爲柱. 卑人不可以爲主. 天人之所不與也. 必有禍而無福. 市道皆知其非. 唯京房爲異黨. 不與孟氏同. 由是有京氏學. 元帝時立之. 東萊人費直. 治易長於筮. 無章句. 徒彖象繫辭十篇文言解說上下經. 沛人高相. 略與費氏同. 專說陰陽災異. 此二家. 未立於學官. 唯費氏經與魯古文同. 尚書本自濟南伏生. 爲秦博士.

269 孟子: 孟子見梁惠王. 王曰:「叟不遠千里而來, 亦將有以利吾國乎?」「晉國, 天下莫強焉, 叟之所知也. 及寡人之身, 東敗於齊, 長子死焉; 西喪地於秦七百里; 南辱於楚. 寡人恥之, 願比死者一洒之, 如之何則可?」高叟之爲《凱風》, 親之過小者也;《小弁》, 親之過大者也.

270 康熙字典: 魯. 鈍也, 又國名伯禽之後以國爲姓出扶風又羌複姓有魯步氏.《前漢·地理志》周興, 以少昊之虛曲阜封周公子伯禽爲魯侯, 以爲周公主.《釋名》魯, 魯鈍也. 國多山水, 民性樸魯也.

을 번인(鞴鞨, 蕃人)이라 했다.272

    금미달에서 해안으로 내려와 자리 잡았던 신라 초기에 낙랑 말갈과 인접해 살았다. 이를 [조선 유민이 여섯 부락을 이루고 살았다. 북명인이 예왕인(濊王印)을 얻었다.]고 했다.273 광개토대왕이 왜(倭)를 정벌했던 지역이 대택(大澤) 북쪽이다. 그 남쪽에 패현이 한고조의 고향이다. 그곳 큰 호수 건너편에 신라 임나가라(新羅 任那加羅)가 있었다. 강수가 임나가량(任那加良)인이라 한 곳이다.

    고죽국, 중산국하는 이름을 고조선 금미달 영역에 붙였다. 그곳을 지나는 쌍건하 영역에서 끝까지 버티던 부족을 흉노 호(胡) 한예(韓穢)라 했다. 동호(東胡)란 대흥안령 동쪽에 사는 호란 뜻이다. 해하 수계를 따라 중원 세력이 미치지 않았던 남만주와 산동반도 고조선 영토로 내려왔다.274 이를 한서 천문지에 호(胡) 조선이 바다에 있다(朝鮮在海中)했

---

271 史記 魯周公世家: 封周公旦於少昊之虛曲阜, 是為魯公. 周公不就封, 留佐武王. 唐叔得禾, 異母同穎, 獻之成王, 成王命唐叔以饋周公於東土, 作饋禾. 魯公伯禽之初受封之魯. 周公曰:「何遲也?」伯禽曰:「變其俗, 革其禮, 喪三年然後除之, 故遲.」太公亦封於齊, 五月而報政周公. 周公曰:「何疾也?」曰:「吾簡其君臣禮, 從其俗為也.」及後聞伯禽報政遲 乃嘆曰:「嗚呼, 魯後世其北面事齊矣! 夫政不簡不易, 民不有近; 平易近民 民必歸之.

272 漢書 眭兩夏侯京翼李傳: 眭弘字孟, 魯國蕃人也. 康熙字典:《玉篇》鞴鞨, 蕃人, 出北土.

273 三國史記 新羅本紀第一: 弓裔始祖, 姓朴氏, 諱赫居世. 號居西干. 國號徐那伐. 先是, 朝鮮遺民分居 山谷之間, 為六村: 是為辰韓六部. 居西干, 辰言王. 或云呼貴人之稱. 鞴鞨大入北境, 殺掠吏民

274 史記 蘇秦列傳: 且夫秦之攻燕也, 踰雲中, 九原, 過代, 上谷, 彌地數千里, 雖得燕城, 秦計固不能 守也. 秦之不能害燕亦明矣. 今趙之攻燕也, 發號出令. 戰國策 蘇秦將為從北說燕文侯秦, 趙五戰, 秦再勝而趙三勝. 秦, 趙相弊, 而王以全燕制其後, 此燕之所以不犯難也. 且夫秦之攻燕也, 逾云中, 九原, 過代, 上穀, 彌地踵道數千里, 雖得燕城, 秦計固不能守也. 三國志 烏丸傳: 漢末, 遼西烏丸大人丘力居, 衆五千餘落, 上谷烏丸 大人難樓, 衆九千餘落, 各稱王, 而遼東屬國 烏丸大人 蘇僕延, 衆千餘落, 自稱峭王, 右北平烏丸大 人烏延, 衆八百餘落, 自稱汗魯王, 皆有計策勇健. 中山太守張純叛入丘力居衆中, 自號彌天安定王, 為三郡烏丸元帥, 寇略青, 徐, 幽, 冀四州, 殺略吏民. 靈帝末, 以劉虞為幽州牧, 募胡斬純首, 北州乃定. 紹矯制賜踢頓, 峭王, 汗魯王印綬, 皆以為單于

고, 지리시에는 공자님이 가서 살고 싶다고 한 낙랑 땅 바닷속에 왜인(倭人)이 100여 개국으로 나누어져 살면서 조공을 바쳤다는 문구가 있다.275 이들이 해안으로 흩어져 나가 백가제해(百家濟海)라 기록되어 백제(百濟)란 이름으로 되었다. 한(韓)이 해안을 따라 흩어져 한해(翰海 瀚海)란 이름이 나타났다. 한예(韓穢)가 삼한(三韓)의 선조다. 양자방언에는 조선이 전국시대 중원 세력의 동북부 여러 곳에 나타난다. 사기 평준서에 조선이 망하여 창해군을 설치했다가 이 년후에 스스로 사라졌다. 그곳을 평진후(平津鄕) 공손홍(公孫弘)의 봉지로 했다. 산동반도 동북부 방랑사에서 창해력사가 진시황을 살해하려 했고, 창해란 지명이 발해만 동남 연안에 있다. 진수의 삼국지에는 진시황 당시 조선왕비(朝鮮王否)는 진나라의 공격이 두려워 항복한 듯하였지만 불긍조회(不肯朝會)라 했다.276 비가 다스리던 조선(朝鮮)은 진시황 영역 밖이었다는 뜻이다.

산동성에 있던 전(田)의 마지막 왕 제왕건(齊王建, ? 재위: 기원전 265년 ~ 기원전 221년)은 같은 고조선 영역에 나타났던 연나라가 멸망하자 크게 싸우지 않고 진(秦)나라에 항복했다. 전제(田齊)의 영역이었던 산동반도에는 고조선 세력이 그대로 남아있었다. 이를 후에 한무제가 죄인으로 취급하여 수군으로 우거왕 정벌에 이용했다.277 고조선

---

275 漢書: 故孔子悼道不行, 設浮於海, 欲居九夷, 有以也夫! 樂浪海中有倭人, 分為百餘國, 以歲時來獻見云. 海內北經: 蓋國. 倭. 蓬萊山. 蓋國在鉅燕南, 倭北. 倭屬燕. 朝鮮在列陽東, 海北山南. 列陽屬燕.

276 三國志 韓傳: 朝鮮侯亦自稱為王, 欲興兵逆擊燕以尊周室. 其大夫禮諫之, 乃止. 使禮西說燕, 燕止之, 不攻. 後子孫稍驕虐, 燕乃遣將秦開攻其西方, 取地二千餘里, 至滿潘汗為界, 朝鮮遂弱. 及秦并天下, 使蒙恬築長城, 到遼東. 時朝鮮王否立, 畏秦襲之, 略服屬秦, 不肯朝會.

277 史記 朝鮮列傳: 燕王盧綰反, 入匈奴, 滿亡命, 聚黨千餘人, 魋結蠻夷服而東走出塞, 渡浿水, 居秦故空地上下鄣, 稍役屬真番, 朝鮮蠻夷及故燕, 齊亡命者王之, 都王險. 天子募罪人擊朝鮮. 其秋, 遣樓船將軍楊僕從齊浮渤海; 兵五萬人, 左將軍荀彘出遼東: 討右渠. 太史公曰: 右渠負

땅이었던 산서성 사람 순치(荀彘)를 총지휘관으로 육해군을 통솔하고 전쟁승 장군으로 돌아왔지만 처형되었다.

사구(沙丘)의 위치: 함곡관 서쪽(關西)에 살던 진시황은 여섯 나라를 정벌하고 관동(關東)지역 변경을 몇 차례 순시했다. 그러던 중에 동남쪽 회계 낭아 "會稽, 琅邪"를 지나 수도 함양(咸陽)으로 돌아가다 평원진(平原津)에서 병이 나 사구(沙丘)에서 급사하여 진-한(秦漢) 혼란기에 접했다.

상나라 재신이 주지육림 향연을 하던 곳이 사구(沙丘)라 한다. 산동성서부평원(山東省平原) 일대를 사구(沙丘)라 했다.[278]

5) 강수의 고향은 산동반도

금미달(今彌達)에 살던 고조선 사람들은 세 갈래로 분산되었다. 한 부류는 북쪽으로 올라갔다. 이를 흉노(匈奴, 胡)라 했다. 넓은 초원으로 올라간 이들이 세(三쯤參) 부류로 나누어 삼호(參胡)란 이름을 붙였다. 떠나간 단군을 대(代)신하여 세 지도자가 나타난 곳이다. 고유 북쪽에 안문산(鴈門山, 在高柳北)이 있다. 고유란 지명은 이 중산국을 점령하

固, 國以絕祀. 涉何誣功, 為兵發首. 樓船將狹, 及難離咎. 悔失番禺, 乃反見疑. 荀彘爭勞, 與遂皆誅. 兩軍俱辱, 將率莫侯矣.

[278] 史記 殷本紀: 大聚樂戲於沙丘, 以酒為池, 縣肉為林, 使男女裸相逐其間, 為長夜之飲. 史記 本紀 秦始皇本紀: 至平原津而病. 始皇惡言死, 群臣莫敢言死事. 上病益甚, 乃為璽書賜 公子 扶蘇曰: 「與喪會咸陽而葬」 書已封, 在中車府令趙高行符璽事所, 未授使者. 七月丙寅, 始皇崩於沙丘平臺. 丞相斯為上崩在外, 恐諸公子及天下有變, 乃祕之, 不發喪. 棺載輼涼車中, 故幸宦者參乘, 所至上食. 史記 封禪書: 後五年, 始皇南至湘山, 遂登會稽, 并海上, 冀遇海中三神山之奇藥. 不得, 還至沙丘崩. 史記 表 六國年表: 帝之會稽, 琅邪, 還至沙丘崩. 子胡亥立, 為二世皇帝. 殺蒙恬. 平原津_平原津在哪里_历史地名_词典网(cidianwang.com)

고대군(代郡) 수도에 붙인 이름이다. 한신(韓王信, 韓信)이 유방을 배신하고 호의 땅에 주둔했던 곳을 세 지도자가 모였던 곳이라 삼합(參合, 代地)이라 했다.

호복기사(胡服騎射)로 알려진 조 무령왕(趙 武靈王, 기원전 340년 ~ 기원전 295년) 때에 삼호 누번 진한(參胡, 樓煩, 秦, 韓之邊)과 국경을 접했다.279 누번(樓煩)이란 큰 건물, 즉 궁궐에서 시련을 겪던 부족이란 뜻이다. 금미달을 떠난 부족에 만들어 붙인 글자다. 맹자는 궁궐을 떠난다는 뜻에 이루(離婁)상하 편을 만들었다. 대(代)현, 불교의 성산오대산(五臺山)이 옛적 금미달 지역에 있다. 옛 지도자 단군을 대신한 지도자들이 나타난 곳이라 대(代)라 했다.280 옛 중산국이 있던 곳이다. 조위 진한 여러 나라가 다투었다. 조양자(趙襄子, ? ~ 기원전 425년)가 처음 정벌했다. 조(趙) 진(秦) 은 뿌리가 같다고 한다.

안문(鴈門)관 남쪽에 갈석(碣石)산: 소진이 연문후(燕文侯: ? ~ 기원전 333년)를 만나 방위전략을 설명한 내용에 미지수천리(彌地數千里)란 문구가 나온다.281 조(趙)서쪽에, 상산(常山) 갈석, 연의 역수(呼沱,

---

279 戰國策 趙策 武靈王平晝間居: 自常山以至代, 上黨, 東有燕, 東胡之境, 西有樓煩, 秦, 韓之邊, 而無騎射之備. 故寡人且聚舟楫之用, 求水居之民, 以守河, 薄洛之水; 變服騎射, 以備我參胡, 樓煩, 秦, 韓之邊. 且昔者簡主不塞晉陽, 以及上黨, 而襄王兼戎取代, 以攘諸胡, 此愚知之所明也. 先時中山負齊之強兵, 侵掠吾地, 系累吾民, 引水圍鄗, 非社稷之神靈, 即鄗幾不守. 史記 蘇秦列傳: 說燕文侯曰:「燕東有朝鮮, 遼東, 北有林胡, 樓煩, 西有雲中, 九原, 南有呼, 易水, 地方二千餘里, 帶甲數十萬, 車六百乘, 騎六千匹. 南有碣石, 鴈門之饒, 北有棗栗之利, 民雖不佃作而足於棗栗矣. 此所謂天府者也.

280 廣韻 代: 州名春秋時屬晉其後趙襄子以銅斗擊殺代王取其地至秦隸太原郡漢置雲中鴈門代郡魏爲州. 康熙字典 三: 又參合, 代地.《史記·韓王信傳》入居參合. 故韓信復與胡騎入居參合, 距漢

281 史記 蘇秦列傳: 且夫秦之攻燕也, 踰雲中, 九原, 過代, 上谷, 彌地數千里, 雖得燕城, 秦計固不能守也. 秦之不能害燕亦明矣. 今趙之攻燕也, 發號出令, 不至十日而數十萬之軍軍於東垣矣. 渡嘑沱, 涉易水, 不至四五日而距國都矣. 故曰秦之攻燕也, 戰於千里之外; 趙之攻燕也, 戰於百里之內. 夫不憂百里之患而重千里之外, 計無過於此者. 是故願大王與趙從親, 天下爲一, 則燕國必無患矣.」

易水), 대(代). 조동쪽에 연(趙東有燕), 연의 동쪽에는 조선(朝鮮), 그 후에요 동으로 기록되었다. 소진 이후 조선이 광개토대왕 비문에 나오는 발해만 서쪽 연안 양평(襄平)으로 나왔다.

진수의 삼국지에는 조선(朝鮮)에서 대부예(大夫禮)를 보내 연을 설득하여 전쟁을 피했다.[282]

진수를 소개했던 장화의 박물지에는 조선후가 연(燕)을 처벌하고 돌아가 바다로 들어가 위선국(爲鮮國)을 세웠다. 이를 삼국지 변진전에는 주선국(州鮮國)이라 했다.

맹자(孟子) 등문공장구(滕文公章句)에는 위선국(爲善國)이란 문구가 있다. 이를 장화가 인용했다. 한서에는 조선재해중(朝鮮在海中)이란 문구가 있다. 미지(彌地)를 떠난 사람들이 동남아 해안으로 퍼져나갔다.

이를 장화는 신미제국수천리(新彌諸國數千里)라 했다. 여러 남조 역사서에는 왜, 백제, 신라, 임나, 가라, 진한, 변한 "倭百濟新羅 任那加羅 秦韓慕韓" 일곱 나라가 있었다. 이를 비미호(假倭王卑彌呼)의 후손 왜왕이 다스렸다.

왜 여왕 비미호가 신라 아달라 이사금(阿達羅尼師今)에 조빙했다.

비미호는 금미달(今彌達)에서 내려온 변한의 후손이 세운 대륙 백제의 여왕이었다.

신라본기 첫 문구에 궁예(弓裔) 시조 혁거세(赫居世), 호거서간(號居西干)이라 했다. 그곳에는 조선 유민이 여섯 부락을 이루고 살았다. 이를 삼한의 하나로 알려진 진한(辰韓) 육부(六部)라 했다. 왜인(倭人)이

---

[282] 三國志 韓傳: 魏略曰: 昔箕子之後朝鮮侯, 見周衰, 燕自尊爲王, 欲東略地, 朝鮮侯亦自稱爲王, 欲興兵逆擊燕以尊周室. 其大夫禮諫之, 乃止. 使禮西說燕, 燕止之, 不攻. 博物志: 箕子居朝鮮, 其后伐燕, 复之朝鮮, 亡入海, 爲鮮国. 师兩妻黑色洱兩青蛇, 盖勾芒也.

병선 100여 척으로 해변을 침략하여 6부 군사가 이를 방어했다. 가락국
(駕洛國)의 수로왕(首露王)이 가까스로 살았다.283 북명사람(北溟人)이
예왕인(濊王印)을 바쳤다.284

삼국사기에는 [왜왕을 잡아다 염전에 노예(鹽奴)로 부려야겠다]는
일화를 남긴 석우로(太子于老: 昔于老, ? ~ 249년)전에 가라(加羅)라는
글자가 처음 실렸다. 통일신라 이후 사람 강수(强首, ~ 692년)가 임나
가량인(任那加良人)이다. 도미부부설화(都彌夫婦說話)에 나오는 신라
와 임나가야는 모두 산동반도 서남쪽 미산현(微山縣) 호수 대택(大澤)
북쪽에 있다. 대택(大澤) 남쪽 늪지대 패현(沛縣)이 한고조 유방이다. 이
지역을 광개토대왕이 정벌했다. 도미(都彌)란 금미달 수도에서 내려온
사람이란 뜻이 있다.

4. 작가 미상의 고려가요 가시리

1) 가야금(加耶琴)의 유래

가야금(加耶琴)이란 이름이 중국 문헌에는 없다. 삼국유사에 사금갑
설화(射琴匣說話), 즉 거문고갑을 쏘라는 설화가 눌지 마립간(訥祗 麻

---

283 三國史記 新羅本紀第一: 即位,號居西干,時年十三.國號徐那伐.先是,朝鮮遺民分居山谷之間,
為六村: 一曰閼川楊山村,二曰突山高墟村,三曰觜山珍支村,或云干珍村.四曰茂山大樹村, 五
曰金山加利村, 六曰明活山東部村,是為辰韓六部.高墟村長蘇伐公望楊山麓, 蘿井傍林間, 有馬
跪而嘶, 則往觀之, 忽不見馬, 只有大卵.六部人以其生神異,推尊之,至是立為君焉. 辰人謂 瓠
為朴, 以初大卵如瓠,故以朴為姓. 居西干,辰言王.或云呼貴人之稱. [音汁伐國與悉直谷國爭
疆,詣王請決.王難之,謂金官國首露王年老多智識]
284 三國史記 新羅本紀第一: 十一年, 倭人遺兵船百餘●, 掠海邊民戶, 發六部勁兵, 以禦之. 樂浪
謂內虛, 求來攻金城, 甚急. 十六年, 春二月, 北溟人耕田, 得濊王印, 獻之. 十三年, 樂浪犯北
邊, 攻陷朶山城 十四年, 高句麗王無恤, 襲樂浪滅之. 其國人五千來投, 分居六部

立干; 재위: 417년 ~ 458년) 시절에 실렸다. 삼국사기에 가야금과 관련한 얘기가 실렸다.285 일곱 살에 왕이 된 진흥왕(眞興王, 재위: 540년 ~ 576년)이 551년에 나라를 세우고(改元開國), 삼월에 낭성(娘城)을 순찰하다 우륵(于勒)이 제자들과 같이 니문지음악(尼文知音樂)하여 왕이 특별히 환대했다. 왕이 하임궁(河臨宮)에 머물면서 그 음악을 연주하라 했다. 그 시절에 가야국가실왕(加耶國嘉悉王)이 12현금을 만들었다.

이는 예부터 고조선 영역인 산서성(晉: 隸)에 전해오던 7현금에, (일년) 12개월을 상징하여 현을 더해 만든 현악기다. 국란이 생겨 우륵이 악기를 들고 신라에 투항해 왔다 하여 그 악기를 가야금이라 이름했다.

신라고기에 이르기를 "가야국 가실왕이 당나라의 악기를 보고 그것을 만들었는데, 왕이 말하기를 여러 나라 방언이 서로 다르니 성음을 어떻게 같게 할 수 있겠나."하는 문구가 있다. 진흥왕 시절에는 당나라가 없었다.

가야금의 발생 변천 과정에 관련된 지명은 한반도에서는 밝혀지지 않았다.286 산서성에 국란이란 전국시대부터 진(秦)시황이 금미달 지역을 흡수한 시기다. 남조 역사서에는 왜 백제 신라 임나 가라 진한 변한 "倭百濟 新羅 任那加羅 秦韓慕韓" 일곱 나라는 왜왕이 다스렸다고 했다. 같은 글자 "新羅 任那 加羅"가 광개토대왕 비문에도 실렸다. 대만섬

---

285 三國史記 新羅本紀第四: 眞興王立.時年七歳. 十二年春正月, 改元開國. 三月, 王巡守次娘城, 聞于勒及其弟子尼文知音樂, 特喚之. 王駐河臨宮, 令奏其樂, 二人各製新歌奏之. 先是, 加耶國嘉悉王製十二弦琴, 以象十二月之律, 乃命于勒製其曲. 及其國亂, 操樂器投我, 其樂名加耶琴. 晉人以七絃琴, 送高句麗. 麗人雖知其為樂器

286 낭성 - 위키백과, 우리 모두의 백과사전(wikipedia.org) 三國史記 新羅本紀第四: 眞興王立. 時年七. 十二年春正月, 改元開國. 三月, 王巡守次娘城, 聞于勒及其弟子尼文知音樂, 特喚之. 王駐河臨宮, 令奏其樂, 二人各製新歌奏之. 先是, 加耶國嘉悉王製十二弦琴, 以象十二月之律, 乃命于勒製其曲. 及其國亂,.操樂器投我, 其樂名加耶琴.

에는 가라호(加羅湖) 가라산(加羅山)이 있다.287 같은 글자 신라(新羅)가 한반도를 통일했다.

신라는 법흥왕의 아버지인 지증 마립간(智證麻立干, 437년? ~ 514년) 때에 한반도로 수도를 옮기고 지나(支那)라고 부르던 중국 남쪽 지역에 살던 "신라 백제 임나 가라 왜"가 대만섬을 지나 한반도로 이사오던 시기였다. 국호를 신라로 정하고, 마립간 대신 중국식 군주의 칭호인 왕의 칭호를 사용하였다. 전함을 만들어 울릉도를 정벌하고 배를 만드는 부서를 설치했다.

우륵(于勒)은 가실왕의 수상: 고려사와 고려사절요 그리고 삼국유사에는 우륵이란 글자가 없다. 진서 위서 십육국춘추 등 여러 중국 사서에는 륵준의 난(靳準之亂)이 있고, 우륵(于勒)은 어륵(於勒) 또는 선우륵(鮮于勒)의 약자로 풀이했다.288 금미달 영역을 통치하던 전후 조록(趙錄)에 나타난 이름자다. 조(趙)나라가 있던 산서성 사람들이 사방으로 분산되었다. 황제가 자부선인을 만났다는 삼한(三韓) 땅 청구(靑丘)에 서있던 고유국 가실왕이 가야금을 만들었다. 화씨벽(和氏璧)의 출원지가 되는 청구에 있던 가실왕이 남쪽으로 내려갔다.

상나라 이전부터 고조선에서는 현악기를 썼다는 뜻이 사기에 실려있다. 사기악서에 수유이악(須臾離樂)이란 문구가 있다. 같은 문구가 설원소문(脩文)에도 실렸다.289 현대어로 소문(所聞, Rumor)이란 뜻이

---

287 Silla from Zhina(Southern China) to Korean Peninsula. 《Lee Mosol's Book Collection (ancienthistoryofkorea. com)》
288 가시리 - 위키문헌, 우리 모두의 도서관(wikisource.org)
289 說苑 脩文: 積恩爲愛, 積愛爲仁, 積仁爲靈, 靈臺之所以爲靈者, 積仁也. 神靈者, 天地之本, 而爲萬物之始也. 凡從外入者, 莫深於聲音, 變人最極, 故聖人因而成之以德曰樂, 樂者德之風,

다. 영대(靈臺), 즉 제단(祭壇 Alta)에서 사용하는 악(樂)은 변인최극(變人最極), 즉 변한 사람들이 제단에 드리는 음악이 최고라 하였다.

수유(須臾)란 옛음을 따서 가차, 전주한 글자로, 수인(燧人)씨를 고구려에서는 수신(隧神·禭神)으로 모셔 개천절을 치렀다.290 수유이악(須臾離樂)이란 수신(隧神·禭神)을 섬기던 후손이 떠나는 사연을 읊은 아악이란 뜻이다. 이에 대한 풀이가 사기악서에 있다. 주례(周禮)에는 지역에 따라 악기의 이름을 붙여 고죽지관(孤竹之管)은, 화씨벽이 나온 지역의 현악기(云和之琴瑟)라 했다.291 화씨지벽(和氏之璧)이 나온 지역이 삼한(三韓) 땅 청구(靑丘)라고 옥새의 유래에서 설명했다.292

2) 가요 가시리가 처음 나타난 시대

사료를 종합해 보면 단군조선의 마지막 수도 금미달에 가실왕(嘉悉王)이 살았다.

그가 전국시대에 금미달을 떠나 중원으로 내려갔다. 가실이란 글자는 "excellent; joyful; auspicious, know, learn about, comprehend" 최선을

《詩》曰:「威儀抑抑, 德音秩秩.」謂禮樂也. 故君子以禮正外, 以樂正內; 內須臾離樂, 則邪氣生矣, 外須臾離禮, 則慢行起矣; 故古者天子諸侯聽鐘聲, 未嘗離於庭, 卿大夫聽琴瑟, 未嘗離於前; 所以養正心而滅淫氣也. 呂氏春秋 安死: 禹葬於會稽, 不變人徒.

290 史記 樂書: 太史公曰: 余每讀虞書, 至於君臣相敕, 維是几安. 故聞宮音, 使人溫舒而廣大. 故君子不可須臾離禮, 須臾離禮則暴慢之行窮外, 不可須臾離樂, 須臾離樂則姦邪之行窮內. 故樂音者, 君子之所養義也. 不可須臾離樂, 須臾離樂則姦邪之行窮內.
Phonetic Loan Characters are Gojoseon Language 《Lee Mosol's Book Collection(ancienthistoryofkorea.com)》

291 史記 樂書: 凡樂, 圜鐘為宮, 黃鐘為角, 大蔟為徵, 姑洗為羽, 雷鼓雷鼗, 孤竹之管, 云和之琴瑟. 孫竹之管, 空桑之琴瑟, 陰竹之管, 龍門之琴瑟.

292 옥새(玉璽)의 유래《Lee Mosol's Book Collection(ancienthistoryofkorea.com)》

다해 본 현명한 왕이란 뜻이 있다.

대평성대(大平盛代)를 이루었던 지도자를 이별하는 송별회에서 남아있던 우륵과 그의 제자들이 떠나야만 하는 왕이 되돌아와서 또다시 대평성대를 이루기를 기원하는 노래가 궁중 아악 가시리다.[293]

3) 가실왕(嘉悉王)이 대량(大梁)에 갔다

맹자(孟子, 기원전 372년? ~ 기원전 289년?)에 실린 양양왕(梁襄王: 魏襄王, 318 기원전 ~ 296 기원전)의 다리 량(梁)자가 소량을 뜻했다.[294] 그에 관한 기술이 혼미하다. Wiki에는 위나라의 대를 물려받은 사람 "梁襄王: 卽「魏襄王」: 姓名: 魏嗣"이라고 했다. 장자(莊子)에는 문혜군(文惠君)으로, 사기에는 위나라를 잘 다스렸다는 뜻에 길할 희 위 안희왕(魏安釐王, 기원전 276년 ~ 기원전 243년)이라 했다.[295] 시대와 역사의 흐름을 고려하면 맹자가 찾아가 대화를 나눈 양혜왕(梁惠王: 孟子見梁襄王)이 금미달 지역에서 내려갔다. 그를 수유(須臾)란 애매모호한 글자로 기록했다.

---

[293] 가야국 가실왕(加耶國嘉悉王) 이전 왕이 마지막 단군이다. 《Lee Mosol's Book Collection (ancienthistoryofkorea.com)》《Published in KAUPA Letters - April 1st, 2024.》

[294] 孟子 梁惠王上: 孟子見梁襄王. 語人曰:「望之不似人君, 就之而不見所畏焉. 卒然問曰: 『天下惡乎定?』 吾對曰:『定于一.』 魏惠王 - 维基百科, 自由的百科全书(wikipedia.org)

[295] 史記 列傳 太史公自序: 司馬氏世典周史. 惠襄之閒, 司馬氏去周適晉. 晉中軍隨會奔秦, 而司馬氏入少梁. 自司馬氏去周適晉, 分散, 或在衛, 或在趙, 或在秦. 其在衛者, 相中山. 在趙者. 太平御覽 太史令:《漢書》曰: 司馬喜生談, 談為太史公. 魏安釐王 - 维基百科, 自由的百科全书(wikipedia.org) 司馬喜(戰國) - 维基百科, 自由的百科全书(wikipedia.org) 史記 魏世家: 安釐王元年, 秦拔我兩城. 二年, 又拔我二城, 軍大梁下, 韓來救, 予秦溫以和. 三年, 秦拔我四城, 斬首四萬. 四年, 秦破我及韓, 趙, 殺十五萬人, 走我將芒卯. 史記 趙世家: 武靈王元年, 陽文君趙豹相. 梁襄王與太子嗣, 韓宣王與太子倉來朝信宮. 武靈王少, 未能聽政, 博聞師三人, 左右司過三人. 及聽政, 先問先王貴臣肥義, 加其秩; 國三老年八十, 月致其禮.

탁군 사람 비준(汲郡人不準)이 281년에 위양왕(魏襄王,或安王冢)의 무덤을 도굴했다. 우왕의 아들 계가 백익을 죽였다(啟殺益)는 기록이 세상에 나타났다.296 스님이 인용했다는 위서(魏書)가 이를 근거로 작성된 듯하다. 맹자는 양혜왕(梁惠王)과의 대화에 금미달 지역을 뜻한 "홍안미록(鴻鴈麋鹿), 영대(靈臺), 영소(靈臺)" 하는 문구를 썼다. 맹자는 예맥족의 역사를 잘 알고 있었다. 하여 자지도 맥도야(貉道也)라 했다.

사마씨는 주선왕 때부터 고조선 발생지에 살았다. 그들의 본향이 소량(少梁更名夏陽)이다. 사마천의 조부가 중산국 제상을 지냈다. 세대는 밝히지 못하고 가실왕의 뒤를 이었다는 뜻에 '위안희왕(魏安釐王)에게 위사(魏嗣)'란 이름을 붙였다. 위공자열전(魏公子列傳)에 위공자 무기(魏公子無忌)가 중산국 공자모(中山公子牟)다.297 관자에 북주후(北州侯) 이름이 모(莫)였다.298 목야전(牧野戰)을 무야(敗之于坶野)라 하듯,

---

296 晉書 列傳第二十一 皇甫謐 摯虞 束晳 王接: 太康二年, 汲郡人不準盜發魏襄王墓, 或言安王冢, 孫守真按: 冢, 原作「●缺字: 冢冖下豕上有一橫」, 餘同不贅. 得竹書數十車. 其「紀年」十三篇, 記夏以來至周幽王為犬戎所滅, 以事接之, 孫守真按: 一日當作「以晉事接之」, 脫「晉」字. 三家分, 孫守真按: 點校本云「三家分何焯批云, 「分」下當有「晉」字, 殆當日諱而去之.」仍述魏事至安王之二十年.蓋魏國之史書, 大略與《春秋》皆多相應. 其中經傳大異, 則云夏年多殷; 益乾啟位, 啟殺之; 太甲殺伊尹; 文丁殺季歷; 自周受命, 至穆王百年, 非穆王壽百歲也; 幽王既亡, 有共伯和者攝行天子事, 非二相共和也. 其《易經》二篇, 與《周易》上下經同.《易繇陰陽卦》二篇, 與《周易》略同,《繇辭》則異.《卦下易經》一篇, 似《說卦》而異.《公孫段》二篇, 公孫段與邵陟論《易》.《國語》三篇, 言楚, 晉事.《名》三篇, 似《禮記》, 又似《爾雅》,《論語》.《師春》一篇, 書《左傳》諸卜筮,「師春」似是造書者姓名也.
297 《說文》曰: 弓弩矢也, 古者夷牟初作矢. 魯有賣牟賈何氏姓苑有彌牟氏. 廣韻: 鄒: 郡名又姓鄒郡太守司馬牟之後因以為氏. 鄒: 縣名在太原 列子: 中山公子牟者, 魏國之賢公子也. 呂氏春秋: 中山公子牟謂詹子曰: 莊子: 中山公子牟 謂瞻子曰: 「身在江海之上, 心居乎魏闕之下, 奈何?」
298 史記 魏公子列傳: 魏公子無忌者, 魏昭王子少子而魏安釐王異母弟也. 昭王薨, 安釐王即位, 封公子為信陵君. 是時范雎亡魏相秦, 以怨魏齊故, 秦兵圍大梁, 破魏華陽下軍, 走芒卯. 魏王及公子患之. 史記 世家 魏世家: 二年, 魏敗韓于馬陵, 敗趙于懷. 三年, 齊敗我觀. 五年, 與韓會宅陽. 城武堵. 為秦所敗. 十七年, 與秦戰元裏, 秦取我少梁. 圍趙邯鄲. 十八年, 拔邯鄲. 趙請救于齊, 齊使田忌, 孫臏救趙, 敗魏桂陵. 史記 高祖本紀: 高祖曰: 「秦始皇帝, 楚隱王陳涉, 魏安釐王, 齊緡王, 趙悼襄王皆絕無後. 赦代地吏民為陳豨, 趙利所劫掠者, 皆赦之

어음 무와 모(無牟)를 혼용했다.

4) 가야국(加耶國) 가실왕을 수유(須臾)라 했다

신라가 금관가야를 흡수한 시기에 우륵이 신라로 와서 가야금이 알려졌다. 산서성 대현 일대에 있던 가야국(加耶國)을 한반도 남단으로 옮겼다는 기록이 삼국유사에는 후진(後晉) 고조(高祖) 석경당천복 5년(石敬瑭; 太祖天福五年) 시절, 즉 940년경이라 했다. 동국여지승람에는 유울국(柳郁國) 가실왕(嘉悉王)으로 실렸다.[299] 이는 가야 연맹이 신라에 흡수된 이후라 시대가 틀렸다.

신라 경덕주(景德主; 景德王, 재위: 742년 ~ 765년)가 산동성 사물현(史勿縣) 일대에 있던 옛적 신라 임나가야(加耶)의 지명을 한반도로 옮겨 기록했다. 그 밖에도 중원에 있던 옛 신라 가야 백제 땅을 당나라에 넘기고 이름을 한반도로 옮겼다.

김 수로왕의 10대손 김구해(金仇衡 金仇亥)가 법흥왕(法興王, 재위: 514년 ~ 540년)에게 나라를 바쳤다.[300] 통설에 따라 삼십 년을 한 세대로 계산하면 신라 발생 초기가 된다. 삼국사기 신라 본기 초기 기록에 김수로왕을 현명한 연로자로 기술했다.

그곳에서 변진전에 철(刀錢)이 난다. 중국의 화폐같이 쓴다. 중국의

---

299 東國輿地勝覽: 園幽御井黯一里有父伽郁國宮闕其旁有石井俗傳御井琴谷柳郁國嘉悉王樂師于勒家中國秦事而製琴音伽郁琴縣址三里有地名琴谷世傳勒率工人肄琴之地或云烘琴出於金海之柳僻國但金海柳梆世代無稱嘉悉王者恐出打跳焉是錦林王陵縣西二里許朴古藏俗稱錦林王陵東京堤在縣東十謀攻大聊雕雜傳新羅兵萊知有備而邊夜築缺堤以示其眾新復縣金富軾云本加尸穹縣為高靈郡領縣景德主改名今未詳口接縣西十里地名有加西谷者凝尸音轉為西

300 金仇衡 - 維基百科, 自由的百科全書(wikipedia.org) 金仇衡或金仇亥即仇衡王(521年 ~ 532年在位), 是朝鮮三國時期的金官伽倻的第10位國王.

축과 같이 생긴 현악기(有瑟)가 있다고 했다.301 삼국유사에 실린 금갑(琴匣)이 삼국지에 실린 유금(有瑟)이다. 가락국(駕洛國)이 발해만 연안에 있던 시절에 가야금을 사용했다.

삼국지 변진전에 미자가 붙은 여러 나라(彌離, 彌凍, 軍彌國)가 철전(國出鐵, 명도전)을 한, 예, 왜(韓, 濊, 倭) 쓰고 가무를 즐겼다. 그들은 축과 같은 현악기(有瑟其形似筑)를 썼다. 가야금을 사용했다는 뜻이다.

가야국 가실왕(加耶國嘉悉王)이 가시리의 주인공이다.302 동국여지승람에는 성목이란 뜻이 있는 버드나무(柳, 檉, 河柳)가 우거진 고을이라 하여 유울국 가실왕(柳郁國嘉悉王)이라 하고 가야금을 연주한 시기를 중국(中國) 진사이제금음(秦事而製琴音)이라, 즉 진(秦)나라가 금미달을 점령한 시기라고 밝혔다.303

산서성 대현 금미달에 살던 사람들이 변진전(弁辰傳)에 실린 삼한의 선조다. 그들이 해하 수계를 따라 발해만 서쪽으로 내려와 궁예(弓裔) 시조 박씨(朴氏)라 했다. 신라 건국지에 조선 유민이 여섯 부락을 이루고 살았다. 중원에 살던 사람들이 진-한 혼란기(中國之人苦秦亂)에 발해만 일대에 내려와 창해군이 생겼었다. 그곳에서 후한 영제 때에 요서

---

301 三國志 魏書三十 弁辰傳: 國出鐵, 韓, 濊, 倭皆從取之. 諸市買皆用鐵, 如中國用錢, 又以供給二郡. 俗喜歌舞飮酒. 有瑟, 其形似筑, 彈之亦有音曲. 진한전(辰韓傳) - 6: The birth place of gayageum(加耶琴):
《LeeMosol's Book Collection(ancienthistoryofkorea.com)》

302 三國史記: 十二年春正月, 改元開國. 三月, 王巡守次娘城, 聞于勒及其弟子尼文知音樂, 特喚之. 王駐河臨宮, 令奏其樂, 二人各製新歌奏之. 先是, 加耶國嘉悉王製十二弦琴, 乃命于勒製其曲. 及其國亂, 操樂器投我, 其樂名加耶琴. 論衡 感虛: 堯之時, 洪水滔天, 懷山襄陵.

303 東國輿地勝覽: 弓裔將軍領共過貞州態一古柳下見川上有一女甚美問誰女對曰跳村長著 天弓參女木祖到. 園幽御井黯一里有父伽郁郁宮闖其旁有石井俗傳御井琴谷柳郁國嘉悉王樂師 于勒家中國秦事而製琴音伽郁郁縣址三里有地名琴谷世傳勒率工人肄琴之地或云烘琴出於金海之. 戰國策 燕策 燕王喜使栗腹以百金爲趙孝成王壽: 昔者, 柳下惠吏於魯, 三黜而不去

대수 황번이 상서하기를 "나는 백이의 동생 고죽군(我伯夷之弟 孤竹君子)이다, 성은 이씨요 이름은 고죽(姓李名孤竹)이라는 자가 났다."고 했다. 단군왕검 백익을 저 늙은이란 뜻에 이기씨(伊耆氏), 이씨(姓李)의 시조다.[304] 그가 살던 마을을 지나는 여울을 이수(伊水), 실권했다 하여 낙수(洛水)라 했다.

동진의 초대 황제 원제(晉元帝)가 319년에 유하혜의 묘를 참배(脩柳下惠 之墓)하란 명을 내렸다. 산동성 신태시(山東省新泰市)에 유하혜의 묘(柳下惠墓)를 화성묘(和聖墓)라 한다.[305] 그 일대에 신라에 흰 꿩(加耶國送白雉)을 바쳤다는 가야국이 있었다.

유(柳)자는 북쪽에서 글을 만들었다는 뜻의 "성할 욱, 울창할 郁; 文盛貌"의 다른 사음자다.[306] 유하혜(柳下惠)란 북쪽 버드나무 고을에서 내려온 혜(惠, 해)란 뜻이다. 삼한 땅 청구라고 하던 고조선 영역, 산서성대군(代郡)과 요서군(遼西郡)에 버들 유(柳)자를 어근으로 하는 지명이 많이 있다.[307] 앞서 "화씨벽(和氏璧), 새(玉璽)의 유래"에서 다룬 영역이다.[308]

---

304 太平廣記: 桓公北征孤竹, 來至卑耳之谿十里, 見人長尺. 漢靈帝光和元年, 遼西太守黃翻上書. 海邊有流屍, 露冠絳衣, 體貌完全. 翻感夢云. 我伯夷之弟, 孤竹君子也. 海水壞吾棺槨, 求見掩藏. 民嚙視之, 皆無病而死. 出《博物志》. 清泰末, 有徐坦應進士擧, 坦邃詰其由, 樵夫濡睫而答曰: 「某比是此山居人, 姓李名孤竹. 有妻先遘沈痾, 歷年不愈.

305 晉書 帝紀第六 中宗元帝: 詔曰: 「漢高經大梁, 美無忌之賢; 齊師入魯, 脩柳下惠之墓. 其吳之高德名賢或未旌錄者, 具條列以聞.」 柳下惠墓(山东省新泰市柳下惠墓)_百度百科(baidu.com) 岱史: 柳下惠墓, 在州治東南百里, 一至今村人尚多展姓者, 名曰柳里村.

306 康熙字典·邑部·六 郁:《集韻》地名.《前漢·地理志》右扶風有郁夷縣, 膠東有郁秩縣, 又郁郅縣, 屬北地郡. 又郁郁, 文盛貌. 說文解字: 渝: 變汙也. 一曰渝水, 在遼西臨俞, 東出塞. 北史: 文帝優冊爲王. 率靺鞨萬餘騎 寇遼西, 營州總管韋世沖擊走之. 帝大怒, 命漢王諒爲元帥下詔黜其爵位. 時餽運不繼, 六軍乏食, 師出臨渝關, 復遇疾疫, 王師不振. 及次遼水.

307 漢書 地理志下: 代郡: 桑乾, 道人, 當城, 高柳, 馬城, 班氏, 延陵, 狋氏, 且如, 平邑, 陽原, 東安陽, 參合, 平舒, 代, 靈丘, 廣昌, 鹵城. 遼西郡: 且慮, 海陽, 新安平, 柳城, 令支, 肥如, 賓從, 交黎, 陽樂, 狐蘇, 徒河, 文成, 臨渝, 絫.

쌍건하가 흐르는 역수 계곡에서 연태 자단(燕太子丹)이 자객으로 형가(荊軻)와 그의 친구 음악가 고점려(高漸麗)를 보냈다. 고점려가 변한 사람들이 부르던 징(變徵) 소리를 내자 사람들은 모두 눈물을 흘렸다고 한다. 여기에 변한(弁韓)지역 금미달(今彌達)에서 개발한 변궁 변징(變宮, 變徵) 두음을 더했다.309 연태자단(燕太子丹, ? ~ 기원전 226년)과 약속을 하고 역수(易水)를 건너갔던 자객 형가(荊軻)가 실패하자 같이 갔던 고점려 가축(筑)으로 진시황을 때렸다.310 가야국 가실왕(加耶國 嘉悉王)이 고점려(高漸麗)가 쓰던 고조선의 현악기 축(筑)에 현을 더하여 12현금(十二弦琴) 가야금(伽倻琴)을만들었다. 시경길일(吉日)에는 시 솔좌우 이연천자(悉率左右, 以燕天子)란 문구가 있고, 삼국지 공손도전에는 공손연이 잡혀 요동이 안정되었다는 뜻에 현토실평(玄菟悉平)이란 문구가 있다.

금미달을 떠난 예맥족(斯, 濊貊) 삼한의 후예가 동남아로 흩어져 나가 불교를 받아들여 왔다. 이를 진서와 책부원귀에 [금미달에서 떠난 사람들이 남중국 해안 4,000여 리에 걸쳐 신미제국(新彌諸國) 20여 국을 이루고 살았다]고 했다. 이를 송서 등 남조 역사서에는 왜 백제 신라 임나 가라 진한 변한 "倭百濟 新羅 任那加羅 秦韓慕韓" 일곱 나라는 왜왕이 다스렸다고 했다. 이에 실린 삼한의 "秦韓慕韓" 은『삼국지 동예전』에 실린 글자다. 이들이 동남아 해안에 이르러 그곳에 번성했던 남방 불교를 강남에 전했다. 월남에도 여러 종류의 현악기가 있고, 대만에는 가

---

308 옥새(玉璽)의 유래《Lee Mosol's Book Collection(ancienthistoryofkorea.com)》
309 史記 刺客列傳: 至易水之上, 既祖, 取道, 高漸離擊筑, 荊軻和而歌, 為變徵之聲, 士皆垂淚涕泣. 又前而為歌曰: 사기열전1: 김원중 옮김. 2007년 민음사. P. 657 슬픈 소리이다.
310 燕丹子 卷上: 高漸離擊筑, 宋臆和之. 論衡書虛:《傳》又言: 燕太子丹使刺客荊軻刺秦王,不得, 誅死. 後高漸麗復以擊筑見秦王, 秦王說之; 知燕太子之客, 乃冒其眼, 使之擊筑.

라 산가라 호가 있다. 한때는 신라 백제 왜 가라기 대만섬에 있었다.[311] 가야국이 망했다는 소식을 듣고 우륵이 곡을 붙여 연주했다.[312] 같은 글자가 야산(伽倻山) 가야사(伽倻寺) 이름이 섬진강(蟾津江)과 낙동강 수계에 나타났다. 경상남도 창녕군에 진흥왕 순수비(眞興王巡狩碑)가 있다. 가야산(伽倻山) 서쪽 섬진강 수계에 있던 가야국들은 진흥왕 이후에 백제에 흡수되었다.

산서성 진나라 사람들(晉人)이 쓰던 현악기가 고죽국이라던 고구려(高麗本孤竹國)에 알려졌다.[313] 중원을 통일한 수나라가 북쪽에 있던 돌궐가한 막사를 찾아가, 먼저 그곳에 미리 도착한 고구려 사신을 만나서 수양제에게 사연을 설명하면서 나온 문구다. 고구려가 수문제의 아들 양량(楊諒)이 이끌었던 수나라 군을 대파한 임유관 전쟁을 치렀던 곳에 고죽국이 있었다.[314] 미지수천리(彌地數千里)하던 금미달 영역이었다.

신라 가야 모두 발해만에서 내려왔다. 신라고기에 우륵을 열숙현(省熱縣), 즉 열하성 사람이라 하고 그들이 부른 음악을 진(秦聲)나라의 어음으로 병주 양주(幷梁二州) 지역이라 했다. 가야국 가실왕은 진(秦)나라가 침입한 금미달 지역에 있었다.

---

311 Silla from Zhina(Southern China) to Korean Peninsula. 《Lee Mosol's Book Collection (ancienthistoryofkorea.com)》
312 三國史記: 聞于勒及其弟子尼文知音樂. 先是, 加耶國嘉悉王製十二弦琴, 加耶亡國之音. 乃命于勒製其曲. 及其國亂, 操樂器投我, 其樂名加耶琴.
https://zh.wikipedia.org/zh-hant/嘉悉王. 热河省(中华民国) - 维基百科, 自由的百科全书(wikipedia.org)
313 三國史記 雜志第一: 玄琴之作也, 新羅古記云:「初, 晉人以七絃琴, 送高句麗.『釋名』曰:「箏施絃高, 箏箏然, 幷梁二州, 箏形如瑟.」 羅古記云: "加耶國嘉實王, 見唐之樂器, 而造之. 王以謂諸國方言各異聲音, 豈可一哉, 乃命樂師省熱縣人于勒, 造十二曲. 後, 于勒以其國將亂, 攜樂器, 投新羅眞興王.
314 고구려의 삼경(三京) 장안성(長安城)과 임유관(臨渝關):《Lee Mosol's Book Collection (ancienthistoryofkorea.com)》

가시리를 가야망국지음(加耶亡國之音)이라 했다. 현명한 지도자가 고향 땅 청구를 떠나는 송별회에서 우륵과 그의 제자들이 떠나야만 하는 왕이 되돌아와서 대평성대(大平盛代)를 다시 이루기를 기원하는 애절한 감정을 가야금을 뜯으며 읊었던 노래다.

가시리 4장 후렴은 흔히 풀이하는 "악기 소리를 흉내낸 말"이 아니다. "나눈 위 증즐가"는 "대평성대(大平盛代)"와 같이 당시 훈역했던 어음 "위증즐가(危症增加)"를 한글로 기록했다. 선학들이 가요의 발생지와 장소, 그 유래를 몰라 잘못 풀이했다.

진흥왕 또한 가시리의 내력을 몰라(남녀 간 애정을 읊은) 음란한 음악이라 했다. 음란한 음악이 아니다. 이를 현대어로 풀이하면 "나라는 위태로운 증상이 날로 증가하는데, 아 태평성대여"가 된다.

5) 청구영언(靑丘永言) 청구가요(靑邱歌謠)

허기(許奇) 인주이씨의 유래는 다음과 같다. 청구영언(靑丘永言)은 조선 영조 4년인 1728년에 김천택이 엮은 가곡집이다. 청구영언 첫 가요 작가를 고려 말기 유학자로 우탁설화(禹倬說話)를 남긴 사람이다. 그의 신원에 관한 글자는 고조선 마지막 수도가 있던 산서성 오대산 계곡 청구(靑丘, 靑邱)와 관계가 있다.

고려도경에는 고려 시조 왕건이 만주 서남쪽에서 건국했다. 고려 초기 인주이씨 이자겸(李資謙)이 조선국공(朝鮮國公)으로 진봉되었다. 조선국(朝鮮國)이란 모용씨(慕容氏)를 조선후(朝鮮公)로 봉했던 금미달 지역을 뜻했다. 이자겸은 선조가 금미달에서 왔다는 사실을 인식했다고 본다.

인주이씨의 시조를 가락국 허황옥의 후손허기(許奇)라 한다. 그가 신라 경덕왕(景德王, 재위: 742년 ~ 765년) 때에 안록산의 난(安祿山之亂)에 공을 세워 당 현종(玄宗)으로부터 황제(皇帝)의 성을 받아(賜姓) 이씨(李)라 한다. 허기(許奇)는 [먼 시조 금관가야 수로왕의 선조가 금미달에 있던 고유국(代郡高柳, 柳郁國), 즉 가야국 가실왕(加耶國嘉悉王)이라는 사실]을 알았다.315 동명성왕과 같이 단군왕검 백익의 후손으로, 고죽군과 같은 이씨(李氏)다. 허기(許奇)가 가락국의 뿌리를 찾아 단군왕검 백익 이기씨(伊耆氏)의 후손 이씨(李氏)라 했다. 청구영언에는 작가 연대 미상의 처사가(處士歌)와 글자가 다른 청구가요(青邱歌謠)가 실렸다. 맹자가 사룡(蛇龍)이라 한 글자가 고려 풍속 가요에 사룡(俗樂 蛇龍)이 있다.316 구미호(九尾狐)가 살던 청구(青丘, 青邱)가 금미달 영역이다.317 신라에는 옛 고향의 노래 향가(鄕歌)가 전해왔다. 신라 박혁거세를 궁예라 했다. 신라인이 이르기를 [살던 곳에 남겨두고 온 사람들을 낙랑인]이라고 한다. 공손연이 양평성에서 잡혔다. 그곳 "발

---

315 東國輿地勝覽: 園幽御井黠一里有父伽郁國宮闕其旁有石井俗傳御井琴谷柳郁國嘉悉王樂師于勒家中國秦事而製琴伽郁琴縣址三里有地名琴谷世傳勒率工人肄琴之地或云烘琴出於金海之柳僻國但金海柳梆世代無稱嘉悉王者恐出打我焉是錦林王陵縣西二里許朴古藏俗稱錦林王陵東京堤在縣東十謀攻大聊雕雜傳新羅兵萊知有備而邊夜築軼堤以示其眾新復縣金富軾云本加尸彌縣為高靈郡領縣景德主改名今未詳口接縣西十里地名有加西谷者凝尸音轉為西. 東觀漢記:代郡高柳烏子生三足. 章帝元和二年, 三足烏集沛國. 康熙字典: 鴈門山, 在高柳北. 《焦氏·易林》三足孤鳥, 靈明爲御.」

316 青丘永言_中文百科全書(newton.com.tw); 青邱歌謠_中文百科全書(newton.com.tw) 高麗史 "禹倬": 禹倬丹山人父天圭鄉貢進士. 倬登科初調寧海司錄. 郡有妖神祠名八鈴民惑靈怪奉祀甚瀆. 倬至卽碎之沈於海* 淫祀逐絶. 累升監察* 糾正. 時忠宣蒸淑昌院妃倬白衣持斧荷槁席詣闕上* 敢* 諫近臣展* 不敢讀.」

317 宋明 郁離子 九尾狐: 青邱之山, 九尾之狐居焉. 將作妖, 求髑髏而戴之, 以拜北斗, 而徼福於上帝. 行未至闕伯之壚, 獵人邀而伐之. 清代 儒林外史: 蓬太守看了, 都是鈔本; 其他也還沒要緊, 只內有一本, 是高青邱集詩話, 有一百多紙, 就是青邱親筆繕寫, 甚是精工.」

해만 서쪽 연아 신라 임나 가라 왜 백제" 노인들이 선조가 도망 온 사람이란 기록과 같다.318 작가 미상의 고려가요는 신라 향가와 같이 금미달에 전해오던 민요다.

5. 옥새(玉璽)의 유래

동양 문화권에서는 예부터 도장(圖章) 인(印)을 써왔다. 전국새(傳國璽)로 쓰이던 화씨벽(和氏璧)을 수극지벽(垂棘之璧)이라 했다. 중원을 다루던 황제의 옥새를 화씨벽(和氏璧)이라고 했다.

필자는 여러 차례에 걸쳐 동양에서 아직도 쓰고 있는 [번체자(繁體字)]라고 부르는 상형 글자는 "漢字"가 아니라 클 한자(韓字)로 기록함이 옳다]고 여러 번 얘기했다. 그 확실한 증거를 "삼한(三韓) 땅 청구(靑丘)의 새로운 고찰"에서 밝혔다. 옥새(玉璽)를 뜻한 둥근 옥벽(璧)이 황제가 자부선인을 만났다는 청구(靑丘) 땅에서 나타났다. 금미달을 흡수한 진시황이 28년에 강을 건너다 잃었다는 벽을 38년에 함양으로 돌아가는 도중에 그 벽을 찾았다는 사람을 만났다.319

집권자의 도장(圖章) 인(印)을 새(璽)라 했다: 강희자전에 새자는 주

---

318 三國志 辰韓傳: 辰韓在馬韓之東, 其耆老傳世, 自言古之亡人避秦役來適韓國, 馬韓割其東界地與之. 有城柵. 其言語不與馬韓同, 名國為邦, 弓為弧, 賊為寇, 行酒為行觴. 相呼皆為徒, 有似秦人, 非但燕, 齊之名物也. 名樂浪人為阿殘; 東方人名我為阿, 謂樂浪人本其殘餘人. 今有名之為秦韓者. 始有六國,稍分為十二國.

319 史記 秦始皇本紀: 三十六年, 熒惑守心. 有墜星下東郡, 至地為石, 黔首或刻其石曰「始皇帝死而地分」. 秋, 使者從關東夜過華陰平舒道, 有人持璧遮使者曰:「為吾遺滈池君.」因言曰:「今年祖龍死.」使者問其故, 因忽不見, 置其璧去. 使者奉璧具以聞. 始皇默然良久, 曰:「山鬼固不過知一歲事也.」退言曰:「祖龍者, 人之先也.」使御府視璧, 乃二十八年行渡江所沈璧也. 於是始皇卜之, 卦得游徙吉. 拜爵一級.

문 사씨절(璽 Xi saai2 si⁸: 籀文, 斯氏切)이라고 했다. 음과 뜻을 보면서 주 초기에 구금된 원주민의 지도자란 뜻으로 번후(樊侯) 태사주(太史籀)가 만든 글자다. 원주민이었던 태사주가 만든 옥새에는 예맥족(濊貊, 斯; 意在斯焉)과 관계가 있는 그림 글자가 있었다. 설문에는 왕자인(王者印), 옥편에는 천자 제후인(天子諸侯印)라고 했다. 집권자의 도장(圖章) 음가를 새(壐, 璽; bird)라고했다.

석명석서계(釋名釋書契)에 이르기를 "새(璽)는, 옮겨 다닌다. 받들다. 라는 뜻으로, 윗사람으로부터 권위를 받은 징표이며, 아무나 만들 수는 없다"고 했다.320 운해(韻會)에는 신임(信也)의 증표라 했다. 옥서를 보서(璽書爲寶書)로 바꾸어 전국새를 승천대보(承天大寶)라 했다. 서주 시절 태사주(太史籀)가 만든 옥새(璽)에는 삼족오를 뜻한 새(bird 鳥)를 그려 넣었다. 그를 진시황(秦始皇) 때부터 지존(至尊)의 징표로 썼다.

도장(圖章 印稱璽)을 처음 사용한 시기와 장소: 강희자전 새(璽)자 설명에 비공지(卑共之), 태사주, 서계(書契)하는 글자가 있다. 글자 꼴을 보면 구슬 옥변에 또는 흙 토변에 너라는 글자를 새겼다. 새(璽)라고 읽는 글자는 옥을 든 너(爾)라는 뜻이고, 새(壐; 爾: 土)자는 너의 영토란 뜻이 있다. 당시 귀중한 옥돌로 도장을 만들었다. 두루미 미(彌)자는 큰 활을 지닌 너"라는 뜻이다. 이를 단군왕검 백익(彌: 益也, 長也, 久也. 弛弓也, 徧也, 終也)의 후손이 이어 온 단군이란 직책의 끝이라 했다.321

---

320 康熙字典·璽: 王者印也. 本作壐. 天子諸侯印也. 釋名: 璽, 徙也. 封物使可轉徙 而不可發也.《韻會》信也. 古者尊共之, 秦漢以來唯至尊以爲稱. 左傳·襄二十九年: 公在楚, 季武子使公冶問, 璽書追而與之. 初改璽書爲寶書, 再改傳國寶爲承天大寶. 馬王堆: 老子甲德經: 道者萬物之注也, 善人之保也, 不善人之所葆也. 故立天子, 置三卿, 雖有共之璧以先四馬, 不善坐而進此.

321 康熙字典 彌: 益也, 長也, 久也. 彌:〔古文〕《說文》弛弓也.《玉篇》徧也.《周禮·春官·大祝》彌祀社稷禱.《類篇》終也.《詩·大雅》誕彌厥月.《傳》彌, 終也.《廣韻》益也.《論語》仰之彌高, 鑽之彌堅. 又遠也. 後秦將軍彌姐婆觸.《周禮·春官·小祝》彌災兵.《前漢·李廣傳》彌節白檀.

지금도 쓰고 있는 도장(圖章)이란 이름은 고조선 영역을 다스리던 천자의 징표를 뜻한 글자 옥새(玉璽)가 원조다. 글자 꼴과 뜻을 보면 미(彌)자에서 장씨(張氏)가 나타났다.

단군의 가르침이 도덕경의 근간이다. 도가 경전에는 승천금지벽(棄千金之璧)이라는 등 벽자가 많이 실렸다. 마왕퇴노자덕경(馬王堆老子甲德經)에 수유공지벽(雖有共之璧)이란 글자가 있다. 태평어람에 나오는 새고자존비공지(璽古者尊甲共之)하는 문구와 같은 뜻이다. 옛적 사람들이 비공(甲共)을 높이 받들었다. 공지(共之)란 분수 연안에 공동체를 이루고 치수 사업을 시작했던 공공씨의 후손이란 뜻이다.

공공씨지자구룡(共工氏之子句龍)이란 문구가 있다. 그 시절 그곳에서 옥새(印稱璽)가 처음으로 사용되었다. 건국 신화에는 환웅이 천부인 세 개(天符印三箇)를 갖고 내려왔다는 기록과 일치한다. 고조선 발생지에서 그림을 그려 지도자가 인준했다는 증거로 사용했었다.[322]

간략하면, 옥새(璽)의 출원지는 고조선 영역, 산서성 분수 연안 공공(共工; commune)의 지역으로 고조선 발생지 "意在斯焉古朝鮮 立都阿斯達"를 뜻한 곳이다. 이방인 서주 세력이 사또는 시(斯)로 기록된 원주민을 노예(隷)로 사용하여 만든 글자체를 예서(隷書)라 했다. 고조선에 전해오던 선조들의 얘기(濊記; story telling)를 기록으로 남겼다.

춘추시대 백리해(百里奚, 기원전 726년 ~ 621년)가 진(秦)나라의 재상이었다. 북송 시인 황정견(黃庭堅, 1045년 ~ 1105년)이 [순망한치

---

[322] 蔡中郎集 獨斷: 稷神, 蓋厲山氏之子柱也, 柱能殖百穀, 帝顓頊之世舉以為田正, 天下賴其功. 孟子 滕文公上: 舜使益掌火, 益烈山澤而焚之, 禽獸逃匿 潛夫論 五德志: 初, 烈山氏之有天下也, 其子曰柱, 能植百穀, 故立以為稷, 自夏以上祀之.

(脣亡齒寒)란 사자성어가 나타났던 곳]에 있던 백리해의 무덤을 지나면서 읊은 시문에 우후납수극(虞侯纳垂棘)이란 문구가 있다. 백리해가 백익(有虞氏)의 후손(虞侯)이 지니고 있던 수극지벽(垂棘之璧)을 얻었다. 진(秦) 대부정백(井伯) 백리해(百里奚)는 단군의 후손이란 뜻이다. 한왕신(韓王 信, ? ~ 기원전 196년)의 후손으로 진나라 말기 당송 8대가(唐宋八大家)의 한 사람인 한유(韓愈, 768년 ~ 824년) 스스로를 군망창려(郡望昌黎), 흔히들 "韓昌黎", 세간에는 한문공(韓文公)이라 했다.323 이 밖에도 많은 학자들이 단군의 후손으로 금미달 지역에 전해오던 옛 기록을 깊이 연구했다. 고조선의 첫 수도부터 마지막 수도까지의 역사가 전국새(傳國璽)로 쓰이던, 화씨벽(和氏璧) 또는 수극지벽(垂棘之璧)의 이전이라고 했다.

삼보(三寶)의 하나인 화씨벽(和氏璧)을 수극지벽(垂棘之璧)이라 했다.
수극지벽(垂棘之璧)이란 글자가 고조선 땅 산서성에 있던 진(晉晋)나라 사서성에서 처음 나타났다. 진헌공(晉獻公, 재위: 기원전 676년 ~ 기원전 651년)이 고조선 세력인 곽(霍) 위(魏) 우(虞) 괵(虢)나라 정벌하고 애첩 여희와 수극지벽(垂棘之璧)을 얻었다. 춘추시대에 진대부 순식(荀息)이 수극지벽(垂棘之璧)과 그 출산지의 역사서(屈產之乘)를 요구했다.324

---

323 蔡中郎集 獨斷: 稷神, 蓋厲山氏之子柱也, 柱能殖百穀, 帝顓頊之世舉以為田正, 天下賴其功. 孟子: 舜使益掌火, 益烈山澤而焚之, 禽獸逃匿 潛夫論: 初, 烈山氏之有天下也, 其子曰柱, 能植百穀, 故立以為稷, 自夏以上祀之.
324 春秋左傳 僖公二年: 晉荀息請以屈產之乘, 與垂棘之璧, 假道於虞以伐虢, 公曰, 是吾寶也, 對曰, 若得道於虞, 猶外府也, 公曰, 宮之奇存焉, 對曰, 宮之奇之為人也

맹자가 진지승(晉之乘)이라 한 곳은 고조선 땅(虞)에 전해오던 역사서를 뜻했다.

순자에는 백리해(百里奚)와 괵(虢)하는 글자가 없다. 정백 백리해(邢伯 井伯 百里奚, 726년 ~ 前 621년)를 간략히 정리(井里)라 했다. 그가 연나라에 인접한 지역(虢, 燕境)을 공격했다. 화씨벽의 출처는 단군왕검 백익이 우물을 만들어 마을이 생겼다는 황하 동쪽 지역에서 나타났다.[325]

백익의 후손이 북쪽으로 려수극(垂棘)이란 글자가 맹자에 실렸다. 진(晉)나라 땅 수극(垂棘)의 뜻: 맹자에 실린 수극(垂棘)이란 글자가 순자에는 없다. 순자정론에 이르기를(語曰)하는 글자를 우리나라에 전해 오는 속담으로 인식하여 구덩이 감정지와(坎井之蛙)를 정중지와(井中之蛙)로 풀이하여 [우물 안 개구리]라는 말이 생겼다. 그곳을 우물마을이라 하고 그곳에서 나온 옥돌을 갈아 화씨벽(和氏璧天子寶)이라는 천자의 보물을 만들었다. 같은 곳(place)을 맹자는 수극(垂棘, region)이라 하여 화씨의 벽을 수극지벽(垂棘之璧)이라 한다.[326] 백익의 후손이 살던 마을을 뜻한 우물(井), 마을(里) 수극(垂棘)하는 지역을 두 유학자가 다른 글자로 기록했다. 수극(垂棘)이란 글자는 화씨(龢氏)를 [북쪽에서 내려온 가시덤불 같은 존재]란 뜻으로 비하한 글자다. 도장 인(印)자 설명에 인은 "符. 信也. 亦因也"라 했다.[327] 정리지곤(井里之困)의 곤(困)자가

---

325 康熙字典 二: 井.《釋名》井, 清也.《廣雅》深也. 易有井卦.《世本》伯益作井.《汲冢周書》黃帝作井.《玉篇》穿地取水, 伯益造之, 因井爲市也.《師古曰》市, 交易之處, 井, 共汲之所, 因井成市, 故名.《左傳》有井伯, 即邢伯. 說文解字:《易》曰:「井, 法也.」虛: 大丘也. 古者九夫爲井, 四井爲邑, 四邑爲丘. 丘謂之虛.
326 荀子 正論: 語曰:「淺不足與測深, 愚不足與謀智, 坎井之蛙, 不可與語東海之樂.」: 和之璧, 井里之厥也, 玉人琢之, 為天子寶. 孟子 萬章上: 晉人以垂棘之璧與屈產之乘, 假道於虞以伐虢. 墨子閒詁:《荀子·大略》篇云「和之璧, 井里之厥也」.《晏子春秋·雜上》篇作「井里之困」, 困亦即梱也. 據荀, 晏二書, 則梱以木石為之. 此藉車, 以大車輪為梱者, 蓋亦於跋下為之. 失四分之三在上.

모형이 비슷한 인할 인(因)자를 거쳐 음이 같은 도장 인(印)자가 나타났다.

마지막 수도 금미달과 관련된 사건과 지명을 이렇게 혼미하게 기록했다. 진시황이 고조선 지역에 전해오던 옥새를 받았다. 사기 진시황본기에 이일(異日) 한왕이 영토와 새(璽)를 바쳤다가 후에 약속을 어기고 한, 조, 위 세 나라가 합종하여 진(秦)나라에 반항했다. 진시황 옥새(玉璽)는 화씨지벽(和氏之璧)으로 만든 옥새다. 중산국으로 알려진 금미달 영역을 빼앗았던 조(趙)나라로부터 얻었다. 그 후(금미달 지역에 살던 성인 유하혜(柳下惠, 聖之和)가 사망한 산동성) 지역을 순행하다 강에서 잃어버렸던 벽(渡江所沈璧)을 얻었다. 이를 화씨벽(和氏璧)이라 한다. 시황제가 지니고 있던 옥새(玉璽)를 진나라 마지막 황제 자영(秦王子嬰)으로부터 한고조 유방이 물려받아 한나라 때에 전국새(傳國璽)란 명칭이 나타났다.328 전후한 전환기에 전국새(傳國璽)를 넘겨주지 않으려는 황후가 있었다.329 손건이 먼저 후한의 수도 낙양(洛陽)에 진입하여 한나라 때 쓰던 전국새(漢傳國璽)를 얻었다. 그에 색인 된 수명우천(受命于天)이란 글자는 천부인(天符印)을 뜻함이다. 선비족 우문씨

---

327 康熙字典 卩部 四:《說文》執政所持信也. 从爪从卩. 卩象相合之形. 今文作卩, 瑞信也. 手爪以持印. 會意.《廣韻》符, 印也. 印, 信也, 亦信也, 封物相因付.《增韻》刻文合信也.

328 漢書 元后傳: 漢高祖入咸陽至霸上, 秦王子嬰降於軹道, 奉上始皇璽. 及高祖 誅項籍, 即天子位, 因御服其璽, 世世傳受, 號曰漢傳國璽. 前漢紀 高祖皇帝紀二: 沛公至霸上. 秦王子嬰素車白馬. 繫頸以組. 奉皇帝璽降于軹道旁. 沛公執之以屬吏. 於是秦遂亡矣. 繫頸以組. 奉皇帝璽降于軹道旁. 沛公執之以屬吏. 於是秦遂亡矣.

329 前漢紀 孝平皇帝紀: 初高帝時得秦玉璽. 因服命之. 名傳國璽. 莽令王舜從太后求之. 太后怒罵舜. 汝不顧義. 我漢家寡老婦. 旦暮且死. 用此璽俱葬. 太后因號泣而言. 漢書 元后傳: 太后因涕泣而言, 舜亦悲不能自止, 良久乃仰謂太后:「臣等已無可言者. 莽必欲得傳國璽, 太后寧 能終不與邪!」太后聞舜語切, 恐莽欲脅之, 乃出漢傳國璽, 投之地以授舜,曰:「我老已死, 知而兄弟, 今族滅也!」舜既得傳國璽, 奏之, 莽大說.

가 하늘로부터 글문(文)을 받았다는 뜻에 우문(宇文)을 성씨로 했다.

탁발씨(拓跋氏)의 탁(拓)자는 땅이란 뜻이고, 발(跋)자는 밝다는 뜻의 사음자로 북(北)쪽을 뜻한다. 탁발씨(拓跋氏)가 나타난 곳이 옛적에 우리 양곡이라 부르던 아사달 지역이다. 북당(北唐)의 북(北 [běi]; 빛 sun-ray) 자는 (햇) 빛의 사음자다. 해(解)를 당숙우가 식읍으로 정해서 성씨로 했다. 비씨(費氏)는 "햇빛(sunray)이라는 뜻의 해비씨(解枇氏)"와 같이 당숙우(唐叔虞)의 후손이다.330 두자 성 해비씨가 해씨로 바꾸었다. 북쪽에 있다 하여 북당(北唐)이라 했다. 북을 별(『北』古『別』star)이라고 했다. 고구려성에 북씨(北; 高麗姓) 즉 해씨가 있다고 했다.331 선비족 탁발씨(拓跋氏)는 후에 원(元)씨로 바꾸었다. 사달이 그들의 본향이라 한다. 고구려와 같은 언어를 썼다.332 선비족이 402년에 임분에서 분수 계곡을 따라서 남쪽에서 화친맹약을 하다 파혼하여 전쟁이 나타났다. 이를 진서(晉書)와 십륙국춘추에는 절대 권력자를 뜻한 등군옥벽자 시벽지전(柴璧之戰)이라 한다. 형용사로 쓰인 섭 시(柴)자는 예맥족의 본향 어조사 시(斯豕澌廝)의 다른 사음자다.

요 임금이 귀중한 벽옥을 물에 버렸다는 뜻의 요침벽어하(堯沉璧於河)란 문구와 순침벽우하(舜沈璧于河)란 문구도 보인다. 천자가 서왕모를 만나 하종벽(授河宗璧)을 받았다가 요사(妖邪)스런 물건이라 물에 던져 버리고, 두 번 큰 절(再拜)을 하고 중벽지대(重璧之臺)를 쌓았다.

---

330 《廣韻》自唐叔虞食邑于解, 後因氏. 又複姓.《姓苑》北魏有解枇氏, 後改爲解氏.
331 廣韻 北: 高麗姓, 北唐子眞治京氏, 易世本云晉有高人隱於北唐因以爲氏.『北』古『別』.
332 前漢紀 後魏始為拓跋氏. 北方謂土爲拓, 謂后曰跋. 孝文改爲元氏. 廣韻 拓: 周書王秉王興 並賜姓王氏又有拓跋氏北土黃帝以土德 王北俗謂土爲拓謂 后爲跋故以拓跋爲氏跋亦作拔

숙서기년에는 북쪽에 살던 현토씨가 보옥을 바쳤다는 기록이 있다.³³³ 이렇게 글자를 바꾸어 시대와 장소를 확인하기 어렵게 기록했다.

6. 맺는말

북쪽에서 내려와 치수 사업이 시작한 곳에서 공공(垂共工)이 글자를 썼다. 허진(許慎, 58년 ~ 148년)의 설문해자(說文解字)에는 삼수 일월 성신(三垂, 日月星也)이라 했다. 드리울 수(垂)자 풀이가 번잡하다. 반세기 후에 편술된 채옹(蔡邕, 132년 ~ 192년)의 채중랑집(蔡中郎集) 황금 도끼에 새긴 명문에 고구려왕 자백고(高句驪嗣子伯固) 이리모(伊夷謨, 179년 ~ 197년)가 서쪽 선비족과 같이 중원 세력에 반기를 든 사건을 삼수소연위국우념(三垂騷然為國憂念)이라 했다.³³⁴ 상간하(桑乾河) 유역 금미달(今彌達) 지역에서 북쪽으로 내려갔던 "유목민 세 지도자가 다시 결합하여 내려와 중원을 괴롭혔다"는 뜻이다.³³⁵

영가(永嘉, 307년 ~ 312년) 때 고구려가 선비족은 단씨와 우문씨(段氏, 宇文氏)와 합심하여 전연(前燕)을 세운 모용황(慕容皝)의 아버지 모용외(慕容廆, 269년 ~ 333년)의 별명이 혁락괴(弈洛瑰)다. 관(冠)에 붙

---

333 穆天子傳: 古文: 吉日甲子, 天子賓于西王母. 乃執白圭玄璧以見西王母. 天子授河宗璧. 河宗伯夭受璧, 西向沉璧于河, 再拜稽首. 五舍至于重璧之臺. 竹書紀年 帝舜有虞氏: 息慎氏來朝貢弓矢. 四十二年, 玄都氏來朝, 貢寶玉
334 說文解字: 示: 天垂象, 見吉凶, 所以示人也. 从. 三垂, 日月星也. 觀乎天文, 以察時變. 示, 神事也. 凡示之屬皆从示. 蔡中郎集 黃鉞銘: 孝桓之季年, 鮮卑入塞鈔, 盜 起匈奴左部, 梁州叛羌逼迫兵誅, 淫衍東夷. 高句驪嗣子伯固, 逆謀竝發, 三垂騷然, 為國憂念, 四府表橋公. 柔遠能邇, 不煩軍師, 而車師克定.《左傳》作提彌明.
335 《呂氏春秋》伊尹生于空桑. 桑丘, 庚桑. , 簹文桑.

였던 구슬이 떨어졌다는 뜻이 숨어 있다. 창려 극성선비족(昌黎棘城鮮卑人)으로 사마중달을 도와 공손연을 토벌한 공으로 옛적에 전욱고양씨 살던 극성(棘城)에서 나라를 세웠다. 창려현(昌黎縣)은 당산에서 산해관에 이르는 지역이었다.

기록에는 옥새보(玉璽譜)가 몇 개 있다. 모용씨 영역에서 만든 옥새는 조전(鳥篆)자라 했다. 옥새보 옛적에 진시황이 화씨벽을 얻어 깎아 옥새를 만들어 승상이사가 글자를 새겨 넣었다.336 내용이 같다 하나 글자와 어순이 "受天之命"을 "受命於天"으로, "受命於天, 旣壽永昌"을 "受命于天 旣壽且康" 이라 하고, 차강 영창「且康 永昌」두 글자는 착(錯)이라 했다.337 백랑수(白狼水)라고 부르던 대능하 일대의 홍산 문화(紅山文化) 유적이 발굴된 곳을 전욱고양씨가 살던 곳(顓頊高陽氏)이라고 한다.

동북쪽으로 옮겨 유성(柳城)에 자리잡고 점차로 중원의 풍속을 모방했다. 당시 최필이 고구려로 도망했다.338 그곳을 창려 노룡현이라고 풀이한다.

---

336 玉璽文: 受天之命, 皇帝壽昌.《宋書·禮志五》:「高祖入關, 得秦始皇藍田玉璽, 螭虎紐, 文云云. 高祖佩之, 後代名曰『傳國璽』.」又《御覽》六百八十二引《玉璽譜》有雍州璽, 文與此同, 鳥篆, 是慕容所制.〉受天之命, 旣壽永昌.《後漢·光武紀》注引《玉璽譜》:「傳國璽是秦始皇初定天下初刻, 其玉出藍田山, 丞相李斯所書, 其文云云. 高祖至霸上, 秦王子嬰獻之.」〉受命于天, 旣壽永昌.《御覽》六百八十二引.《吳書》:「孫堅討董卓, 頓軍洛南, 得漢傳國璽, 其文云云.」又引《玉璽譜》曰:「傳國璽是丞相李斯所書.」其文同.

337 三國志 吳書一 孫堅傳, 江表傳曰: 舊京空虛, 數百里中無煙火. 堅前入城, 惆悵流涕. 吳書曰: 堅入洛, 埽除漢宗廟, 祠以太牢. 堅軍城南甄官井上, 旦有五色氣, 擧軍驚怪, 莫有敢汲. 堅令人入井, 探得漢傳國璽, 文曰「受命于天, 旣壽永昌」, 方圓四寸, 上紐交五龍, 上一角缺. 初, 黃門張讓等作亂, 劫天子出奔, 左右分散, 掌璽者以投井中. 山陽公載記曰: 袁術將僭號, 聞堅得傳國璽, 乃拘堅夫人而奪之. 江表傳曰: 案漢獻帝起居注云「天子從河上還, 得

338 三國史記 高句麗國本紀: 崔毖聞之, 使其兄子燾詣棘城僞質. ●臨之以兵, 燾詣首服, ●●遣燾歸. 謂毖曰:「降者, 上策; 走者, 下策也.」引兵隨之. 毖與數十騎, 棄家來奔, 其衆悉降於●. ●以其子仁, 鎭遼東官府, 市里案堵如故.

산서성 대현 중산국 영역에 있던 지명을 모두 동북쪽 만주 땅으로 밀어버렸다.

금미달 지역에서부터 해하 수계에서 발해만 연안에 이르는 지역에 조선(朝鮮)이 있었다.339 조선이 있던 지역에 창해군이 나타났다. 이를 후한서에 예군남여(濊君南閭)가 28만 명을 이끌고 요동으로 갔다고 했다. 오늘의 천진 당산 일대에 백제 땅 맥국(濊國)이 있었다. 그곳에 [신라 가야 왜 백제 등] 여러 소읍 국가가 나타났다.

금미달에 전승해 오던 보물을 갖고 떠나 발해만에 나타났다. 부여에는 대대로 전해오던 옥벽 옥갑규 등 귀한 보물이 있었다.340 공손연이 양평성에서 잡힌 때에 이러한 사실이 밝혀졌다. 사마천의 사기와 광개토대왕 비문에 나오는 양평으로 오늘의 천진당상 일대다. 고허촌에 조선 유민이 6개 부락을 이루고 살았다는 곳에서 신라가 나타났다. 신라 남해 차차웅 16년에 북명인(北溟人)이 밭을 갈다가 예왕인(濊王印)을 얻었다. 고구려 3대 대무신왕(大武神王, 재위: 18년 ~ 44년)이 22년에 북명 사람 괴유(北溟人 怪由)를 얻어 부여(扶餘)를 정벌했다. 그때 부여에 전해오던 금새(金璽) 정(鼎) 등 여러 보물을 얻었다.341 북명(北溟)은

---

339 方言: 則楚言哀曰唏, 燕之外鄙, 朝鮮洌水之間, 少兒泣而不止曰喧。蔡中郎集 黃鉞銘: 孝桓之季年, 鮮卑入塞鈔, 盜起匈奴左部, 梁州叛羌逼迫兵誅, 淫衍東夷。高句驪嗣子伯固, 逆謀竝發, 三垂騷然, 為國憂念, 四府表橋公。昔在涼州, 柔遠能邇, 不煩軍師, 而車師克定。

340 三國志 魏書三十 夫餘傳: 漢時, 夫餘王葬用玉匣, 常豫以付玄菟郡, 王死則迎取以葬。公孫淵伏誅, 玄菟庫猶有玉匣一具。今夫餘庫有玉璧, 珪, 瓚數代之物, 傳世以為寶, 耆老言先代之所賜也。魏畧曰: 其國殷富, 自先世以來, 未嘗破壞也。其印文言「濊王之印」, 國有故城名濊城, 蓋本濊貊之地, 而夫餘王其中, 自謂「亡人」, 抑有似也。魏畧曰: 舊志又言, 昔北方有高離之國者, 其王者侍婢有身, 王欲殺之, 婢云:「有氣如鷄子來下, 我故有身。」後生子, 王捐之於溷中, 猪以喙噓之, 徙至馬閑, 馬以氣噓之, 不死。王疑以為天子也, 乃令其母收畜之, 名曰東明, 常令牧馬。東明善射, 王恐奪其國也, 欲殺之。東明走, 南至施掩水, 以弓擊水, 魚鼈浮為橋, 東明得渡, 魚鼈乃解散, 追兵不得渡。東明因都王夫餘之地。

제5장 마지막 단군 찾기 251

동명왕이 도착한 부여, 발해만 서남쪽이다.

삼국사기는 의문이 많은 흑치상지 열전에 보벽(寶璧)이란 사람이 실렸다. 그를 백제 서부인이라 했다. 비류왕의 후손으로 해안을 따라 남쪽으로 가 자리 잡은 옛 담로의 하나였던 광동성 계림 일대 사람이라 본다.342

중산국으로 알려진 미지(彌地)의 옛 수도를 영수(靈壽, 古中山邑. 靈壽寶華)라 했다. 시경에는 계획을 영대(經始靈臺)에서 시작했다. 역수, 호타하가 흐르는 금미달 지역 청구(靑丘)에서 나타난 화씨벽이 한나라 때 전국새로 쓰이다 위진 혼란기에 실종되었다.

금미달 지역 유울국(柳郁國)에 살던 가실왕(嘉悉王)이 사마천의 본향 소량(少梁)에 내려갔다. 가실왕(嘉悉王)이 유울국(柳郁國)에서 내려갔다 하여 유하혜(柳下惠)라 했다. 그의 생존 시기는 모호하다. 그가 살던 시기를 공자 이전 또는 이후라 한다. 갖은 시련을 겪은 그를 이윤, 백이, 공자와 같은 반열의 성인으로 고조선의 은자(非朝隱者)라 했다.

소량 일대에 "평양, 아사달이라고 기록했던" 임분시(臨汾市)와 운성시(運城市)가 있다. 맹자가 만나 대화를 했던 왕(梁惠王, 魏安釐王, 魏襄王, 魏惠成王)의 무덤이 도굴되어 위서에 실렸던 단군왕검 설화가 사실로 확인되었다. 금미달 영역에 다시 나타났던 위나라 둘째 지도자 위무후(魏武侯, 기원전 424년 ~ 기원전 370년)가 마지막 단군이다. 위나라

---

341 三國史記: 王出師, 伐扶餘, 次沸流水上, 望見水涯, 若有女人, ●鼎游●. 就見之, 只有鼎. 使之炊, 不待火自熱, 因得作食, 飽一軍. 忽有一壯夫曰:「是鼎吾家物也, 我妹失之, 王今得之, 請負以從.」遂賜姓負鼎氏. 抵利勿林理勿林宿, 夜聞金聲. 向明, 使人尋之, 得金璽兵物等,曰:「天賜也.」拜受之. 上道有一人, 身長九尺許, 面白而目有光. 拜王曰:「臣是北溟人怪由. 竊聞大王北伐扶餘, 臣請從行, 取扶餘王頭.」王悅許之. 又有人曰:「臣赤谷 人麻盧, 請以長矛爲導.」王又許之

342 三國史記: 列傳第四 黑齒常之, 百濟西部人. 左監門衛中郎將寶璧, 欲窮追邀功, 詔與常之共討, 寶璧獨進, 爲虜所覆, 擧軍沒. 寶璧下吏誅, 常之坐無功.

셋째 지도자부터 왕이란 칭호를 썼다. 전임왕의 위업을 계승하려고 수도를 대량으로 옮긴 양혜왕(梁惠王)이 수유(須臾離樂) 란 별명이 붙은 가야국 가실왕(嘉悉王)이다. 그의 후손들이 해안을 따라 동남아로 흩어져 나가 해운업을 하며 남천축국 세일론에 이르렀다.

제6장

북부여(北夫餘)

1. 부여의 어원 Etymology of Buyeo

2. 동명(東明)이 떠난 곳

3. 바둑(圍碁. Go game)의 시원(始原): 시대와 장소

4. 삼국지에 실린 부여(不與)

5. 금미달의 낙안(樂安)을 낙랑군(樂浪)으로.

6. 중원에 나타난 부여(夫餘)

7. 삼한(三韓) 땅 청구(青丘青丘)의 어원

8. 진한(辰韓) 진국(辰國) 신라(新羅)

1. 부여의 어원 Etymology of Buyeo

Westerners take one sided story written by Chinese and claim that Buyeo(夫餘/扶餘) was an ancient kingdom in modern-day northeast China. It is related to the Yaemaek people, who are considered to be the ancestors of modern Koreans. Buyeo was the mother of Korean kingdoms namely Goguryeo and Baekjae. In fact, the phonetics of Buyeo emerged from the dawn of Yellow Valley Civilization and her diaspora spread out wide in the Asian Continent.

They went south and built many small-town states along the coastal region of southern China. They took control of the maritime domain. The Baekjae royal family used Buyeo(夫餘) as their surname.

부여라는 어음으로 기록된 예맥(濊貊, 斯)족은 그 기원이 요원하여 "부여의 어원"에는 학설이 구구하다. 사슴 또는 비둘기와도 관계가 있다. 사슴이 족쇄를 채운 돼지들과 합심하여 싸웠다는 탁록이란 글자에 있다.

삼족오의 오(烏)자를 비둘기 구(鳩)자로 바꾸었다. 비둘기는 평화의 상징으로 쓰인다. 예맥(濊貊, 斯)족이 살던 곳에 환웅의 아들이 내려(意在斯)와 고조선을 세웠다. 사마씨의 본향(意在斯)이기도 하다. 사마천이 북쪽 변경을 설명하면서 북쪽은 오환(烏桓), 부여(夫餘)와 접하고 동쪽은 조선(朝鮮) 진번(眞番)과 접한다고 했다.343 그가 쓴 부여(夫餘)란

---

343 三國史記 高句麗本紀第七: 三年春正月, 遣使入魏朝貢. 二月, 扶餘王及妻●, 以國來降. 史記

글자는 역수(易水), 즉 호타하가 흐르는 [발해(勃海)와 갈석산(碣石山) 일대에 사는 오환 예맥 이외의 사람들]이란 뜻이 있다. 관자에 비이지계(卑耳之溪)라 했던 금미달 지역 청구(靑丘)를 뜻했다.

사학계에서 사용하는 부여(夫餘, 扶餘)란 두 다른 글자는 진수의 동이전에 실렸다.344 도울 부자 부여(扶餘)란 글자는 중원 세력에 협조하는 부여 부락이라는 뜻이 있다.

서주가 들어와 노예로 이용당했던 예맥(濊貊, 斯)족이 분산되어 동북아시아에 흩어져 여러 글자로 기록되었다.345 예맥(濊貊)족의 후손을 부여(夫餘扶餘)와 아니 불자 부여(不與)로 기술했다. 공손연은 해모수(解慕漱)의 혈통이다.

동한의 왕부(王符: 約 85년 ~ 約 163년)가 편술한 잠부론(潛夫論 志氏姓)에 성씨의 기원을 정리했다. 왕공의 자제들은 천 세대가 지나도 (선조의) 덕업이나 관직을 알고 있어 성으로 삼았다. 왕에도 계층이 많

貨殖列傳: 夫燕亦勃, 碣之間一都會也. 南通齊, 趙, 東北邊胡. 上谷至遼東, 地踔遠, 人民希, 數被寇, 大與趙, 代俗相類, 而民雕捍少慮, 有魚鹽棗栗之饒. 北鄰烏桓, 夫餘, 東綰穢貉, 朝鮮, 真番之利.

344 三國志: 夫餘本屬玄菟. 漢末, 公孫度雄張海東, 威服外夷, 夫餘王尉仇台更屬遼東. 魏畧曰: 其國殷富, 自先世以來, 未嘗破壞也. 其印文言「濊王之印」, 國有故城名濊城, 蓋本濊貊之地, 而夫餘王其中, 自謂「亡人」, 抑有似也. 魏畧曰: 舊志又言, 昔北方有高離之國者, 其王者侍婢有身, 王欲殺之, 婢云: 東明走, 南至施掩水, 以弓擊水, 魚鼈浮為橋, 東明得渡, 追兵不得渡. 東明因都王夫餘之地. 濊貊, 扶餘單于, 焉耆, 于闐王皆各遣使奉獻

345 山海經 大荒北經: 有三桑無枝. 丘西有沉淵, 顓頊所浴. 有胡不與之國, 烈姓, 黍食, 有山名曰不咸. 有肅慎氏之國. 有共工之臺, 射者不敢北嚮. 有人衣青衣, 名曰黃帝女魃. 蚩尤作兵伐黃帝, 黃帝乃令應龍攻之冀州之野. 焦氏易林: 愛我嬰女, 牽引不與. 冀幸高貴, 反得不興. 詩經國風 曹風 蜉蝣: 蜉蝣之羽, 衣裳楚楚. 心之憂矣, 於我歸處. 蜉蝣掘閱, 麻衣如雪. 心之憂矣, 於我歸說. 詩說 曹:《蜉蝣》: 君怠國危, 曹大夫閔之而作, 皆比何賦也大戴禮記 夏小正: 浮游有殷. 殷, 眾也. 浮游, 殷之時也. 浮游者, 渠略也, 朝生而莫死. 稱「有」, 何也? 有見也

왔다. 그들이 살던 지역 이름의 익(號邑諡), 직업으로 하던 일(所謂事也), 호(所謂號也), 자(所謂字也), 살던곳(所謂居也) 등에 따라 여러 성씨가 나타났다.

왕씨공손씨(王氏, 侯氏, 王孫, 公孫)는 받았던 작위(所謂爵也)에서 나왔다.

앞서 발해만 서남쪽 연안 무종사람서요(徐樂, 燕郡無終人)가 인용한 공손씨(公孫氏)란 왕공대인(王公大人)의 후손이란 뜻이다. 왕공대인의 후손은 북쪽 흉노땅으로 도망을 가기도 했다. 하여 사기 제후년표에는 잡혀 온 흉노 추장에 "公孫賀, 公孫敖, 公孫戎奴" 등 공손이란 이름이 실렸다. 사마천은 공손씨의 시조를 황제 헌원이라고 오제본기에 기록했다. 삼국지 공손도전에는 공손도를 출세시킨 사람이 현토태수공손역(玄菟太守公孫琙)이라고 했다. 여씨춘추(呂氏春秋 恃君覽 知分)에는 안자와 최저가 약속(晏子與崔杼盟)한 문구가 실렸다: 부여최씨와 공손씨는 같은 혈통이란 뜻이다.

최저(崔杼)의 후손은 번창하지 못하고 북쪽으로 올라갔던 공손씨(公孫氏)는 번창했다. 그가 현토 태수공손역(公孫琙)이다. 북쪽에 살고 있던 부여를 먼저 다루고 남쪽에 나타났던 부여(夫餘)를 뒤에 다루기로 한다.

삼한(三韓)의 시조가 각종 이기(利器)를 만들었다 선진 문헌에 "부여"란 어음으로 기록된 "浮遊, 浮渝, 蜉蝣" 등 여러 글자가 있다. 순자 해폐(解蔽) 편에 전국시대까지 문명이기의 발달사를 요약했다. 북쪽에서 내려온 사람들(倕: 亻: 垂)이 활을 만들고(作弓) 부유(浮游作矢)가 화살을 만들었다. 드리울 수(垂)자는 내릴 강(降洚)자 같이 북쪽에서 내려온 사람들을 뜻했다. 해중이수레(奚仲作車)를 만들고 승두가 말타는 법을 시작(乘杜作乘馬)했다. 증자(曾子)가 말한 "그 사람들은 쥐를 물리칠 수 있고 악령이 나와 함께 노래할 수 있는 곳에 살고 있다"는 문구를 인용했다. 그 밖에도 문헌에 나타난 이기(利器)의 유래를 보면 북쪽에서 내려온 사람들이 뗏목에서 쪽배(舟)를 개발하여 범선으로 진전했다.346 한, 중의 모든 문헌에서 동명(東明)을 부여의 시조라고 기록되어 있다.

2. 동명(東明)이 떠난 곳

동명(東明)이 떠나 부여에 도착하여 왕이 되었다. 그의 출발점과 방향이 혼잡하게 기술되었다. 문헌을 종합해 보면, 그는 역수(易水)가 흐르는 금미달을 떠나 발해만 서쪽 연안 오늘의 천진당산 일대에 도착했다. 그곳을 부여라 했다.

떠난 곳은 북이탁리국(北夷橐離國) 고리국(高離之國) 고려국(高麗國)을 떠난 동명(東明)이 부여(夫餘)에 도착하여 부여의 왕이(因都王夫餘) 되었다. 동명이 떠난 곳은 도술인 시라가 불상을 싣고 왔다는 연소왕의 수도 연도(燕都)가 있던 산서성 오대산 일대 금미달에 있었다. 세 지도자가 떠나간 단군을 대신하여 그곳을 대현(代縣)이라 했다.
세 지도자가 살던 곳이라 '쌍간하(桑乾河)'라는 이름을 붙였다. 세 지

---

346 荀子 解蔽: 倕作弓, 浮游作矢, 而羿精於射; 奚仲作車, 乘杜作乘馬, 而造父精於御: 自古及今, 未嘗有兩而能精者也.曾子曰:「是其庭可以搏鼠, 惡能與我歌矣!」《呂氏春秋》有倕作舶. 巧垂作舟. 倕為工師. 舟: 舟船.(不與崔氏而與公孫氏者受其不祥)《墨子》云: 工倕作舟.《呂氏春秋》云: 虞姁作舟丗本曰共鼓貨狄作舟

도자가 이끌던 무리를 "호, 부여, 고려"라 했다. 전국시대 연나라의 계보가 혼잡하다.

태자단의 부친을 연왕희(燕王 喜) 또는 희(會燕太子丹)라 하지만 자객 형가를 보낸 곳이 연소왕(燕昭王) 7년에 도술인 시라(尸羅)가 불상을 싣고 온 연도(燕都)다. 비구니가 사는 곳(比丘尼所居), 즉 가람(伽藍)이 있었고, 그 지역에 역수(易水), 호타(虖沱)하, 성수, 습수 등 여러 여울이 있다. 그 계곡에 산봉우리 같은 큰 무덤이 많아 청구(靑丘)라 했다. 한국에서는 붉을 단(丹)자 위에 주자를 더한 글자 청구(靑丘)로 쓴다. 두 청(靑, 青)자에는 은밀한 사연이 잠겨있다.[347]

Hutuo River : 동명이 떠난 곳은 궁홀산 금미달, 도착한 곳은 천진시

---

[347] 水經注 易水: 易水出涿郡故安縣閻鄉西山. 其水側有數陵, 墳高壯, 望若靑丘, 詢之古老, 訪之史籍, 竝無文證, 以私情求之, 當是燕都之前故墳也. 삼한(三韓)땅 청구(靑丘)의 유래:《Lee Mosol's Book Collection (ancienthistoryofkorea.com)》

금미달 수도를 연도(燕都)라 했다. 그곳에서 떠나 해하 수계를 따라 발해만 서쪽에 천진 일대에 도착했다.348 이를 창해군이 생겼다가 사라졌다고 했다. 창해군 설명이 시대에 따라 다르게 설명했다. 맥군남려(濊君南閭)가 280만 명을 이끌고 왔다고 했다. 공손홍이 평준후가 되어 그곳을 식읍으로 하사받았다고 했다.349

자객 형가(荊軻)와 같이 갔던 진무양(秦舞陽)을 고점리(高漸離)라 했다.350 이름이 아니라, 높은(高) 전대(橐)를 [동아줄 삭 索, 찾을 색, 구할 소, 노 삭]으로 묶어지고 점점 멀리 떠나가던 형상을 그린 문구다. 그가 기원전 226년에 산서성 대현 오대산 구릉을 지나는 역수를 건넜다. 연 태자단(丹)이 보냈던 자객 두 사람이 떠난 곳 가까운 곳에서 탁록대전(涿鹿大戰)이 있었다. 황제가 자부선인을 만났다는 곳이다. 그곳에 삼족오(三足烏)가 나타났다.351 불가에서는 안문관에 살던 사람을 아왕(鵝王)이라 했다. 내가 삼족오(三足烏)를 숭상하는 지역 사람들의 왕이란 뜻이다. 동명이 출발한 곳이다. 동관 한기에 [대군고유(代郡 高柳)에서

---

348 水經注 濁漳水:《魏土地記》曰: 章武郡治. 故世以為章武故城, 非也. 又東北分為二水, 一右出為淀, 一水北注滹沱, 謂之濊口. 清漳亂流, 而東注于海. 故濊邑也, 枝瀆出焉, 謂之濊水

349 史記 平準書: 彭吳賈滅朝鮮, 置滄海之郡, 則燕齊之閒靡然發動. 及王恢設謀馬邑, 匈奴絶和親, 侵擾北邊, 兵連而不解, 天下苦其勞, 而干戈日滋. 蒼海郡 - 维基百科, 自由的百科全书

350 論衡 - 北夷橐離國. 後漢書 東夷列傳: 北夷索離國. 史書 燕丹子: 軻起為, 歌曰:「風蕭蕭兮易水寒, 壯士一去不復還.」高漸離擊筑, 宋臆和之. 為壯聲, 皆涙流. 二子行過, 夏扶當車前刎頸以送. 二子行過陽翟, 軻買肉爭輕重, 屠辱之, 武陽擊, 軻止之. 史記 刺客列傳: 太子及賓客知其事者, 皆白衣冠以送之. 至易水之上, 既祖, 取道, 高漸離擊筑, 荊軻和而歌, 為變徵之聲, 士皆垂涙涕泣

351 水經注 灅水: 灅水出雁門陰館縣, 東北過代郡桑乾縣南. 又案《瑞應圖》, 有三足烏, 赤烏, 白烏之名, 而無記于此烏, 故書其異耳. 自恒山已北, 竝有此矣. 水側有石祇洹舍并諸窟室,比丘尼所居也. 易水出涿郡, 其水側有數陵. 墳高壯, 望若青丘, 詢之古老, 訪之史籍, 竝無文證, 以私情求之, 當是燕都之前故墳也. 或言燕之墳塋, 斯不然矣.

까마귀가 다리가 셋인 새끼를 낳았다, 삼족오가 산동성 큰 호수 일대 패국(沛國)에 정착했다는 기록이 있다.352 동명이 도착한 부여 땅이다.

연태자가 굳은 맹세의 상징으로 손가락을 잘라(太子斷手) 형가에게 주었다. 그를 받은 형가(盛以玉盤奉之)가 읊은 노래에 나오는 역수새(易水寒)란 금미달에 있던 궁홀산 요새를 뜻했다. 그곳에 있던 동쪽 궁정 앞에 연못이 있었다. 동궁에서 같이 자고 연못을(臨池水而觀) 내려다보며 약속을 했다.353 진시황을 죽이려던 계획에 실패한 연태자단(燕丹子)이 쫓겨 결국 요수 동쪽(遼東) 산해관 일대 시황도를 지나는 여울 바위에서 자살했다. 그 여울이 대석하(大石河)다. 이를 패수(浿水)라고 논증했다. 사기 조선 열전에 나오는 패수는 산동성 미산호 연안 늪 패(沛)자를 사음하여 발해만 서쪽에 접붙였다. 대석하가 바다로 들어가는 입구를 넘칠 연수(衍水)라 했다. 그곳에서 연태자가 잡혔다 하여 태자하(太子河)라 했다. 발해만 서쪽에 있던 중원에서 멀리 있던 여울 요수(遼水) 동쪽, 천진항 서쪽을 간략히 지칭하여 요동(遼東)이라 했다. 장성이 양평(襄平) 서쪽에서 끝났다. 연왕 공손연이 양평성(襄平城)에서 잡혔다. 그곳이 진시황에게 항복하지 않았던 조선 왕비(朝鮮王否)가 있던 곳이다. 위서(魏書) 고조기에 필립궁단(必立宮壇) 강무평양(講武平壤)이라 실렸다.354

---

352 東觀漢記: 章帝元和二年, 三足烏集沛國. 三年, 代郡高柳烏子生三足.
353 燕丹子 卷下: 池水 後日與軻之東宮, 臨池水而觀. 軻拾瓦投龜, 太子令人捧盤. 荊軻, 投盡復進. 軻曰:「非為太子愛金也, 但臂痛耳.」 後復共乘千里馬. 軻曰:「馬肝甚美.」 太子即殺馬進肝. 暨樊將軍得罪於秦, 秦求之急, 乃來歸太子. 太子置酒華陽之臺. 酒中, 太子出美人能琴者. 軻曰:「好手琴者!」 太子即進之. 軻曰:「但愛其手耳.」 太子斷手, 盛以玉盤奉之. 太子常與軻同案而食, 同床而寢
354 三國志 韓傳: 及秦并天下, 使蒙恬築長城, 到遼東. 時朝鮮王否立, 畏秦襲之, 略服屬秦, 不肯

마땅히 중원에도 장승, 고인돌이었어야 한다. 다른 형태로 만들어 기
록했다. 삼국지 공손도전에 참서(讖書)를 인용한 문구 양평정리사대석
(襄平延里社大石)이다.355 금미달(今彌達)이란 [위나라 역사서를 쓴 사
람이 살던 시대 미가 다루던 땅]이란 뜻이다. 그 지역을 훈역하여 미지
수천리(彌地數千里)라 했다. 그 동쪽 끝에 양평성이 있었다. 광무제가
미지(彌地)를 청주(青州)라 했다가 후에 유주(幽州)에 편입시켰다.356
진수가 친진시에 있던 양평(襄平)을 만주로 옮겨 요양(遼陽)을 지나는
여울을 태자하(太子河)라 했다. 전국시대 말기에 부여와 고구려가 모두
(중원 세력의) 북쪽에선 비(鮮卑)족과 접해있었다.

산서성 오대산 일대 금미달을 지나는 여울을 역수(易水), 치수(治水),
호타하(滹沱河), 요수(遼水), 성수(聖水)라고 불렀다. 동명이 영정하(永
定河) 상류에 있던 북리색리국(北夷索離國)을 떠나 발해만 서쪽에 도착
했다. 발해만 서쪽 연안을 부여라 했다.

북부여(北夫餘)를 북리 색리국이라 했다. 해모수를 시조로 하는 북부

朝會. 魏書 高宗紀: 詔曰:「朕每歲以秋日閑月, 命群官講武平壤. 所幸之處, 必立宮壇, 糜費之
功, 勞損非一.」

355 神異經: 東方外有東明山, 有宮焉, 左右有闕而立, 其高百尺, 畫以五色, 青石為牆. 三國志 夫
餘傳: 夫餘本 屬 玄菟. 漢末, 公孫度雄張海東, 威服外夷, 夫餘王尉仇台更屬遼東. 水經注 灅
水:《莊子》曰: 雅, 賈矣. 馬融亦曰: 賈, 烏也. 又案《瑞應圖》, 有三足烏, 赤烏, 白烏之名, 而無
記于此鳥, 故書其異耳. 水側有石祇洹舍并諸窟室, 比丘尼所居也. 무씨사 - 위키백과, 우리
모두의 백과사전(wikipedia.org) 東觀漢記 肅宗孝章皇帝: 章帝元和二年, 三足烏集沛國.
三年, 代郡高柳烏子生三足, 大如雞, 色赤, 頭上有角, 長寸餘. 詔曰:「乃者白烏, 神雀, 甘露屢
臻, 降自京師.」又有赤烏, 白燕.

356 晉書: 遼東國秦立為郡. 漢光武以遼東等屬青州, 後還幽州. 三國志 公孫度傳: 遣太尉司馬宣王
征淵. 六月, 軍至遼東. 漢晉春秋曰: 公孫淵自立, 稱紹漢元年. 聞魏人將討, 復稱臣於吳, 乞兵
北伐以自救

여에서 고구려와 백제가 나타났다. 신라 시조 박혁거세가 그곳을 떠나 해안으로 내려와 나라를 세워 궁예(弓裔)라 했다. 금미달의 요새 궁홀산(弓忽山)에 살던 지도자의 후예란 뜻이다. 삼한(三韓)의 시조가 모두 고조선 수도 금미달, 즉 청구(靑丘)에서 나타났다.

신라 영역에서 예왕인이 나타났다. 공손연이 잡힌 양평성 창고에는 옥벽, 규, 예왕인(玉璧,珪, 濊王之印)등 수많은 보물이 있었다. 전승자사 마선왕이 양평성의 보물들을 가져 나조귀의 수도 궁궐을 화려하게 장식했다. 삼국지 부여전의 노인들 얘기로는 그들의 선조는 도망 온 사람들이라 했다.

부여(夫餘, 扶餘)의 마지막은 한, 중 두 나라 기록에 모두 실렸다. 부여의 마지막 수도가 공손연이 잡힌 천진항 일대에 있던 양평성이었다. 동명(東明)이 도착했던 곳이다. 백제가 영역을 5부 37군(五部三十七郡)으로 나누어 통치했다. 군현제 이름에 마한(馬韓) 웅진(熊津) 금연(金漣) 덕안(德安)이 있었다. 마한(馬韓)은 백제의 일부였다.

진시황이 중국을 통일하고 전국을 36개 군으로 나누어 통치하고, 백제 전성기에는 한해의 동서에 수도를 두고 22담로(國有二十二擔魯)가 있었다는 사실을 고려하면 동명(東明)부는 동명왕이 도착했던 부여다.357 이를 수서에는 백제의 맥국이라 했다.

그곳을 모용외(慕容廆, 269년 ~ 333년)가 침략하여 부여 왕 의려(依慮)가 자살하고 아들은 옥저로 도망갔다.358 그 후 부여의 잔여 세력이

---

357 三國史記 百濟國本有五部, 三十七郡, 二百城, 七十六萬戶, 至是, 析置熊津, 馬韓, 東明, 金漣, 德安五都督府, 各統州縣. 擢渠長, 為都督, 刺史, 縣令以理之. 太平御覽 百濟: 所都城曰固麻, 謂邑曰擔魯, 如中國之言郡縣也.
358 晉書 夫餘國, 至太康六年為慕容廆所襲破, 其王依慮自殺, 子弟走保沃沮. 武帝以何龕為護東夷校尉. 明年, 夫餘后王依羅遣使詣龕, 求率見人還復舊國, 遣督郵賈沈以送之, 爾后每為廆掠.

고구려 문자명왕 3년(494년)에게 투항하였다. 고구려 영역에 대조영이 건국한 발해(渤海)가 글안에 정복되었다. 그 후에 옛 고구려 북쪽 지역이었던 곳에 부여란 나라가 잠깐 나타났다 사라졌다.

부여(夫餘, 扶餘)와 고구려는 시월 개천절을 지냈다. 고구려는 부여신과 부여신의 아들 고등신(高登神) 목각을 세웠다.359 백제에서는 특별히 시조 동명조(東明廟)에 참배하고 왕이 하늘과 땅에 제사를 올렸다.360

3. 바둑(圍碁, Go game)의 시원(始原): 시대와 장소

오직 삼한 땅 한반도에서만 위기(圍棋 囲棋, go departure)를 바둑이라 한다. 앞서 "바둑에 숨은 상고사"란 표제로 다음과 같은 글을 올렸다.

중원 기록에는 요임금(堯造圍棋)이 창안하여, 그의 아들 단주(丹朱)가 즐겼다고 한다. 아니다. 글자와 어음에 그 사연이 있다.

바둑의 "바"는 백익을 뜻하고, 둑은 뚝섬(纛島)의 어원에서 나타났다. 치우천왕의 출사표를 뜻한 "둑 독, 둑 도, 기 독(纛) 어음"에서 나왔다. 이아 역언(爾雅 釋言)에서는 백익을 뜻한 글자 "纛, 翳也"라고 했다. 천독(東海之內, 北海之隅, 有國名曰朝鮮, 天毒, 其人水居, 偎人愛人)이 다

其種人賣於中國, 帝又以官物贖還. 禁市夫餘之口. 十六國春秋: 太康六年, 又率衆東伐扶餘, 扶餘王依慮自殺, 子弟走保沃沮, 虜夷其國城, 驅掠萬餘人而還.《魏志》曰: 漢時, 夫餘王葬用玉鉀, 常豫以付玄菟郡, 王死則迎取以葬. 公孫淵伏誅, 玄菟庫猶有玉鉀一具. 今夫餘庫有玉璧, 圭, 瓚數代之物, 傳世以為寶. 耆老言: 先代之所賜也.

359 三國史記:『北史』云:「高句麗常以十月祭天, 多淫祠. 有神廟二所: 一曰夫餘神, 刻木作婦人像; 二曰高登神, 云是始祖夫餘神之子. 竝置官司, 遣人守護, 蓋河伯女, 朱蒙云

360 三國史記: 二年春正月,(+王)謁始祖東明廟. 二月, 王祀天地於南壇. 春正月, 謁東明廟, 又祭天地於南壇.

스리는 고을(毒 縣, 영역, 영토)을 뜻해 만든 깃발이 둑기(纛旗)란 글자다. 치우천왕은 단군왕검 백익 이후에 나타난 지도자다.

바둑 놀이는 단군왕검 백익의 뒤를 이은 마지막 단군이 금미달을 떠나던(go, departure) 전국시대에 나타났다.

앞서 장구하게 미륵신앙(彌勒信仰)의 유래를 몇 번 설명했다. 미륵의 미(彌)자는 큰 활을 든 사람이란 상형 자로 유목민이었던 동이의 지도자를 칭한 글자다. 단군왕검 백익을 뜻해 "彌: 益也, 長也, 久也"하는 풀이가 있다.

유가에서는 백익의 후손을 두루미 미(彌)자로도 기록했다. 전국시대에 원시불교가 금미달에 들어왔다. 불가에서는 그곳에 있던 통치자가 말굴레를 썼다 하여 미륵(彌勒)이라 했다. 중원 세력은 두루미 미(彌)자를 기러기 안(鴈 鵝)으로 바꾸어 천하의 요새를 안문관(雁門關)이라 하고, 불가에서는 그곳에 살다 떠난 지도자를 미륵(彌勒) 또는 안(鴈 鵝) 왕이라 했다.

주역계사(繫辭)에 미륜천지지도(彌綸天地之道)란 문구가 있다.361 유가에서는 이를 "역은 하늘과 땅에 비준함이다. 그러므로 능히 天地의 도를 두루 다스려 짠다."로 풀이한다. 아니다. 주족이 고조선 땅에 들어와 단군왕검 백익이 남겨놓은 역서를 주역이라 했다. 그 근거가 미윤

---

361 康熙字典 : 䴏 䴗 鵝: 野曰雁, 家曰鵝《世本》伯益作井.《汲冢周書》黃帝作井. , 鵝:《說文》曰: 䴔鵝也. 鴛鵝 環其城邑曰闉. e闉 囲 같은 뜻과 음이 같다.䴔鵝也.長胆善鳴, 羮首似傲, 故曰鵝.《爾雅·釋鳥》舒雁, 鵝.

(彌綸)이란 글자다. 홍법구주 이윤 유서의 이윤(彝倫)을 미륜(彌綸)으로 바꾸었다. 미륜 천지지도(彌綸天地之道)란 문구는 백익의 가르침(彌綸)이 천지의 도란 뜻이다.

마지막 단군이 금미달을 떠나던 당시 상황을 맹자가 남겼다. 불가에서 아왕(鵝王)이란 글자는 서안(舒鴈 鵝), 즉 기러기가 나라 가려고(駟) 날개를 활짝 편 상태를 뜻했다. 대량으로 내려온 곳에서 맹자를 만나 답론했다. 맹자는 사사건건 위혜왕(鵝王; 魏 惠王, 기원전 400년 ~ 기원전 334년)을 힐책했다. 육구몽(陸龜蒙, ? ~ 881년)은 "駟鵝慘于冰", 육립회소적(陸立懷所適) 이라, 즉 (원대한 꿈을 실행하려고) "날아갔던 기러기가 얼어버린 호수에 내려 실패했다. 등극했던 곳에서 적응했어야 했다"고 읊었다.

가아참 우빙(駟鵝慘于冰)이란 "거위는 얼음 위에서 위기에 처해 있다"는 뜻으로 풀이한다. 가아란 어음(語音)을 다른 글자 "駕鵝"로도 썼다. 그 지역에 살던 사람들이 [기러기(雁)가 떠나 갔다]는 뜻의 어음을 가차한 글자가 "가아(駟鵝 駕鵝 가다, go departure)란 글자"다.
야생 기러기와 같은 종류의 물 새를 거위 아(鵝: domestic goose)라 한다. 거위란 "갈 거(去) 높을 위(魏)"의 사음자다. 지도자가 갔다는 뜻이다. 높을 "위(魏)가" 잡혔다 하여 "음이 같은 에워 쌀 위(圍, 囗)자"로 썼다.

지도자 아왕(鵝王)이란; 가아(駟鵝 駕鵝 가다, go departure)왕을 간략한 글자다. 고유국이라고도 하던 가야국 가실왕을 가아왕이라 했다. 그가 살던 궁홀산(弓忽山) 금미달(今彌達)이 바둑(圍棋, go)의 발원지이다.

천자 "백익이 우물을 만들어 마을이 생겼다"는 곳을 포위했다는 뜻이 우물 정자가 들어간 위기(圍棋)란 글자다. 그곳이 금미달이다. 금미달을 떠나 해안으로 내려와 신라 시조 궁예(弓裔), 박혁거세 거서간 하는 문구가 신라 본기 첫 줄에 실렸다. 임나 가라 백제 비미호 모두 그 일대에서 나타났다.

예부터 전해오던 한국 특유의 바둑을 순장 바둑이라 했다. 여덟 곳에 군웅이 있었다. 이들을 어떻게 포섭하여 자기편을 만들어 관할 영역이 가장 넓은 패(覇)자가 되어 둑기(纛旗)를 달았던" 역사를 집안에서 연구한 놀이가 되었다. 잡은 포로를 그들의 고향에 돌려보내 영역이 줄어든다.

금미달에서 나타난 부여와 가라에 순장(殉葬) 풍속이 있었다. 주군과 같이 묻힌 순장(殉葬) 풍속에서 유래된 이름 순장 바둑이다. 금미달 지역에 많은 군웅이 나타났던 발조선(發朝鮮) 시대 말기의 역사가 바둑에 있다.

4. 삼국지에 실린 부여(不與)

산해경에는 호부여지국(胡不與之國)이 숙신씨 마을 가까이 실렸다. 서쪽에서 온 현지인과는 다른 사람들이 살던 마을이란 뜻이다. 부여와 선우에게 황덕불(open fire pit)을 돌보라 하여 부여맹(不與盟)이란 술어가 나타났다는 기록이 고조선 영역의 역사를 뜻한 진어(國語 晉語)에 있다. 책부원귀에는 조선의 서민이란 뜻의 선비(鮮卑)를 선모(鮮牟)라고 했다. 관자에는 북주 후 이름을 모(牟)라 했다. 옛적에 신라와 백제

왕 이름에 모(牟)가 실렸다.

옛 금미달 지역에서는 중원 사람들이 쓰던 언어와는 다른 언어(不與人語)를 사용하는 부족이 살고 있었다. 역경에는 때때로 고려어(高麗言)가 보인다고 했다. 공자가 만든 역경의상(象象)은 부여경문과 유사(相連)하다.362 여러 경전에는 부여(扶餘)와 음이 같은 부여(不與)란 글자로 기록된 사람들이 살던 지역을 삼한(三韓)이라 했다.363

진수는 부여란 어음을 동호를 뜻한 호(胡)자를 빼고 부여(不與)란 글자만 사용했다.

아니 부자 부여(不與)란 글자를 때로는 훈역하여 혼란을 초래한다. 삼국지 동이전에 실린 부여(不與)란 글자를 훈역하여 삼한 사람들이 언어가 달랐다고 풀이한다.364 모두 금미달 지역에서 내려왔다. 삼한(三韓)은 모두 같은 언어를 썼다. 진-한 혼란기에 금미달 지역에서 수도를 잃은 책임 추궁을 했다. 고조선의 여러 부족이 서로 싸우느라(鮮卑不與餘國爭衡) 남쪽 세력과는 접촉이 없었다.365 읍루(挹婁)는 부여(夫餘; 천진 일대) 동북 천여 리 큰 바다 연안 옥저 북쪽에 있다. 그 나라 북쪽

---

362 三國志 高貴鄕公紀: 孔子何以不云燧人氏沒包羲氏作乎? 俊不能答. 帝又問曰:「孔子作象,象, 鄭玄作注, 雖聖賢不同, 其所釋經義一也. 今象, 象不與經文相連, 而注連之, 何也?」俊對曰:「鄭玄合象, 象於經者, 欲使學者尋省易了也. 三國志 鍾會傳: 著道畧論, 注易, 往往有高麗言.」
363 後漢書 東夷列傳: 韓有三種. 一曰馬韓, 二曰辰韓, 三曰弁辰. 馬韓在西, 有五十四國, 其北與樂浪, 南與倭接. 盡王三韓之地. 其諸國王先皆是馬韓種人.
364 山海經 大荒北經: 有三桑無枝. 丘西有沉淵, 顓頊所浴. 有胡不與之國, 烈姓, 黍食, 有山名曰不咸. 有肅愼氏之國. 有共工之臺, 射者不敢北嚮. 有人衣靑衣, 名曰黃帝女魃. 蚩尤作兵伐黃帝, 黃帝乃令應龍攻之冀州之野.
365 三國志 鮮卑傳: 鮮卑自為冒頓所破, 遠竄遼東塞外, 不與餘國爭衡, 未有名通於漢, 而自與烏丸相接. 至光武時, 南北單于更相攻伐, 匈奴損耗, 而鮮卑遂盛. 建武三十年, 鮮卑大人於仇賁率種人詣闕朝貢, 封於仇賁為王.

끝은 알 수 없다. 그들은 부여 사람과 같다. 언어 또한 부여(不與; 금미달 지역) 부여(夫餘 발해만 연안), 고구려와 같다. 금미달 지역을 물 수변이 없는 발해(勃海)라 하고, 천진 앞바다(渤海)라 했다.366 삼한의 지도자가 모두 마한 사람(牟/馬韓種人)이라 했다. 진한(辰韓) 언어는 부여 마한(不與馬韓同)과 같았다.

5. 금미달의 낙안(樂安)을 낙랑군(樂浪)으로

1) 낙랑(樂浪)의 어원

죽서기년과 사기에는 낙랑(樂浪)이란 글자가 없다. 금미달 지역(雁門, 云中, 代郡, 上谷)의 흉노를 정벌한 공으로 봉했던 지역에 낙안후(樂安侯)란 글자가 실렸다.367 사마천(司馬遷)이 궁형을 당하게 된 이릉(李陵) 사건의 핵심이 되는 흉노 정벌에 공을 세운 위청(衛青)과 이광(李廣)에게 낙안후(樂安侯)란 작위를 주었다.368

안문(鴈門)관이 있는 산서성 대현(代縣) 일대 금미달 영역을 다스리던 지도자를 낙안후(樂安侯)라 했다. 그곳이 낙랑(樂浪)의 시원지다. 고구려와 신라 국왕에게 낙랑공(樂浪公)이란 칭호를 주었다. 오호십육국 시대 금미달을 통치했던 모용외(慕容廆 庾)에게 조선공(朝鮮公)이란

---

366 三國志: 挹婁在東北千餘里, 濱大海, 南與北沃沮接, 未知其北所極. 其人形似夫餘, 言語不與夫餘, 句麗同.
367 史記 建元以來侯者年表: 太史公曰: 匈奴絕和親, 攻當路塞. 國名樂安: 以輕車將軍再從大將軍青擊匈奴得王功侯.二. 五年四月丁未, 侯李蔡元年.
368 史記 李將軍列傳: 孝武帝時, 至代相. 以元朔五年為輕車將軍, 從大將軍擊右賢王, 有功中率, 封為樂安侯. 史記 衛將軍驃騎列傳: 將軍李蔡, 成紀人也. 以輕車將軍從大將軍有功, 封為樂安侯.

칭호를 주었다.369 사기에 없던 낙랑(樂浪)이 한서에 나타났다. 금미달에 있던 낙안(樂安)을 '낙랑'으로 바꾸어 한사군의 하나인 낙랑군(樂浪郡)을 설치했다. 낙안(樂安)은 산동반도 제나라 영역으로 바꾸었다.

금미달에 있던 고조선의 수도를 낙랑 즉 평회성(樂浪卽平壤城)이라 했다.370 그곳에 살던 신라 사람들이 발해만 해안으로 내려왔다 하여 그들이 낙랑인이라 했다. 궁에 시조 박혁거세란 문구와 일치한다. 평회성이 있던 낙안 지역을 동명성왕의 손자 고구려 태무신왕무휼(無恤, 4년 ~ 44년)이 정벌했다. 그리하여 그곳 사람들이 신라 건국지에 있던 고조선 6부에 흩어져 살았다. 동명성왕 이후 100년 안에 나타난 현상이다.

광개토대왕 사망 후 아들 장수왕이 진(晉)나라에 사신을 보냈다.371

---

369 三國遺事: 樂浪國前漢時始置樂浪郡. 應邵曰. 故朝鮮國也新唐書注云. 平壤城. 古漢之樂浪郡也國史云. 赫居世三十年. 樂浪人來投又第三弩禮王四年. 高麗第三無恤王伐樂浪滅之. 其國人與帶方北帶方投於羅. 又無恤王二十七年. 光虎帝遣使伐樂浪. 取其地爲郡縣. 樂浪卽平壤城. 宜矣. 或云樂浪中頭山下靺鞨之界. 東有樂浪. 北有靺鞨. 新羅人亦以稱樂浪. 三國史記 → 檢索 "無恤: 無恤襲樂浪滅之, 其國人五千來投, 分居六部"

370 南齊書: 東夷高麗國, 西與魏虜接界. 宋末, 高麗王樂浪公高璉爲使持節, 散騎常侍, 都督營平二州 諸軍事, 車騎大將軍, 開府儀同三司. 太祖建元元年, 進號驃騎大將軍. 三年, 遣使貢獻, 乘舶泛海, 使驛常通, 亦使魏虜, 然彊盛不受三國史記: 長壽王, 諱巨連一作璉. 開土王之元子也 開土王十八年, 立爲太子. 二十二年, 王薨, 卽位元年, 遣長史高翼, 入晉奉表, 獻●白馬. 安帝封王高句麗王 樂安郡樂浪郡}}}公 "樂浪郡漢置. 統縣六. 國漢置. 晉書: 高句麗王 釗遣使謝恩, 其方物. 儶以釗爲營州諸軍事, 征東大將軍, 營州刺史, 封樂浪公, 王如故. 宋書: 高句驪王, 樂浪公璉, 世事忠義

371 南齊書: 東夷高麗國, 西與魏虜接界. 宋末, 高麗王樂浪公高璉爲使持節, 散騎常侍, 都督營平二州 諸軍事, 車騎大將軍, 開府儀同三司. 太祖建元元年, 進號驃騎大將軍. 三年, 遣使貢獻, 乘舶泛海, 使驛常通, 亦使魏虜, 然彊盛不受三國史記: 長壽王, 諱巨連一作璉. 開土王之元子也 開土王十八年, 立爲太子. 二十二年, 王薨, 卽位元年, 遣長史高翼, 入晉奉表, 獻●白馬. 安帝封王高句麗王 樂安郡樂浪郡}}}公 "樂浪郡漢置. 統縣六. 國漢置. 晉書: 高句麗王 釗遣使謝恩, 貢其方物. 儶以釗爲營州諸軍事, 征東大將軍, 營州刺史, 封樂浪公, 王如故. 宋書: 高句驪王, 樂浪公璉, 世事忠義

진나라에서는 장수왕을 낙안군공(樂安郡公)에 봉했다는 기록이 삼국사기에 있다. 중국 사서에는 장수왕에게 주었던 낙안군공(樂安郡公)을 낙랑공(樂浪公)으로 바꾸고, 금미달 지역에 봉한 사람을 낙안후(樂安侯)라 했다.

진수의 삼국지와 수경주에는 낙안(樂安)이 여러 곳에 실렸다. 이 글자의 장소를 혼미하게 설명했다. 금미달 지역 청구(靑丘)를 청주 땅이라 하여 산동반도로 옮겼다. 그에 따라 낙안(樂安)이란 글자가 산동반도에 나타났다.

2) 북부여(夫餘)어를 개적어(蓋狄語)

설문해자(說文解字)에 "낙랑(樂浪)은 다어(多語)다. 말갈(靺鞨; Mòhé, 모해)어란 뜻이다"라고 했다. 모시서에서 하어(何語)라 한 글자를 수경주에는 개적어(蓋狄語)라 했다. 쌍간하(桑乾水)가 흐르는 금미달에 예맥족의 수도가 있었다. 옛적에 진시황이 빼앗던 영역을 되찾으려고 올라왔던 한고조 유방이 흉노에게 포위당해 화친맹약을 했던 요새다. 한왕신(韓王信)을 봉했던 마읍(馬邑) 이다. 그 일대에 살던 말갈 사람들이 쓰던 어음 "랑랑"의 사음자가 낙랑(樂浪)이란 글자다. 광운에 진눈깨비 영, 흰구름 앙(霙)자를, 물 맑을 영(渶)자와 같이 청구산에서 나오는 물 이름(水名出靑丘山)이라 했다. 산해경 중산경(中山經)에 향초(蔆: 香草)가 많이 자라는 오림산(吳林山)이 있다. 그곳 관리가 이르기를, 그 일대가 모두 한국(部從事吳林以樂浪本統韓國)이었다. 통전에 실린 낙랑(樂浪)군을 고조선국(故朝鮮國)이라 했다.372

배구가 얘기한 고죽국(孤竹國)이 고구려 땅이라 했던 곳이다. 그곳에서 임유관 전쟁이 발생했다. 그 시절이 고구려와 백제의 전성기였다.

논란이 많은 낙랑(樂浪)이란 이름은 금미달에 있던 고조선 수도였다.
그곳을 청구(靑丘)라 했다. 중원에서 가장 먼 곳에 있던 여울(탄 灘)이라 '요수(遼水)'라고 했다. 이 여울을 동쪽으로 이어 붙이듯, 낙랑이란 글자도 동쪽으로 이어, 중원에 알려지지 않았던 한반도 평양에 접붙였다.373

6. 중원에 나타난 부여(夫餘)

중원에 나타난 부여(夫餘)씨는 여러 시대에 걸쳐 북쪽에서 내려온 사람들의 이름에서 유래했다고 광운에 실렸다.374 그들은 동북아시아 전역에 흩어져 살던 예맥(濊貊)족이다. 상(商, 기원전 1600년경 ~ 기원전 1046년경)나라 고종이 불암성에서 현인을 얻어 부열(傅說)이라 했다. 또한 삼가분진 시절에 중원에 남아있던 한선자(韓宣子)의 후손

---

372 三國史記: 按兩『漢志』:「樂浪郡距洛陽東北五千里.」注曰:「屬幽州, 故朝鮮國也.」則似與●林地分隔絶.
373 說苑 辨物: 齊桓公北征孤竹, 未至卑耳谿中十里, 闃然而止, 瞠然而視有頃, 奉矢未敢發也 從左方渡, 曰遼水. 表之, 從左方渡至踝, 從右方渡至膝, 淮南子 墜形訓: 何謂六水?曰河水, 赤水, 遼水, 黑水, 江水, 淮水.
374 廣韻: 姓晉有餘頠又漢複姓三氏晉卿 韓宣子之後有名餘子者奔於齊 號韓餘氏 又傅餘氏本自傅說說旣爲相 其後有留於傅嚴者因號傅餘氏秦亂自淸河入吳漢興還本郡餘不還者曰傅氏今吳郡有之風俗通云吳公子夫摡奔楚其子在國以夫餘爲氏今百濟王夫餘氏也. 晉書陶侃少時漁於雷澤嘗網得一梭以挂於壁上須臾雷雨暴至乃化爲龍而去. 東方國名. 卽扶餘也.

(餘子)이 산동성 제(齊)나라로 가서 한여씨(韓餘氏)가 되었다. 한여씨의 지류가 대륙 백제왕 부여(夫餘)씨의 시조라 했다.375

논형에서는 부여와 고구려의 선조를 동명성왕(東明)이라 했다.376 남조 역사서에 왜왕(倭王)이 다스렸다는 백제 신라 가라 모한 진한 육국 부여(夫餘)씨의 출원지는 유목민 세(參麻桑蔘) 지도자가 살던 쌍간하(桑干河)가 흐르는 금미달(今彌達)이었다. 세 지도자를 삼한(三韓)이라 했다. 진나라 대부 한경자(卿韓宣子)의 후손이 남쪽 오(吳)나라 영역에 내려왔다 돌아가고 남아있던 사람들이 부여씨가 되었다.

금미달에 나타난 북부여를 떠난 삼한의 후손들이 주로 중원의 해안에 흩어져 살았다. 한해 동쪽 한반도를 따라 동남쪽으로 내려갔던 해상로는 중원에 알려지지 않았던 곳(SMa-O)이라 기록에 실리지 않았다.

석륵(石勒)이 후조(後趙)를 세울 당시에 진대위였던 요강(晉太尉陶侃)이 강남 양양(襄陽)지역을 평정하고 남아있던 사람들이 부여씨가 되었다. 요강의 일화를 설명하면서 순임금이 농사를 짓고 살았다는 지역 전택(雷澤)에서 생선을 잡다 수유전우폭(須臾雷雨暴)하여 용이 되어 동방국명이 되었다. 즉 부여(夫餘) 국명이다. 금미달(今彌達)이 수

---

375 十六國春秋: 晉太尉陶侃遣其子平西參軍斌及南中郎將桓宣乘虛攻拔樊城, 悉俘其眾, 敬旋師救樊, 宣追戰於涅水, 敬軍敗績,淮南子 墜形訓: 雷澤有神, 龍身人頭, 鼓其腹而熙

376 史記 殷本紀: 殷契, 母曰簡狄, 有娀氏之女, 為帝嚳次妃. 三人行浴, 見玄鳥墮其卵, 簡狄取吞之, 因孕生契. 契長而佐禹治水有功. 故遂以險艱姓之, 號曰傅說.《廣韻》本作濊, 濊貊, 夫餘國名. 廣韻: 餘: 殘也, 賸也, 皆也, 論衡 吉驗: 東明得渡. 魚鼈解散, 追兵不得渡. 因都王夫餘, 故北夷有夫餘國焉. 東明之母初妊時

유(須臾)란 이름이 붙은 사람의 본향이다.

요강(晉太尉陶侃)의 업적을 실부그중(悉俘其衆)이라, 즉 그 많은 중에 실(悉)도 떠 있다고 했다. 같은 문구가 통전과태평어람에도 있다. 실부(悉俘)란 글자는 가야국 가실왕(嘉悉王)과 관련이 있는 글자다. 위혜왕(魏惠王, 기원전 400년 ~ 기원전 334년)이 소양으로 내려왔다 하여 맹자는 그를 양혜왕(梁惠王)이라 했다. 그가 가야국 가실왕이다. 호북성 양양(襄陽)지역에 나타난 양(梁)나라에서 고야왕(顧野王)왕이 옥편을 만들었다. 고야(顧野)란 글자는 가야(加耶)란 음이 와전된 사음자라고 논증했다. 동명이 떠난 금미달에서 떠나야 한다는 뜻의 가야가 나타났다. 가야국 가실왕(加耶國嘉悉王)이 떠난 곳은 동명이 떠났던 지역이다. 그곳에서 불가에서 사용하는가라(Khara 伽羅, 加羅) 또는 가람(伽藍, 神名)이란 이름이 나타났다. 그곳에 나타난 오리 중에 큰 물새를 가람조(伽藍鳥: 水鳥, 鵝之大者)라 했다. 미륵을 안왕(雁王) 또는 아왕(鵝王: 舒鴈 鵝)이라 했던 안문관 일대다. 떠나버린 새란 뜻에 가아(䴀; 䴀鵝 go)라 했다. 고유국, 즉 가야국 가실왕(加耶國嘉悉王)을 뜻한 글자다. 앞서 다룬 바둑을 다른 나라에서는 " 圍棋, 가다웨이, go game" 라 한다. 마지막 단군이 떠난 금미달과 관계가 있는 이름이다.

무휼(無恤)이 낙랑을 멸하고 그곳 사람들을 고조선 사람들이 살던 신라 6부에 살게 했다. 그 시절에 도솔가(兜率歌)를 지어 향가, 즉 국풍(國風)의 시초가 되었다.377 향가는 회소곡(會蘇曲)과 같이 낙랑을 평

---

377 三國史記 新羅本紀第一: 朝鮮遺民分居山谷之間, 爲六村於是歌舞百戱皆作, 謂之嘉俳. 是時, 負家一女子起舞歎曰:「會蘇, 會蘇!」其音哀雅, 後人因其聲而作歌, 名《會蘇曲》. 王無恤襲樂浪滅之, 其國人五千來投, 分居六部.

회성(樂浪即平壤城)이라 한 궁홀산 금미달에서 유래되었다. 그들이 발해만으로 내려와 평회성(平壤城)을 양평성(襄平城)이라 했다. 향가(鄕歌)는 삼한의 후에 중에 궁에 시조 혁거세가 세운 신라에만 나타났다. 금미달 지역에 전해 오던 개적(夷蓋狄) 어음이 향가에 남아있다.

내륙에서 해안을 따라 흩어져 나간 예맥족(濊貊)의 후손들이 여러 곳에 살아 백가 제해(百家濟海)라 했다. 이를 간략한 글자가 백제(百濟)란 나라 이름이다. 그들이 부여(扶餘)를 성씨(氏)로 하여 백제 왕실의 성씨(姓氏)로 했다. 중원에 살던 부여씨의 한 지류는 운남성에 정착하여 자그만 왕국을 이루고 살았다. 신라와 가라의 자치주(羅伽甸)가 있었고, 백제는 양호(梁浩)를 원나라에 사신으로 보냈다.378 진서와 책부원귀 [금미달에서 떠난 사람들이 남중국 해안 4,000여 리에 걸쳐 신미제국(新彌諸國) 20여 국을 이루고 살았다]고 남겼다.379 강남에서 한반도로 건너오는 한해 남쪽 항로가 개발되기 전이다. 이를 송서에는 왜 백제 신라 임나 가라 진한 변한 "倭百濟新羅任那加羅秦韓慕韓" 일곱 나라는 왜왕이 다스렸다고 했다. 삼한 중에 변한(弁韓)이란 글자는 없다. 변한 사람들을 왜 백제(倭百濟)라고 했다.

---

378 晉書 列傳第六 衛瓘 張華 劉卞: 撫納新舊, 戎夏懷之. 東夷馬韓, 新彌諸國依山帶海, 去州四千餘里, 歷世未附者 二十餘國, 並遣使朝獻. 冊府元龜: 晉張華為都督幽州諸軍事領烏桓校尉安北將軍撫納新舊夏懷之 東夷馬韓新彌諸國依山帶海去州四千餘里歷世未附者二十餘國並遣使朝獻,於是遠夷賓服四境無虞頻歲豐稔士馬強盛

379 元史 本紀第六 世祖三: 乙巳, 百濟遣其臣梁浩來朝, 賜以錦繡有差. 禁僧官侵理民訟. 乙卯, 高麗國王 王禃遣使來朝. 元史 地理四: 昆陽州下. 在滇池 Dian Lake南, 僰, 獹雜夷所居, 有城曰巨橋, 今為州治. 叛唐, 令曲旂蠻居之. 段氏興, 隸善闡. 今夷中名其地曰. "東極高麗, 西至滇池, 南蹠朱崖(해남도), 北盡鐵勒, 是亦古人之所未及為者也"開元中, 降為羈縻州. 今夷中名其地曰羅伽甸. 初, 麼, 些蠻居之, 後為僰蠻所奪. 南詔蒙氏為河陽郡, 至段氏, 麼, 些蠻之裔復居此甸, 號羅伽部. 元憲宗四年內附, 六年以羅伽部為萬戶. 南詔蒙氏為河陽郡, 至段氏, 麼, 些蠻之裔復居此甸, 號羅伽部. 元憲宗四年內附, 六年以羅伽部為萬戶.

명나라 때 편술된 『욱리자(郁離子)』에 동쪽에는 일본 부쌍 현토 삼한 부여(三韓扶餘)란 글자가 있고, 자획보(字劃補)에는 부여(扶餘)를 잠깐 유부유(兪臾)라 했다.380 이렇게 부여란 어음은 여러 글자로 온 세월 동안 동북아시아 전역에 나타났다.

7. 삼한(三韓) 땅 청구(靑丘靑丘)의 어원

Battle of Zhuolu(涿鹿) Town with the tori gate in the Hebei Province of China is the birth place of Three Hahns(三韓), that is the precursor of Korean kingdom(大韓帝國) before Japanese colonial period. The region was named as the Green Hills from the scenery of large tombs in the valley of Mount Wutai(五臺山) in Shanxi Province, China.

청구(靑丘, 青丘)의 어원: 산서성 오대산 구릉 청구(靑丘)가 삼한(三韓)의 출원지다. 청구(靑丘, 青丘)를 [천독(天毒)을 설명할 때 나타난 쌍토 규 밑에 달 월 또는 붉을 단자 모양을 붙인] 두 글자로 쓰고 있다. 황제가 자부선인(紫府仙人)을 만났다는 청구(靑丘)는 발해만 서쪽 산서성 대(代)현 쌍간하(桑干河), 성수(聖水), 단수(檀水), 거마수(巨馬水), 역수(易水)라고도 부르는 여울이 흐르는 오대산 영지(靈地, 靈芝)에 커다란 무덤이 여러 개가 흩어진 모양이 마치 푸른 산봉우리 같다 하여 만든 지역 이름이다.381 그곳 산 위에는 법등(法澄)이 세운 사찰이 있고, 백양

---

380 郁離子 九難: 東窮日本扶桑, 玄菟樂浪, 海岱靑徐, 三韓扶餘 자획보 冊府元龜: 晉張華為都督幽州 諸軍事領護烏桓校尉安北將軍撫納新舊戎夏懷之 東夷馬韓新彌諸國依山帶海去州四千餘里歷世 未附者 二十餘國並遣使朝獻, 於是遠夷賓服四境無虞頻歲豐稔士馬強盛

신(白楊山神)을 모신다는 백양사(白楊寺)가 있었다.

도술인(道術人) 시라(尸羅)가 높은 부도(浮圖)탑을 수레에 끌고 왔다는 연나라 수도 앞에 옛적 무덤(燕都之 前故墳)이 여기저기 흩어져 마치 푸른색 구릉(丘陵)과 같다]는 표현이 청구(青丘)의 어원이 있다.382 구릉(丘陵)을 간략히 하여 구(丘)라 했다. 큰 언덕 릉(陵)자에는 무덤이란 뜻이 있다. 이에 서임금의 무덤을 뜻하는 왕릉(王陵) 또는 능묘(陵墓)하는 낱말이 나타났다. 누수(濡水)란 눈물이 흘러 강이 되었다는 뜻이 있다.

삼한(三韓) 땅 청구(青丘)의 새로운 고찰: 고려시대부터 삼한(三韓) 땅 청구(青丘)란 문구를 한반도에 적용했다. 조선 영조 4년에 김천택이 가곡집을 청구영언(青丘永言)이라 했고, 김정호의 조선 지도를 청구도(青邱圖)라 했다. 대구에는 청구(青丘) 대학이 있다. 선조들의 장엄한 무덤이 있던 금미달 구릉을 청구(青丘)라 불렀다는 유래를 알고 있었는가는 모르겠다.

모화사상에 젖어 소중국(小中國)이란 별명까지 붙었던 이씨조선 말기에 동학(東學)개혁운동이 나타나 이씨왕조는 몰락했다. 일본이 멸망

---

381 抱朴子 地真: 昔黃帝東到青丘, 過風山, 見紫府先生, 受三皇內文, 以劾召萬神, 南到圓隴陰建木, 觀百靈之所登, 採若乾之華, 飲丹巒之水. 抱朴子曰: 「師言欲長生, 當勤服大藥, 欲得通神, 當金水分形. 形分則自見其身中之三魂七魄, 而天靈地祇, 皆可接見, 山川之神, 皆可使役也.」 水經注: 易水出涿郡 故安縣. 其水側有數陵, 墳高壯, 望若青丘, 詢之古老, 訪之史籍, 竝無文證, 以私情求之, 當是燕都之前故墳也. 或言燕之墳塋, 斯不然矣. 其水之故瀆南出, 屈而東轉, 又分為二瀆. 一水逕故安城西, 側城南注易水, 夾塘崇岐, 邃岸高深.
382 字書 急就篇: 朋黨謀敗相引率. 欺詆詰狀還反眞. 字書 說文解字: 假: 非眞也. 从人叚聲. 一曰 至也.《虞書》曰: 「假于上下.」 眞: 僊人變形而登天也.

하고 미군정 초기, 1948년 제헌국회에서 국호 선정을 다루었다.

한(韓)이란 글자는 치수 사업을 하던 황하문명 발생지에서 처음 나타났다. 유목민의 지도자라는 뜻이다. 지도자의 음과 뜻을 큰 한이라 했다. 한자로 각간태대각간이란 글자가 있다. 그들이 살던 곳이라 한원(韓原)이라 했다. 진시황 송덕비문을 남긴 이사(李斯)는 한거중국(韓居中國)이란 문구를 남겼다. 한이 해양권을 독점했다. 한서 천문지에 조선을 정벌하니 호(胡)는 북쪽 육지로 가고, 조선은 바닷속(朝鮮在海中)으로 갔다고 했다. 진수는 글자를 바꾸어 한(韓)이 다스리는 바다를 한해(澣海)라 했다. 전국시대 유학자 순자정론(荀子正論)에는 난세의 어려움을 다루면서 <왕옥산 요새에 숨었던 사람이 어떻게 동쪽에 있는 낙원 땅을 알 수 있겠느냐>면서, 이를 우물 안의 개구리 우화(坎井之蛙)로 다루었다. 황하문명의 발생지에서 요순임금이 양위(堯舜擅讓) 했다. 사마천은 금미달(今彌達) 지역을 미지수천리(彌地數千里)를 빼앗고 장성을 쌓았다고 했다. 진나라가 망하자 동서로 분리되었던 고조선 후예들은 책임 추궁에 들어갔다. 이를 사기에는 서쪽에 있던 흉노가 오만한 동호왕을 죽였다고 기록했다. 싸움의 원인을 구탈(甌脫)이라 했다. 대현(代縣)을 구대지(歐代地)란 다른 글자로 기록했다.383 단군을 대신한 세 지도자가 살던 곳이라 [대신 대, 대신할 대] 대현(代縣)했다. 고조선의 종묘가 있던 곳을 영수(靈壽)라 했다.384

---

383 史記: 韓王信徙王代, 都馬邑. 太尉周勃道太原入, 定代地. 至馬邑, 馬邑不下, 即攻殘之. 史記 平準書: 彭吳賈滅朝鮮, 置滄海之郡, 則燕齊之間靡然發動. 及王恢設謀馬邑, 匈奴絕和親, 侵擾北邊, 兵連而不解, 天下苦其勞, 而干戈日滋.
384 史記 趙世家: 三年, 滅中山, 遷其王於膚施. 起靈壽, 北地方從, 代道大通. 還歸, 行賞, 大赦, 置酒酺五日, 封長子章為代安陽君. 章素侈, 心不服其弟所立. 主父又使田不禮相章也. 史記 樂

신수는 동호왕을 조선 왕부(朝鮮王否)라고 했다. 후에 그가 마한 땅에서 왕이 되었다. 그 마한 왕을 온조가 밀어내고 수도로 정했다. 대동강하구, 강서 고분군이 나타난 지역이다. 점제현신사비를 세운 곳이다. 미추홀과 대동강 하구에 수도를 두었던 백제 유적이다.

　한서(漢書)와 전한기(前漢紀)에는; <예맥군 또는 동이 예맥군남여(穢貊君南閭, 薉君南閭)라는 지도자 이름이 나오고, 그가 280,000명을 인솔하고 요동에 들어와서 살았다. 후한서에는 남녀가 인솔하고 온 280,000명이 요동에 내속(遼東內屬)했다>고 한다. 창해군이 생겼던 곳이다. 그곳은 밭을 갈다 예왕인(濊王印)을 얻었다는 곳이고, 고허촌(高墟村)이라던 곳이다. 궁예(弓裔)시조 거서간(居西干) 혁거세가 "조선(朝鮮)의 유민이 여섯 마을에 살고 있던 곳"에 나라를 세웠다. 발해만 연안 산동성 지역과 남쪽 지나(支那) 땅에 있던 신라가, 수도를 한반도의 지역으로 옮겼고 이름 또한 한반도에 나타났다.

　고죽군 백이 숙제설화가 중산국을 흡수한 조세가(趙世家)에 실렸다. 중산국을 정벌(滅中山)하니 군이 불복하여 그 동생을 지도자(心不服 其弟所立)로 세웠다. 그곳 사람들이 발해만으로 내려왔다. 요서에서 물에 떠내려온 관을 열었더니 자신이 고죽군의 동생이었다. 성은 이씨요 이름은 고죽(姓李 名孤竹)이라 했다.385 금미달 사람들이 해안을 따라 흩

　　毅列傳: 樂毅者, 其先祖曰樂羊. 樂羊爲魏文侯將, 伐取中山, 魏文侯封 樂羊以靈壽. 樂羊死, 葬於靈壽, 其後子孫因家焉. 中山復國, 至趙武靈王時復滅中山, 而樂氏後有樂毅.
385 太平廣記 黃翻: 漢靈帝光和元年, 遼西太守黃翻上書. 海邊有流屍, 露冠絳衣, 體貌完全. 翻感夢云. 我伯夷之弟, 孤竹君子也. 海水壞吾棺槨, 求見掩藏. 民嚈視之, 皆無病而死. 出《博物志》. 玉堂閒話: 清泰末, 有徐坦應進士擧下第, 南游渚宮, 因之峽州, 尋訪故舊. 旅次富堆山下,

어져 나갔다.386 광개토대왕 비문에는 발해만 해안에 살던 사람 한예 (韓穢)라 했다. 그들이 북동 서해안을 따라 세 곳에 정착했다. 한(韓)이 해안을 따라 흩어져 한해(翰海 瀚海)란 이름이 나타났다. 삼한(三韓) 땅 청구(靑丘)에 살던 한예(韓穢)가 삼한(三韓) 사람들이다. 조선을 삼한 (三韓) 땅 청구(靑丘)라고 쓰는 어휘는, 고조선 발생지에서부터 발해만 서남쪽 해안에 이르는 지역에서 찾아야 한다.

같은 글자라도 시대와 지역에 따라 훈과 음이 다르게 사용되었다.

주몽이 부여를 떠나 건너온 강이 사수(淹●水一名盖斯水. 淹●水或 云蓋斯水)라 했다. 부여 시조동명(東明)과 주몽은 혈통이 같다. 동명이 떠난 곳이 고조선 마지막 수도 금미달이라고 논증했다. 궁예(弓裔) 박혁거세라 했다. 즉 궁홀산에 살던 지도자의 후예라 했다. 삼한(三韓)의 지도자가 모두 금미달에서 내려왔다.

사수(斯水)란 천한 사람들(斯), 즉 예맥족이 사는 마을을 지나는 여울이란 뜻이다. 스님이 위서를 인용(魏書云)하여 남긴 문구 "意在斯焉"가 태사공이 사마천에게 남긴 유언 "意在斯乎! 意在斯乎!"으로 실려있다.387 시경에 많이 실린 천할 시 또는 어조사(斯)로 풀이하는 글자는 아사달(阿斯達)에 실렸고, 신라(新羅)의 옛 이름을 사로(斯盧, 斯羅)라고 했다. 어조사(斯)를 시로 발음하여 죽음 시 시라(尸羅)로도 기록했다.

有古店, 忽見一樵夫形貌枯瘠, 似有哀慘之容. 坦遂詰其由, 樵夫濡睫而答曰: 某比是此山居人, 姓李名孤竹. 有妻先遺沈痾.
386 漢書 郊祀志: 燕昭使人入海求蓬萊, 方丈, 瀛洲. 此三神山者, 其傳在勃海中, 去人不遠. 蓋嘗有至者, 諸僊人及不死之藥皆在焉. 國岡上廣開土境平安好太王碑 - Wikisource 取韓穢二百卅家.
387 史記: 太史公曰:「先人有言:『自周公卒五百歲而有孔子. 孔子卒後至於今五百歲, 有能紹明世, 正易傳, 繼春秋, 本詩書禮樂之際?』意在斯乎! 意在斯乎! 小子何敢讓焉.」

시라진언성선(尸羅秦言性善)이라 했다. 근위병으로 장렬히 싸우다 죽은 사람을 뜻했다. 여러 글자로 기록된 신라(新羅)와 가라/야는 불교에서 유래된 이름이다.388 진언(秦言)을 진언(辰言)이라 했다.389 진한(秦韓)을 진한(辰韓) 또는 진국(辰國, 震國)으로 바꾸어 한반도에 접붙였다.

금미달에서 해안으로 내려와 정착한 부락의 이름이『삼국지위서 30(三國志 魏書三十) 동이전(烏丸鮮卑東夷傳)』과『광개토대왕비문』에 실렸다.390 다음 편에 삼국지 동이전을 다룬다.

단군조선의 발생지인 해지(解池) 연안에 살던 고조선의 후예들이 북쪽으로 려 마지막 수도 금미달(今彌達)에서 발해만으로 내려와 여러 소읍 국가를 세웠다. 미추홀, 비미호(卑彌呼) 등 미(彌)자가 들어간 이름이 나타났다. 배가 왜왕(拜假倭王) 비미호(卑彌呼)하는 글자는 미추홀(彌鄒忽)에 수도를 정했던 비류(沸流)의 후손 대륙 백제왕과 관련이 있는 글자다. 금미달에서 내려와 발해만 해안에 살다 점차로 한해의 동서 해안(海岸)을 따라 흩어져 나갔다. 사기에는 이를 '창해군이 생겼다가 수

---

388 https://ctext.org/zh.:尸羅: Śīla, 又云尸怛羅, 正譯曰清涼, 傍譯曰戒. 身口意三業之罪惡, 能使行人焚燒 熱惱, 戒能消息其熱惱, 故名清涼. 又, 舊譯曰性善. 大乘義章一曰:「言尸羅者此名清涼, 亦名為戒, 三業之非, 焚燒行人, 事等如熱. 戒能防息, 故名清涼. 清涼之名, 正翻彼也. 以能防禁, 故為戒.」義林章三本曰:「尸羅梵語, 此言清涼.」華嚴玄談三曰:「或名尸羅, 其云翅怛羅, 此云清涼, 離熱惱因得清涼果故.」行事鈔中一曰:「尸羅此翻為戒.」智度論十三曰:「尸羅秦言性善, 好行善道不自放逸, 是名尸羅.」譯曰戒光. 道琳法師在梵之名也. 見求法高僧傳下

389 三國遺事: 按三國史云. 新羅稱王曰居西幹. 辰言王也. 或云. 呼貴人之稱. 或曰. 次次雄. 或作慈充金大問云. 次次雄方言謂巫也. 世人以巫事鬼神尚祭祀. 三國史記 新羅本紀第一: 弓裔始祖, 姓朴氏, 諱赫居世, 號居西干. 國號徐那伐. 先是, 朝鮮遺民分居山谷之間, 為六村: 是為辰韓六部. 辰人謂瓠為朴, 以初大卵如瓠, 故以朴為姓.

390 國岡上廣開土境平安好太王碑 - Wikisource

년 안에 사라졌다'고 기록했다. 해안을 따라 흩어져서 같은 이름이 한 해 동서 연안에 나타났다.

진수는 위략을 인용하여 "모성 한씨가 바다로 들어가 한 땅에 가서 왕이 되었다. 만주에 있던 부여와 한의 땅 조선(不與朝鮮相往來)과는 왕래가 있다가 후에 두절되었다"고 기록했다.391 대왕 비문에 실린 임나(任那) 가라(加羅) 신라(新羅) 왜(倭)는 모두 발해만 서남쪽에 있었다. 광개토대왕은 압록강이 남으로 내려올 아무런 이유가 없었다.

8. 진한(辰韓) 진국(辰國) 신라(新羅)

진수가 진한 전에 진(秦)나라의 노역을 피해 동쪽으로 온 사람들이라 했다. 진한의 노인들 얘기로는 그곳에 남아있던 사람들이 낙랑인(樂浪人爲阿殘)이라 했다. 진인과 유사(有似秦人)하다. 진한(秦韓) 사람들이 6개 나라를 만들었다가 12개 나라가 되었다. 이러한 내용은 신라 본기 [첫 구절에 시조 박혁거세는 궁홀산에 살던 지도자의 후예다. 서라벌에는 이미 고조선 사람들이 여섯 부락을 이루고 살았다.

밭에서 예왕인(濊王印)을 얻었다. 낙랑(樂浪)이란 어음이 금미달에서 나타났다는 논증]과 일치한다. 금미달에서 해안으로 내려와 중원의 동쪽 해안을 따라 흩어져 나가, 남조 역사서에 임나 가야와 신라를 포함

---

391 三國志 韓傳: 魏略曰. 準與滿戰, 不敵也. 將其左右宮人走入海, 居韓地, 自號韓王. 魏略曰: 其子及親留在國者, 因冒姓韓氏. 準王海中, 不與朝鮮相往來. 其後絶滅. 至王莽地皇時, 廉斯鑡爲辰韓右渠帥, 聞樂浪土地美, 人民饒樂, 亡欲來降. 百濟本紀第一: 遣使馬韓, 告遷都. 王出師, 陽言田獵, 潛襲馬韓. 移其民於漢山之北, 馬韓遂滅. 秋七月, 築大豆山城.

한 7개 나라 "倭百濟新羅任那加羅秦韓慕韓七國", 또는 백제를 제외한 6개 나라라고 했다. 삼한 중에 진한과 마한의 글자를 바꾸었다. 여러 글자로 기록한 변한(弁韓)은 왜(倭)자로 나타났다. 진(辰)자에는 동양 상고사의 많은 비밀이 숨어있다.

진(辰)자에 꼬리를 붙인 글자를 따라가 찾아본 몇 가지만을 간단히 설명한다. 삼신(三神) 사상의 근원이다: 별 진(辰)자에는 반짝이는 물체란 뜻이 있다. 삼신이란 뜻은 해와 달 그리고 북극성(三辰, 日月星)을 의미한다. 진(辰)을 신(神)이라고도 발음한다. 이 두 발음을 사음한 여러 글자 (震, 娠, 振, 眞, 陳, 秦, 晉, 伸, 神, 愼, 辛, 信, 晨, 脈, 迅)의 원조가 별 진(辰)자다. 단은 신과 같다(旦: 又與神同)는 문구가 있다. 중국의 제일 서쪽, 옛 제후국 진(秦)의 영역이었던 감숙성을 진단(震旦)이라 했다.³⁹²

그곳에 살던 사람들이 만주에 나타났다. 글안국지에는 "죽었던 진시황이 만주에 다시 나타났다"는 기록이 있다. 대조영이 세운 나라를 진국(震國)이라 했다.³⁹³

필자의 "Etymology of Khitan Empire; Name of Khitan came from the Hédàn 盍旦 in the Shijing"에서 상세히 다루었다. 그 글자가 점차로 동쪽으로 흘러 만주를 지나 한반도에 이르렀다. 진단학회가 그 한 본보기다. 발해라고 이름을 바꾸기 전에 대조영이 나라를 세우고 처음 선포했던 이름이 진단(震旦)이다.³⁹⁴ 그 뜻이 밝은 해라 훈역을 피하여 발해라

---

392 三國志 韓傳: 魏略曰. 準與滿戰, 不敵也. 將其左右宮人走入海, 居韓地, 自號韓王. 魏略曰: 其子及親留在國者, 因冒姓韓氏. 準王海中, 不與朝鮮相往來. 其後絕滅. 至王莽地皇時, 廉斯鑡為辰韓右渠帥, 聞樂浪土地美, 人民饒樂, 亡欲來降. 百濟本紀第一: 遣使馬韓, 告遷都. 王出師, 陽言田獵, 潛襲馬韓. 移其民於漢山之北, 馬韓遂滅. 秋七月, 築大豆山城.

393 契丹國志. 論曰: 前史稱一秦旣亡, 一秦複生, 卽唐季之阿保機也. 大勢旣去, 則涇波濁流; 適丁斯時

394 三國志 韓傳: 魏略曰. 準與滿戰, 不敵也. 將其左右宮人走入海, 居韓地, 自號韓王. 魏略曰: 其

고 이름을 바꾸었다. 진시황의 선조가 살던 땅 이름과 글자가 같았다. 이를 진국(震國, 振國)이라 한다. 위만(魏滿 衛滿)이 다스리던 땅이라 만주라 했다. 그 지역에 해모수 해부루 고구려가 나타났다. 발해(渤海) 모두 같은 뜻을 나타낸 글자다. 동서를 막론하고 옛 고조선의 후예들은 모두 제천의식(祭天儀式)을 중요시했다.395 오환의 풍속은 식사 전에 꼭 기도(飮食必先祭)를 했다. 시월 상달에 열리는 개천절과 제천의식은 유래를 같이한다.

앞에서 단군조선 지역에 살던 사람들의 말을 하어(何語, 夏語)라고 한, 어찌 하(何)자가 해(太陽, sun-ray, 빛, 비, 非)를 뜻했다. 이아(爾雅)와 춘추공양전에 실려있다.396 대진자하, 대화야(大辰者何, 大火也)라고 했다. 북진 또한 대진이다. 북극성도 대진이라 했다. 북진은 북극 하늘의 중심이다. 해와 북극성을 대진이라 한다. 고조선을 비조(非朝)라 했

子及親留在國者, 因冒姓韓氏. 準王海中, 不與朝鮮相往來. 其後絶滅. 至王莽地皇時, 廉斯鑡為辰韓右渠帥, 聞樂浪土地美, 人民饒樂, 亡欲來降. 百濟本紀第一: 遣使馬韓, 告遷都. 王出師, 陽言田獵, 潛襲馬韓. 移其民於漢山之北, 馬韓遂滅. 秋七月, 築大豆山城.

395 三國遺事: 靺鞨一作勿吉渤海通典云. 渤海. 本慄末靺鞨. 至其酋作榮立國. 自號震旦. 先天中玄宗 王子始去靺鞨號. 專稱渤海開元七年己未祚榮死. 諡為高王. 世子襲立. 明皇賜典冊襲王. 私改年號. 遂為海東盛國. 地有五京. 十五府. 六十二州. 後唐天成初. 三國志 魏書三十: 烏丸: 敬鬼神, 祠天地日月星辰山川. 及祭天地山川之神. 夫餘: 以殷正月祭天, 國中大會, 名曰迎鼓, 於是時斷刑獄, 解囚徒. 在國衣尚白, 有軍事亦祭天. 高句麗: 祭鬼神, 又祠靈星, 社稷. 以十月祭天, 國中大會, 名曰東盟. 其公會. 濊傳: 常用十月節祭天, 晝夜飲酒歌舞, 名之為舞天, 又祭虎以為神. 韓傳: 信鬼神, 國邑各立一人主祭天神, 名之天君. 又諸國各有別邑. 名之為蘇塗. 立大木, 縣鈴鼓, 事鬼神. 弁辰與辰韓雜居. 衣服居處與辰韓同. 言語法俗相似, 祠祭鬼神有異].

396 康熙字典: 辰:《說文》辰, 震也. 三月陽氣動, 雷振, 民農時也.《釋名》辰, 伸也. 物皆伸舒而出也. 又時也.《書·皐陶謨》撫于五辰.《註》謂五行之時也. 又日也.《註》自子至亥, 十二日也. 又歲名.《爾雅·釋天》太歲在辰曰執徐. 又三辰, 日月星也.《書·堯典》曆象, 日月星辰.《註》辰, 日月所交會之地也.又北辰, 天樞也.《爾雅·釋天》北極謂之北辰.《註》北極, 天之中, 以正四時. 又大辰, 星名.《春秋·昭十七年》有星孛于大辰.《公羊傳》大辰者何, 大火也. 大火為大辰, 伐為大辰, 北辰亦為大辰.《註》大火謂心星, 伐為參星. 大火與伐所以示民時之早晚, 天下所取正. 北辰, 北極天之中也, 故皆謂之大辰. 又《爾雅·釋訓》不辰, 不時也.《詩·大雅》我生不辰. 又《小雅》我辰安在.

다. 삼신사상이 유불선(儒佛仙) 세 종교를 뜻한다는 풀이는 먼 훗날에 나타났다. 태고적부터 있었던 우리 민족 고유의 삼신 숭배 풍속은 <온 세상을 밝혀주는 해와 달 그리고 별(日月星)을 숭상하던 순진한 인간의 바람>이었다.

석 삼(三)자: 청구(靑丘)가 삼한(三韓) 땅이란 석 삼(三)자가 흥미롭다. 설문해자에는 천지인지도(天地人之道)라 했다.397 삼위태백(三危太白)을 내려다보고 아들을 세 지도자(將風伯 雨師雲師)와 함께 보냈다는 석 삼자는 오래전부터 써오던 글자라서 꼴(弌, 參, 三, 叁)이 바뀌었고, 방대한 뜻을 지니고 있다. 소리(音森)는 나무 셋을 모은 형태로, 음운(韻 rhyme) 소(蘇)는 되살아난 사람이란 뜻이 있다고 한다. 세 지도자가 살던 높은 산을 삼신산(三神山)이라 했다. 그곳에서 난다는 약초사삼(山蔘)의 근간으로 썼다.

푸를 청(靑)자를 한자 문화권에서 한국만이 붉을 단(丹)자 편에 쓴다. 붉을 단자는 둥글 원자의 다른 형태 글자와 같다(丹與円)고 한다. 획수가 같고 같은 글자라고 하나 획의 방향을 달리하여 찾기에 혼잡을 일으키는 경우가 많이 있다. 별 진(辰), 참(眞), 푸를(靑, 丘)은 때로는 隷作, 省作라고 하여 지역에 따라 다른 형태의 글자를 같은 뜻이라고도 한다.

---

397 《山海經》青丘之山有鳥, 名灌灌.《註》灌灌, 或作濩濩.《山海經》青丘國, 其狐四足九尾. 又《爾雅·釋獸》貇, 白狐.《山海經》青丘之山, 其陽多玉, 其陰多青䕌.《註》䕌音頀, 勁屬. 尙書大傳云: 青丘出青䕌, 今石青白青之屬. 水經注 易水: 易水出涿郡故安縣閻鄉西江. 易水逕范陽縣 故城南. 濡水又東南流逕荊軻館北, 昔燕丹納田生之言, 尊軻上卿, 館之于此. 其水側有數陵, 墳高壯, 望若青丘, 詢之古老, 訪之史籍, 竟無文證, 以私情求之, 當是燕都之前故墳也. 或言燕之墳塋, 斯不然矣.

닭 계(鷄雞)자가 "異體同義字. 今變隷作"란 문구의 한 본보기다.

중원에서 청구(靑丘)란 글자는 낙랑을 설명할 때 나왔던 금미달 청구산(靑丘山)에만 보인다. 그곳이 쌍건하, 호타하, 역수, 성수 등 여러 이름이 붙은 여울이 지나는 산서성 오대산 계곡이다. 산같이 커다란 무덤이 여기저기 흩어져 있는 형상을 청구라 했다. 옛적 산해경에 보이던 청구국(靑丘國), 청구지산(靑丘之山) 등 글자를 모두 바꾸었다.398 청구(靑丘)는 자부선인이 살던 산서성 대현 오대산 쌍건하가 흐르는 구릉을 뜻했다. 청출어람(靑出於藍)이란 사자성어가 나온 곳이다.

그곳에서 나온 옥돌(藍田璧玉)로 옥새를 만들라고 했다. 쌍건하가 흐르는 곳이 동명이 떠난 곳이다. 그가 도착했던 곳에서 예왕인(濊王印)이 나타났다.

새 풀 초(草 ++, 䒑) 또는 대죽(竹)이 포함된 글자는 미개한 지역이나 수모를 당한 사람을 나타내는 데 사용되었다. 그 한 예가 변한(弁韓)을 간략한 글자(䇓, 番, 潘, 䈂: 本作䈂, 變)다. 대만섬에 있던 신라를 초두에 신라(薪羅)라 했다.399 금미달 오대산 계곡에 흐르는 여울을 여러 글

---

398 《山海經》靑丘之山有鳥, 名灌灌.《註》灌灌, 或作䕍䕍.《山海經》靑丘國, 其狐四足九尾. 又《爾雅·釋獸》貔, 白狐.《山海經》靑丘之山, 其陽多玉, 其陰多靑䕍.《註》䕍音瓠, 鼢屬. 尙書大傳云: 靑丘出靑䕍, 今石靑白靑之屬. 水經注 易水: 易水出涿郡故安縣閻鄕西山. 易水逕范陽縣 故城南. 濡水又東南流逕荊軻館北, 昔燕丹納田生之言, 尊軻上卿, 館之于此. 其水側有數陵, 墳高壯, 望若靑丘, 詢之古老, 訪之史籍, 竝無文證, 以私情求之, 當是燕都之前故墳也. 或言燕之墳塋, 斯不然矣.
399 御定淵鑑類函 笞齋書, 陳䇓字仲擧, 爲樂安守, 梁冀遣人齎書, 有請托不通使者以詐爲謁, 䇓笞殺之, 左遷修武令.《山海經》靑丘國, 其狐四足九尾. 又《爾雅·釋獸》貔, 白狐.《山海經》靑丘之山, 其陽多玉, 其陰多靑䕍.《註》䕍音瓠, 鼢屬. 尙書大傳云: 靑丘出靑䕍, 今石靑白靑之屬. 水經注 易水: 易水出涿郡故安縣閻鄕西山. 易水逕范陽縣 故城南. 濡水又東南流逕荊軻館北, 昔燕丹納田生之言, 尊軻上卿, 館之于此. 其水側有數陵, 墳高壯, 望若靑丘, 詢之古老, 訪之史籍, 竝無文證, 以私情求之, 當是燕都之前故墳也. 或言燕之墳塋, 斯不然矣

자로 기록했다. 상간(桑乾)은 세 지도자, 즉 수모를 당한 삼감(三監)이 삼람(三藍)이란 글자다. 피해 가서 살던 곳을 가람(伽藍)이라 했다. 이곳이 여러 글자로 쓰인 가야의 시원지다. 그에서 삼한(三韓)이란 새로운 명사를 만들었다.

1) 남방 불교의 전래

치우천왕이 싸운 탁록전을 설명하면서, 탁록(涿鹿)이란 고구려와 부여를 뜻한 글자라고 설명했다. 북부여의 발생지가 금미달이다. 그들이 육지로 또는 해안으로 흩어져 나가 한반도에 정착했다. 이를 삼한(三韓)이라 한다. 부여(夫餘)의 후손이 광운이 편술되던 북송시대에 백제왕 부여씨(今百濟王 夫餘氏) 왕국이 중원에 있었다.

운남성을 정벌한 원나라 때에 가야 신라 백제가 그곳에 있었다.

백제가 전성기에는 큰 바다 동서 연안에 수도를 두고 22개 담노(擔魯)가 있었다. 삼한(三韓)이 다스리던 바다를 음이 같은 글자로 바꾸어 '날개를 펴다'라는 뜻의 글자 한해(瀚海 翰海)라고 기록했다. 동양의 해양권을 차지했던 삼한의 후손들이 남방 불교를 한해 연안에 전래시켰다. 신라와 가라(加羅)는 시대에 따라 여러 글자로 기록해 왔다. 현재 통용되는 이름자 신라(新羅)는 남방 불교를 받아들인 국가다.

마지막 단군이 궁홀산(弓忽山) 금미달에서 지도권을 놓고 남쪽으로 내려갔다. 그러나 전국시대 제자백가들이 남긴 기록은 혼미하여 마지막 단군이 아사달에 돌아갔다는 사실을 찾기가 쉽지 않았다. 앞서 신라

(新羅, 斯盧) 시조 궁에 박혁거세, 이름, 수도의 변천 경로가 불교 발생 전래와 관계가 깊다고 설명했다. 미륵신앙의 유래: 불가 기록에 마지막 단군을 미륵(彌勒), 안문왕(鴈王) 또는 아왕(鵝王)이라 하고, 구세주 (Messenger), future Buddha)란 뜻이라고 풀이한다.400 두루미(彌)를 기러기 안(鴈)으로 바꾼 글자다. 미륵과 우륵(于勒, ? ~ ?)이란 글자에는 굴레를 채운 지도자란 뜻이 있다. 미륵을 자씨(慈氏) 이름은 아일다(阿逸多), 무능하여 이길 수 없다는 뜻(譯曰無能勝)이라 했다. 예맥족(斯)이 많이 따르던 지도자란 뜻에 자석(magnet)에 비유했다. 불탑솔도파(窣堵波)를 만든 당시에 매달려야(梅呾麗耶)란 문구가 있다. 주렁주렁 매달렸다는 뜻이다. 이를 자씨 성을 뜻한 당나라 어음이라 했다.

아일다란, "아! 다 잃었다."란 한국어의 어음을 가차한 글자다. 미륵 이전의 단군을 전륜성왕(轉輪聖王. 轉輪王)이라 했다. 단군의 혈통을 이어갔다는 뜻이다. 미륵(彌勒)이 다루던 영역을 미지(彌地) 수천 리라 했다. 분쟁 지역이었던 곳을 진(秦)나라가 흡수하고 장성을 쌓았다.401 불가에서는 미륵을 아왕(鵝王)이라 했다. 내가 삼족오(三足烏)를 숭상하는 지역 사람들의 왕이란 뜻이다. 동관 한기에 [대군고유(代郡 高柳)에서 까마귀가 다리가 셋인 새끼를 낳았다, 삼족오가 산동성 큰 호수 일대(패국, 沛國)에 정착했다]는 기록이 있다. 어느 단군이 그곳에 갔다는 뜻이다.

금미달을 떠나던 당시 상황을 맹자가 남겼다.

---

400 大唐西域記: 三佛經行側有窣堵波. 是梅呾麗耶唐言慈即姓也. 舊曰彌勒訛略也菩薩受成佛記處. 馗書: 佛書言「釋迦去後, 彌勒出世」. 此亦無與中夏革命之事. 而凡謀反者, 皆喜自稱彌勒

401 大唐西域記: 三佛經行側有窣堵波. 是梅呾麗耶唐言慈即姓也. 舊曰彌勒訛略也菩薩受成佛記處. 馗書: 佛書言「釋迦去後, 彌勒出世」. 此亦無與中夏革命之事. 而凡謀反者, 皆喜自稱彌勒

불가에서 아왕(鵝王)이란 글자는 시안(舒鴈鵝), 즉 기러기가 날아가려고(駟) 날개를 활짝 편 상태를 뜻했다.402

전국시대에는 제후들이 모두 왕이란 칭호를 쓰던 시절이었다. 모두들 [전쟁은 피할 수 없었다. 해결책은 어느 누가 하나로 통합하는 길 밖에 묘책이 없다.]고 판단했다. 이러한 상황에서 북쪽 중산국에서 내려간 양혜왕(梁惠王)의 부국강병론을 맹자는 힐책했다. 주희(朱熹, 1130년 ~ 1200년)는 맹자집 주에서 매(鶂)자와 음이 같은 이이지육(梨黎之肉)이라, 즉 배나무 고기라고 바꾸고 위혜왕이 [수도를 대양(大梁)으로 옮기고 위후가 왕을 참칭(僭稱王) 했다]고 비하했다. 그를 수유(須臾)라 했다.403

선조의 위업을 이으려고 소량으로 내려온 위혜왕(鵝王; 魏 惠王, 기원전 400년 ~ 기원전 334년)을 맹자는 사사건건 힐책했다. 육구몽(陸龜蒙, ? ~ 881년)은 "駟鵝慘于冰", 육립회소적(陸立懷所適)이라, 즉 (원대한 꿈을 실행하려고) "날아가던 기러기가 뱅판에 내려 실패했다. 등극했던 곳에서 적응했어야 했다."고 읊었다.

맹자가(참순한 거위를 강경파로 바꾸어) 매(hawk) 고기(鶂鶂之肉)라

---

402 康熙字典 鵝: 駟鵝也. 長脰善鳴, 峩首似傲, 故曰鵝. 鵝見異類差翅鳴, 一名家雁.《爾雅·釋鳥》 舒雁, 鵝.
403 孟子 滕文公下: 匡章曰: 辟兄離母, 處於於陵. 他日歸, 則有饋其兄生鵝者, 己頻顣曰:『惡用是 鶂鶂者爲哉?』他日, 其母殺是鵝也, 與之食之. 論衡 刺孟: 辟兄離母, 處於於陵. 他日歸, 則 有饋其兄生鵝者也, 己頻蹙曰:「惡用是鴂鴂者爲哉?」他日, 其母殺是鵝也, 與之食之. 孟子集 注: 孟子見梁惠王. 梁惠王, 魏侯罃也. 都大梁, 僭稱王, 溢曰惠. 史記:「惠王三十五年, 卑禮厚 幣以招賢者, 而孟軻至梁.」他日, 則有饋其兄生鵝者, 己頻顣曰:『惡用是鶃鶃者爲哉?』他 曰, 其母殺是鵝也, 與之食之. 其兄自外至, 曰:『是鶃鶃之肉也. 鶃鶃, 鵝聲也.』

고 속였던 기록을 왕충(王充)이 논형(論衡)에서 맹자를 비난(刺孟)했다.

맹자가 소상에서 등극(王立於沼上)하여 고홍안미록(顧鴻鴈麋鹿)이라한 돌아 볼 고(顧, 顧客)자에는, 그가 떠난 곳 사람들의 표현으로는 지도자가 떠나간 나라, 즉 사마천이 수유(須臾)라고 기록한 가야국 가실왕(加耶國 嘉悉王)을 뜻했다. 그가 떠나온 쌍간(호타)하 지역에 영구(靈丘) 영대(靈台) 영소(靈沼)가 있었다.[404]

생몰 미상의 가야국 가실왕(嘉悉王)이 가야금(加耶琴)을 만들었다.

고조선 마지막 수도 금미달이 가야금 가시리 가야국의 발생지다. 대왕 비문에 실린 같은 글자 가라(加羅)가 송사에 실렸다. 그와 같은 관등(副使)에나 실사문(羅悉沙文)이 실렸다.[405]

고유 북쪽에 안문산(鴈門山, 在高柳北)이 있다. 고유란 지명은 중산국을 점령하고 대군(代郡) 수도에 붙인 이름이다. 그 일대에 령구(靈丘) 도인(道人) 당성(當城) 마성(馬城) 쌍간(桑乾) 삼합(參合)하는 이름이 있다. 떠나간 단군을 대(代)신하여 세 지도자가 나타난 곳이다. 상간(桑乾)이란 "유목민 지도자(木)를 돕는 세 보좌관"이란 뜻이다.[406] 금미달이함락당한 시기에 세 지도자가 이끄는 "흉노, 북부여, 고구려"로 분산되었다.

해모수를 위만(魏滿 衛滿)이라 했다: 중원 기록에는 북부여기에 나

---

[404] 孟子 梁惠王上:《詩》云:『經始靈臺, 經之營之, 庶民攻之, 不日成之. 經始勿亟, 庶民子來.』
[405] 宋史 加羅: 遣使皮襖, 副使胡仙, 判官地華加羅來, 入見, 以金蓮花貯眞珠, 龍腦撒殿. 官皮襖為懷遠將軍, 胡仙加羅為郎將. 加羅還至雍丘病死.
[406] 康熙字典 叒: 榑桑, 叒木.《說文》日初出東方暘谷, 所登榑桑叒木也. 東方自然之神木. 又《精蘊》叒, 順也, 道相似也. 古人發明取友之義, 從三又會意, 同心同德, 而後可相與輔翼也. 桑字從此, 象衆手之形, 非取其義.

오는 해모수(解慕漱) 해부루(解扶婁)가 없다. 천축국 도술인 시라가 왔던 곳 연도(燕都)에, 한고조 유방이 죽마고우 노관(盧綰)을 주둔시켜 연왕(燕王)이라 했다. 그곳이 남아있던 연(燕)나라 사람 위만(魏滿 衛滿)이 해모수가 자리 잡았던 의무려산 일대에 수도를 정했다. 이곳을 단군왕검의 도읍이라 하여 왕험성(王險城) 또는 왕검성(王儉城)이라고 이름했다.

산서성 대현 일대에 석정곡전에 왕실 전용 우물금곡(石井俗傳御井琴谷)이 있었다.

통지(通志)에는 변한을 산정한(山井韓)이라 하고 석정 어정(御井)이란 단군왕검 백익이 우물을 만들어 마을(井 淸也. 伯益作井)이 생겼다는 뜻에 단군의 후손이 사용하던 우물을 뜻했다. 그곳에 살던 사람들이 산동성으로 내려왔다. 강수가 임나 가랑인이라 밝힌 곳이다. 그곳을 광개토대왕이 정벌했다. 비문에 실린 내용이 동관 한기에 실린 삼족오 사연과 일치한다. 이러한 기록이 동국여지승람에 실렸다.407 대군 안문산 고유(鴈門山, 高柳)라 하던 유울국 가실왕(柳郁國 嘉悉王)이 해안으로 내려와 산동성에 자리 잡은 신라 가까이 정착하여 가야국 가실왕(加耶國嘉悉王)이라 했다.

가실왕을 수유(須臾)라고도 했다. 그가 떠나가는 특별한 행사가 있었

---

407 東國輿地勝覽: 園幽御井黜一里有父伽郁國宮闢其旁有石井俗傳御井琴谷柳國嘉悉王樂師 于勒家中國秦事而製 琴 音伽郁琴縣址三里有地名琴谷世傳勒率工人肆琴之地或云烘琴出於金海之柳僻國但金海柳梆世代無稱嘉悉王者恐出打跳焉是錦林王陵縣西二里許朴古藏俗稱錦林王陵東京堤在縣東十謀攻大聊雕雜傳新羅兵萊知有備而邊夜築鞍堤以示其眾新復縣金富軾云本加尸穹縣為高靈郡領縣景德主改名今未詳口接縣西十里地名有加西谷者凝尸音轉為西.

다. 이를 수유이례 수유이악(須臾離禮 須臾離樂)이라 했다.408

　선진양한 문헌에는 수유지○(須臾之恩, 慮, 須臾之說)하는 문구가 있고, 유교 경전에 수유불가리(须臾不可離)란 문구가 있다.409 시경에 있었다는 상피해단(相彼盍旦)이란 문구를 잘못 풀이하듯이 문구 또한 아전인수격으로 풀이했다. 본 뜻은 [단군조선 시대부터 믿어오던 자연법을 따르는 신앙(道也者)은, 단군(須臾)을 떠날 수가 없다. 그를 떠났다면 도(단군의 가르침)가 아니다]란 뜻이다.410

　불가 기록에도 "수유(須臾) 불가(不可), 가버린 사람이란 뜻에 가야(伽耶)란 글자가 있다. 가야국가실왕(加耶國嘉悉王)의 후손이 해운업을 하는 큰 상인(大商主僧伽)으로 인도 동남 해안에 있는 섬나라 세일론에 이르러 원시불교와 대조되는 미륵신앙(彌勒信仰)이 나타났다.411

　섬나라 세일론(師子國)에는 여러 작은 불교국가가 있었다. 이를 승가라국(僧伽羅國,Sinhala, Sri Lanka, Ceylon)이라 했다. 그곳에는 보물이

408　佛學大辭典: 彌勒爲名. 生於南天竺婆羅門家. 紹釋迦如來之佛位. 南天竺際大海. 大唐西域記: 隱士曰. 我求烈士 彌歷歲時. 幸而會遇. 奇貌應圖非有他故願. 一夕不聲耳. 烈士曰. 死尚不辭 商主於是對羅刹女王歡娛樂會. 自餘商侶各相配合. 彌歷歲時皆生一子. 時僧伽羅夜感惡夢知非吉祥. 贍部洲有大商主僧伽者. 其子字

409　禮記 中庸: 天命之謂性, 率性之謂道, 修道之謂教. 道也者, 不可須臾離也, 可離非道也. 是故君子戒愼乎其所不睹, 恐懼乎其所不聞. 荀子 勸學: 吾嘗終日而思矣, 不如須臾之所學也. 吾嘗跂而望矣, 不如登高之博見也.

410　고조선 영토 - 6-2. 춘추시대(기원전 770 ~ 403년) 후기 《Lee Mosol's Book Collection (ancienthistoryofkorea.com)》 禮記 坊記: 子云: 「天無二日, 土無二王, 家無二主, 尊無二上, 示民有君臣之別也.」《春秋》不稱楚越之王喪, 禮君不稱天, 大夫不稱君, 恐民之惑也.《詩》云: 「相彼盍旦, 尚猶患之.」 禮記 中庸: 天命之謂性, 率性之謂道, 修道之謂教. 道也者, 不可須臾離也, 可離非道也.

411　康熙字典: 佉:《法苑珠林》造佛凡三人, 長曰梵, 其書右行. 次書佉盧, 其書左行. 少者倉頡, 其書下行.《釋書》佛說彌勒成佛經, 其先轉輪聖王, 名儀佉. 有四種兵, 不以威武, 治四天下. 又《陀羅尼經》佉佉.《又》佉呬佉呬.《註》普賢眷屬. ◎按佉, 梵音去佐切, 見就形門. 今不從, 只以音和門, 丘伽切, 釋之爲是.

많아 상인 악실(樂悉)이 자주 다녀 드디어 대국(遂成大國)이 되었다. 가야금을 만든 가실왕(嘉悉王)을 낙실(樂悉) 또는 수유(須臾)라 했다.⁴¹²

대당서역기에는 "세일론(師子國)에 박가랑국(縛伽浪國) 가까이 홀로 실민건국(紇露悉泯健國)이 있다"고 했다.⁴¹³ 혼자서 물에 빠진 사람들을 건져낸 사람이 세운 나라란 뜻이다. 풍랑을 만나 배가 침몰하게 되었다. 선장이 "이 배에는 수유가 있다"고 외쳤다.⁴¹⁴ 마지막 단군이 금미달을 떠나던 시절(歷)에 남천축국 해상에서 풍랑을 만났던 때에, 매달려(梅怛麗, hang on)란 뜻이 있는, 도솔천(兜率天)에 이른다는 미륵불이 나타났다.⁴¹⁵ 미륵신앙(彌勒信仰)의 출원지는 바다에 접한 남천축국이다.

사자국(獅子國)이라고도 부르던 오늘의 스리랑카(Sri Lanka, Ceylon)

---

412 太平御覽: 師子國本無人, 止有鬼神及龍居之. 諸國商人來共市易, 鬼神自現身, 但出寶物, 顯其時直, 商人則依價值取之. 諸國人聞其土樂, 悉亦復來, 於是遂成大國. 和適, 無冬夏之異, 草木常茂, 田種隨人, 無有時節.

413 大唐西域記: 號尸羅阿迭多唐言戒 日 於是謂臣曰. 故無憂王於佛所止. 皆樹旌表建窣堵波. 時室羅伐悉底國毗訖羅摩阿迭多王唐言超日威風遠洽臣諸印度. 至室羅伐悉底國舊曰舍衛訛也. 中印度境.「僧伽羅國. 古之師子國. 又曰無憂國. 即南印度. 其地多奇寶. 又名曰寶渚. 昔釋迦牟尼佛化身名僧伽羅. 諸德兼備. 國人推尊為王. 故國亦以僧伽羅為號也. 佛國記: 縛伽浪國. 東西五十餘里. 南北二百餘里. 南至紇露悉泯健國. 紇露悉泯健國. 西北至忽懍國.」

414 佛國記: 比丘惶怖. 求請須臾聽我中食. 俄頃復有人入. 法顯去漢地積年所與交接. 悉異域人. 又同行分披.或流或亡. 此見漢土所無者. 得此梵本已即載商人大舶上可有二百餘人. 得好信風東下. 三日便值大風舶漏水入. 商人欲趣小舶. 小舶上人恐人來多. 商人大怖命在須臾. 恐舶水滿. 即取粗財貨擲著水中. 於是載商人大舶泛海. 西南行得冬初信風晝夜十四日到師子國. 彼國人云. 其國本無人民. 正有鬼神及龍居之. 諸國商人共市易. 市易時鬼神不自現身. 但出寶物題其價直. 商人則依價雇直取物. 因商人來往住. 故諸國人聞其土樂悉亦復來. 於是遂成大.

415 大唐西域記: 隱士曰. 我求烈士 彌歷歲時. 奇貌應圖非有他故歟. 烈士曰. 死尚不辭 商主於是對羅剎 女王歡娛樂會. 自餘商侶各相配合. 彌歷歲時皆生一子. 時僧伽羅夜感惡夢知非吉祥. 贍部洲有大商主僧伽者. 其子字僧伽羅

해안에서 늙이 홀로(紇露) 물에 빠진 사람들을 건져낸 당시에 미륵불이 나타났다.[416] 대당서역기에는 스리랑카(僧伽羅國) 설명에 미력세시(彌歷歲時)란 문구가 있다.[417] 이를 간략한 글자가 미시(彌時)다. 고난 속에서 구원을 빌던 시기란 뜻이다. 해운업을 하던 승가라국(僧伽羅) 상인, 즉 가야국 가실왕의 후손들이 미개척섬이었던 세일론(師子國)을 부강한 나라로 만들었다. 세일론이란 어음에는 삼랑(三郞)이란 뜻이 있다. 배가 가라앉다(sinking, going down)란 낱말이 나타났다.

여러 글자로 적는 "가락국가라(阿羅) 또는 가랑(阿耶)의 발원지는 신명 가람(伽藍. 神名)이 살았다는 청구, 즉 원시불교가 들어왔던 산서성 대현 오대산 계곡"이다.[418] 이는 현재 한국에서 사용하는 어음 "가거라, 어서 가라"를 음차한 글자다. 그들이 해상무역 상으로 동남아 해안을 따라 "Ceylon, Sri Lanka/斯里蘭卡/斯里蘭卡 sī lǐ lán kǎ/시리랑카"에까지 이르러 그곳에서 번성하던 남방 불교를 동남아 해안을 거쳐 한반도와 일본 열도에 전했다.

대당서역기에 실린 사자국(獅子國), 즉 스리랑카 섬에 "승가라 僧伽羅 Sinhala 國"가 있었다. 사자국은 스승의 아들이란 뜻글자 사자(師子)를 음차(音借)한 글자다. 그 섬에 해운업을 크게 하던 대상 승가라의 어음이 "Sinhalese"다. 그들이 쓰던 언어가 현재 "Dravidian language"라 한

---

[416] 大唐西域記: 時瞻部洲有大商主僧伽者. 其子字僧伽羅. 父旣年老代知家務. 與五百商人 入海採寶 風波飄蕩遇至寶洲. 僧伽羅國. 古之師子國. 又曰無憂國. 卽南印度. 其地多奇寶. 又名曰寶渚. 昔釋迦牟尼佛化身名僧伽羅.
[417] 佛學大辭典: 彌勒為名. 生於南天竺婆羅門家. 紹釋迦如來之佛位. 南天竺際大海.
[418] 佛國記: 斷已成阿羅漢果般泥洹從此西行七由延到伽ımcity. 城內亦空荒. 復南行二十里到菩薩本苦行六年處. 處有林木. 三國史記: 金海小京, 古金官國一云伽落國, 一云伽耶., 自始祖首露王. 伽耶山海印寺. 三國遺事: 阿

다. ○○에서 유래(derived from ○○)했다는 뜻이다. 승가라(僧伽羅)가 사용하던 포구(浦口, 항구)를 영어로 사음한 글자가 "Singapore"다. 송사에는 코끼리를 전쟁에 사용하는 불교국 태국(미얀마, 점랍, 占臘) 수도 점성(占城) 남쪽을 가라히(加羅希/sea)라 했다. 싱가포르 바다를 뜻했다.[419] 동진(東晉) 이후 남조 기록에는 가야금을 만든 가야국(加耶國) 가실왕(嘉悉王)과 어음이 같은 가실(可悉)이란 글자가 많이 실렸다. 사자국에서 보낸 소승경(小乘經)은 심소(甚少) 하나위하던 가시리가 작은 배를 타고 떠나가던 기록이라 했다.[420]

소승불교(小乘佛敎)는 금미달을 떠나 해운업을 하던 가야스님(僧伽藍)들에 의해 틀이 잡힌 불교의 한 종파로 미륵(彌勒)신앙의 기틀이 되었다.

가실면견(可悉免遣)하는 문구가 있고, 통전에는 사자국을 신단(新檀)이라 했고, 난가실거(難可悉擧)란 문구도 있다.
가야국 가실왕(加耶國嘉悉王)과 관련된 글자가 중국 기록에 나타난 가실(可悉)이다. 그들이 스리랑카에서 싱가포르 해협을 지나 동남아 해안을 따라 대만섬(Formosa)에 이르렀다. 백제는 동남아 여러 곳에 담로(簷魯)를 두고 있었다. 담 또는 탐(簷舳)이라고 읽는 글자는 우리 말에

---

[419] 宋史 占臘: 真臘國亦名占臘, 其國在占城之南, 東際海, 西接蒲甘, 南抵加羅希. 其縣鎮風俗同占城, 地方七千餘里.有銅台, 列銅塔二十有四, 銅象八以鎮其上, 象各重四千斤. 其國有戰象兒二十萬,馬多而小.
[420] 太平御覽 師子國:《宋元嘉起居注》曰: 師子國王遣使奉獻, 詔曰:「此《小乘經》甚少, 彼國所有, 皆可悉為寫送之. 聞彼鄰多有師子, 此所未睹, 可悉致之. 可悉免遣. 通典. 難可悉擧. 師子國: 師子國亦曰新檀.」

[귀는 절벽같다]란 표현의 사음자다. 대만섬에 백제부용국 탐모라국(躭牟羅國)이 있었다. 탐모(躭牟)란 글자는 모가 다스리던 담로, 즉 백제 수도 경기 지역 산동성 노나라의 언어를 못 알아듣는 사람들이 사는 곳이란 뜻이다.

큰 바다(한해, 翰海 瀚海)를 처음으로 건넜던 수나라 역사서(隋書)에는 수로왕의 도읍지인 김해를 백제의 성음이란 뜻에도 사마국(都斯麻國)이라 했다. 그 내용을 살펴보면 앞서 나가사끼 또한 백제 담로의 하나였다.

탐모라국(躭牟羅國)이라 부르던 대만섬에는 아리랑의 어원이 되는 아리산(阿里山)과 가라산(加羅山) 가라호(加羅湖)가 있다. 세일론을 [스리랑의 스리와 어음이 비슷한] '스리랑카'라 했다. 아리란 "The Great, 큰님" 어음은 옛적 한국어다. 아리랑은 남쪽 해로를 따라 건너온 부여 백제 가라 연맹과 시라 영역에서 불리던 민요다. 인도에서 동남아 해안에 이르는 지역에는 이렇게 '옛적 한국어를 음차한 명사'가 많이 있다.

산동성 대택(大澤) 북쪽은 고조선 영역: 산동성 공자의 고향 곡부(曲阜) 동쪽이 고조선 영역이었다는 사연이 상서와 공자가어에 있다.[421] 그곳에 공자가 들어갔던 비씨궁(費氏之宮) 무자대(武子之臺)가 있었다. 비씨궁에는 비씨경(費氏經), 즉 헤비씨(解枇氏, 費氏, 毗)의 역사서다.

---

[421] 尚書 費誓: 魯侯伯禽宅曲阜, 徐, 夷並興, 東郊不開. 作《費誓》《書·費誓傳》費, 魯東郊之地名. 竹書紀年 宣王: 王命樊侯仲山甫城齊. 孔子家語 相魯: 孔子言於定公曰:「家不臧甲, 邑無百雉之城, 古之制也. 叔孫不得意於季氏, 因費宰公山 弗擾, 率費人以襲魯. 入於費氏之宮, 登武子之臺.」

급총에서 나온 예맥(濊貊)족의 역사서다. 이를 고구려가 지니고 있었다. 신라군이 평양을 함락했다는 소식을 듣고 급히 달려와 가져갔던 고구려 유기(留記)가 비기(秘記)다.422

전한기(前漢紀)에 산동성 대택(大澤) 일대에 관한 기록이 있다. 천인지 소부여(天人之所不與) 부여맹씨동(不與孟氏同)이라 했다. 비씨경이 노고문과 같다(費氏經與魯古文同)했다.423 한서 예문지에는 비씨경과 고문(尙書?)이 같다 했다. 고조선 사람들이 산동성 대택 일대에서 편안히 살고 있었다는 뜻이다.

삼족오가 그려져 있는 산동성 가상(嘉祥) 현무씨 사당(武氏祠堂)이 무자대(武子之臺)가 있던 지역이다. 노나라와 제나라는 부풍 지역에 살던 강족이 세운 나라다.424

주선왕 이때 번후 중산보(樊侯 仲山甫)에게 명하여 강태공을 봉했던 재궁(齋宮) 주위에 성(城齊)을 쌓았다. 주공 단의 아들 백금(伯禽)이 노나라의 시조라 한다. 노나라는 번인(魯國蕃人) 말갈(靺鞨)족이 사는 곳이라 했다. 그 옆에 신원이 혼미한 분수 연안 태생 강태공(太公望呂尙)이 봉지로 받은 제(齊)와 풍속이 달랐다.425 금미달에서 해안으로 내려

---

422 三國史記: 詔: 太學博士李文眞, 約古史爲『新集』五卷. 國初始用文字時, 有人記事一百卷, 名曰『留記』, 至是刪修. 且高句麗『祕記』曰: '不及九百年, 當有八十大將, 滅之.

423 前漢紀 孝成皇帝紀二: 語曰. 腐木不可以爲柱. 卑人不可以爲主. 天人之所不與也. 必有禍而無福. 市道皆知其非. 唯京房爲異黨. 不與孟氏同. 由是有京氏學. 元帝時立之. 東萊人費直. 治易長於筮. 無章句. 徒彖象繫辭十篇文言解說上下經. 沛人高相. 略與費氏同. 專說陰陽災異. 此二家. 未立於學官. 唯費氏經與魯古文同. 尙書本自濟南伏生. 爲秦博士. 漢書 眭兩夏侯京翼李傳: 眭弘字孟, 魯國蕃人也. 康熙字典:《玉篇》靺鞨, 蕃人, 出北土.

424 康熙字典: 魯: 鈍也, 又國名伯禽之後以國爲姓岀扶風又羌複姓有魯步氏.《前漢·地理志》周興, 以少昊之虛曲阜封周公子伯禽爲魯侯, 以爲周公主.《釋名》魯, 魯鈍也. 國多山水, 民性樸魯也.

온 사람들이 산동성에 살았다. 이를 조선 유민이 여섯 부락을 이루고 살았다.426 광개토대왕이 왜(倭)를 정벌했던 지역이 대택(大澤) 북쪽이다. 그 남쪽 패현(沛縣)이 한고조의 고향이다. 신라 임나가라(新羅 任那加羅)가 그곳에 있었다. 강수가 임나가랑(任那加良)인이라 한 곳이다.

고죽국, 중산국하는 이름을 고조선 금미달 영역에 붙였다. 그곳을 지나는 쌍건하 영역에서 끝까지 버티던 부족을 흉노호(胡) 한예(韓穢)라 했다. 동호(東胡)란 대흥안령 동쪽에 사는 호란 뜻이다. 해하 수계를 따라 중원 세력이 미치지 않았던 남만주와 산동반도 고조선 영토로 내려왔다.427 이를 한서천 문지에 호(胡) 조선이 바다에 있다(朝鮮在海中)했고, 지리지에는 공자님이 살고 싶다고 말한 낙랑 땅 근처 바다에서 왜인(倭人)들이 백여 개의 나라로 나뉘어 살며 조공을 바쳤다는 기록이 있다.428 이들이 해안으로 흩어져 나가 백가제해(百家濟海)라 기록되어 백

---

425 史記 魯周公世家: 封周公旦於少昊之墟曲阜,是為魯公. 周公不就封, 留佐武王. 唐叔得禾 異母同穎, 獻之成王, 成王命唐叔以餽周公於東土, 作餽禾. 魯公伯禽之初受封之魯. 周公曰:「何遲也?」伯禽曰:「變其俗, 革其禮, 喪三年然後除之, 故遲」太公亦封於齊, 五月而報政周公. 周公曰:「何疾也?」曰:「吾簡其君臣禮, 從其俗為也.」及後聞伯禽報政遲, 乃嘆曰:「嗚呼, 魯後世其北面事齊矣! 夫政不簡不易, 民不有近; 平易近民, 民必歸之.

426 三國史記 新羅本紀第一: 弓裔始祖, 姓朴氏, 諱赫居世. 號居西干. 國號徐那伐. 先是, 朝鮮遺民分居山谷之間, 為六村: 是為辰韓六部. 居西干, 辰言王. 或云呼貴人之稱.

427 史記 蘇秦列傳: 且夫秦之攻燕也, 踰雲中, 九原, 過代, 上谷, 彌地數千里, 雖得燕城, 秦計固不能 守也. 秦之不能害燕亦明矣. 今趙之攻燕也, 發號出令. 戰國策 蘇秦將為從北說燕文侯秦, 趙五戰, 秦再勝而趙三勝, 秦, 趙相弊, 而王以全燕制其後, 此燕之所以不犯難也. 且夫秦之攻燕也, 逾云中, 九原, 過代, 上穀, 彌地踵道數千里, 雖得燕城, 秦計固不能守也. 三國志 烏丸傳: 漢末, 遼西烏丸大人丘力居, 衆五千餘落, 上谷烏丸 大人難樓, 衆九千餘落, 各稱王, 而遼東屬國 烏丸大人 蘇僕延, 衆千餘落, 自稱峭王, 右北平烏丸大人烏延, 衆八百餘落, 自稱汗魯王, 皆有計策勇健. 中山太守張純叛入丘力居衆中, 自號彌天安定王, 為三郡烏丸元帥, 寇略青, 徐, 幽, 冀四州, 殺略吏民.靈帝末, 以劉虞為幽州牧, 募胡斬純首, 北州乃定. 紹矯制賜蹋頓, 峭王, 汗魯王印綬, 皆以為單于

428 漢書: 故孔子悼道不行, 設浮於海, 欲居九夷, 有以也夫! 樂浪海中有倭人, 分為百餘國, 以歲時來獻見云. 海內北經: 蓋國. 倭. 蓬萊山. 蓋國在鉅燕南, 倭北. 倭屬燕. 朝鮮在列陽東, 海北山南. 列陽屬燕.

300 고조선 壇君朝鮮始末考

제(百濟)란 이름으로 되었다.

양자방언에는 조선이 전국시대 중원 세력의 동북부 여러 곳에 나타난다. 사기 평준서에 조선이 망하여 창해군을 설치했다 2년 후에 스스로 사라졌다. 그곳을 평진후(平津鄕) 공손홍(公孫弘)의 봉지로 했다. 산동성 동북부 방랑사에서 창해력사가 진시황을 살해하려 했고, 창해란 지명이 발해만 동남 연안에 있다.

사구(沙丘)의 위치: 함곡관 서쪽(關西)에 살던 진시황은 여섯 나라를 정벌하고 관동(關東) 지역 변경을 몇 차례 순시했다. 그러던 중에 동남쪽 회계 낭아 "會稽, 琅邪"를 지나 수도 함양(咸陽)으로 돌아가다 평원진(平原津)에서 병이나 사구(沙丘)에서 급사하여 진-한(秦漢) 혼란기에 접했다. 상나라 재신(帝辛) 또한 사구(沙丘), 즉 산동성 서부 평원(山東省 平原)에서 향연을 베풀었다고 한다.[429] 금미달을 떠난 삼한 사람들이 해상로를 개발했다.

2) Phoenician in the East

양자방언과 설문해자에는 선(船)자 뿐, 범(帆)자는 없다. 불가를 뜻한

---

[429] 史記 殷本紀: 大聚樂戲於沙丘, 以酒為池, 縣肉為林, 使男女裸相逐其間, 為長夜之飲. 史記 本紀 秦始皇本紀: 至平原津而病. 始皇惡言死, 群臣莫敢言死事. 上病益甚, 乃為璽書賜 公子扶蘇曰:「與喪會咸陽而葬.」書已封, 在中車府令趙高行符璽事所, 未授使者. 七月丙寅, 始皇崩於沙丘平臺. 丞相斯為上崩在外, 恐諸公子及天下有變, 乃祕之, 不發喪. 棺載輼涼車中, 故幸宦者參乘, 所至上食. 史記 封禪書: 後五年, 始皇南至湘山, 遂登會稽, 并海上, 冀遇海中三神山之奇藥. 不得, 還至沙丘崩. 史記 表 六國年表: 帝之會稽, 琅邪, 還至沙丘崩. 子胡亥立, 為二世帝. 殺蒙恬. 平原津_平原津在哪里_历史地名_词典网(cidianwang.com)

석명(釋名)에 처음 실렸다. 범(帆; 巾, 凡, 颿,)자는 알환에 천을 달아 바람에 떠내려가는 큰 배란 뜻이다. 범선(帆船)의 범(帆)이라 읽는 글자를 환(fan)이라고 읽었다. 둥근 밝은 물체의 상형 자로 [해 달 새알] 등을 암시했던 글자다. 범선의 범자는 고조선 영역에서 유래했다. 오환(烏桓 烏丸)의 성산인항산, 즉 아사달과 관련된 글자다.[430] 지역에 숙신씨가 웅상을 세우고 살았다.[431] 서낭신(隨體 隨神)에 매달은 천 조각이 바람에 날리는 형상을 뜻한 글자가 돛 범(帆)자다. 범선으로 동남아 해안을 돌아 남방 불교가 강남에 들어왔다. 스님이 배를 타고 먼 이역 땅으로 가는 장면이 불교 서화에 있다. 불교에 관한 설명에는 선도성모수희 불사(仙桃聖母隨喜佛事)란 문구와 같이 수(隨)자가 여러 곳에 실렸다. 복숭아나무를 심었던 마을에서 석가모니 어머니(慈氏母, 耶Māyā; Eum-Maya)와 이모(佛姨母)가 나서 선도성모라고 했다. 범선(帆船) 위에는 안전한 항해를 인도하는 성모상(慈氏母, 聖母摩耶 Māyā; Eum-Maya, Goddess) 또는 사자상을 조각한 나침판을 설치했다.

신대왕의 맏아들 발기(拔奇)가 강남으로 가서 손책의 친구가 된 이후 오나라는 풍력을 이용하는 큰 배를 만들어 고구려와 교류했다. 손책이 양자강 하류 전당(錢唐)에서 해적호왕(海賊胡玉)을 만났다. 진시황 명에 따라 발해만에서 바다로 나갔던 사람들이 이주(夷洲; 대만섬)에 정착했

---

[430] 字書 釋名: 釋名:船. 帆, 泛也, 隨風張幔曰帆, 使舟疾汎汎然也.〔古文〕《廣韻》音凡.《集韻》舟上幔以帆風.《廣韻》船使風也.《船使風也.《玉篇》與帆. 塞外有烏桓山. 一作烏.《魏志·烏丸傳》太祖引烏之衆, 服從征討, 而邊民得用安息. 又通作烷 樹木
[431] 三國志 孫策傳: 父共載船至錢唐, 會海賊胡玉等從匏里上掠取賈人財物. 其友士拔奇. 三國志 吳書 二: 恪等到安平口 遣將軍衛溫, 諸葛直將甲士萬人浮海求夷洲及亶洲. 亶洲在海中, 長老傳言秦始皇帝遣 方士徐福將童男童女數千人入海, 求蓬萊神山及仙藥, 止此洲不還. 但得夷洲數千人還.

다.⁴³² 금미달(今彌達)에 살던 사람들이 해안으로 내려와 동남아로 내려 갔다. 진서에는, 서진 시대에 나타나지 않았던 신라 백제(新羅, 百濟)란 이름이, 동진 말기에 복건성 이남 지역에 나타났다. 서진 말기 291년에 발성(拔城)에서 큰 전쟁이 있었다. 발기의 후손이 살던 곳을 발성(拔城) 이라 했다.⁴³³ 왜왕이 다스렸다는 삼한의 후손들이 나침판을 개발하여 범선을 타고 중국 동남아 해안으로 진출했다.

해상인(海商人)이 된 가락국(伽羅國) 사람들이 사자국(獅子國) 스리랑 카 섬을 개척했다. 그들이 해상에서 고난을 겪던 시절에 미륵불(彌勒佛) 이 나타났다.

승가라(僧伽羅)가 대마초(삼 麻, hemp)로 긴 밧줄을 만들었다. 튼튼한 밧줄, 마닐라(Manila, May-ni-La 摩尼羅)-Dan(亶단, 묶음) 밧줄(Rope) 묶 음의 공급처가 필리핀의 수도가 되었다.

그로부터 한반도에 미륵신앙이 전래되고, "○○ 가야" 하는 이름으 로 나타났다. 신라는 불교에 입적한 법흥왕 이후 해상 강국, 백제를 제 압하고 극동의 강국으로 등장했다.

그때 마야부인, 풍월주, 화랑, 유화, 미실이, 처용랑(處容郎)하는 이름 이 나타났다.⁴³⁴

---

432 山海經: 先以六書. 服常樹, 其上有三頭人, 伺琅玕樹. 象形者, 畫成其物, 隨體詰詘, 「日, 月」是也. 詘: 詰詘也. 一曰屈襲. 从言出聲. 詰: 問也. 从言吉聲. 詩經民勞: 無縱詭隨.
433 晉書: 東倭重譯納貢, 鮮卑名王, 皆遣使來獻. 天子歸美宰輔, 又增帝封邑. 是歲, 扶南等二十一國, 馬韓等十一國遣使來獻. 宣帝之平公孫氏也, 其女王遣使至帶方朝見, 其後貢聘不絕. 及文帝作相, 又數至. 天下兵起, 大戰. 日門, 下有拔城. 冊府元龜: 開拔奇之津使天下馳騁而起矣. 高岱字孔文受性聰達輕財貴義其友士拔奇取於未顯所友八人無名氏皆世之英偉也.
434 단군왕검(壇君王儉)은 실존 인물이었다. The legendary Dangun Wanggeom was a real person 《Lee Mosol's Book Collection(ancienthistoryofkorea.com).》

나침반(羅針盤, compass)의 유래: 나침판의 필수품이 자석(磁石)이다. 미륵을 자씨라 한다. 사슴과 멧돼지가 뛰노는 들판(涿鹿之野)에서 싸우던 당시 방향기를 처음 사용했다. 시라(尸羅)가 연도(燕都)라고 하는 궁홀산(弓忽山) 금미달(今彌達) 영역에서 나타났다. 신라(新羅)의 선조가 나침판을 고안했다는 추리가 가능하다.

삼국지에는 풍력과 방향계가 쓰였다는 흔적이 보인다.[435] 동진(東晉, 317년 ~ 420년) 시대부터는 동남아 해로를 통하여 남방 불교가 남조에 들어왔다. 송서에는 범선으로 二三萬里를 항해했다는 기록이 있다.[436]

범선(帆船)의 범이란 어음은 산서성을 뜻한다. 왜왕이 다스렸다는 삼한의 후손들이 나침판을 개발하여 범선을 타고 중국 동남아 해안으로 진출했다. 이를 잘못 인식하여 태평광기에는 왜국인(倭國人) 한지화(韓志和)가 개발했다고 했다.[437]

서진 시대에 나타나지 않았던 신라 백제(新羅, 百濟)란 이름이, 동진 말기에 복건성 이남 지역에 나타났다. 신대왕의 맏아들 발기(拔奇)가 강남으로 가서 손책의 친구가 된 이후 오나라는 풍력을 이용하는 큰 배를 만들어 고구려와 교류했다. 서진 말기 291년에 발성(拔城)에서 큰 전쟁이 있었다. 발기의 후손이 살던 곳을 발성(拔城)이라 했다.[438]

---

[435] 三國志倭人傳: 循海岸水行, 歷韓國, 乍南乍東, 計其道里, 當在會稽, 東冶之東. 女王國東渡海千餘里. 絶在海中洲島之上, 或絶或連, 周旋可五千餘里.

[436] 宋書 夷蠻: 南夷, 西南夷, 大抵在交州之南及西南, 居大海中洲上, 相去或三五千里, 遠者二三萬里, 乘舶擧帆, 道里不可詳知. 外國諸夷雖言里數, 非定實也

[437] 十六國春秋 解飛, 不知何許人, 仕虎為尚方令, 侍中, 御史. 機巧若神, 妙思奇發. 虎至性好佛, 眾巧奢麗, 不可勝紀. 飛嘗為虎作檀車, 廣丈餘, 四輪作金佛像, 坐於車上, 九龍吐水灌之. 太平廣記: 韓志和者, 本倭國人也, 中國為飛龍衛士. 善雕木為鸞鶴鳥鵲之形, 置機捩於腹中, 發之則飛高三二百尺, 數百步外方始却下. 穆宗朝, 有飛龍士韓志和, 本倭國人也. 善雕木. 作鸞鶴鴉鵲之狀. 飲啄悲鳴, 與真無異.

진시황 명에 따라 불사약을 구하려고 바다로 나갔던 사람들이 이주(夷洲; 대만섬)에 정착했다.439 손책이 불사약을 구해오라고 보냈던 사람들이 대만섬 사람들을 데려왔다.

황해 남쪽 항로를 남북조시대에 가야국 하지왕(荷知王)이 479년 남제(南齊)에 사신을 보냈다. 한성 백제가 구원군을 대륙 백제에 보냈던 시절에 개발했다.440

통일신라에서 전함으로 울릉도를 발견했고, 배 만드는 부서를 두었다.

당나라 황제가 당승법안(唐僧法安)을 보내 자석(磁石)과 좋은 활포 궁(砲弩) 만드는 방법을 구해오라는 요구를 했다.441 문무왕 시절이다. 끝없이 요구하는 당나라에 반기를 들어 《나당전쟁》이 나타났다.442

통전 지남차(指南車) 편에 나침판의 유래를 설명했다.443 신빙성 있는 자세한 설명은 북위 의사관 최홍(崔鴻, 478년 ~ 525년)이 쓴 십육국춘추

---

438 三國史記 新羅本紀第一: 即位, 號居西干, 時年十三. 國號徐那伐. 先是, 朝鮮遺民分居山谷之間, 為六村: 一曰閼川楊山村, 二曰突山高墟村, 三曰觜山珍支村, 或云干珍村. 四曰茂山大村, 五曰金山加利村, 六曰 明活山高耶村, 是為辰韓六部. 高墟村長蘇伐公望楊山麓, 蘿井傍林間, 有馬跪而嘶, 則往觀之, 忽不見馬, 只有大卵. 六部人以其生神異, 推尊之, 至是立為君焉. 辰人謂 瓠為朴, 以初大卵如瓠, 故以朴為姓. 居西干, 辰言王. 或云呼貴人之稱. [音汁伐國與悉直谷國爭疆, 詣王請決. 王難之, 謂金官國首露王年老多智識]

439 山海經: 先以六書. 服常樹, 其上有三頭人, 伺琅玕樹. 象形者, 畫成其物, 隨體詰詘, 「日, 月」是也. 詘: 詰詘也. 一曰屈襞. 从言出聲. 詰: 問也. 从言吉聲. 詩經民勞: 無縱詭隨.

440 南齊書: 加羅國, 國王荷知使來獻. 詔曰:「量廣始登, 遠夷洽化. 加羅王荷知欵關海外, 奉贄東遐.」

441 三國史記 新羅本紀第六: 文武王立. 以信惠法師為政官大書省. 唐僧法安来傳天子 命求磁石. 遣祇珍山級飡等入唐獻磁石二箱. 唐使到傳詔, 與弩師仇珍川沙湌廻. 命造木弩, 放箭三十步. 帝問曰:「聞在爾國造弩射一千步, 今纔三十步, 何也?」對曰:「材不良也, 若取材本國, 則可以作之.」숨겨진 역사를 찾아서: 吳在成 著. 한민족 문하사. 1986.

442 나당 전쟁 - 위키백과, 우리 모두의 백과사전.

443 通典 指南車. 魏明帝青龍中, 令博士馬鈞紹而作焉. 車上有木仙人, 舉手恒指南. 車箱迴轉, 所指微差. 晉亂復亡東晉義熙十三年, 劉裕平長安, 始得此車, 復修之. 一名司南車. 駕駟其下, 制如樓, 三級, 四角金龍銜羽葆. 刻木為仙人, 衣羽衣, 立車上, 車雖迴運, 而手恒指南

(十六國春秋)에 실렸다. 중국 오호 십육국시대 후조의 제3대 황제 석호(石虎, 334년 ~ 349년)가 출처를 알 수 없는 불교에 심취한 해비(解飛: Xiè Fēi; fl, 334년 ~ 349년)를 임용했다.444 해비(解飛; 解批, 解毗)는 고구려와 부여의 성씨다. 그는 다재다능한 쟁인이었다. 그가 자석을 사용하여 남쪽을 가리키는 목각을 수레 위에 설치했다. 그 기술을 동진 시대에는 신미제국이 해안을 따라 4,000여 리에 22국을 이루었다는 해양권을 장악했던 사람들이 범선에 붙여 지남주(指南舟)라는 이름이 나타났다.

---

444 十六國春秋: 解飛, 不知何許人. 機巧若神, 妙思奇發. 虎至性好佛, 眾巧奢麗, 不可勝紀. 飛營爲虎 作檀車, 廣丈餘, 四輪作金佛像, 坐於車上, 九龍吐水灌之. 又作一木道人恆, 以手摩佛心腹之間. 宋書 "指南舟: 石虎使解飛, 姚興使令狐生又造焉. 宋武帝平長安, 始得此車. 其制如鼓車, 設木人於車上, 舉手指南. 車雖回轉, 所指不移.   代又有指南舟.索虜拓跋燾使工人郭善明造指南車, 彌年不就.扶風人馬岳又造 https://bf.wiki2.wiki/wiki/Xie_Fei_(inventor)

제7장

삼국지(三國志)를 다시 보다

1. 삼국지(三國志)를 다시 보다

2. 삼한(三韓) 사람들의 출원지

3. 위만조선(魏滿朝鮮)과 금조선(今朝鮮)

4. 삼한(三韓)의 유래

5. 한해 서쪽 연안

6. 남만주에 나타났던 공손씨(公孫氏)의 시말

7. 고구려 왕자 발기와 공손도

8. 김일제(金日磾)의 아들을 공손홍(公孫弘)의 아들로

9. 비류의 대륙 백제

10. 염사치(廉斯鑡) 염사인 준왕이 도착한 한(韓)의 위치

1. 삼국지(三國志)를 다시 보다

서론: 단군왕검이 살해당한 시기부터 마지막 수도 금미달이 함락된 전국시대까지 고조선 사람들이 아시아 전역에 흩어져 때로는 소읍 국가를 세우고 살았다. 진수의 삼국지는 위진 양조 통치 지역과 그 외곽을 다루었다. 진수는 남만주 연안에 살던 현지인의 애기를 듣고 중원에 전해 오던 설화를 한데 묶어 위서 30편을 만들었다. 천진항에서 뱃길로 요동만 북쪽 해안을 따라 한반도 서남쪽 해안을 거쳐 구주에 이르는 활발했던 해상 항로를 왜인전에 실었다. 그에 실린 "뱃길 수천 리, 수 개월 하는 문구"는 깊이 연구되어야 한다. 삼국지(三國志) 동이전은 어환(魚豢)의 위략(魏略) 등 다른 문헌을 인용했고, 후세에도 추가 보충하여 오류가 많다. 삼한의 뿌리가 되는 부여에 관한 기록은 더더욱 혼미하고, 실렸어야 할 "신라 임나가라"는 실리지 않았다. 한반도는 중원 세력 밖이었다. 한반도를 비롯한 중원이 외곽 영역을 묶은 위서30(魏書三十)에 중원 세력이 동북쪽으로 가장 멀리 갔던 곳이 고구려 국내성이었다. 그 북쪽 읍루전(挹婁傳)에 관한 기록은 그곳 노인들로부터 들은 애기다.

신라는 진수의 삼국지 이후에 한반도에 수도를 정했다. 진수는 진시황이 중원을 통일한 동쪽 끝 조선과의 경계를 만번한(滿潘汗)이라 했다. 이곳이 동명성왕이 도착하여 왕이 되었다는 부여다. 사기에 창해지군이라 한 발해만 서남쪽이다. 이를 한서에는 사기에 없던 한사군 이름이 실린 곳이다.

부여(夫餘, 扶餘)와 진한(辰韓) 사람들은 선조가 도망 온 사람이라고 했다. 신라 본기 처음에 실린 기록과 같다. 그 지역에서 예왕인(濊王之

印)이 발굴되었다. 진한(辰韓) 사람들이 살던 곳에 남아있는 사람들을 낙랑인(樂浪人)이라 했다. 사마천이 낙안(樂安)이라 한 궁홀산 금미달을 낙랑이라 했다.445 그곳에 진(秦)나라가 들어왔다.

한전(韓傳)에 삼한이란 글자가 처음 나타났다. 진한전(辰韓傳)에 6국에서 12국으로 되었다는 나라 속에 있어야 한다. 그곳 사람들은 제천의 식을 하고 백제는 만 백자 백제(伯濟)라 하고, 부도(浮屠)와 유사한 소도(蘇塗)에는 장승을 세운 여러 나라가 있었다. 이를 한, 중 사학계에서는 모두 한반도를 삼한(三韓) 땅이라 한다.446

2. 삼한(三韓) 사람들의 출원지

중앙아시아에서 홍산 문화권에 이르는 육상 교역로(常有商度, silk road)를 자세히 설명했다. 서역 사람들이 진단(震旦)이라 하던 곳을 불가 기록에는 "의로운 세 지도자(三韓) 시가 다스리는 땅(斯坦, 於義爲地)이라" 했다. 그곳에서 교역로를 따라 내몽고와 만주를 지나 한반도에 정착했다. 진수가 살던 위진(魏晉)시대에는 불교가 왕성(旺盛)했다. 왜인전에 중앙아시아를 통해 불교가 들어왔다는 기록이 있고, 육상교역로(常有商度, silk road)를 통해 중앙아시아 노인들로부터 서역에 관

---

445 十六國春秋: 鮮卑烏桓高句麗百濟及新一作薛羅休忍等諸國並不從. 晉書 苻堅上: 秦王, 署置官司, 以平顏輔國將軍, 幽州刺史, 爲其謀主. 分遣使者徵兵於鮮卑, 烏丸, 高句麗, 百濟及薛羅, 休忍等諸國, 並不從.

446 三國志 韓傳: 燕乃遣將秦開攻其西方, 取地二千餘里, 至滿潘汗爲界, 朝鮮遂弱. 三國志 辰韓傳: 辰韓在馬韓之東, 其耆老傳世, 自言古之亡人避秦役來適韓國, 馬韓割其東界地與之.其言語不與馬韓同. 相呼皆爲徒, 有似秦人, 非但燕, 齊之名物也. 名樂浪人爲阿殘; 東方人名我爲阿, 謂樂浪人本其殘餘人. 今有名之爲秦韓者. 始有六國, 稍分爲十二國.

한 얘기를 듣고 기록했다.

그에 실린 지명이 현장의 대당서역기(大唐西域記)에 실렸다. 가야(加耶加羅)와 어음이 비슷한 글자 아라포(阿羅得布), 서왕 무(西王母), 신라의 옛 이름 시라(尸羅)가 안식국(斯羅國屬安息) 옆에 있었다. 키 작은 사람들이 사는 나라(短人國)가 강거(康居) 서쪽에 있다.447 터키 카파도키아(Cappadocia, 突厥窟)에서 말을 타고 한 달 가는 북쪽에 있다고 했다. 그들을 양포두국(羊胞頭國)이라고 불렀다. 지금도 그 지역에 키 작은 사람들이 주로 양탄자를 만드는 일을 하고 있다.

3. 위만조선(魏滿朝鮮)과 금조선(今朝鮮)

중원 기록에 고조선(古故朝鮮) 위만조선(魏滿朝鮮) 금조선(今朝鮮)하는 이름으로 한무제 이후에 나타났다. 사기와 삼국지에 실린 연인위만(燕人衛滿: 魏滿)에 관한 기록을 종합해 보면, 한고조의 죽마고우 곳에 봉해 연왕(燕王) 노관(盧綰)과 위만(衛滿)은 천독국 시라가 왔다는 연도(燕都)왕에 있었다.

고조선(古朝鮮): 어음 옛 고(古: 故也)를 두 글자로 썼다. 문제 풀이의 열쇠는 "夂"란 형상자다.448 고(古)자는 평면적인 설명이고, 고(故)는 4

---

447 三國志 倭人傳:短人國在康居西北, 男女皆長三尺, 康居長老傳聞常有商度此國, 去康居可萬餘里. 阿羅得布. 於羅屬大秦, 其治在氾復東北, 渡河, 從於羅東北又渡河, 斯羅東北又渡河. 斯羅國屬安息,與大秦接也. 通典 短人: 突厥本末記云:「突厥窟北馬行一月, 有短人國, 突厥呼為羊胞頭國. 其傍無他種類相侵, 俗無寇盜. 但有大鳥, 高七八尺, 常伺短人啄而食之. 短人皆持弓矢, 以為之備.」按此亦在西北, 即魏略云短人國是也.
448 고(古)와 고(故)가 어떻게 다른가요.
《Lee Mosol's Book Collection(ancienthistoryofkorea.com)》

차원적 설명이다. 옛적 풍속이 계속 남아있는 지역이라 고조선(故朝鮮) 이라 했다.449 사기 조선 열전 왕검성(王險城)이 있던 만주 지역을 뜻했 다. 그 지역에는 예부터 전해오는 풍속이 아사달 궁홀산 금미달의 풍속 과 같았다는 뜻에 옛 고(故)자를 썼다.

국종사 장빙린(章炳麟, 1868년 ~ 1936년) 또한 그의 구서(訄書)에서 영주 지역은 옛적 풍속이 살아있다고 했다. 그는 청나라 세력을 '동호' 라고 하고 중원 세력을 '중하(中夏)'라고 했다. 고조선(古朝鮮) 후에 계 림과 말갈족(雞林, 靺鞨)이 만주에 빈객으로 있다고 한탄했다. 한때 그 곳에서 큰 나라를 이루었던 발해에 관한 기록은 아주 희박하여 알 수가 없으나, 그 뒤를 이어받은 거란과 여진은 그들의 문자가 있었다. 기원 전 2세기까지 그 방대한 지역에는 동호(東胡, 古朝鮮, 濊貊朝鮮) 문하 (文化)라 부르는 유적이 발견되고 있다. 그들의 남쪽에는 황하문화권의 문자가 사용되었고, 중원 이춘추-전국시대를 거치면서 많은 사람들이 황하문화권에서 난을 피하여 만주로 옮겨와 살았다. 위만조선(魏滿朝 鮮): 위만을 음이 같은 글자 위만조선(衛滿)으로 바꾸었다. 중원에는 어 음 "위"를 여러 글자로 적은 나라가 있었다. 모두 높다는 한국어의 사음 자다. 어음이 같은 이름의 다른 나라가 있었다.450 만주(滿洲)란 "위만 이 다스리던 땅"이다. 만류고에서 가차한 글자라 하면서 구슬 주자 만

---

449 通典 邊防一 序略: 後漢以後, 累代皆受中國封爵, 所都平壤城, 則故朝鮮國王險城也.
450 後漢書 東夷列傳: 自武帝滅朝鮮, 使驛通於漢者三十許國, 國皆稱王, 世世傳統. 其大倭王居邪馬臺國. 樂浪郡徼, 去其國萬二千里. 去其西北界拘邪韓國七千餘里. 太平御覽:《後漢書》曰: 韓有三種, 一曰馬韓, 二曰辰韓, 三曰弁韓. 南與倭接. 廣韻 倭: 東海中國. 康熙字典 倭:《說文》順貌. 又倭遲, 回遠貌.《詩·小雅》周道倭遲. 與逶迤, 迱, 委蛇, 威遅, 委移通.《前漢·地理志》樂浪海中有倭人, 分爲百餘國.

주(滿珠)가 원래 이름이라 했다. 제터 단자를 박달나무 단자로 바꾸어 기록하듯 중원 사람들의 글자 작란에 말려 들어 건륭 황제 또한 조상의 뿌리를 찾지 못했다. 위만(魏滿)이란 "높은 곳에서 내려온 빛이 가득한 땅"이란 뜻이다. 이를 그 지역 사람들이 쓰던 어음으로 적은 글자가 《밝해》란 나라 이름이다. 이를 진국(震國)이라 했다. 숙신(肅愼)이 세운 나라 진국(辰國)이란 뜻이다. 그들의 선조가 순임금 시절부터 청석을 촉(青石為鏃)으로 만들어 쓰던 활을 선물로 사용했다. 그 종류의 긴 활(弓長四尺)이 만주 땅 읍루전에 실렸다. 그들은 부여와 같은 부류의 사람이다. 작은 배(舟)를 타고 동북아시아 해안을 장악했다.451 배(舟)를 만든 사람을 서주의 어원에서 "天子造舟工倕作舟 虞姁作舟"란 문구를 근거로 백익이 만들었다고 논증했다. 고조선 발상지에 있던 숙진씨가 극동 러시아 해안에 이르렀다.

울산 암벽화에 작은 배(kayak)를 타고 고래를 잡는 그림이 있다. '금조선(今朝鮮)'은 진수가 살던 당시 조선의 위치를 뜻했다.452 만주에 있던 이름이다.

낙랑단궁(樂浪檀弓)을 만들어 쓰던 숙신(肅愼)이 살던 태자하 연안 요양 일대 졸본 부여를 금조선이라 했다. 안국군(安國君)으로 책봉되었던 중천왕(中川王)의 아들 달가(達賈, ? ~ 292년)가 280년에 정벌하였다.

---

451 三國志 挹婁傳: 其弓長四尺, 力如弩, 矢用楛, 長尺八寸, 青石為鏃, 古之肅慎氏之國也. 善射, 射人皆入. 因矢施毒, 人中皆死. 三國志 夫餘傳夫餘在長城之北, 去玄菟千里, 南與高句麗, 東與挹婁, 西與鮮卑接, 北有弱水, 方可二千里.

452 後漢書 東夷列傳: 自武帝滅朝鮮, 使驛通於漢者三十許國, 國皆稱王, 世世傳統. 其大倭王居邪馬臺國. 樂浪郡徼, 去其國萬二千里, 去其西北界拘邪韓國七千餘里. 太平御覽:《後漢書》曰: 韓有三種, 一曰馬韓, 二曰辰韓, 三曰弁韓. 南與倭接. 廣韻 倭: 東海中國. 康熙字典 倭:《說文》順貌. 又倭遲, 回遠貌.《詩·小雅》周道倭遲. 與逶迤, 迤, 委蛇, 威遲, 委移通.《前漢·地理志》樂浪海中有倭人, 分爲百餘國.

발해 멸망 후에 동단국(東丹國)이 있었다. 본계(本溪) 수동 언덕에서 개천절 행사 동맹(以十月祭天, 國中大會, 名曰東盟)이 있었다. 서로가 다물(多勿) 정신을 약속했다. 숙진씨를 계속 동북쪽으로 많이 밀어붙였다.

태자하 연안 요양 일대, 요양성 요양 본계 本系

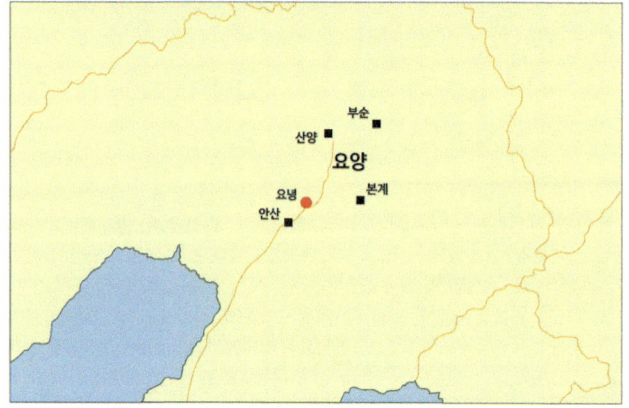

4. 삼한(三韓)의 유래

서론: 삼한(三韓)이란 글자가 진나라 이전(先秦兩漢)에는 없다. 진수가 만들었던 한유삼종(韓有三種)이란 문구에서 삼한(三韓)이란 명사가 나타났다. 이를 송범엽(398년 ~ 445년)이 편술한 후한서 동이전에 54국을 이루고 살았다.[453] 모두 마한종(馬韓種人)이라 했다. 금미달에 살던 사람들을 모두 마한 사람이란 뜻이다. 중원 세력이 한해를 건너기 전이다. 이에 실린 "倭奴國. 邪馬臺國"는 대만섬을 뜻했다. 삼국지에 실린 대동강 하구구야 한국(狗邪韓國)을 "拘邪韓國", 염사치(廉斯鑡)를 "廉斯人蘇馬諟"라 했다.

맥(貉)이라고 읽는 어음을 (貊 貃) 등 여러 글자로 적었다. 그들이 배(貀)를 만들었다. 맹자는 북쪽에 살던 고조선 사람들의 풍속과 신앙을 매도(貉道)라 했다.[454]

북이 색리국(北夷索離國) 후손으로 개천절을 지내고 호랑이를 숭상한다. 그 사람들을 번예(樊濊)라 했다. 중산보(仲山甫)를 "울타리 번 樊" 번후(樊侯)라 했다. 묵자한고에는 동북방에 사는 삼한 사람들을 모두 맥족(三韓之屬皆貉類也)이라 했다.[455] 삼한이란 글자는 중원 기록을 인

---

[453] 後漢書 東夷列傳: 韓有三種: 一曰馬韓, 二曰辰韓, 三曰弁辰. 馬韓在西, 有五十四國, 其北與樂浪, 南與倭接. 辰韓在東, 十有二國, 其北與濊貊接. 弁辰在辰韓之南, 亦十有二國, 其南亦與倭接. 凡七十八國, 伯濟是其一國焉. 大者萬餘戶, 小者數千家, 各在山海間, 地合方四千餘里, 東西以海為限, 皆古之辰國也. 馬韓最大, 共立其種為辰王, 都目支國, 盡王三韓之地. 其諸國王先皆是馬韓種人焉.

[454] 三國志: 把婁在東北千餘里, 濱大海, 常用十月祭天, 晝夜飲酒歌舞, 名之為「舞天」. 又祠虎以為神 韓有三種: 一曰馬韓, 二曰辰韓, 三曰弁辰. 馬韓在西, 有五十四國, 其北與樂浪, 南與倭接. 辰韓在東, 十有二國, 其北與濊貊接. 弁辰在辰韓之南, 亦十有二國, 其南亦與倭接. 凡七十八國, 伯濟是其一國焉. 大者萬餘戶, 小者數千家, 各在山海間, 地合方四千餘里, 東西以海為限, 皆古之辰國也. 馬韓最大, 共立其種為辰王, 都目支國, 盡王三韓之地. 其諸國王先皆是馬韓種人焉. 墨子閒詁: 職方氏有九貉, 漢書高帝紀, 顏注云:「貉在東北方, 三韓之屬皆貉類也..」

용하여 삼국사기 등 모든 한국 사서에 올렸다. 그러나 세 종류의 한이
란 삼한의 글자가 다르다. 특히 변한(卞韓)은 음이 비슷한 여러 글자로
썼다. 삼한의 시원지를 [세성(歲星) 세금 세 배란 명사의 발상지인 태원
(太原)에서 북쪽으로 밀려가 [역수 호타하가 흐르는 지역이 가람(伽藍
神名)의 출원지다]라고 밝혔다. 중원에서는 단군을 신선 또는 선인(仙
人)이라 했다. 금미달(今彌達)의 지도자를 변한(弁, 卞韓)이라 했다. 한
국에는 변산(邊山, 卞山, 弁山)반도, 변산 공원이 있다. 태권도(手搏)와
신선 사상(神仙思想)의 출원지가 고조선 마지막 수도 방홀산(忽山) 금
미달(今彌達)이다. 이곳을 밝은 햇살 발해(勃海)가 비치는 삼신산(三神/
仙山)이 있는 산서성 산 속에 고총고분(高塚古墳)이 많은 곳을 청구(靑
丘)라 했다. 그곳에서 황제가 자부선인(紫府仙人)으로부터 살던 곳이라
했다. 옛날에 황제(黃帝)가 동쪽의 청구(靑丘) 땅에서 자부선인(紫府仙
人)을 만나 삼황내문(三皇內文)을 받았다. 그곳에서 해안으로 나와 중
원 동쪽 해안을 따라 남쪽으로 내려가 지나 영역 지도자를 번우(番禺),
또는 왜왕이라 했다. 해양권을 장악하여 중원의 동남쪽 바다를 한해(翰
海瀚海)라 했다. 그 연안에 백제란 이름이 나타났다. 부여(夫餘)란 어음
이 백제 왕실의 성씨가 되었다.

앞서 다룬 바와 같이 마한(馬韓)은 백제 5개 군의 하나였다. 당나라에

---

455 三國志: 挹婁在東北千餘里, 濱大海, 常用十月祭天, 晝夜飮酒歌舞, 名之為「舞天」. 又祠虎以
為神 韓有三種: 一曰馬韓, 二曰辰韓, 三曰弁韓. 馬韓在西, 有五十四國, 其北與樂浪, 南與倭接.
辰韓在東, 十有二國, 其北與濊貊接. 弁辰在辰韓之南, 亦十有二國, 其南亦與倭接. 凡七十八國,
伯濟是其一國焉. 大者萬餘戶, 小者數千家, 各在山海間, 地合方四千餘里, 東西以海為限, 皆古
之辰國也. 馬韓最大, 共立其種為辰王, 都目支國, 盡王三韓之地. 其諸國王先皆是馬韓種人焉.
墨子開詁: 職方氏有九貊, 漢書高帝紀, 顏注云:「貉在東北方, 三韓之屬皆貉類也.」

서 돌아온 최치원은 변한이 백제(卞韓則百濟)라 했다.

그러나 당두우가 편술한 통전에는 변한(弁韓)이 없다.

당서에 신라를 낙랑에 살던 변한의 후예(弁韓苗裔)라 했다. 발해만으로 내려와 산동반도 북서부에 사는 사람들을 구별하지 못하고 변진잡거(弁辰與辰韓雜居)라 변진전(弁辰傳)이라 했다. 금미달 변한(弁韓) 사람들이 동쪽(辰)에 와서 정착했다는 뜻이 변진(弁辰)이다.[456]

5. 한해 서쪽 연안

한해 서쪽 연안 해상로는 오주부전에 실렸다.

북쪽에서 뱃길로 양자강 하구 임해(臨海)에 정착했다 발기(拔奇; ?~197년) 또한 그 일대에 정착했다. 그곳을 통치하던 군주를 나주 나양왕(羅陽王)이라 했다. 절강성서안시(浙江瑞安市)에 있었다. 그곳에 왕표라는 신(神曰王表)이 있었다.[457] 북쪽에서 내려와 권세를 자랑하던 노

---

[456] 三國史記: 新羅崔致遠曰:「馬韓則 & 高麗高句麗, 卞韓則百濟, 辰韓則新羅也.」此諸說, 可謂近似焉. 若『新, 舊唐書』皆云:「卞韓苗裔在樂浪之地.」《唐書·東夷傳》新羅, 弁韓苗裔也, 居漢樂浪地.

[457] 三國志 吳主傳: 太元元年夏, 立皇后潘氏, 大赦, 改年. 初臨海羅陽縣有神, 自稱王表. 吳錄曰: 羅陽今安固縣. 周旋民間, 語言飲食與人無異, 然不見其形. 又有一婢, 名紡績. 是月, 遣中書郎李崇齎輔國將軍羅陽王印綬迎表. 表隨崇俱出, 與崇及所在郡守令長談論, 崇等無以易. 所歷山川, 輒遣婢與其神相聞. 秋七月, 崇與表至, 權於蒼龍門外為立第舍, 數使近臣齎酒食往. 表說水旱小事, 往往有驗. 孫盛曰: 盛聞國將興, 聽於民; 國將亡, 聽於神. 權年老志衰, 讒臣在側, 廢適立庶, 以妾為妻, 可謂多涼德矣. 而偽設符命, 求福妖邪, 將亡之兆, 不亦顯乎! 秋八月朔, 大風, 江海涌溢, 平地深八尺, 吳高陵松柏斯拔, 郡城南門飛落. 冬十一月, 大赦. 權祭南郊還, 寢疾. 吳錄曰: 權得風疾. 十二月, 驛徵大將軍恪, 拜為太子太傅, 詔省徭役, 減征賦, 除民所患苦.《吳志》曰: 臨海羅陽縣有神, 自稱王表, 語言飲食與人尾, 然不見其形. 又一婢名紡紡. 遣中書郎李崇赍輔國將軍羅陽王印綬迎表. 表隨崇俱出, 絲鯉山川, 輒遣婢與其神相聞. 表至, 權於倉龍門外為立第舍. 表說水旱小事, 往往有驗. 太元元年夏五月, 立皇后潘氏, 大赦, 改年. 初臨海羅陽縣有神, 自稱王表. 二年春正月, 立故太子和為南陽王, 居長沙; 子奮為齊王, 居武昌;

왕이 패권을 사양하고 죽어(魯王霸賜死), 그의 부인 번씨(潘氏)를 황후로 택했다. 손권이 251년에 나양왕으로부터 옥새를 받고 사례(羅陽王印 綬迎表)했다. 그가 중원에 전해 오던 전국새(傳國璽)를 얻었다는 뜻이다. 황태자 폐위하고 장사왕으로 다른 아들은 제왕, 낭아왕 등 여러 곳에 봉했다. 부인 번씨가 죽은 다음 해에 손권이 죽어 남경 동쪽 교외(南京 東郊)에 묘를 만들어 장능(葬蔣陵)이라 했다. 오주(吳主) 손권(孫權, 182년 ~ 252년)이 중풍증이 생겨 교재(郊祭)를 드리고 돌아 일 년 안에 죽었다.

손권(孫權)의 부인이 된 번씨(潘氏)는 변한(弁韓)의 혈통을 지닌 성씨다. 번씨(潘氏)의 선조가 금미달에서 내려온 여자란 뜻이다. 금미달 미지수천리(彌地數千里)에서 내려와 해안을 따라 4,000여 리에 신미제국(新彌諸國) 20여 국이 나타났다. 산동성에 있던 사람이 해안으로 강남에 정착했다 하여 노왕(魯王)이라 했다. 옥새를 넘겨준 노왕이 나양왕(羅陽王)이다. 왜왕비미호(倭王卑彌呼) 그리고 남조 역사에 나오는 왜왕(倭王)과 같은 혈통이다.

손권이 불로초 불사약을 구해오라고 젊은이들을 바다로 보냈다. 그들이 대만섬을 찾았다. 많은 사람들은 돌아오지 못하고, 돌아온 사람들이 원주민을 데리고 왔다.

부여의 후손이 해안을 따라 남만주 황해 동서 연안, 세 갈래로 퍼져 나가 부여씨가 세운 나라가 중원반도 열도 세 지역에 있었다. 진수는

子休爲琅邪王, 居虎林. 二月, 大赦, 改元爲神鳳. 皇后潘氏薨. 諸將吏數詣王表請福, 表亡去. 夏四月, 權薨, 時年七十一, 諡曰人皇帝. 秋七月, 葬蔣陵

중원에 관해서는 뚜렷하게 기록하지 않았다. 「진서와 16국춘추」에 나오는 '휴인(休忍)'은 임나(任那)를 뜻했다.458 전진의 부건(秦 苻堅, 338년 ~ 385년)이 현재 산서성(陝西省眉縣東南)에 있던 신라보(攻陷新羅堡)를 점령했다. 천축국 스님 부도등(佛圖澄, 232년 ~ 348년)이 찾아왔다. 동쪽 산성반도에 신라(新羅)가 있었다.459 진서에도 같은 내용이 실렸다. 산동성에 있던 신라와 백제가 사마씨와 같이 남쪽으로 옮겨 갔다. 사마씨가 남쪽으로 밀려난 후 복건성(晉安郡)에 신라현(新羅縣)이 나타나, 통일신라 이후에도 신라방으로 복건성에 있었다.460

오주손권(吳主 孫權)이 조위를 공략하려고 발해만 서쪽 양평성(천진)에 수도를 정하고 연왕(燕王)이라 하던 공손연(公孫淵, ? ~ 237년)과 활발한 해상 교류가 있었다. 그의 형 손책(孫策, 175년 ~ 200년)이 고구려 왕자 발기(拔奇, ? ~ 197년)가 북쪽에서 내려와 양자강 하류에 정착했던 발기진에 수도를 정했다. 그곳이 남경이다. 그때부터 동오(東吳)라 한다. 발기(拔奇) 진을 요새로 만들었다. 이를 비슷한 글자로 바꾸어 "居枝城, 居扶城"이란 대륙 백제의 수도가 나타났다. 통전과 태평어람

---

458 十六國春秋: 太初五年春三月苻攻陷新羅堡扶風太守齊益男棄郡 車師前部王 皆來朝堅引見于太極前殿大宛獻汗血馬肅愼 貢楛矢天竺獻火浣布羌抑摩獻羊六角二口四角八口新羅國獻美女 國在百濟東 其人多美髮髮長丈餘. 晉書 苻攻陷新羅堡. 苻撫風太守 齊益男奔建. 晉安郡太康三年置. 原豐新羅宛平同安候官羅江晉安溫麻. 晉安郡 维基百科, 自由的百科全书 (wikipedia.org)

459 後漢書 東夷列傳: 自武帝滅朝鮮, 使驛通於漢者三十許國, 國皆稱王, 世世傳統. 其大倭王居邪馬臺國. 樂浪郡徼, 去其國 萬二千里, 去其西北界拘邪韓國七千餘里. 太平御覽:《後漢書》曰: 韓有三種, 一曰馬韓, 二曰辰韓, 三曰弁韓. 南與倭接.

460 廣韻 倭: 1986東海中國. 康熙字典 倭:《說文》順皃. 又倭遲, 回遠貌.《詩·小雅》周道倭遲. 與逶迤同, 迤, 委蛇, 威遲, 委移通.《前漢·地理志》樂浪海中有倭人, 分爲百餘國. 太平御覽: 汀州, 臨汀郡. 歷代土地舊與長樂郡同. 唐開元二十六年, 分置汀州. 初置在新羅縣, 以其地瘴, 居者多死, 大歷中移理長汀白石村.

백제 편에 실렸다. 대륙 백제의 수도다.

백제는 22담로(二十二簷魯)가 있었다. 담로(簷魯, 擔魯)란 글자는 노나라 언어를 이해하지 못한 사람들이 사는 곳이란 뜻이다. 지나(支那)라고 부르던 동남아 해안에 있던 항구도시를 백제 왕실의 자제가 다스렸다는 뜻이다. 노나라는 번인(魯國蕃人), 즉 미개한 유라시아 유목민 말갈(靺鞨)족이 산동반도에 살았었다.

중산국에 담자(詹子)가 있었다. 금미달 중산국 사람들이 산동성으로 내려왔다.

[백제의 수도가 있던 노나라의 언어를 이해 못 하는 귀머거리 같은 사람들이 사는 곳]이란 뜻이다.[461] 왜인전 어라(於羅)를 중앙아시아에서 쓰던 하언(夏言)이라 했다.[462] 삼국지 왜인전은 해양권을 장악했던 부여씨의 선조가 중앙아시아를 거쳐 동남아 해안에 이르렀던 방대한 지역을 기술했다. 배를 타고 일 년을 가면(船行一年) 벌거숭이들이 사는 나라란 뜻의 유나국(有裸國)과 흑치국(黑齒國)이 있다.[463] 이는 진수가 남만주 노인들로부터 직접 들은 얘기를 기록했다. 당시 동남아에 백

---

[461] 十六國春秋: 太初五年春三月萇攻陷新羅堡扶風太守齊益男棄郡 車師前部王 皆來朝堅引見于太極前殿大宛獻汗血馬肅慎 貢楛矢天竺獻火浣布羌抑摩獻羊六角二口四角八口新羅國獻美女 國在百濟東 其人多美髮髮長丈餘. 晉書 萇攻陷新羅堡. 萇撫風太守 齊益男奔登. 晉安郡太康三年置. 原豊新羅宛平同安候官羅江晉安溫麻. 晉安郡 - 维基百科，自由的百科全书 (wikipedia.org)

[462] 三國志 衛臻傳: 開拔奇之津. 三國志 孫策傳: 高岱 其友士拔奇, 取於未顯, 所友八人, 皆世之英偉也 通典百濟: 土著地多下濕, 率皆山居. 其都理建居拔城. 王號「於羅瑕」, 百姓呼為「鞬吉支」, 鞬音乾. 夏言並王也. 王妻號「於陸」, 夏言妃也. 太平御覽 百濟: 百濟國王姓夫餘氏

[463] 三國志 倭人傳: 女王國東渡海千餘里, 復有國, 皆倭種. 又有侏儒國在其南, 人長三四尺, 去女王四千餘里. 又有裸國, 黑齒國復在其東南, 船行一年可至. 參問倭地, 絶在海中洲島之上, 或絶或連, 周旋可五千餘里.

제담로(簷魯)가 있었다.

   삼국지 동이전에 대인(大人)이 실렸고 삼국사기 연개소문(淵蓋蘇文)을 대인(大人)이라 했다.

   여씨춘추와 회남자에 실린 대인(大人)이란 글자를 살펴보면 공손씨(公孫氏)와 같이 왕공대인(王公大人)의 후손이란 뜻이다.[464] 왕공대인의 후손은 북쪽 흉노 땅으로 도망을 가기도 했다.

   통전과 구당서에 보이지 않는 장인(長人)이 『신당서』에 실렸다.[465] 배를 타고 인접 마을을 돌아다니던 읍루 사람들이 울릉도에 정착했다. 우산국 원주민을 장대하고 흉악한 사람들로 묘사했다. 그들의 침략을 막기 위해 신라에서는 뇌사수천명(弩士數千守)으로 수비했다. 당나라에서는 이쇠내(弩; Crossbow)와 나침판을 요구했다.

6. 남만주에 나타났던 공손씨(公孫氏)의 시말

   고구려 왕자 발기와 공손도: 한-중 양국 문헌에 공손씨(公孫氏)가 나타난다. 삼국지에는 공손도전(公孫度傳)이 있고, 부여전에 공손도가 실권자로 실렸다.[466] 글자가 비슷한 공손탁(公孫康)이 그의 아들이라 했

---

[464] 呂氏春秋 恃君: 非濱之東, 夷, 穢之鄕, 大解, 陵魚, 其, 鹿野, 搖山, 揚島, 大人之居, 多無君. 淮南子 時則訓: 五位, 東方之極, 自碣石山過朝鮮, 貫大人之國, 東至日出之次, 木之地, 青土樹木之野, 太皞, 句芒之所司者, 萬二千里. 三國史記: 西東部大人蓋蘇文, 監長城之役. 蓋蘇文弒王. 新羅疆界, 古傳記不同. 東海絶島上有大人國.
[465] 新唐書: 新羅, 弁韓苗裔也. 居漢樂浪地, 橫千里, 縱三千里, 東拒長人, 東南日本, 西百濟, 南瀕海, 北高麗. 而王居金城, 環八里所, 衛兵三千人. 長人者, 人類長三丈, 鋸牙鉤爪, 黑毛覆身, 不火食, 噬禽獸, 或搏人以食. 其國連山數十里, 有峽, 固以鐵窗, 號關門, 新羅常屯弩士數千守之.
[466] 三國志 公孫度傳: 公孫度字升濟, 本遼東襄平人也. 度父延, 避吏居玄菟, 任度為郡吏. 時玄菟

다. 삼국사기에는 같은 사람이라 했다. 부여전은 동명왕이 금미달에서 내려와 부여의 왕이 되었던 발해만 서남쪽 지역의 역사를 간략한 내용이다. 부여의 영역인 요동이 고구려와 분쟁 지역이 되었다. 그곳이 맥군남여(穢貊君南閭)가 280,000명을 인솔하고 요동에 내속(遼東內屬)했다는 곳이다. 그곳에 창해군이 있었다가 2년 후 서기전 126년에 공손홍(公孫弘)의 제안을 받아들여 군을 폐지하였다.

공손홍(公孫弘, 기원전 199년 ~ 기원전 121년)을 평진후로 봉래창해군이 나타났던 지역을 봉지로 주었다. 사기 건원 이후 작위를 받은 사람 명단(建元以來侯者年表)에는 평준후 공손홍의 작위를 아들 후경(侯慶)이 물려받았다가 경미한 죄를 지어서 107년(元封四年)에 제거되었다. 한서에는 공손도가 축성장에 끌려가서 일했다(坐論為城旦)고 했다. 한서고혜고후문공신열표(漢書高惠高后文功臣表)에는 선조는 밝히지 않고, 기원후 2년(元始二年)에 후경이 두려워서(侯慶忌) 오만한 현손(敖玄孫紹封)이 천호(千戶) 밖에 안 되는 적은 봉지의 작위를 이어 받았다.467 공손도의 활동은 후한말 마지막 헌제(漢獻帝, 181년 ~ 234년) 시절이다. 같은 시절에 고구려에는 왕위 쟁탈전이 나타났다.

太守公孫琙, 子豹, 年十八歲, 早死. 度少時名豹, 又與琙子同年, 琙見而親愛之, 遣就師學, 為取妻. 後舉有道, 除尚書郎, 稍遷冀州刺史, 以謠言免. 同郡徐榮為董卓中郎將, 薦度為遼東太守. 度起玄菟小吏, 為遼東郡所輕. 先時, 屬國公孫昭守襄平令, 召度子康為伍長. 度到官, 收昭, 笞殺於襄平市. 郡中名豪大姓田韶等宿遇無恩, 皆以法誅, 所夷滅百餘家, 郡中震慄. 東伐高句驪, 西擊烏丸, 威行海外.

467 漢書 高惠高后文功臣表: 元始二年, 侯慶忌以敖玄孫紹封, 千戶, 順, 桓之間, 復犯遼東, 寇新安, 居鄉, 又攻西安平,

7. 고구려 왕자 발기와 공손도

고국천왕의 형인 발기(拔奇, ? ~ 197년)가 공손도가 자리 잡은 요동으로 갔다. 동명이 자리 잡았던 요동성, 즉 양평성에서 공손연이 잡혔다.468 김일제의 후손이 왕망(王莽, 기원전 45년 ~ 기원후 23년)의 신나라 때 산동성에 살았다. 그곳에서 김알지(金閼智, 65년 ~ ?)가 나타났다. 같은 곳에서 대륙 백제의 시조인 '비류(沸流)'가 자리 잡은 미추홀이 있었다. 비류와 동생 온조는 북부여 해부루의 후손 우대(優台)의 아들이다.

김알지와 고구려 왕자 발기의 혈통을 이어받은 공손연을 공손도의 손자라 한다.

공손도가 현토태수(玄菟太守) 공손역(公孫域)의 데릴사위로 출세했다. 중원 세력과 접했던 부여는 달갑지 않은 세력이라 원수 구자를 붙여 부여 왕을 우구대(夫餘王 尉仇台)라 했다. 왕자란에 밀려 요동으로 갔던 고구려 왕자 발기(拔奇)의 후손이 옛 대방 땅 미추홀에 정착한 비류왕 세력과 같이 왜(倭)로 나타났다.

현토태수란 글자는 [현도씨(玄都氏)가 보옥(貢寶玉)을 순임금에게 주었다. 먼 북쪽 숙신씨의 수도(首都)의 어음을 비하해서 만든 글자가 현토(玄菟)다. 검을 현(玄)자의 본 글자 현도(玄都)는, 백익이 우물을 만들어 마을이 생겼다는 금미달을 뜻했다. 그곳 지도자를 "北方之神, 黃帝臣壽, 仙伯眞公所治" 등 여러 문구로 표현했다. 토끼(菟)란 글자는 수

---

468 三國志 公孫度傳: 魏書曰: 度語毅, 儀: 「讖書云孫登當為天子, 太守姓公孫, 字升濟,升即登也.」 時襄平延里社生大石, 長丈餘, 下有三小石為之足. 或謂度曰: 「此漢宣帝冠石之祥, 而里名與先君同. 社主土地, 明當有土地, 而三公為輔也.」 度益喜. 故河内太守李敏, 郡中知名, 惡度所為, 恐為所害, 乃將家屬入于海.

도(都)의 다른 사음자다. 공손연이 잡힌 양평성(襄平城)은 자객 형가가 역수가(易水歌)를 부르며 떠났다는 금미달에서 떠난 동명성왕이 되었던 동부여의 수도였다. 현도태수공손이란, 백익의 후손이란 뜻이다. 후한환제(桓帝劉志, 132년 ~ 168년) 때에 발생했던 영토 분쟁 사건이다.[469] 그러나 글자가 다르다. 금미달에서 내려온 고조선 사람들의 영역에 나타난 공손연의 세력을 사마씨가 정벌했다. 그들이 동명왕릉을 파헤쳐 동명왕이 부여에서 도망 온 사람(亡人)이란 증거가 밝혀졌다. 변진전 사람들 또한 망인(亡人)이라 했다. 사마씨가 고조선 후예들의 반란에 쫓겨 남쪽으로 삼국지 부여전에 나오는 부여 왕 우구대와 공손도가 고구려 서쪽 요동에서 활동했다.[470]

옛 대방 땅(帶方故地) 미추홀(彌鄒忽)에 온조왕의 형 비류가 정착했다. 이곳을 왜왕 비미호(卑彌呼)의 영역이라 했다.[471] 한, 중 두 나라 기록에는 미추홀과 비류의 후손에 관한 기록이 없다. 고구려는 요동에 정착한 부여씨[왜, 비류백제]와 오랫동안 싸웠다.[472] 동명성왕(東明聖王)

---

[469] 欽定盛京通志: 公孫域, 桓帝時爲元菟太守. 永康元年, 扶餘王夫台將二萬餘人寇元菟, 域擊破之. 熹平三年, 扶餘遂奉章貢獻. 後漢書 孝桓帝紀: 永康元年春正月, 先零羌寇三輔, 中郎將張奐破平之. 當煎羌寇武威, 護羌校尉段熲追擊於鸞鳥, 大破之. 西羌悉平. 夫餘王寇玄菟, 太守公孫域與戰, 破之

[470] 三國志 夫餘傳: 夫餘本屬玄菟. 公孫度雄張海東, 威服外夷, 夫餘王尉仇台更屬遼東. 時句麗, 鮮卑彊, 度以夫餘在二虜之間, 妻以宗女. 尉仇台死, 簡位居立. 無適子, 有孼子麻余. 位居死, 諸加共立麻余. 濊傳: 今朝鮮之東皆其地也. 漢桓時獻之.

[471] 三國史記 百濟本紀第一: 其世系與高句麗, 同出扶餘, 故以扶餘爲氏. 一云: 始祖沸流王, 其父優台, 北扶餘王解扶婁庶孫. 母召西奴, 卒本人延●勃之女, 始歸于優台, 生子二人, 長曰沸流, 次曰溫祚. 優台死, 寡居于卒本. 『北史』 及 『隋書』 皆云: 「東明之後有仇台, 篤於仁信. 初立國于帶方故地, 漢遼東太守公孫度以女妻之, 東夷強國.」

[472] 三國志 高句麗傳: 宮死, 子伯固立. 順, 桓之間, 復犯遼東, 寇新安, 居鄕, 又攻西安平, 於道上殺帶方令, 略得樂浪太守妻子. 靈帝建寧二年, 玄菟太守耿臨討之, 斬首虜數百級, 伯固降, 屬遼東. 熹平中, 伯固乞屬玄菟. 公孫度之雄海東也, 伯固遣大加優居, 主簿然人等助度擊富山賊, 破之.

을 시조로 하는 부여(扶餘)에서 분가한 백제가 중원으로 진출한 교두보를 숨겼다. 이를 진수는 후한 영제(漢桓時獻)때에 고구려에서 특산물을 바쳤다고 기록했다. 어용 학자들이 옛 창해군(滄海之郡)이 있던 땅에 김일제의 후손 도(度)를 공손홍의 아들로 둔갑시켜 부여 왕의 데릴사위로 동이의 강국을 만들었다고 했다. 창해군이 나타났던 발해만 연안을 여씨춘추에는 예맥 사람들의 고향(夷穢之鄕) 동쪽에 "대인이 산다(大人之居)"고 했다. 이곳을 수서에는 맥국(貊國)이라 했다. 왕공대인의 후손이 발해만 건너 만주 땅에 살았다는 뜻이다.

고조선 사람들이 중원을 석권하던(發朝鮮) 시대 말기인 전국시대에는 고조선(古朝鮮)을 세운 예맥 숙신씨가 만주 땅은 물론, 해하(海河) 수계에서 산동성에 이르는 지역에 살았다.[473] 양자방언에 조선(朝鮮)이란 이름이 나오는 지역이다. 연대제동제(燕代東齊, 燕代朝鮮)하는 문구는 산서성 대현(代縣)에서 산동반도 북부를 포함한 지역을 뜻했다.

8. 김일제(金日磾)의 아들을 공손홍(公孫弘)의 아들로

사마천이 편명 끝에 쓰는 태사공 왈(太史公曰)이란 문구 뒤에, 태황태후(太皇太后)가 대사공(大司公)에게 조서를 내렸다. 끝에는 반고 왈(班固稱曰)하는 문구가 있다. 휴도왕(休屠王) 김일제의 후손이 태황태후가 된 왕망의 고모다.

---

[473] 管子: 桓公問管子曰:「吾聞海內玉幣有七筴, 可得而聞乎.」管子對曰:「陰山之礝碈, 一筴也. 燕之紫山白金, 一筴也. 發朝鮮之文皮, 一筴也. 方言: 燕之外鄙朝鮮洌水之間. 燕代朝鮮洌水之間曰盱, 或謂之揚. 北燕朝鮮之間謂之㾄.」

한서 작성자들이 김일제(金日磾)의 아들 공손도(公孫度)를 공손홍(公孫弘)의 아들로 둔갑시켜 공손도와 공손강(公孫康, ? ~ ?)이 "부자지간 또는 같은 사람이다"라고 하는 풀이를 하여, 옛적부터 선조들이 살던 요동으로 도망을 간 고구려 왕자 발기가 동참하여 연왕이라고 자칭한 공손연(公孫淵, 재위: 228년 ~ 238년)이 나타났다. 그의 영역 요동에 가왜왕(假倭王)이 나타났다. 가짜 왜왕(假倭王)이 아니라 [먼 하늘나라에서 내려온 위대한 왕]이란 뜻글자다. 비미호(卑彌呼)는 금미달에서 내려온 변한(弁韓, 대륙 백제)의 최고 제사장 여자 무당이었다.

후한서에는 홀로 실행하여 업적을 남긴 사람들을 모아 열전을 만들었다. 그에 실린 태수공손도(公孫度)를 다음과 같이 기록했다.474

"황건적의 난(黃巾賊 ~ 亂, 184년)과 동탁의 난(189년 ~ 192년)에 요동 땅으로 피해가니, 그곳에 살던 지역 지도자가 모셔서 태수공손도와는 형 동생의 예로 대했다. 그 답례로(그들의) 정사에 참여했다. 관원의 수장이 되고 싶었다. 당시 후한의 실권을 잡고있던 조조(曹操, 155년 ~ 220년)가 요동에서 그러한 일이 일어나고 있다는 소식을 들었지만 공손도를 징계하지 못했다. 건안 24년 즉, 219년 78세로 요동에서 죽었다." 후한서에는 공손도가 184년 이전부터 219년까지는 현토 땅에 있었다. 그 아들이라는 공손탁(公孫康)이 실려있어야 한다. 요동 땅을 셋으로 만들고, 낙랑 땅 남쪽을 잘라 대방군을 만든 사람이 공손도라고

---

474 後漢書 獨行列傳: 三府並辟, 皆不就. 遭黃巾, 董卓之亂, 乃避地遼東, 夷人尊奉之. 太守公孫度接以昆弟之禮, 訪酬政事. 欲以爲長史, 烈乃爲商賈自穢, 得免. 曹操聞烈高名, 遣徵不至. 建安二十四年, 終於遼東, 年七十八.

하고 어떤 기록에서는 공손탁이라 한다. 세대 차이를 감추려 했다. 자치통감에는 조위의 시중유화(侍中劉曄)가 공손연의 천거를 반대했다.[475] 공손씨가 한나라 때부터 남만주의 현지인과 작당하여 모반했다는 지정학적 이유를 들었다. 공손씨의 <혈통부터, 이름자, 통치 영역> 등이 많은 의문에 싸여있다.

미추홀에 정착했던 비류의 후손을 중국 역사로 흡수하려는 모략에서, 사기 창해지군(滄海之郡)을 보충 수정하여 공손도를 그곳에 접붙였다. 어떻게 죽은 사마천이 공손홍(公孫弘)의 손자(?) 공손도가 죄인으로써 현토성토목공사(城旦)장에 끌려갔다는 기록을 남길 수 있겠나. 어떻게 사기에 실리지 않은 예군남려(東夷薉君南閭等)가 28만 가구를 끌고 발해만 서남 해안에 내려와 창해군이 생겼던 곳에 정착했겠나.[476]

한무제가 점령한 왕험성은 남만주 조양이다. 전란 중에 조선 사람들이 그곳 가까이에 있는 의무려산(醫巫閭山, 鮮卑山, 黑山, 富山負山)에 숨어 난을 피한 부여(夫餘)의 한 갈래를 선비라고 했다. 선비족 모용부가 나타났다. 현토군에 있던 부여성을 유오환 골도(踰烏丸 骨都)라 했

---

[475] 資治通鑑: 曹操表公孫度為武威將軍, 封永寧鄉侯. 度曰:「我王遼東, 何永寧也!」藏印綬於武庫. 是歲, 度卒, 子康嗣位, 以永寧鄉侯封其弟恭. 公孫康卒, 子晃, 淵等皆幼, 官屬立其弟恭. 恭劣弱, 不能治國, 淵既長, 脅奪恭位, 上書言狀. 侍中劉曄曰:「公孫氏漢時所用, 遂世官相承, 水則由海, 陸則阻山, 外連胡夷, 絕遠難制. 而世權日久, 今若不誅, 後必生患. 若懷貳阻兵, 然後致誅, 於事為難. 不如因其新立, 有黨為仇, 先其不意, 以兵臨之, 可不勞師而定也.」帝不從, 拜淵揚烈將軍, 遼東太守.

[476] 史記 表 建元以來侯者年表: 元封四年, 侯慶坐為山陽太守有罪, 國除. 后為山陽太守, 坐法失侯. 元狩二年, 弘病, 竟以丞相終. 子度嗣為平津侯. 度為山陽太守十餘歲, 坐法失侯. 漢書 表: 外戚恩澤侯表: 會上亦興文學, 進拔幽隱, 公孫弘自海瀕而登宰相, 於是寵以列侯之爵. 弘子度嗣侯, 為山陽太守十餘歲, 詔徵鉅野令史成詣公車, 度留不遣, 坐論為城旦. 廣韻 域: 人名漢有公孫域

다. 동이전서문에선비(鮮卑, 朝鮮의 卑賤한 평민이란 뜻)의 대륙백제의 혈통을 밝힌 북사(北史)에는 의무려산(醫巫閭山)을 뜻하는 려달 려해(閭達, 閭諧)란 이름으로 나온다. 삼국유사 또한 고전기(古典記, 一云)에 의하면 동명왕의 셋째 아들 온조라 했다. 그의 형 비류는 마땅히 부여의 왕이 되었다는 동명의 아들이다. 중국 역사서 북사와 수서에 실렸다. 부여 동명왕의 후손이 옛 통로를 따라 남쪽으로 내려와 옛적 대방 땅에 자리 잡아 대륙 백제의 시조가 되었다는 온조형 비류(沸流)가 요동태수공손도의 딸을 부인으로 맞아 동이 강국이 되었다. 비류(沸流) 이후에 다른 글자 비류왕(比流王)이 나타났다. 현토 지역의 군주란 뜻이 담긴 새로운 글자(㙛: 或: 邦也)를 만들어 태수공손역(玄菟太守 公孫㙛)의 수양 아들(데릴사위)로 묘사했다. 흙 토를 임금 왕 변(㙛: 㺀: 居也)으로 바꾸었다. 강희자전는 출처를 동관한기라 밝히고 "玄菟太守公孫㙛"란 문구를 남겼다. 그러나 현행동관 한기에는 이 문구는 물론 "㙛"란 글자도 없다. 강희자전과 광운에 실렸다.

9. 비류의 대륙 백제

북제(北齊, 550년 ~ 577년)는 중국 남북조시대(386년 ~ 589년) 말기에 고양(渤海高氏, 高洋)이 동위(東魏, 534년 ~ 550년)로부터 양위받아 고제(高齊)라고도 한다. 일설에는 시조를 고환(高歡)이라 한다. 발해고씨의 시조를 제환공제상 관중(管仲)과 같은 시대 공을 세웠던 사람 고해(高傒, 기원전 728 ~ 637년)가 발해고씨(渤海高氏)의 시조로 했다. 고해(高傒)란 이름자에 유래가 있다. 높이 뜬 밝은 해(sun)를 뜻한다. 중국에서는 고씨를 찾아 강태공의 후손이 만든 나라가 아니다.

삼국사기에는 백제의 기원을 두 갈래로 기록했지만, 첫째 아들 비류(沸流)가 세운 나라에 관한 기록이 거의 없다. 반대로 중국 기록에는 둘째 아들 온조왕(溫祚)에 관한 기록이 없다. 이를 편의상 필자는 "비류(沸流)가 세운 대륙 백제(大陸百濟)와 온조가 세운 나라를 반도 백제(半島百濟)"라 이름하여 설명한다.

대륙백제(大陸百濟)의 시조비류(沸流)는 부여 동명왕의 후손이다. 옛적 대방땅(帶方故地) 미추홀(彌鄒忽)에 정착하여 나라를 세웠다. 그곳에서 요동 태수 공손도(遼東太守公孫度)의 딸을 부인으로 맞아 동이의 강국이 되었다.477 부여의 후손이라 하고 성씨를 부여라 했다. 북사(北史)에선 백제의 뿌리가 "동명이 떠나온 색리국(索離國)"이라 했다. 그곳이 쌍간하가 흐르는 대현 오대산 일대에서 세 지도자가 나타났다. 북부여란 이름이 나타났다. 그들이 만주로 올라가서 의무려산 일대에 해모수가 부여 왕으로 나타났다.

자객형가(荊軻)가 연태자와 약속을 하고 여울을 건너면서 읊은 시문이 역수가(易水歌)가 전해온다. 그와 같이 갔던 사람이 "거문고를 넣은 높은 배낭을 등에 지고 점점 멀리 떠나갔다"는 뜻글자가 고점리(高漸離)다.

역수(易水)가 흐르는 지역이 금미달(今彌達)이다: 개국신화에 동명(東明)이 부여와 고구려의 시조로 나타났다. 위만조선의 마지막 우거왕(右渠王, 기원전 160년 ~ 기원전 108년)의 경기에 현토군(玄菟郡)이 설

---

477 三國史記 百濟本紀第一:『北史』及『隋書』皆云:「東明之後有仇台, 篤於仁信. 初立國于帶方故地, 漢遼東太守公孫度以女妻之, 遂為東夷強國.」未知孰是有鹽並漢遼東屬縣, 並今東夷之地. 以南荒地為帶方郡

치되었다. 그 지역에 "고구려(高句驪) 상은대(上殷台) 서개마(西蓋馬) 세 개의 현"을 두었다. 시대적으로는 틀렸지만 공손도가 백제 왕실과 사돈관계를 맺었다는 점은 틀림없다. 이를 삼국지한전에는 큰 아들이 세운 나라라 하여 백제국(伯濟國)이라 했다.

둘째 아들 온조(溫祚)는 심양 일대였다고 추리되는 졸본부여(卒本扶餘)에서 동쪽으로 요동반도에 내려와 하남 위례성(河南慰禮城)에 수도로 정하고 나라 이름을 십제(國號十濟)라고 했다. 위례성(慰禮城)이란 옛적에 단군이 살던 곳이란 뜻이다. 오늘의 요녕성 태자하 지류인 해성하(海城河) 연안 해성시(海城市)라 본다. 그 일대에 있던 최리의 낙랑국(樂浪國)이 온조 백제 초기에 나타나는 낙랑(樂浪)이다.

고이왕 13년인 243년에 관구검(毌丘儉, ?∼255년)이 한낙랑 태수와 대방태수를 인솔하고 고구려를 침입했다. 발해만 서안에 있던 한낙랑(漢樂浪) 지역이 허술한 틈을 타서 좌장진충을 보내 한낙랑(남쪽) 변방을 침입하여 포로로 잡아 왔다. 그 후에 9대 책계왕(責稽王, ?∼298년)은 서진(西晉, 265년∼316년)이 맥인을 인솔하고 공격하자 왕이 직접 전장에 나가 싸우다 전사했다. 10대 분서왕(汾西王, 재위: 298년∼304년) 또한 옛 한낙랑(漢樂浪) 태수가 보낸 자객에게 살해당했다. 이 시대는 발해만 연안에 있던 삼한의 후예들이 공손도 일당에게 빼앗겼던 권한을 되찾아가는 전환기였다.

삼한의 후예가 발해만 서남쪽에서 산동성 해안을 따라 양자강 하구를 지나 복건성 일대에 이르는 넓은 지역에서 활동했던 시기가 대륙 백제(大陸百濟)의 전성기다. 남북조시대 말기에 이 지역에 북제(北齊), 즉 고제(高齊)가 나타났다.

대륙 백제 세력이 중국의 동해안으로도 진출했다는 근거가 북사(北史) 수서(隋書)에는 부여의 후손이 공손도와 혼인 관계를 맺고 동이의 강국이 되었다고 했다. 동이의 강자를 설명하며, 조선이 제일 강했다 하고, 그 뒤를 부여가 이어받고, 부여의 뒤를 만주 땅에서는 고구려가 해양원은 백제가 점유했다는 표현이 공이강국(東夷强國)이란 문구라고 본다. 이러한 기록이 진서재기 9편(晉書帝紀第九)에 아래와 같이 실려 있다.

"동진효무제(東晉 孝武帝, 재위: 372년 ~ 396년) 2년인 379년에 백제와 임읍왕(林邑王)이 사신을 통해 방물(方物)을 바쳤다. 동진에서는 (답례로) 사신을 보내 백제왕 여구(餘句)를 진동장군(鎭東將軍)으로 하여 낙랑 태수를 다스리도록 했다. 재위 11년(388년)에는 모용수(慕容 垂, 재위: 384년 ~ 396년)가 옛 중산국 땅에서 후연(後燕)의 초대 황제로 즉위했다. 산동성 태산태수(太/泰山太守)가 진晉조에 반대하고 적요(翟遼)에 투항했다. 백제왕이 세자 여휘를 특사로 보내도 독진 동장군 백제왕으로 했다. 대왕 척발규가 위왕이라 바꾸어 불렀다."

적요(翟遼)란 새로 만든 명사로, 북적(北狄)이 옛 요동 땅에서 큰 정치 세력으로 나타났다는 뜻이다. 백제를 적요(翟遼)라고 기록했다.

진서제기(晉書 載記)에는 선비, 오환, 고구려, 백제, 설라(薛羅/新羅) 휘인(休忍) 등 모두 따라서 복종하지 않았다고 했다. 같은 내용이 사고전서 십육국춘추에도 실렸다.

백제 국왕의 성은 부여씨(夫餘氏)다. 왕을 어라하(於羅瑕), 왕비를 어류(於陸)이라 부른다. 하언(夏言) 즉 중앙아시아 유목민들이 쓰던 말이다. 그들은 단군조선의 후손인 부여(夫餘) 혈통을 이어받은 흉노의 한 분파로 만주에서 남쪽으로 내려왔지만, 옛 풍속을 이어왔다. 백제의 음식 의복 풍속이 고구려와 같고, 시조를 모시는 조당을 수도에 세우고, 오제를 모시며 제천의식을 거행했다. 백제의 중요 성씨 여덟은 오늘날에는 주로 중국 땅에서 많이 살고 있다. 마지막으로 남아있던 진나라를 평정할 시절(隋文帝, 平陳之歲, 588년 ~ 589년)에 탐라국(耽牟羅國) 대만섬(Formosa)에 표류했던 수나라 전함을 돌려보냈다. 백제 왕실은 옛 부여의 종주권을 되찾으려고 수문제의 도움을 요구했다. 후에 수나라가 고구려를 치려 계획할 때에도 산동성에서 요동반도에 이르는 한해의 해로를 안내해 주겠다고 제언했다. 그러나 수나라는 백제의 의도를 의심하며(혹시 수나라가 통일한 영역에 백제가 다시 들어올까 두려워하며), 백제의 제안을 받아들이지 않았다. 수나라가 중원을 통일한 후에도 신라와 백제 사람들이 중원에 많이 살았다.

남조 양나라 때인 537년에 남조 제나라(479년 ~ 502년)의 역사를 기록한 남제서(南齊書)는 백제왕에게 주었던 '정동대장군(鎭東大將軍)' 칭호를 왜왕(倭王)에게 주고, 북쪽 세력의 지도자들이 왕검(王儉)이란 칭호를 썼다. 진서, 십육국춘추, 남제서(南齊書), 태평어람에 실린 내용을 종합해 보면 대륙백제(大陸百濟)의 흥망이 드러난다. 고구려 왕자 발기(拔奇)가 살던 곳이란 뜻의 거발성(居拔城)이 수도였다. 오늘의 남경시 동남쪽 양자강 연안이다. 백제가 노나라 언어가 통하지 않는 22곳에 담로(擔魯)를 두었다.

남만주에서 번창했던 옛 부여(扶餘)의 종주권을 놓고 고구려와 싸우던 백제(百濟)가 광개토대왕(廣開土王, 재위: 391년 ~ 412년)에게 요동 반도 끝에 있던 전술상 요새를 빼앗기고, 뒤를 이은 장수왕에게 완전히 패하여 만주를 떠나 "옛 전우였던 가야, 왜(倭)와 같이 한해(瀚海)를 따라 한반도 동남쪽"으로 옮겨간 이후다.

후진(後晉, 936년 ~ 946년) 시대에 편찬된 구당서(舊唐書)에는 당나라가 정복했던 고구려와 백제에 관한 기록이 많이 실려있다. 망국이 된 고구려의 후손을 요동군왕, 백제 왕실의 후손을 백제왕 부여장을 대방군왕, 신라왕 김진평을 낙랑군왕이라 했다. 백제는 서울을 동서 두 곳에 두었다. 측천무후 때에 이르러서는 "백제의 옛 영토가 폐허가 되고, 신라, 발해, 말갈이 나누어 가져 백제의 후손이 끝났다"고 했다. 백제의 옛 영토를 "발해, 말갈"이 신라와 같이 나누어 차지했다는 기록이 삼국유사에도 실려있다.

이 밖에도 삼국유사에는 각종 중국 기록에 실려있는 백제에 관하여 많은 의문점이 있다는 점을 밝혔다. 백제가 결부지별종(抉夫之別種)이라 했다. 옛적 부여(夫餘)의 남아있던 후손이란 뜻이다. 백제의 선조가 동명성왕의 동부여에서 내려와 부여를 백제 왕실의 성씨로 했다. 백제의 성씨로 알려진 흑치(黑齒)는 해씨(解, 奚, 解枕氏)를 이리저리 뒤바꿔어 가차 전주(假借轉注, PSMCs)한 글자다. 이는 부여의 어원에서 다루었다. 백제가 장수왕에 완전히 패하여 만주 땅을 떠나고 한반도에 정한 수도 사비(泗沘)가 소부리(所夫里)란 말과 같다.

비사성(卑沙城)은 요동반도에 있던 사비성(沙卑城)을 거꾸로 불러 만든 이름이라 했다. 부여 왕실의 이름 부여는 여주 사람(餘州者)이란 뜻이라고 했다. '여주(餘州)'는 중원 세력이 미치지 못한 북주(北州), 즉 고조선을 뜻했다.478 여주 서쪽에 자복사(資福寺)란 문구가 일본에 있는 자복사(資福寺)를 뜻한다고 풀이한다. 삼국유사에 실려있는 의문이 있다고 남긴 기록 여주공덕대사(餘州功德大寺), 가림군(佳林郡), 하남임주(河南林州)는 모두 중국 땅에 있던 이름이다.

백제를 무너뜨린 당나라 통전에 "백제는 옛적에 다섯 군이었는데, 이를 다시 서른 일곱 군으로, 두 곳에 백제성이 있었다.(百濟國舊有五部分統三十七郡. 二百濟城)"라고 했다.479 백제왕은 동서 두 곳에 있는 성에서 살았다.(其王所居. 有東西兩城) 중국 문헌에도 백제가 서울을 두 곳에 두었다고 했다. 삼국사기와 구당서에 백제 장군 흑치상지가 백제 서부인이라 했고, 산해경 전국책 등 여러 중국 문헌에는 흑치국이 중국 동남쪽 해안 지역에 있었다.

반도 백제는 신라 소지마립간(炤知麻立干, 재위: 479년 ~ 500년) 때에 대동강 하구 한성에서 고구려에 패망하고 충청도로 밀려갔다. 그 당시 구원병을 청하러 남방 항로를 통해 양자강 남쪽에 도착했다. 그 항로를 따라 수나라 때에 대만에 있던 신라 가야와 같이 한반도에 왔다. 그때부터 신라는 마립간에서 왕이란 칭호를 썼다.

---

478 三國遺事: 所夫里者. 扶餘之別號也. 已上注. 又按量田帳籍.曰所夫里郡田丁. 柱貼今言扶餘郡者. 復上古之名也. 百濟王姓扶氏. 故稱之. 或稱餘州者. 郡西資福寺高座之上. 有繡帳焉. 其繡文曰. 統和十五年丁酉五月日餘州功德大寺繡帳. 又昔者河南置林州刺史. 其時圖籍之內. 有餘州二字. 林州. 今佳林郡也. 餘州. 今之扶餘郡也. 百濟地理志曰. 後漢書曰. 三韓凡七十八國. 百濟是其一國焉. 北史云.

479 通典 百濟: 後魏孝文遣眾征破之. 後其王牟大為高句麗所破, 衰弱累年, 遷居南韓地. 隋文開皇初, 其王夫餘昌遣使貢方物, 拜為帶方郡公, 百濟王. 大唐武德, 貞觀中, 頻遣使朝貢. 顯慶五年, 遣蘇定方討平之. 舊有五部, 分統三十七郡, 二百城, 七十六萬戶, 至是以其地分置熊津, 馬韓, 東明等五都督府, 仍以其酋渠為都督府刺史. 其舊地沒於新羅, 城傍餘眾後漸寡弱, 散投突厥及靺鞨. 其主夫餘崇竟不敢還舊國, 土地盡沒於新羅, 靺鞨, 夫餘氏君長遂絕

삼국지에는 왜 여왕국에서 뱃길로 수천 리 가면 나인국과 흑치국이 있다고 했다. 그 광동성 계림(桂林)에 도착해 있던 그의 친구 장화가 신미제국(新彌諸國)이 해안을 끼고(依山帶海去州四千餘里) 4,000여 리에 흩어져 살았다는 동남아 해안에 나인국과 흑치국이 있다고 왜인전에 실었다. 동이의 강국이 된 부여씨 대륙 백제가 동남아 해안에 22개의 담노를 두고 통치했다. 금미달(彌地數千里)에서 내려와 해안에 흩어져 살면서 중원 세력에 반항하던 고조선 사람들이 공손연을 처형하니 요동 대방 낙랑 현토시평(遼東, 帶方, 樂浪, 玄菟悉平)이라 했다. 금미달(今彌達)에서 가실왕(嘉悉王)이 인솔하고 내려왔던 사람들이 조용해졌다는 뜻이다.480 진수는 금미달 지역에 있던 낙안(樂安)을 낙랑(樂浪)으로 바꾸어 남만주에 붙이고, 낙안(樂安)을 예부터 고조선 땅이었던 산동성에 접붙였다. 세 지도자란 뜻의 삼감(三監, 三公)에서 삼한(三韓)이란 새로운 이름을 만들고, 금미달 지역에 산동성 북부에서 발해-요동만 연안에 흩어져 살던 고조선 사람들을 아홉으로 나누어 동이전(東夷傳)을 만들었다 하여 삼한의 이름과 영역에 혼란이 나타났고, 동이전에 실린 사람들의 영역 또한 혼미하다.

그 밖에도 진수는 '염사치(廉斯鑡) 오림이낙랑(吳林以樂浪本統韓國)'이라 하는 새로운 어휘를 만들어 한전(韓)에 실었다.481 금미달(今彌達)

---

480 三國志 公孫度傳: 魏書曰: 度語毅, 儀: 「讖書云孫登當為天子, 太守姓公孫, 字升濟, 升即登也.」 時襄平延里社生大石, 長丈餘, 下有三小石為之足. 或謂度曰: 「此漢宣帝冠石之祥, 而里名與先君同. 社主土地, 明當有土地, 而三公為輔也.」 度益喜. 大兵急擊之, 當流星所墜處斬淵父子. 城破,斬相國以下首級以千數, 傳淵首洛陽, 遼東, 帶方, 樂浪, 玄菟悉平.

481 三國志 韓傳: 部從事吳林以樂浪本統韓國, 分割辰韓八國以與樂浪, 吏譯轉有異同, 臣智激韓忿, 攻帶方郡崎離營.魏略曰: 初, 右渠未破時, 朝鮮相歷谿卿以諫右渠不用, 東之辰國, 時民隨出居者二千餘戶, 亦與朝鮮貢蕃不相往來. 至王莽地皇時, 廉斯鑡為辰韓右渠帥, 聞樂浪土地

에 간신 셋(薿)이 사는 오림산(吳林山)이 있었다. 또한 선비족 지도자 단석괴(檀石槐)가 그물로 고기를 잘 잡는 한국(汗國)에서 한인(汗人)을 구했다는 곳이다. 후한서에서는 한인을 왜인(倭人)이라 했다. 왜인(倭人)과 한인(汗人; 韓/翰)을 혼용 또는 바꾸어 사용했다. 오림산(吳林山)이란 장승(totem pole)을 세워 놓은 산이란 뜻이다. 청구 땅 금미달에 오림산(吳林山)이 있었다.

10. 염사치(廉斯鑡) 염사인 준왕이 도착한 한(韓)의 위치

진수가 중원에 살던 한을 개념적으로 구별하여 셋이라 하였지만 살던 영역을 기술하지 못했다 하여 그가 남긴 염사치(廉斯鑡) 사건에 나타나는 한(韓)의 영역을 비롯하여 준의 아들이 갔다는 한(韓)의 영역 또한 분명하게 기술할 수 없었다. 염사치(廉斯鑡)가 낙랑(漢樂浪)이 살기 좋은 곳이라 처음 도착한 항구가 한나라 해군이 상륙했던 열수입구(洌口), 즉 '난하(灤河) 입구'다. 그곳에서 육로로 한낙랑(漢樂浪)에 가서 지도자를 만났다. 호래 일당은 대방에 있던 대륙 백제의 수도에서 갔던 사람들이다. 진한 땅은 오림이가 "이곳 낙랑은 예부터 모두 한이 다스리던 땅이다"(吳林以樂浪本統韓國)라고 한 곳이다.

진수는 위지 30동이전을 전국시대 말기 금미달을 진시황 이후부터 시작했다. 사기에 연(燕)의 장성이 양평, 즉 조선의 성도(盛都)에서 끝났다는 곳을 만번한 위계(滿潘 汗 為界)라 했다. 이 물가에 사는 변한의 지도자(潘汗)를 [땅 한, 현 현 이름 간 汗]이라 읽는 글자를 왜(倭)자로 바

美, 人民饒樂, 亡欲來降.

꾸어 왜인전을 만들었다. 당시 조선 서쪽에 연(燕)나라가 있었다. 조선에서 대부예(大夫禮)를 보내 설득하여 전쟁이 발생하지 않았다.

준왕이 위만의 갑작스러운 습격을 받아 식구들은 버리고 바다로 들어가(準王海中) 한이 사는 땅(居韓地)에 가서 왕이라 했다. 조선(朝鮮)으로 도망을 가서 한동안 부여와 조선(不與朝鮮 相往來)이 서로 연락을 주고 받다가 후에 두절되었다. 남아있던 아들이 유목민의 성(冒姓) 한씨(韓氏)라 한다.[482] 준왕이 [한의 땅에 갔다는 곳에 사는 사람 중에 준왕에게 제사를 드리는 이도 있었다.(今韓人猶有奉其祭祀者) 마한 서쪽 바다에 있는 강화도를 호주(州胡在馬韓之西 海中大島上)라 했다. 후한서에는 마한(馬韓) 원주민을 밀어내고 왕이 되었다고 했다. 삼국사기 백제 본기에 마한(馬韓) 땅에 수도를 옮겼다. 최치원이 마한이 고구려다.]는 등의 기록을 근거로 평양에 기자(箕子)를 모시는 풍속이 나타났다.

준왕(準王)이 처음에 도착한 곳은 요동반도 서쪽 해안이었다. 이곳을 동쪽 땅이라 하여 진한(辰韓)이라 했다. 후에 뱃길로 멀리 가서 연락이 없었다. 한반도에 갔다고 인식한다. 대동강 하구에 정착했다. 왜인전에 실린 구야 한국(北岸狗邪韓國)이다. 이 해상로를 따라 염사치(廉斯鑡)가 진한(辰韓)에서 큰 배를 타고 함자(含資)현에 갔다.

---

[482] 三國志 至王莽地皇時, 廉斯鑡為辰韓右渠帥, 聞樂浪土地美, 人民饒樂, 亡欲來降. 出其邑落, 見田中驅雀 男子一人, 其語非韓人. 問之, 男子曰:「我等漢人, 名戶來, 我等輩千五百人伐材木, 為韓所擊得, 皆斷髮為奴, 積三年矣.」鑡曰:「我當降漢樂浪, 汝欲去不?」戶來曰:「可.」鑡因將戶來, 來出詣含資縣, 縣言郡, 郡即以鑡為譯, 從芩中乘大船入辰韓, 逆取戶來: 後漢書 東夷列傳: 辰韓, 耆老自言秦之亡人, 避苦役, 適韓國, 馬韓割東界地與之. 初, 朝鮮王準為衛滿所破, 乃將其餘眾數千人走入海, 攻馬韓, 破之, 自立為韓王. 準後滅絕, 馬韓人復自立為辰土.

함자현(含資縣)은 발해만 연안에 있던 강하구다. 그곳이 논란이 많은 점제현비(秥蟬縣碑)의 발원지다. 염사치가 진한에 돌아와 변한(弁韓布) 특산물을 가져갔다. 후한서에도 염사치의 고향이 마한이라 했고, 삼국사기에는 온조왕이 마한 왕이 살던 곳에 수도를 정했다. 이곳이 반도 백제의 수도 한성(韓城)을 한성(漢城)으로 바꾸었다.

염사치 사건 발생 시기 또한 바꾸었다. 발생 시대를 9년 ~ 23년경, 왕망이 신나라(王莽地皇時. 新朝)를 세워 지황이라 하던 때다. 후한서에는 염사치(廉斯鑡)의 이름이 소마시(蘇馬諟), 발생 년대를 후한 광무제중(建武二十年), 고향을 마한이라 했다. 그곳을 광무제가 낙랑군에 복속시켰다. 강서고분, 낙랑유적(樂浪遺蹟)이 나타난 곳이 염사치(廉斯鑡)의 고향이다.483 평안도 방언에 이인칭을 "님자" 또는 "치"라 한다. 온조왕이 수도를 한반도로 옮긴 지역이 염사치의 고향이다. 한성백제는 현재 서울이 아니라 옛적에 대동강 하구,「왜인전」에 서구야 한국(狗邪韓國)이라 한 곳이다. 후한서(後漢書)에 실린 '염사치 사건'을 당나라 때「통전」에 거론했다.484 급총죽간이 알려지던 시절(晉武帝咸寧中, 275년 ~ 280년)에 마한왕이 도래했다. 그에게 염사치 사건과 오림이

---

483 三國志 韓傳: 滿誘亡黨, 衆稍多, 乃詐遣人告準, 言漢兵十道至, 求入宿衛, 遂還攻準. 準與滿戰, 不敵也. 將其左右宮人走入海, 居韓地, 自號韓王. 魏略曰: 其子及親留在國者, 因冒姓韓氏. 準王海中, 不與朝鮮相往來.

484 通典 弁辰: 初, 朝鮮王準爲衛滿所破, 乃將其餘衆數千人走入海, 攻馬韓, 破之, 自立爲韓王. 準後滅絕, 馬韓人復 自立爲辰王. 後漢光武建武中, 韓人廉斯人蘇馬諟等詣樂浪貢獻. 諟音是. 帝封蘇諟爲漢廉斯邑君, 使屬樂浪郡, 四時朝謁. 靈帝末, 韓, 濊並盛, 郡縣不能制, 百姓苦亂, 多流亡入韓者. 獻帝建安中, 公孫康分屯有, 有鹽縣屯有, 有鹽並漢遼東屬縣, 並今東夷之地. 以南荒地爲帶方郡, 遣公孫模, 張敵等收集遺民, 興兵代韓, 濊, 舊民稍出. 是後倭韓遂屬帶方. 部從事吳林以樂浪本統韓國, 分割辰韓八國以與樂浪. 晉武帝咸寧中, 馬韓王來朝, 自是無聞.

낙랑에 관한 일화를 물어보았더니 들은 적이 없다고 했다. 이러한 불확실한 낭설로 한사군의 하나였던 낙랑군이 평양에 있었다. 요동반도 서쪽에 있던 최리의 낙랑국 또한 오늘의 평양에 있었다는 등 순리에 부당한 학설이 나타났다.

결론은 진수는 중원 역사에 큰 영향을 주었던 부여씨가 세운 대륙 백제(大陸百濟)의 발전 성장 시기를 은미하게 묘사하였고, 이를 중원과는 지리적으로 먼 왜인전에 숨겼다.

동명성왕(東明聖王)이 금미달에서 해하 수계를 따라 내려와 부여 왕이 된 양평성(襄平城)에서 공손연이 잡혔다. 그곳 사람들을 왜소한 사람들(倭人)이란 뜻글자로 기록하고, 부여 왕에 원수 구(仇)자를 넣고, 통치 영역을 만주 동북부로 했다. 동북아시아에서 동남아 일대에 흩어져 살던 예맥족의 시원이 중앙아시아란 사실을 왜인전에 실었다. 그러나 중원에 살던 사람들의 실상은 피하고 한해의 동쪽에 왜인(倭人)이 산다고 하거나 먼 동남아 해안의 유라국(有裸國)과 흑치국(黑齒國)을 기술했다.

진수(陳壽, 233년 ~ 297년)는 관구검(毌丘儉, ? ~ 255년)이 국내성을 침입할 때 부여 왕이 위나라를 도와 진입로가 뚫렸다. 관구검이 도망갔던 사실은 기록하지 않았다.

후한 위진 혼란기에 불교(佛教)가 중원에 번창했다. 불가를 뜻한 부도(浮屠)에 관한 기록이 있으나 가야 가라(加羅)에 관한 기록은 남기지 않았다. 다른 글자로 남겼다. 신라 초기 여섯마을 중에 음이 비슷한 고야촌(高耶村)이 고령가야(古寧伽倻)인 듯하다.

　삼국지 위서 왜인전을 두루 살펴보면 중원 세력의 변두리에 사는 사람들에 관해 설명했다. 서쪽은 중앙아시아 북쪽은 동호라고 했던 선비 오환 동북쪽은 부여와 읍루, 압록강을 건너지는 못했다. 왜인전은 [외지인(外地人)에 관한 설명]이란 뜻이다. 외와 왜(外倭)는 같은 음이었다. 음역을 훈역하여 왜인(倭人)에 관한 풀이에 혼란을 가져왔다.

　영국에는 셰익스피어가, 중국에는 사마천과 진수가 있었다. 그들이 글자 작란을 잘하여 서안 분지에서 틀을 잡은 중원 세력을 동북으로 멀리 멀리 확장시켰다.

　변두리에 사는 사람들을 음역역하여 변한이라 했다.

제8장

총론

1. 한예(韓濊)의 수도 이전 애환 아리랑

2. 백제(百濟)의 수도 이전

3. 현재 사용 하는 신라(新羅)의 연혁

4. 광개토대왕의 사인

5. 가라(加羅)의 어원과 수도 이전

6. 가락국 가락국수 가라피리

7. 통일신라와 일본(日本)의 탄생

8. 고려의 발상지 해동성국(海東盛國) 발해

9. 고구려의 수도 평양

10. 에필로그 - 바둑의 시원

1. 한예(韓濊)의 수도 이전 애환 아리랑

서론: 중원에 있던 한예(韓濊)의 수도 이전에 아리랑의 애환이 있다.

지도자를 한(韓)이라 부르던 부족은 예부터 중원에 살았다. 금미달이 중원 세력에 점령되어 고조선 후손들이 호(胡) 동호(東胡) 한예(韓濊) 셋으로 갈라져 흩어졌다.

호(胡)는 대흥안령 서쪽으로 동호(東胡)는 만주 땅으로 흩어졌다. 한예(韓濊)는 해안으로 내려와 옛적에 고조선 유민들이 살던 곳에 나라를 세웠다. 혈통이 같은 사람들이 산동반도에도 남아있었다. 중원에 살던 사람들은 버리고 한반도에 정착한 사람들을 삼한(三韓)의 후예라 한다.

신라 건국 초기에 나타난 지명 "금산가리촌(金山加利村), 명활산 고야촌 고허촌(高耶村, 高墟村)"과 수도 금성(金城)은 모두 발해만 서남쪽이다. 그곳에 동명이 와서 부여의 왕이 된 곳이다.[485] 동명성왕(東明聖王)이 고구려와 부여의 시조다. 부여의 한 부족이 만주로 올라가 고구려의 건국과 관련된 금와(金蛙 作蝸)설화가 만주에서 나타났다.

동명이 떠난 곳에는 큰 무덤이 구릉같다 하여 청구(靑丘)라 했다. 그러한 큰 무덤 고분(古墳)이 한반도와 일본 구주에 흩어져 있다. 고조선의 영역이었던 발해만 연안에서 산동반도에도 고조선의 상징인 고인돌, 장승, 고분(古墳)이 있어야 한다. 금와설화에 나오는 큰 돌이 고인돌이다.

---

[485] 三國史記 新羅本紀第一: 按新羅宗廟之制, 第二代南解王三年春, 始立始祖赫居世廟, 四時祭之, 以親妹阿老主祭. 民俗歡康, 始制兜率歌. 此歌樂之始也. 水經注: 河東是也; 或以所出, 金城城下得金, 雁門雁之所育是也.
https://ko.wikipedia.org/wiki/%EA%B8%88%EC%99%80%EC%99%95

공손연이 잡힌 양평성 정리사 생대석(延里社生大石)이란 문구가 고인돌을 뜻했다. 신이경에 실린 동명산(東明山)에 천지장남지궁(天地長男之宮)이라는 문구가 있다. 무덤 벽화의 화려함을 기술한 문구다. 부여는 늘 현토군에 부탁하여(玄菟郡) 왕(夫餘王)의 시신을 넣을 옥갑(葬用玉匣)을 준비했다.486 금와(金蛙)란 글자가 홀 규(珪)를 든 지도자란 뜻이다. 그가 살던 곳을 금성(金城)이라 했다. 공손연이 잡혔던 양평성 부근에는 큰 무덤 안에서 옛 풍속에 따라 후장을 했던 유물이 나타났다. 조위(曹魏) 군사가 장대했던 동명성왕(東明聖王)의 무덤을 파헤쳤다. 무덤에서 나온 보물은 가져가고, 나타난 자료를 근거로 동명설화를 부여전에 실었다.

시월 상달 초사흘에 열렸던 제천의식을 동맹(東盟)이라 했다. 수도 동쪽, 민중왕(閔中王, 재위: 44년 ~ 48년)이 찾은 석굴, 즉 본계수동(本溪水洞) 언덕 민중원(閔中原)에 사랑간수(伺琅玕樹, totem pole)를 모셔 놓고 그 앞에서 실행했다. 진수가 살 당시에는 잃었던 옛 땅을 되찾자고 다물(多勿) 정신을 맹세하는 궐기대회였다. 중국 문헌에서는 찾을 수 없는 다물(多勿)이란 글자가 내 고향 강원도 산골에는 아직도 남아 있다.

삼한 땅 삼국의 모체가 되는 부여의 어원을 밝혔다. 고구려의 어원은 부여와 같이 고조선 세력이 중원 세력과 싸우던 시절에 여러 부족이란

---

486 三國志 夫餘傳: 漢時, 夫餘王葬用玉匣, 常豫以付玄菟郡, 王死則迎取以葬. 厚葬, 有槨無棺. 公孫淵伏誅, 玄菟庫猶有玉匣一具. 今夫餘庫有玉璧, 珪, 瓚數代之物, 傳世以為寶, 耆老言先代之所賜也. 三國志 公孫度 魏書曰: 時襄平延里社生大石, 長丈餘, 下有三小石為之足. 或謂度曰: 「此漢宣帝冠石之祥, 而里名與先君同, 神異經: 東方外有東明山, 有宮焉, 左右有闕而立, 其高百尺, 畫以五色, 青石為墻. 高三仞, 門有銀榜, 以青石碧鏤」, 題曰「天地長男之宮」

뜻의 아홉 구, 검을 려 구려(九黎)에서 하늘같이 높은 지도자가 해(解, sun)를 성씨(높을 高)로 나타난 나라다.

시경 운한(詩經 雲漢)에는 서주(西周)의 백성을 검을 여자 여민(黎民)이라 했다. 그들이 많아 구려(九黎)라 했다. 구려(九黎)가 구리(九夷)로, 리/려(黎)를 려융(驪戎)이라 했다. 진시황 본기에는 "검을 려자"의 본 어음을 살려 검수(黔首)라 했다.487 검수란 글자의 본 뜻은 여민의 지도자란 뜻이다. 지도자에도 수위감(守, 尉, 監)하는 등급이 있었다. 고구려 사람들이 이러한 여러 층의 지도자들을 묶어서 검수라 했다. 금미달을 점령한 진시황이 군현제를 실시하고, 수많은 검수(黔首) 중에 제일 높은 세 사람을 삼감(三監)이라 했다. 이를 진수가 삼한(三韓)이란 글자로 바꾸었다.

중원 사람들은 속어로 고구려 사람들을 "고리방"이라 했다. 한국에서는 중원 사람들을 뙤놈 또는 호로(胡虜)라 했다. 필자가 6.25 나던 해에 처음으로 낙산사에 봄 소풍을 갔다. 일식 현상이 나타나 갑자기 하늘이 깜깜해졌다. 지도하던 선생이 말하기를 [오랑캐가 해를 물다 뜨거워 곳배앗앗으니 걱정 말라]고 했다. 그다음 해에 국군이 들어와 [무찌르자 오랑캐 몇 백만이냐, 대한 남아 가는 데 초개로구나] 하는 군가를 불렀다.

고구려(高句麗)는 "햇님 같이 높은 사람이 여러 부족 국가(九黎)를 다

---

487 史記 秦始皇本紀: 分天下以爲三十六郡, 郡置守, 尉, 監. 更名民曰「黔首」. 大酺. 收天下兵, 聚之咸陽, 銷以爲鐘鐻, 金人十二, 重各千石, 置廷宮中. 一法度衡石丈尺. 車同軌. 書同文字. 地東至海暨朝鮮, 西至臨洮, 羌中, 南至北向戶, 北據河爲塞, 并陰山至遼東.

스리는 나라란 뜻"이다. 중원 세력을 높다는 뜻글자를 바꾸어 하구려(下句麗) 또는 구려(句麗)라고 한 적도 있다. 고구려의 옛 땅에서 나타난 나라를 밝은 해란 어음을 가차한 글자가 발해 진국 대진국이다. 그 후손이 뒤를 이어 나라를 세우고 이름을 고려라 했다. 고려(高麗)란 어음이 서양에 알려져 "Corea, Korea"로 기록되었다.

고려시대부터 삼한(三韓) 땅 청구(靑丘)란 문구를 한반도(韓半島)에 적용했다.

전국시대 청구(靑丘)에 원시불교가 들어와 신라와 가라의 옛 이름이 나타났다.

2. 백제(百濟)의 수도 이전

천진항 일대에 도착했던 부여씨가 해안으로 흩어져 나갔다. 남쪽 광동성에 있던 장화가 이르기를 신미제국(新彌諸國) 20여 국이 동남아 해안을 따라 4,000여 리에 흩어져 살았다고 했다.[488] 많은 부족이 물을 건너왔다 하여 백가제해(百家濟海)라 했다.

백제는 동남아 여러 곳에 22개의 담로를 두었다. 그를 간략한 글자가 백제(百濟)다. 오호십육국시대(五胡十六國時代, 304년 ~ 439년)에 한

---

[488] 晉書: 納新舊, 戎夏懷之. 東夷馬韓, 新彌諸國依山帶海, 去州四千餘里, 歷世未附者 二十餘國, 並遣使朝貢. 冊府元龜: 晉張華為都督 幽州諸軍事領 護烏桓校尉安北將軍撫納 新舊戎夏懷之 東夷馬韓新彌諸國依山帶海去州四千餘里歷世未附者二十餘國並遣使朝獻. 於是遠夷賓服四境 無虞頻歲豊稔土馬強盛.

346 고조선 壇君朝鮮始末考

예가 또다시 중원을 석권했다. 십육국이라 하나 해안에 흩어져 살던 부족 국가를 포함하면 더 많은 나라가 있었다.

중원에 왜왕이 다스렸다는 "倭百濟 新羅 任那加羅 秦韓慕韓" 6개 나라는 모두 탐모라국(牟羅國)을 거쳐 해류와 계절풍을 타고 한해 동쪽 연안 한반도와 구주에 이르렀다. 스리랑카(Sri Lanka)에는 석삼(三; 參星: 天地人之道)을 뜻한 어음이 있고 대만섬(Formosa Island)에는 아리랑의 어원이 되는 아리산(阿里山)과 가라산(加羅山) 가라호(加羅湖)가 있다.

백제의 수도 이전을 간략하면 다음과 같다.
중원 기록에 나오는 수도 거발성(居拔城)은 양자강 하류에 있었다. 삼국사기에 남북조시대 역사서 북사(北史)와 당서(唐書) 내용을 인용하여 백제의 수도를 거발성(居拔城) 또 고마성(固麻城), 그 밖에 다섯 개의 방성(五方城)이 있고, 서쪽 바다 건너 월주(越州)에 이른다고 했다. 백제는 부여의 후손이 세웠다. 초기 수도는 형 비류가 정착한 대방고지 미추홀(彌鄒忽)과 동생 온조가 하남 위례성에서 한성으로 옮겨 두 곳에 있었다.

중국 사서에는 온조왕에 관한 기록이 없다. 장수왕이 점령했던 온조백제의 수도 한성은 대동강 하구 강서 고분이 나타난 지역이다. 삼국지 왜인전에 발해만에서 떠난 배가 도착했다는 구야한국(狗邪韓國)이라 한 곳이다. 이곳을 장수왕이 점령하여 반도 백제는 충청도로 내려갔다. 오늘의 대동강이 한강(韓江)이었다. 아리수를 한강이라 하고 그와 같이 큰 강이란 뜻에 대동강(大同江)이라 했다.

통전에 마성(麻城)이 고형주(古荊州)에 실렸다. 양자강 상류 한강(漢江)이 만나는 곳이다. 북쪽 노나라 사람들이 정착했던 곳이라 노양성(魯陽城)이라고 했다. 손견이 동탁군을 무찔렀다는 곳이라고 했다. 비류의 후손이 강남으로 내려가서 양자강을 다스렸다고 본다. 신당서에 백제의 서쪽은 월주에 이른다 "百濟西界越州"라 했고, 삼국사기에도 남쪽으로 오월(南侵吳越)에 이른다고 했다. 그밖에 군현에 해당하는 큰 읍 22담로(擔魯, 簷魯)를 두어 왕실의 자손이 다스렸다. 노자(老子)를 늙은 귀머거리란 뜻에 노담(老聃)이라 했다. 대만섬을 백제 부용국 탐모라국(躭牟羅國, 侵牟羅)이라 했다. 이 섬에는 신라 가야 왜가 모두 있었다. 가야를 숨겼다.

금미달 중산국 사람들이 산동성으로 내려왔다. 백제의 수도가 있던 노나라의 언어를 이해 못 하는 귀머거리 같은 사람들이 주로 대만 등 동남아 여러 섬을 지칭했다.[489] 이를 모두 "儋耳 贍部洲"라 했다. 대만의 정신적 지도자를 대미(大彌)라 했다. 여왕국에서 수천 리를 가면 벌거벗은 사람들의 나라(裸國)와 흑치(黑齒)국이 있었다. 동남아 여러 곳에 담로(簷魯)가 있었다.

---

[489] 十六國春秋: 太初五年春三月萇攻陷新羅堡扶風太守齊益男棄郡 車師前部王 皆來朝堅引見于太極前殿大宛獻汗血馬肅慎 貢楛矢天竺獻火浣布抑摩獻羊六角二口四角八口新羅國獻美女國在百濟東 其人多美髮髮長丈餘. 晉書 萇攻陷新羅堡. 萇撫風太守 齊益男奔登.晉安郡太康三年置. 原豊新羅宛平同安候官羅江晉安溫麻. 晉安郡 - 维基百科，自由的百科全书 (wikipedia.org)

3. 현재 사용 하는 신라(新羅)의 연혁

신라의 수도 이전

시라(尸羅)에서 신라(新羅)로.

신라는 오랫동안 인도 서역 중앙아시아를 돌아다녀, 원시 모계 중심의 흉노 풍속이 유지되었다. 그에 원시불교 수호자(valor)로 인도 카스트 풍속(cast system)이 결부되어 근친혼 풍속이 오랫동안 유지되었다. 첫 이름자는 사(斯)를 시로 발음하여 죽음 시 시라(尸羅)로 기록했다.[490] 남해왕의 사위가 되었던 석(昔)탈해(脫解)가 도술인 시라(尸羅)다. 여러 글자로 기록된 국호를 따라가 보면 신라는 여러 지역을 돌아왔다.

원시불교가 '중앙아시아 일대 시라국(斯羅國)이 있던 실크로드를 통해 [도술인 시라(道術人尸羅)가 금미달 지역 연나라 수도에 이르렀다]'는 기록을 몰라 시조 박혁거세가 궁홀산에 살던 지도자의 후예(弓裔)란 기록을 풀이하지 못했다. 태평광기 등 송나라 때 기록에 실린 방이설화(旁㐌說話)를 깊이 다루지 않아 중원 남쪽 지나(支那) 땅에 있던 신라를 찾지 못했다.

'천축국왕시라일다(天竺國王尸羅逸多)'라고 불렀다. 시라(尸羅)는 진나라 언어로는 '성선(尸羅秦言性善)'이라 했다. 성선은 근위병으로 장렬히 싸우다 죽은 사람을 뜻했다. 시라는 범어(尸羅梵語)다. 그 뜻은 청량(清涼)이라 했다. 산서성 대현에 있는 불교의 성역 오대산 청량산(五臺

---

[490] 신라 - 위키백과, 우리 모두의 백과사전(wikipedia.org): 太平廣記 天毒國道人: 燕昭王七年, 沐骨之國來朝, 則申毒國之一名也. 有道術人名尸羅. 百四十歲. 荷錫持瓶, 云. 發其國五年, 乃至燕都. 喜衒惑之術. 出浮圖十層. 방이 설화(방이 說話) - 한국민족문화대백과사전 (aks.ac.kr)

山 淸凉山)이다. 진언(秦言)을 진언(辰言)이라 했다.[491] 진(秦)나라가 금 미달을 점령한 시기에 떠나 해안으로 내려왔다는 뜻이 있다. 진한(秦 韓)을 진한(辰韓) 또는 진국(辰國, 震國)으로 바꾸어 만주와 한반도에 접 붙였다.

남방 불교가 발해만 연안에 전래되어 국호를 신라(新羅)로 삼고 전진 (前秦, 351년 ~ 394년)에 사신을 보냈다. 기림이사금 10년, 즉 307년에 신라란 이름을 다시 사용(復國號新羅)했다. 이는 신라라는 이름이 그 이전에도 사용되었음을 의미한다. 신라의 국호가 정확히 언제부터 사 용되었는지에 대한 설명은 삼국사기 편술자의 의견(論曰)에서 명확히 제시되지 않고, 신라에 전해오던 유목민(흉노) 풍속의 근친혼을 비판하 는 내용을 포함하고 있다. 구당서에는 신라 풍속을 이성불위혼(異姓不 爲婚)이라 했다.[492]

독산(禿山)이란 대머리 산이라는 뜻이다. 요동반도 끝에 있었던 백제 요새 관미성(關彌城)을 독산성이라 했다. 그 이후 산동반도에 있던 신 라(新羅)에 투항했다. 통전에 백제가 고구려를 점령할 때 난을 피해 신 라(新羅)로 갔다고 기록된 문구다.[493] 수나라가 중원을 통일하던 시절

---

[491] 三國遺事: 按三國史云. 新羅稱王曰居西幹. 辰言王也. 或云. 呼貴人之稱. 或曰. 次次雄. 或作 慈充金大問云. 次次雄方言謂巫也. 世人以巫事鬼神尙祭祀. 三國史記 新羅本紀第一: 弓裔始 祖, 姓朴氏, 諱赫居世 號居西干. 國號徐那伐. 先是, 朝鮮遺民分居山谷之間, 爲六村: 是爲辰韓 六部. 辰人謂瓠爲朴, 以初大卵如瓠, 故以朴爲姓. 居西干, 辰言王. 或云呼貴人之稱.

[492] 三國史記 新羅本紀第三: 論曰: 取妻不取同姓, 以厚別也. 是故魯公之取於吳, 晉侯之有四姬, 陳司敗, 鄭子産深譏之. 若新羅, 則不止取同姓而已, 兄弟子姑姨從姊妹皆聘爲妻. 若匈奴之烝 母報子, 則又甚於此矣.

[493] 通典 邊防 新羅: 新羅國焉, 魏時新盧國焉, 其先本辰韓種也, 其先附屬於百濟, 後因百濟征高麗, 人 不堪戎役, 相率歸之, 遂致强盛, 因襲加羅, 任那諸國, 滅之. 并三韓之地. 犬牙出高麗, 百濟之間.

에 대만에 있던 삼한의 후손들이 모두 한해를 건너왔다. 대륙에 백제가 있던 시절에 신라 또한 양자강 남쪽에 있었다. 그곳이 흥부 놀부의 원형을 인식하는 방이설화의 발상지가 지나다. 이렇게 신라는 먼 여정을 거쳐 세 방향에서 배를 타고 한반도 동남쪽에 정착했다. 바다를 건너던 사람들이 아리랑을 남겼다.

1) 도솔가(兜率歌)

도솔이란 지도자가 여러 무리를 이끌고 내려와 자리를 잡은 곳 "도솔(都率)"라 했다.[494] 도솔(兜率, 都率)이란 글자는 옛적에 불경을 당 현장이 번역 당시의 사음자라 했다.[495] 즉 이방인 예맥족이 쓰던 어음의 사음자다. 옛적에 수미(舊曰須彌)라고 했다. 신비스러운 재상(妙相)을 수미라 했다. 그를 사방에서 도와주고 보호해주는 사람을 사천왕(四天王)이라 했다.

도솔타(兜率他) 또는 도설술이란 용어는 [제일 높은 미로(迷路 Maze)가 되살아났다는 산(蘇迷盧山)에서 친히 묘상을 보았다]는 뜻이라고 했다. 도솔타(兜率他)란 글자에 그가 다른 나라 사람이란 뜻이 있다. 제일 높은 산에 다시 나타났다는 묘상(妙相)이란 표현은 [요순시절에 삼묘 환두(驩兜)를 북쪽 공공국에 있는 항산에 귀양을 보냈던 무리가 나타났다]는 뜻이다. 환웅천왕의 명에 따라 내려온 무리의 지도자를 도솔타

---

494 三國遺事 卷第一: 劉聖公更始元年癸未. 即位年表云. 甲申即位改定六部號. 仍賜六姓始作 兜率歌. 有嗟辭詞腦格 始製黎耜及藏冰庫. 作車乘. 建虎十八年. 伐伊西國滅. 都率 – 中國哲學書電子化計劃(ctext.org) 具云兜率陀或都史陀, 譯云知足. 於五欲知止足, 故名, 參照兜率條. 圖畫兜率天宮即彌勒菩薩淨土之狀者.

495 大唐西域記: 末田底迦舊曰末田地訛略也阿羅漢之所造也. 羅漢以神通力攜引匠人. 升睹史多天舊曰兜率他也. 又曰兜術他. 訛也親觀妙相. 蘇迷盧山唐言妙高山. 舊曰須彌.

(兜率他)]라 했다. 그들이 북쪽으로 밀려 금미달에서 마지막 단군이 되었다. 그를 미륵(彌勒)이라 했다. 지도인 화력이 있어 많은 사람들이 따랐다는 뜻에 자(慈)씨, 뜻은 매달려(梅旦麗耶)라 했다. 그를 정토지장자(淨土之狀者)라 했다.

신라 유리 이사금(儒理尼師今) 5년(기원후 28년) 11월에 향가(鄕歌)로 알려진 도솔가(兜率歌)를 제작하여 가악(歌樂 歌舞)이 시작되었다. 신라 특유의 신궁(神宮)과 불가에서 미륵불과 관련짓는 도솔가(兜率歌)가 있었다.[496] 향가(鄕歌)란 고향의 노래란 뜻이다. 신라인의 본향이 궁홀산 금미달이다. 삼국유사에 모두 개시송지류(蓋詩頌之類)라 했다. 고전 여러 곳에 실린 덮을 개(蓋)라고 읽는 글자 풀이가 다양하다. 본 뜻은 북쪽 홍산 문화권에서 내려온 유목민 예맥족을 뜻한 글자다. 이들을 적인 북적(北狄), 백적, 개적(蓋狄)이라 불렀다. 중원을 석권했던 그들이 쌍간하(桑乾水)가 흐르는 금미달 지역에 살았다. 궁에 시조 혁거세가 내려왔다. 향가(鄕歌)에는 선조가 금미달에서 살면서 부르던 가요의 어음이 실려있어야 한다.[497]

백익이 우물을 만들어 마을(井邑)이 생겼다는 기록이 있다. 그곳을 청구라 했다. 정읍사(井邑詞) 청구영언(靑丘永言)이란 모두 금미달과

---

[496] 三國史記: 按新羅宗廟之制, 第二代南解王三年春, 始立始祖赫居世廟, 四時祭之, 以親妹阿老主祭. 民俗歡康, 始制兜率歌. 此歌樂之始也. 水經注: 河東是也; 或以所出, 金城城下得金, 雁門雁之所育是也. 三國遺事: 且書中插入鄕歌者. 多係新羅語. 鄕歌猶謂國風. 新羅古言已亡. 纔存鄕歌十餘首. 實爲滄海遺珠. 則匪直蔑新羅舊事. 亦足以參我古言. 考古之士. 討其源而究其委. 庶幾乎其有所資焉. 臣僧但屬於國仙之徒. 只解鄕歌. 不閑聲梵. 羅人尙鄕歌者尙矣. 蓋詩頌之類歟. 故往往能感動天地鬼神者非一. 羅人尙鄕歌者尙矣. 蓋詩頌之類歟.

[497] 管子 大匡: 五年諸侯附, 狄人伐, 桓公告諸侯曰: 「請救伐, 諸侯許諾. 故敗狄. 北州侯莫來, 桓公遇南州侯於召陵曰: 「狄爲無道, 犯天子令, 以伐小國, 以天子之故 敬天之命令 以救伐. 桓公乃北伐令支, 下凫之山, 斬孤竹, 遇山戎. 水經注: 桑乾水自源東南流, 右會馬邑川水. 蓋狄語音訛

관련이 있는 시제(詩題)다. 그곳에서 내려온 지도자라 왕을 거서간(居西干)이라 했다. 그 어음을 진언(晉, 秦: 辰言王)이라 했다.

일연스님은 환웅천왕이 무리를 이끌고 삼위(三危)산에 내려온 개천절 행사에 미륵(彌勒)이란 글자가 실렸다. 미륵신앙이 한반도에 알려진 후에 향가의 가사를 만들었다.

옛적부터 전해오던 고유의 제천 사상이 종합하여 한국의 신앙을 유불선(儒佛仙)이라 한다. 한반도 동남쪽에 나오는 울산바위, 울릉도 등 울창할 울(鬱)자는 "위우", 즉 높다는 옛적 어음을 가차한 글자다. 지도자를 뜻한 글자로 썼다. 이 글자는 남방 불교가 들어온 이후 신라 영역에서 나타났다.

큰 배를 타고 한해를 건너 온 사람들이 한반도 동남 해안에 도착했다. 그때 울릉도를 발견하고 북쪽으로는 함경도 지역까지 도달했다. 강원도 남쪽 끝이었던 울진, 속초 북쪽에 미실령, 설악산 울산바위 하는 이름은 모두 남방 불교에서 유래한 이름이다. 그 밖에도 "신라의 골품제도, 미륵선화(彌勒仙花), 미실랑(未尸郎), 사다함, 처용가, 화랑(花娘)" 등 여러 이국적 현상이 나타나 통일신라의 기반을 닦았다. 그 당시 기록에는 원시불교 발생지에 나타났던 글자(王母柳花, 雲帝부인, 摩耶夫人, 麻耶美人, 白淨, 龍春 龍樹)를 신라 고위층에서 사용했다. 박혁거세를 담엄사(曇嚴寺) 북쪽 사능(蛇陵)에모셨다. 통일신라 이후 이는 황룡사 불국사란 이름을 붙였다.

2) 계림(鷄林) 경주(慶州) 화랑(花娘)과 처용가

금미달에서 내려온 조선(朝鮮)의 유민들이 발해만 연안 산동성에 여러 부족 국가를 이루고 살았다. 그곳에 궁예(弓裔) 시조 박혁거세(朴赫居世)가 기원전 69년에 거서간(居西干)이란 칭호로 나라를 세우고, 서라벌(徐那伐)이라 한 나라가 신라(新羅)의 기원이다. 신라는 주위에 있던 낙랑 왜(樂浪 倭) 고구려, 말갈, 등 여러 부족 국가의 시달림을 받았다. 개국 21년에 수도 주위에 성을 쌓고 금성(築京城, 號曰金城)이라 했다. 그 해에 고구려가 건국되었다. 그때 나라 이름을 계림(鷄林)이라 했다. 동명(東明)이 금미달에서 내려와 왕이 되었다는 부여 땅에서 신라가라가 나타났다.

신라는 고구려 장수왕 시절에 세력 다툼에 밀려 한반도로 천도했다. 장수왕 이전에 신라 김씨 왕조의 시조, 김알지(金閼智)가 태어난 곳이 계림(雞林)이기 때문에, 계림을 국호(國號)로 삼았다.498 그의 후손 미추이사금(味鄒泥師今, 262년 ~ 284년)이 신라 13대 왕이 되었다. 김씨가 세운 나라 계림은 박혁거세가 세운 서라벌이 아닌 남쪽 나라 지나(支那)에 있었다. 이를 남조 역사서 "백제 신라 임나가라(百濟 新羅 任那加羅)"라 했다. 남쪽 나라 지나(支那)에 백제 신라 가라(百濟 新羅 加羅)는 남북조 말기 수(隋)나라 때에 대만섬을 지나 한반도로 옮겼다.499

---

498 三國史記 新羅本紀第一: 乃名閼智. 以其出於金櫝, 姓金氏. 改始林名鷄林, 因以爲國號. 其先閼智出於雞林, 脫鮮王得之, 養於宮中, 後拜爲大輔. 閼智生勢漢, 勢漢生阿道, 阿道生首留, 首留生郁甫, 郁甫生仇道, 仇道則味鄒之考也. 沾鮮無子, 國人立味鄒. 此金氏有國之始也.

499 隋書: 新羅國, 在高麗東南, 居漢時樂浪之地, 或稱斯羅. 魏將毌丘儉討高麗, 破之, 奔沃沮. 其後復歸故國, 留者遂爲新羅焉. 其南海行三月, 有牟羅國, 南北千餘里, 東西數百里, 土多麞鹿, 附庸於百濟. 百濟自西行三日, 至貊國云. 百濟 新羅 皆以倭爲大國. 真臘

영호독분의 신라 국기는 지나(支那)에 있던 신라에 관한 기록이다.

화랑세기에 미실(美室, 546/548년 ~ 612년경)이란 권력자가 실렸다. 삼국유사에 실린 미륵선화(彌勒仙花) 미시랑(未尸郎: 익사 직전에 소생)이 와전되어 미실(美室)이로 기록되었다고 본다.

동남아 해안에 지나(支那)에 있던 신라 공주 화랑(花郎, 女郎; Farang)과의 사랑 얘기가 쿠쉬나매다. 신라의 골품제도와 같이 모두 남쪽에서 올라온 미륵신앙에서 유래되었다. 페르시아 왕자는 코끼리가 번식하던 동남아 해안 섬라(暹羅, Siam)로 피난을 갔다. 수서와 태평광기에는 진나(真臘, zhēnlà)국으로 기록되었다.[500] '섬라, 진나'하는 어음이 신라 또는 섬나라 제주도의 옛 이름인 듯하다.

3) 서나벌(徐那伐)의 첫 수도, 국호 계림(鷄林)의 유래

흔히들 박혁거세가 건국한 신라(新羅)의 첫 수도를 계림으로 인식하고 있다. 신라(新羅)는 먼 여정을 거쳐 한반도에 정착했다. 계림이란 음과 뜻이 같은 두 글자(鷄林, 雞林)로 김알지가 나타난 숲의 이름을 국호로 정했다. 꼬리가 짧은 새를 뜻한 계(雞)자는 비하하는 오지(奧地)를 뜻했다.

나(那)자는 햇님을 숭상하던 사람들이 해지 연안에서 여러 마을을 이루고 살았음을 나타낸다.[501] 임나(任那)는 그들의 수도(那: 何也, 都也)

---

[500] 太平廣記: 紫鉚樹. 出真臘國. 真臘呼為勒佉. 亦出波斯國. 樹長一丈. 枝條鬱茂.葉似橘. 經冬不凋. 三月開花. 白色. 不結子. 天大霧露及雨. 霑其樹枝條. 即出紫鉚. 波斯國使烏海及沙利深. 所說並同. 真臘國使折衝都尉沙「沙」原作「涉」. 據明鈔本改. 門陁沙尼拔陁

[501] 詩經: 商頌 那: 詩說 商頌: 祀成湯之樂歌. 冉, 阝:《玉篇》同那

를 맡겼다는 뜻이다.

가라국왕하지(迦羅國王荷知)가 479년에 남제 첫 황제 소도성(蕭道成)의 대관식에 사신을 보냈다.502 하지왕은 허황옥이 건너온 뱃길을 따라 낙동강 하구 김해에서 양자강 남쪽에 갔다. 남조(宋, 南齊, 梁) 역사서에 나타난 왜오왕(倭五王)을 후한 말 백제 여왕 비미호(卑彌呼)의 후손이라고 했다. 부여씨가 세운 대륙 백제의 후손 왕이 비미호다. 왜왕(대륙 백제왕)이 다스리던 부족 국가; 신라 · 임나 · 가라(新羅 · 任那 · 加羅)와 같은 글자가 광개토대왕 비문에 색인되었다. 남방 불교가 발해만 서남쪽에 전래되었다. 계수나무 계림(桂林)을 계림(鷄林)이라 했다.

4) 풍월주를 지도자로 했던 화랑(花郎)의 어원과 출처

페르시아 왕자와 신라 공주 화랑(Farang, princess Farang)의 사랑을 읊은 서사시 "쿠쉬나메 The Kushnameh"가 전해온다.503 페르시아 왕자가 피난을 갔다는 신라(新羅)는 풍요롭고 코끼리가 있었다. 귀국 때는 뱃길로 갔다. 인도 동남 해안에서 남중국 해안에 이르는 지역에 신라가 있었다고 본다. 이 지역이 포르투갈 사람들에게 처음으로 알려졌다. 인도에 관해 깊이 연구했던 독일 사람 막스 뮐러(Friedrich Max Müller, 1823년 ~ 1900년)가 처음으로 중국 고전을 번역했던 스코틀랜

---

502 南齊書: 加羅國, 三韓種也. 建元元年, 國王荷知使來獻. 詔曰:「量廣始登, 遠夷洽化. 加羅王荷知款關海外, 奉贄東遐. 可授輔國將軍, 本國王.」南齊太祖建元元年五月河南王吐谷渾拾寅迦羅國王荷知並遣使貢獻

503 Wikipedia: Love Story Between a Persian Prince and a Korean Princess.https://en.wikipedia.org/wiki/Farang.https://www. ancienthistoryofkorea.com/왜오왕.

드 선교사 제임스 레게(James Legge, 1815년 ~ 1897년)와 같이 준비했던 동방에 관한 방대한 기록서 『Sacred Books of the East series』가 출판되었다. 그 속에 화랑(花郞, Farang)과 Zhina(支那)의 어원이 실렸다.[504]

꽃같이 아름다운 처녀란 뜻글자 화랑(花娘)이 위진시대 문헌에는 없다. 그 후 금병매, 홍루몽 태평광기 등 작품에 실렸다. 화랑이란 어음이 수나라 이후에 페르시아와 동남아 지역에서 왔다고 한다. 이란 북쪽 카스피해 동남 연안에는 화랑(Farang)이란 도시가 있다. 가락국 허황후가 배를 타고 왔다는 아유타 왕국과 어음이 같은 곳이 태국 방콕 근교와 포(Wat Pho)에 있다. 불당 앞에 서있는 화랑 동상은 한국의 갓을 쓰고 있다.

이슬람의 예언자 무함마드(570년 ~ 632년)가 나타난 시절에, 페르시아 왕자가 피란을 갔던 신라국은 동남아 해안에 있었다. 통일신라 시절에는 남방 해상로를 통하여 활발한 교류가 있었다. 중동 문물이 신라에도 알려졌다. 이 시절에 처용이 지었다는 처용가(處容歌)가 나타났다.

한해 남쪽 수로를 따라 남방 불교가 한반도 남쪽에 정착한 신라에 번성했다. 제24대 진흥왕(眞興王, 534년 ~ 576년)은 불교 승려로서 '법운(法雲)'이라는 법명을 사용했다.[505] 신라가 한반도를 통일한 후에는 동남아와 더더욱 교류가 왕성해졌다.

---

504 Wikipedia: https://en.wikipedia.org/wiki/James_Legge. Max Müller.https://en.wikipedia.org/wiki/Sacred_Books_of_the_East.
505 三國史記: 始奉源花 逐簡美女二人. 二女爭娟相妬. 其後更取美貌男子妝飾之, 名花郞, 以奉之.《新羅國記》曰:「擇貴人子弟之美者, 傅粉妝飾之, 名曰花郞, 國人皆尊事之也.」安弘法師 入隋求法, 與胡僧毘摩羅等二僧廻.安弘法師入隋求法, 與胡僧毘摩羅等二僧廻. 諡曰眞興, 葬于哀公寺北峯. 王幼年卽位, 一心奉佛, 至末年祝髮被僧衣, 自號法雲, 以終其身

화랑(花郞)이란 이름은 신라가 한반도에 정착한 이후, 한해 남쪽 해상로가 개척된 이후에 남방 불교가 전래하던 시기에 나온다.506 페르시아 왕자가 피난을 갔던 동남아 지역의 신라국 공주 화랑(Farang)이 한반도에 이르러 화랑(花郞)의 어원이 되었다.

　삼국사기와 연호덕이 작성했다는 화랑의 발생 과정을 종합해 보면 삼국유사의 문구는 [미모의 남자가 도착한 바닷가에 망해사를 지었다]는 뜻이다. 처용이 화랑(花郞)이 되어 공주와 결혼하여 왕정을 도왔다. 김대문이 남긴 화랑 세기에는 위화랑(魏花郞, 540년 ~ ?)이 첫 풍월주, 여자 미실(美室), 그리고 꽃의 기원이란 뜻의 원화(源花)가 화랑의 시초라 했다. 진흥왕 38년에 시봉원하(始奉源花), 즉 원화를 받들기 시작했다는 문구가 있다.507 통일신라 측천무후 시절의 당나라 시인 소미도(蘇味道; 648년 ~ 705년)가 읊은 시문에 은애원화미기로(隱曖源花迷近路)라는 시구가 있다. 원화의 원조는 발생지에서 뱃길로 먼 곳에서 왔다는 뜻이 있다.

　허황후가 옛적에 그 해상로를 통해 가락국에 도착했다. 남방 불교가 왕성하던 동남아에서 온 여자를 스님이 미화하여 시대를 가락국 초기로 바꾸어 수로왕의 부인으로 기술했다.

　아유타국(阿踰陁國) 공주로 묘사된 남방 신라국 공주 화랑(Farang)이

---

506 Wikipedia: Love Story Between a Persian Prince and a Korean Princess
https://en.wikipedia.org/wiki/Farang.
https://www.ancienthistoryofkorea.com/왜오왕.

507 三國史記 新羅本紀: 真興王 三十七年春, 始奉源花. 初, 君臣病無以知人, 欲使類聚羣遊, 以觀其行義, 然後舉而用之. 逐簡美女二人, 一曰南毛, 一曰俊貞, 聚徒三百餘人. 二女爭娟相妬, 俊貞引南毛於私第, 強勸酒至醉, 曳而投河水以殺之. 其後更取美貌男子妝飾之, 名花郞, 以奉之. 三國遺事: 有似秦語. 故或名之為秦韓. 有十二 小國. 各萬戶. 稱國. 又崔致遠云. 辰韓本燕人避之者. 故取涿水之名. 稱所居之邑里. 雲沙涿. 漸涿等羅人方言.

한반도 신라 화랑의시초다. 남방에서 온 미모의 처용 화랑(花郎)이 신라 왕의 사위가 되어 국사를 보좌했다. 이러한 복잡한 사연을 종합하여 불교에 심취했던 진흥왕 말기에 원화(源花)란 글자로 실렸다. 풍월주를 지도자로 하는 화랑 제도가 시작되었다. 삼국유사에는 원화(源花)란 글자가 없고 삼국사기에는 처용(處容)이란 글자가 없다.

신라 고승 혜초(慧超/惠超, 704년 ~ 787년) 스님은 지나(支那) 땅에 있던 신라(新羅) 사람이다. 그가 남방 불교가 전래한 뱃길을 따라 인도에 갔다. 천축국을 모두 돌아 보고 원시불교가 금미달에 들어온 육상 통로를 따라 금미달에 돌아와, 787년에 산서성 대현 오대산(五臺山)에서 입적하였다.

통일신라 이후에도 백제 가야 신라 사람들이 중원에 많이 남아있었다. 백제에서는 양호를 사신으로 원나라에 보냈다는 기록이 있고, 신라방이 해안 여러 곳에 있었다. 사회가 혼란해서 해상왕 장보고(張保皐, ? ~ 846년)가 나타났다. 그 이후부터 신라는 사양길에 들어간다. 고려 초기에도 해상 교류가 왕성하여 동남아 지역과 중동의 문물이 들어왔다.[508] 궁복(弓福) 또는 궁파(弓巴)란 별명의 장보고(張保皐)는 궁예(弓裔) 혁거세와 같이 궁홀산 금미달의 후예란 뜻이 글자 속에 남아있다.

5) 계림(雞林)이 한반도에 나타난 사연

진서와 수서에는 계림(雞林)이란 이름이 없다. 당나라 때에 붙였다. 태평어람에는 당서 내용을 인용하여 신라의 도움으로 백제를 정벌한

---

[508] 高麗史. 高麗史節要. 高麗圖經. 中国古代的州. 贵州省简称黔的来源.

이후 663년에 신라국을 강등하여 계림주(雞林州)로 했다.509 신라 본기에 실린 계림이란 글자는 중국 사람들이 비하하여 붙인 이름이다. 이를 서긍을 안내했던 김부식이 인용했다. 뒤에는 고려 태조 왕건이 신라 땅에 붙였다. 계림(雞林)이란 글자와 음이 같은 계수나무 계림(桂林)이라는 지명이 귀주성(貴州省)에 있다. 최치원이 계원필경집(桂苑筆耕集)을 남겼다. 계림(桂林)을 뜻한 듯하다. 중원에 살던 여러 소수 민족이 남쪽으로 밀렸다. 옛적에는 울림(鬱林)이라 했다.510 그들은 치우천왕을 선조로 모신다. 삼위산에 숨었다는(竄三苗于三危) 고조선의 한 부족이 묘족(苗族)이다. 금미달 지역에 있었던 흑치(黑齒 hēchǐ 해解씨)국이 담이(儋耳)와 같이 남쪽으로 밀려갔다.511 치(齒)는 한국어 방언으로 [이치왜이래]에 나타난다. 백제 서부인으로 알려진 흑치상지(黑齒常之)의 본향이 남쪽 나라 지나(支那) 땅에 있었다. 부여 왕의 성씨가 흑치(黑齒)란 곳에 정착하여 성씨로 했다. 부여 왕의 선조는 해모수(解慕漱)다. 하여 해씨(解氏)라 했다. 광동성 계림 일대를 월남 역사서에, 조선과 지나(支那,朝鮮)는 통킹만 지역 사람들과 가까운 사이(舊好)라 했다.512 삼국지

---

509 太平御覽 新羅: 詔以新羅國爲雞林州都督, 授其王金法敏爲雞林都督. 法敏卒, 其子政明嗣位

510 Wikipedia: 鬱林郡, 爲中國古代行政區劃之一, 秦朝時置「桂林郡」, 漢武帝以後改稱「鬱林郡」. 秦漢時郡治設在布山縣, 即今廣西桂平市西, 轄境集中在今天的廣西壯族自治區境內. 呂氏春秋: 鴈門之北, 鷹隼, 所鷙, 須窺之國, 饕餮, 窮奇之地, 叔逆之所, 儋耳之居, 多無君此四方之無君者也. 大越史記全書: 九真, 日南三郡戶籍迎降. 路博德因拜三使者爲 三郡太守,〈治民如故〉. 遂以其地爲南海〈秦故郡. 今, 明廣東是也〉, 蒼梧〈唐曰益州, 古甌貉, 我越之地〉, 鬱林〈桂林郡, 漢武更名〉, 合浦〈秦象郡, 廉州之屬郡〉, 交趾, 九真, 日南〈秦象郡〉, 珠崖, 儋耳〈並在大海中〉九郡.

511 逸周書 王會解: 靑丘狐九尾, 周頭輝瓱, 輝瓱者. 黑齒白鹿白馬. 太平御覽 南蠻五. 黑齒諸蠻: 《南夷志》曰: 黑齒, 金齒, 銀齒, 繡腳四蠻, 并在永昌關南, 雜種類也. 黑齒, 以漆塗其齒

512 大越史記全書序: 安南與暹羅, 地相近也, 風土相似也, 疆域, 人口相若也. 我日南嘗同文軌者, 爲支那, 爲朝鮮, 爲安南. 支那, 朝鮮於我有舊好; 而安南古或有我船舶至其國者, 蓋西邊商估以財貨往來耳

오주부전을 보면, 그들이 도착한 섬이 복건성 해안에 가까운 바다에 있는 섬단주(亶洲) 즉 동이들이 사는 이주(夷洲, 島夷) 오늘의 대만(Formosa)에 도착했다.513 수나라가 남쪽에 있던 진나라와 싸우다 배가 그 섬에 표류했다.514 그 섬 담모라국(躭牟羅國)은 남북이 천이 동서가 수백 리(南北千餘里東西數百里)라 했다. 이를 백제 섬이라고 풀이하여 [진시황이 보냈던 사람들이] 제주도 한반도, 또는 일본에 갔다고 한다. 제주도란 이름은 신라가 백제 땅의 행정구역을 바꾸면서 백제주군현(百濟州郡縣)이란 문구에서 백제의 섬이었던 대만이 제주도가 되었다.515

6) 신라의 수도 경주(慶州)의 유래

오늘의 한반도 경주시(慶州市)는 왕건(王建)이 붙인 이름이다. 고려 태조 왕건이 장녀 낙랑공주를 신라 왕의 부인으로 하고 신라 수도를 경순왕의 식읍으로 주고, 경기 지역을 경주(慶州)라 했다.516 같은 내용이 고려사에도 실렸다.517

「고려도경」에는 신라 유민들이 대륙으로 흩어져 돌궐 말갈(突厥靺

---

513 三國志 吳主傳: 亶洲在海中, 長老傳言秦始皇帝遣方士徐福將童男童女數千人入海, 求蓬萊神山及仙藥, 止此洲不還. 世相承有數萬家, 其上人民, 時有至會稽貨布, 會稽東縣人海行, 亦有遭風流移至亶洲者. 所在絶遠, 卒不可得至, 但得夷洲數千人還.
514 隋書: 漢遼東太守公孫度以女妻之, 爲東夷强國. 初以百家濟海, 因號百濟. 歷十餘代, 代臣中國, 前史載之詳矣. 平陳之歲, 有一戰船漂至海東牟羅國, 其船得還, 經于百濟. 其南 海行三月, 有牟羅國, 南北千餘里, 東西數百里, 附庸於百濟. 百濟自西行三日, 至貊國云
515 三國史記 百濟本紀第四 涉羅爲百濟所. 耽羅, 卽耽牟羅. 隋平陳. 有一戰船, 漂至耽牟羅國, 其船得還. 雜志第六: 右百濟州郡縣, 共一百四十七, 其新羅改名及今名, 見『新羅志』.
516 三國遺事 卷第二: 太祖出郊迎勞. 賜宮東一區今正承院以長女樂浪公主妻之. 以王謝自國居他國. 侍從員將皆錄用之. 改新羅爲慶州. 以爲公之食邑. 初王納土來降.
517 高麗史: 於是 拜金傅爲政丞位太子上歲給祿千碩創神鸞宮賜之其從者 收錄優賜田祿除 新羅國爲慶州仍賜爲食邑.三國志: 淵據金城之固, 仗和睦之民, 國殷兵強, 可以橫行.

鞨) 영역에 살다 왕건이 이들을 모아 고려를 건국했다고 기록되어 있다.
그에 앞서 신라 왕자였던 궁예(弓裔)가 자신을 현세의 미륵(彌勒)이라
칭하고 후고구려를 세웠다.518 신라 또는 그를 전주한 글자는 동북아시
아 전역에 흩어져 있었다. 글안국지에도 만주 땅에 신라가 실려있다. 금
나라의 선조가 신라 사람이고, 청나라 마지막 황제 이름이 부이성은 애
신각라(愛新覺羅)이다. 신라(新羅)를 사랑하니 잊지 말라는 뜻이다.

경(慶)자는 "축하할 만한 일"이란 뜻으로 고전에 많이 쓰인 글자다.
맹자에 춘추오패(五霸)를 설명한 내용에 경사스러운 땅(慶以地)이란 문
구가 있다. 경주(慶州)란 전쟁에서 얻은 지역이란 뜻이다.519 오랜 혼란
끝에 중원을 통일한 수문제(隋文帝, 541년 ~ 604년)는 새로운 계획을
뜻했다. 동양 최초 역사책 상서에 나오는 유신(維新)이란 단어가 일본
과 한국 정치가들이 인용했다. 실천은 하지 못하고 생각만 했다 하여
위징은 유신(惟新)이란 글자를 썼다. 통전에 따르면, 옛 옹주 편(古雍州)
에 서쪽 감숙성 지역에 변두리에 새로 얻은 땅에서 조공을 바치는 지역
에 경주(慶州)란 이름을 붙였다.520 한반도에 처음으로 진입했던 당나
라 역사 기록에는 모두 신라 영역을 계림(雞林)으로 기록했다. 경주(慶
州)란 이름을 한반도에 남기지 않았다.521 신라(新羅)와 가야의 발생지

---

518 高麗圖經: 新羅遺民散奔突厥靺鞨高氏旣絕久而稍復至唐末遂王其國後唐同光元年遣使來朝 國
王姓氏失不載長興二年王建權知國事遣使入貢遂受爵以有國云宣和奉使高麗圖經卷第一
519 水經注 淇水:《山海經》曰: 淇水出沮洳山. 右則淇水, 自元甫城東南逕朝歌縣北. 濊水出焉. 清
漳逕章武縣故城西, 故濊邑也. 枝瀆出焉, 謂之濊水.《魏土記》曰: 章武郡治. 故世以為章武
故城, 非也. 又東北分為二水, 一右出為淀, 一水北注滹沱, 謂之濊口. 清漳亂流, 而東注于海.
《地理志》: 勃海之屬縣也.《魏土記》曰: 章武郡治. 故世以為章武故城, 非也. 一右出為淀,
一水北注滹沱, 謂之濊口. 清漳亂流, 而東注于海.
520 通典: 慶州今理安化縣. 秦滅之 始皇以屬北地郡. 隋文帝置慶州 煬帝初置弘化郡. 大唐復 為慶
州, 或為安化郡.康熙字典:《周禮》以賀慶之禮, 親異姓之國

는 고조선 마지막 수도가 있던 궁홀산(弓忽山) 금미달(今彌達)이다. 이 곳을 삼한 땅 청구(青丘)라고 했다.522 그로부터 발해만-남만주 일대가 전국시대(不樂世)였다. 신라에서는 우두를 전진에 보내 협조를 요구했다. 그때 국호를 다시 신라로 바꾸었다(復國號新羅)고 알렸다. 실성을 인질로 고구려에 보냈다. 그가 돌아와 실성 마립간(實聖麻立干)이 되고 복호가 남아있다.523 많은 사람들이 신라로 도망을 가서 나라의 규모가 커졌다.524 그 당시 기록이 진서와 16국 춘추에 있어야 한다.

그러나 광개토대왕에 관한 기록이 실리지 않았다.

4. 광개토대왕의 사인

논란이 많은 광개토대왕 비문(廣開土大王碑文) 풀이는 대왕 전후 고구려의 영토 분쟁을 올바르게 인식하지 못해 나타난 현상이다. 동명왕

---

521 舊唐書: 天寶末, 楊國忠用事, 蜀帥撫慰不謹, 蠻王閣羅鳳不恭, 國忠命鮮於仲通興師十萬, 渡瀘討之, 大為羅鳳所敗. 鎮蜀, 蠻帥異牟尋歸國, 逐以韋皋為雲南安撫大使, 命使冊拜, 謂之南詔. 咸通中, 結構南海蠻, 深寇蜀部. 西南夷之中, 南詔蠻最大也. 領縣二.

522 康熙字典: 尸羅: Śila, 又云尸怛羅, 正譯曰清涼, 傍譯曰戒. 身口意三業之罪惡, 能使行人焚燒熱惱, 戒能消息其熱惱, 故名清涼. 又, 舊譯曰性善. 大乘義章一曰: 「言尸羅者此名清涼, 亦名為戒, 三業之非, 焚燒行人, 事等如熱.戒能防息, 故名清涼. 清涼之名, 正翻彼也. 以能防禁, 故為戒.」義林章三本曰:「尸羅梵語, 此言清涼.」華嚴玄談三曰:「或名尸羅, 具云翅怛羅, 此云清涼, 離熱惱因得清涼果故.」行事鈔中一曰:「尸羅此翻為戒.」智度論十三曰:「尸羅秦言性善, 好行善道不自放逸, 是名尸羅.」譯曰戒光. 道琳法師在梵之名也. 見求法高僧傳下

523 三國史記 新羅本紀第三: 遣衛頭入苻秦貢方物. 苻堅問衛頭曰:「卿言海東之事, 與古不同, 何耶?」答曰:「亦猶中國, 時代變革, 名號改易. 遣衛頭入苻秦貢方物. 苻堅問衛頭曰. 王以高勾麗強盛, 送伊飡大西知子實聖為質.

524 三國遺事: 按三國史云. 新羅稱王曰居西幹. 辰言王也. 或云. 呼貴人之稱. 或曰. 次次雄. 或作慈充金大問云. 次次雄方言謂巫也. 世人以巫事鬼神尚祭祀. 三國史記 新羅本紀第一: 弓裔始祖, 姓朴氏, 諱赫居世, 號居西干. 國號徐那伐. 先是, 朝鮮遺民分居山谷之間, 為六村: 是為辰韓六部. 辰人謂瓠為朴, 以初大卵如瓠, 故以朴為姓. 居西干, 辰言王. 或云呼貴人之稱.

의 후손인 고구려와 대륙 백제의 전성기는 강병 백만으로 중원과 요서를 점령했다고 최치원이 남겼다. 당시 고구려의 삼경(三京)에 장안성(長安城) 실렸다.

삼국사기에; <당서(唐書)에는 평양성이 곧 장안이다. 고기에는 평양에서 장안으로 옮겼다(古記云; 自平壤移長安) 하였으니, 두성이 같은 곳인지 아닌지, 얼마나 멀리 떨어져 있었는지 알 수가 없다>고 했다. 고구려의 장안성(長安城)에 관한 기록은 수서에도 있어야 한다. 평양(平壤)을 평양(平陽) 장안성이라 하고, 다른 내용을 설명할 때는 임유관(臨渝關)을 유관관(有关官.有關官) 장안성이라 했다 평원왕(平原王, 재위: 559년 ~ 590년)은 진개가 빼앗았다는 북쪽 땅(武帝拜湯上開府) 통치권을 북주(北周) 무제가 위임했다. 북주가 581년에 멸망하자 5년 뒤에는 장성에 접한 장안성으로 천도했다. 장성 남쪽은 수문제가 통일했다. 평원(平原)이란 광개토대왕 같이 땅을 넓혔다는 뜻으로 평강 상호왕(平崗上好王)이라 했다. 수문제는 고구려와 겨루던 돌궐을 동맹자로 삼으려고 아들을 보냈다. 돌궐에 갔던 양견이 돌궐 가한과 같이 있던 고구려 사신을 알아보았다. 동행했던 배구(裵矩)가; <고구려는 고죽국(孤竹國)이 예부터 자기들 땅이라고 계속 침입해 옵니다>라고 설명해 주었다. 수 문제가 고구려를 치려는 계획이 있다는 소식을 접하자 고구려는 말갈 병사를 동원하여 요서 지역의 임유관(臨渝關)을 선제 공격했다. 유수(渝水) 계곡 통로를 막으려고 만든 요새를 임유관(臨渝關)이라 했다. 낙랑(樂浪)의 어원인 금미달 낙안(樂安)을 안시현(安市縣)이라 했다. 산서성 금미달 영역 대현(代縣) 쌍간하(桑乾水) 계곡 마읍(馬邑)에서 한고조가 흉노에게 포위를 당해 화친(和親)맹약을 했던 곳이다.

설문해자(說文)와 북주(北周) 관리(庾信)의 신도비(神道碑)에도 유관

(渝關)이 번한(變汙), 즉 금미달 산서성(在遼西臨渝)에 있다고 했다.

광개토대왕(廣開土大王, 374년 ~ 412년)은 한창 젊은 나이에 죽었다. 그의 사망 원인(死因)이 추모비에 실렸어야 한다. 첫 면에 실렸다.

不樂世位因遣黃龍來下迎王. 王於忽本東[岡] 履龍首昇天. 또는
不樂世位, 因遣黃龍來不迎王. 王于忽本東岡, 黃*(龍負*升天)란
문구다.

유명한 사람이 죽으면 하늘에 올라가 별이 된다고 인식했다. 나도 어려서 밤하늘을 처다보며 [별 하나 나 하나 별 둘 나 둘]하고 외아렸다.

광개토대왕이 죽어 북두성(天罡)이 되었다고 비문에 색인했다.525 대왕 추모비를 국강상광개토경평안호태왕(國罡上廣開土境平安好太王)이라 한다. 하늘에 올라가 별이 되고 국토를 넓혀(싸움이 자주 있던 시대 不樂世에 태어나서) 편안한 시대로 만든 왕이란 뜻이다.

백제 근초고왕과의 전투에서 전사한 고국원왕(故國原王, 재위: 331년 ~ 371년)의 아들 소수림왕(小獸林王, ? ~ 384년)은 불교와 도교를 권장했다. 공손연이 양평에 웅거할 때, 동오의 손권이 해안을 따라 고구려와 교류를 했다. 그 해상로를 따라 남방 불교가 발해만에 전래하였다. 전진부견(秦 苻堅, 357년 ~ 385년) 이후 광개토대왕(廣開土大王;

---

525 三國史記 雜志第一:『後漢書』云:「高句麗, 好祠鬼神, 社稷, 靈星. 以十月祭天大會, 名曰東盟. 其國東有大穴, 號●神隧神, 亦以十月迎而祭之.」 광개토대왕 비문 1면 4행: 龍負升天. 顧命世子儒留王, 以道興*治. 大朱留王紹承基業. 還*至十七世孫 國岡上廣開土境平安好太王, 天罡, 卽北斗也.

391년 ~ 413년)이 대륙 백제를 정벌하던 시대에 많은 사람들이 발해 만에서 한해 양쪽 연안을 따라 떠났다.

    고국원왕이 전사하던 당시 백제 독산성주(禿山城主)가 신라에 투항했다. 그 후에도 고구려와 백제 사람들이 신라 땅으로 가서 신라가 커졌다.[526]

    광개토대왕은 압록강을 건너지 않았다. 그 당시 대왕은 한반도에는 내려올 이유가 없었다. 고구려의 주적은 서남쪽 세력이었다. 해명태자가 고구려의 옛 도읍(古都)이었던 황룡국(黃龍國)에서 선물로 받은 활을 꺾어버려 꾸중을 받고 자살했다.[527] 고구려의 숙적이었던 황룡국(동부여)에서 사신으로 가장하고 보낸 자객을 만나 싸우다 같이 죽었다. 그의 최후를 비문에 "履龍首昇天"란 문구로 남겼다. 동쪽 언덕에서 용의 머리를 타고 하늘로 올라갔다고 했다. 부여 정벌이 그의 마지막 전쟁이었다.

    생몰이 불명한 모용운(慕容運)을 고운(燕 惠懿皇帝 高雲, ? ~ 409년)이라 한다. 그를 추존하여 북연의 초대 천왕이라 했다. 담덕(談德)을 높이 뜬 구름(雲)으로 바꾸어 차음하여 모용운(慕容運)이라 했다. 동부여 용성(龍城)으로 옮겨 온 풍발(馮跋, ? ~ 430년)이 보낸 자객을 만나 409년에 치명상을 입고 3년 후에 서거했다.

---

[526] 三國史記: 十八年, 百濟禿山城主率人三百來投, 王納之, 分居六部. 百濟王移書曰:「兩國和好, 約為兄弟. 今大王納我逃民, 甚乖和親之意, 非所望於大王也, 請還之.」答曰:「民者無常心, 故思則來, 斁則去, 固其所也. 大王不患民之不安, 而責寡人, 何其甚乎?」百濟聞之, 不復言. 夏五月, 京都雨雹.

[527] 비문: 東夫餘舊是鄒牟王屬民 中叛不貢. 三國史記: 有不與者卽鞭之, 人皆忿懷怨怨. 王太子解明在古都, 有力而好勇. 黃龍國王聞之, 遣使以強弓為贈. 解明對其使者, 挽而折之曰:「非予有力, 弓自不勁耳.」黃龍王慙.

5. 가라(加羅)의 어원과 수도 이전

가야는 신라와 같이 고조선 마지막 수도가 있던 금미달에서 나타났다. 수경주 성수(聖水出上谷) 편에 옛 향성(都鄕城), 탁야수(涿耶水)란 여울이 있다. 탁수와 가야수를 간략한 글자다. 금미달에 가야국(加耶國)이 있었다.

가야의 마지막 지도자가 산신이 되었다는 단군이라 가람신명(伽藍神名)이라 했다. 그들이 발해만으로 내려와 해안을 따라 해운업으로 생계를 유지해 왔다. 가야금을 만들었다는 "가야국가실왕" 가야(Ought to go)는 옛적 우리말이다. 이를 불가에서는 타가라(Tagara; 多伽羅), 즉 다들 떠나라는 뜻의 사음자라 했다.528 당나라 불교 스님들이 만든 법원주림(法苑珠林)에는 문수보살(文殊菩薩) 양거(儀佉; 晉陽을 떠난 사람)가, 창힐(倉頡)이전에 글자를 만들었다는 문구가 있다. 한, 중 역사서에는 이러한 가라의 역사를 기록으로 남기지 않았다.

선인(仙人) 또는 신선(神仙 · 神僊)이 살던 사원의 유래는 요원하다. 홍범구주(洪範九疇)를 홍범(鴻範) 구등(九等)이라고 표현한 글자 속에 있다. 고을마다(九疇) 밭과 삿갓을 쓰고 선인이 살던 사원(寺院)이라는 글자다. 그 지역에 사는 사람들은 그 사원에 시주했다. 이를 예맥족의 풍속이란 뜻에 맹자는 맥도라고 했다. 그에서 관례적으로 십분의 일(1/10)을 시주하는 십일조 풍속이 나타났다.

가야국의 수도: '임나(任那)'란, 그곳에 사는 스님에게 나라를 다스리

---

528 User dictionary: Tagara, 多伽羅之略, 香木名. 伽羅陀: 菩薩之位名. 譯曰度邊地. 入伽羅陀者, 此云度邊地也. 太平御覽 獅子: 獅子國, 東晉時通焉, 天竺旁國也. 宋文帝元嘉五年, 其王刹利摩訶南遺使貢獻. 梁武帝大通元年, 后王迦葉伽羅訶梨耶亦使使貢獻

는 지도권을 맡겼다는 뜻이다. 그 지역 주지 스님이 살던 곳이었다. 가라 연맹체가 한반도에 정착하기 이전 역사 기록에는 수도가 정확히 밝혀지지 않았다. 산동성에 나타난 임성(任城)이 가야의 수도였다.

산동반도에 이르렀던 원시불교도 가야 사람들이 해안은 따라 흩어져 나갔다. 황해를 건너 도착한 곳이 강화도. 단군을 원시불교도 이름을 붙여 마니산(摩尼山)이라 한다. 그 사람들이 한반도 서해안을 따라 내려와 가야 연맹 여러 소읍 국가들이 나타났다.

중원 세력은 수양제 때에 처음으로 한해를 건넜다. 가락국 허황후 구지가(龜旨歌) 구지봉의 전설이 살아있는 금관가야의 수도 김해를 수서에도 사마국(都斯麻國)이라 했다. 수나라는 백제 무령왕(武寧王, 462년 ~ 523년) 때 여러 곳에 있었던 담로의 하나로 인식했다.

1) 구지가(龜旨歌)

복잡한 [신라 임나 가야 왜의 관계]를 아래와 같이 짧게 설명한다.

조선 유민이 여섯 촌락을 이루고 살고 있던 곳에 자리 잡은 신라는 말갈, 왜, 등등 여러 주위 국가들로부터 침략을 받았다. 가야국(加耶國) 수로왕(首露王) 이서국(伊西國) 하는 이름이 신라 초기 발해만 연안에 나타났다.

가야 사람들이 해상무역을 했다. 미개지의 스리랑카를 개척하여 대상 가야국이 나타났다.[529] 이들이 모두 대만섬에 있다가 계절풍을 타고

---

[529] 大唐西域記: 僧伽羅國. 古之師子國. 鄭和勸國王阿烈苦柰兒 āièkǔnàiér. 敬崇佛教遠離外道. 王怒即欲加害.鄭和知其謀遂去. 後復遣鄭和往賜諸番. 拜賜錫蘭(xí -lán. Ceylon) 山國王王

한해를 건너 한반도 남단과 구주 열도에 도착했다. 가락국기에 자주색 실이 내려 다섯 개의 알이 내려와 다섯 가야의 지도자(五伽耶之主)가 나타났다.

그가 자리 잡은 곳을 자성(玆城)이라 했다.530 불교에서 석가모니의 성씨로 쓰던 글자다. 그 기원은 산서성 고조선 영역이다. 모두 서역에서 온 오손족이다. 그곳에 구자(龜玆)국이 한나라와 화친을 하여 교류가 왕성했었다.531

대당서역기에 실린 굴지국(屈支國)이 옛적 구자국(龜玆)이다. 이에서 구지가(龜旨歌), 구지봉(龜旨峯), 하지왕(荷知王), 구지하성(久知下城) 하는 이름이 금관가야의 수도 김해시에 결부되었다. 먼 곳에서 온 이방인(遠夷) 하지왕(荷知王)이 남제(南齊)에 사신을 보냈던 곳은 밝혀지지 않았다. 대륙에서 한해를 건너 동쪽으로 오던 시절이다. 백제 부용국이었던 대만섬(牟羅國)이 아니면 한반도 김해시였다.532

2) 가락국 허황후

수로왕(首露王)이 허황후를 만난 곳은 구지봉이 있는 오늘의 김해시다. 가락국과 수로왕은 중앙아시아에 이르렀던 원시불교가 육로로 전

益慢不恭.
530 三國遺事: 伊西國人來攻金城. 金官五伽耶按駕洛記贊云. 垂一紫纓. 下六圓卵. 五歸各邑. 一在玆城則一為首露王. 餘五各為五伽耶之主. 金官不入五數當矣. 而本朝史略.
531 前漢紀 孝宣皇帝紀二: 龜玆王及其夫人來朝. 龜玆夫人. 即烏孫公主女也. 自以得尚漢外孫. 大唐西域記: 屈支國. 東西千餘里. 南北六百餘里. 國大都城周十七八里. 屈居勿反支國舊曰龜玆.
532 三國史記 新羅本紀: 奈鮮尼師今立, 伐休王之孫也 加羅王子来請救. 王命太子于老與 伊伐飡 利音将 六部兵往救之. 于勒所製十二曲: 一曰下加羅都, 二曰上加羅都. 誤加耶或云加羅. 國取之. 時人請奉為花郎, 不得已為之. 眞興王命伊●異斯夫, 襲加羅一作加耶國.

래한 발해만에 나타났다. 그 당시 발해만 연안의 국가들을 백제 설라 휴인제국(百濟及薛羅, 休忍等諸國)이라 했다.533 같은 진서 동진 역사 내용에는 백제 임파(百濟,林邑王), 후진 태조조장(秦武昭帝姚萇, 330년 ~ 393년)이 신라보(攻陷新羅堡)를 공격했다는 기록이 있다. 신라보가 있던 곳이 오늘의 협서성미현(今陝西眉縣) 보계시(寶鷄市) 일대라 한다. 그곳에 있던 후진(后秦)에 신라가 사신을 보냈다.534 궁예 시조 성박씨(弓裔 姓朴氏)라 한 금미달에 살던 사람들이 한지류는 옛 수도 아사달 평양이 있던 남쪽으로 내려갔다는 증거다. 그로부터 옛통로를 따라 지나(支那)라고 부르던 남쪽 나라로 내려갔다.

허왕후의 선조는 불교가 발생한 아유타국(阿踰陀國)에서 옛 통상로인 차마고도를 따라 운남성으로 알려진 지나(支那) 지역에 도달했다. 태평광기에는 신라에 관한 얘기가 많이 실렸다. 출처를 당나라 사람 단성식(段成式)의 유양잡조(酉陽雜俎)라 했다. 당시 지나는 당나라 영역이 아니었다. 그는 풍문에 들은 얘기를 모아 기록했다. 내용에는 도깨비 방망이 설화가 실렸다. 키 큰 사람이 사는 나라와 키 작은 사람들이 사는 나라 털보들이 사는 나라(長鬚國), 코 큰 사람(鼻長)이 사는 사이에 방이(旁㐌)를 시조로 하는 김씨(金哥)의 신라(新羅)가 있었다.535 코끼

---

533 晉書: 分遣使者徵兵於鮮卑, 烏丸, 高句麗, 百濟及薛羅, 休忍等諸國, 並不從. 十六國春秋: 鮮卑烏丸高句麗百濟新羅休忍等諸國遣兵三萬助北海公重戍薊諸國. 三國志: 弁辰安邪國, 弁辰瀆盧國, 斯盧國. 弁, 辰韓合二十四國. 辰王常用馬韓人作之. 辰王不得自立為王.

534 晉書:分遣使者徵兵於鮮卑,新羅堡_新羅堡在哪裡_歷史地名 字典_網 (70thvictory.com.tw) 在今陝西眉縣東南.東晉太元年間(376 ~ 396) 扶風郡曾寄治於此.《晉書· 苻登載記》東晉太元十五年(390), "(姚)萇攻陷新羅堡, 萇扶風太守齊益南奔(苻)登". 即此.

535 太平廣記 新羅: 新羅國有第一貴明鈔本「貴」作「國」. 族金哥. 其遠祖名旁㐌. 有弟一人, 甚有家財. 其兄旁 㐌. 因居貧, 乞衣食. 國人有與其隙地一畝, 乃求蠶穀種于弟, 弟蒸而與之. 旁㐌不知也. 他日有中旨, 令興一官謫去, 特授長江縣尉, 稍遷普州司倉而終.

리와 누에를 치던 곳이었다.

삼한의 후손들이 지나(支那) 강남 여러 곳에 정착했다. 이를 객가(客家)라 한다. 수나라가 대륙을 통일하던 시기에 대만섬이 백제 영토였다.

남쪽 나라에는 고조선 사람들이 고난을 치루던 애기가 설화로 많이 남아있다.536 항아(嫦娥)가 궁수에(羿, 백익)의 불사약을 훔쳐먹고 달에 가서 두꺼비가 되었다. 해 안에는 삼족오, 달 안에는 토끼 한 마리와 두꺼비가 있다는 기록도 있다. 먼 남쪽 나라 지나(支那)에 살았던 도가(道家) 곽홍의 포박자(抱朴子)는 남쪽 지역을 설명하며 원숭이는 500년을 자라 확(玃, 고릴라?)이 되고, 두꺼비는 3,000년, 기린은 2,000년을 산다고 했다.537 지나(支那)라고 부르던 강남에는 객가(客家)라고 하던 사람들이 많이 살았다. 가락국 수로왕 비문에 새겨진 보주(普州)는 보자군(普慈郡)과 같이 사천성 양자강(長江) 수계에 있었다.538 허씨는 운남성에서 해안으로 나와, 남방 항로를 따라 원화와 풍월주가 나타나던 시절에 한반도 낙동강 하류에 도달했다.

성덕왕(聖德王) 때 강릉 태수로 가던 사람의 부인을 바다에서 나타난 용(龍)에게 잃었다. 여러 사람이 모여 해가(海歌)를 불렀다. 그 내용에 [거북아 거북아 어서 수로 부인(水路夫人)을 내놓아라(龜乎龜乎 出水路)] 하는 구절이 있다. 꽃을 따서 수로 부인에게 바쳤다는 헌화가(獻花歌)도 이때 나타났다. 한국에 없는 사자상을 실은 배로 우산국을 정벌했다. 울릉도 원주민은 만주 동북쪽에 살던 읍루(挹婁) 사람들이 해류

---

536 論衡 說曰: 儒者曰:「日中有三足烏, 月中有兔, 蟾蜍.」
537 海國圖志 卷五: 東南洋一海岸之國. 萬國地理全圖集)曰: 四大地之中, 亞齊亞最廣大. 大地北極出地二度, 至七十八度, 英國中線偏東. 南及印度海, 有東京, 暹羅, 北耳西ща隅.
538 舊唐書: 普州中隋資陽郡之安岳縣. 武德二年, 分資州之安岳, 隆康, 安居, 普慈四縣置普州.

를 따라 표류해 정착했던 사람들이다. 여씨춘추에 실린 대인(大人)을 신당서에는 키 큰 사람(長人)이라했다. 모두 음과 뜻을 이리저리 돌려 만든 글자들이다.

신라 말기 경덕왕을 존경하여 도안현(道安縣)이라는 이름을 그곳에 남겼다. 가라국왕 하지(加羅王荷知)가 살던 곳에 수로(水路)를 만들어 가야금 노랫 가락이 들리는 가락국(駕洛國) 수로왕(首露王)이라 했다. 김유신의 12대 선조가 수로왕이다. 그가 어디서 왔는지는 아무도 모른다. 일설에는 소호 김천씨의 후예라 한다.

후한건무(後漢建武) 18년에 구봉(龜峰)에 올라가 가락(駕洛)의 9촌(村)을 바라보고, 드디어 그곳에 가서 나라를 열고 이름을 가야(加耶)라 하였다. 후에 금관국(金官國)으로 고쳤다.539 고조선 발생지 구주(九州, 九疇)의 뜻을 살려 구지봉에 올라가 내려다 본 광경을 "망가락구촌 望駕洛九村" 이라 했다. 일본에도 구주란 글자가 나타났다. 김유신의 증조부를 구해(仇亥) 손이라 했다. 신라 세력에는 원수와 같은 존재였다는 뜻이다. 가라 연맹은 고구려와 같은 갈족(羯族) 유목민(亥, 解, 蓋)이었다.

진흥왕 때 나이 십 오륙 세였던 젊은 화랑 사다함(斯多舍)이 앞장서서 전단량(旃檀梁), 즉 구름다리 건너 정문으로 들어가 깃발을 꽂아 562년에 가야국(加耶國)을 정벌했다. 가라(加羅 加耶) 언어로 성문, 즉 사원으로 들어가는 곳에 세워 놓은 여문(閭門 Torii)을 (다리 양 梁 구름 운) 양운이라 했다. 그 위에 신라 화랑의 깃발을 달았다.540 갑작스러운

---

539 三國史記: 金庾信, 王京人也. 十二世祖首露, 不知何許人也. 以後漢建武十八年壬寅, 登龜峯, 望駕洛九村, 遂至其地開國, 號曰加耶, 後改為金官國. 其子孫相承, 至九世孫仇亥仇充, 或云仇次休, 於庾信為曾祖. 羅人自謂少昊金天氏之後, 故姓金. 庾信碑亦云: 「軒轅之裔, 少昊之胤.」則南加耶始祖首露與新羅, 同姓也

침입에 성은 아수라장이 되었다. 백제의 담로(簷魯)였던 구지하성(久知下城)이다.[541]

6. 가락국 가락국수 가라피리

불교와 깊은 관련이 있는 가라(加羅)는 스리랑카 인근 바다에서 태풍을 만나 많은 선원들이 바다에 빠졌다. 나이 많은 선장이 이들을 구했다. 물에 던진 밧줄(바줄)을 타고 줄줄이 올라왔다. 부처님의 은덕이라 생각했다. 이곳이 미륵신앙의 발상지다.

가락국수, 젓가락이란 이름을 남겼다. 밧줄의 개음(opening sound) 바(참參바)는 박(朴, 樸)같은 밝다는 뜻의 사음자로 오직 생명을 구할 수 있는줄(string of hope)이라는 뜻이다. 내 고향에서는 음력 설 때가 되면 동해 특유의 해초를 모아 [가시리 묵]을 만들고, 박달나무로 구유를 만들고, 라(伽羅)피, 즉 가라나무 껍질로 소 고삐를 만들었다.

수미산(須彌山)을 뜻한 설악산 남쪽 계곡 양양군 서면에는 가라피리(加羅皮里)란 마을이 있고, 옆 마을 범부리에는 고인돌이 많이 있다. 설악산 북쪽에는 미시령(彌矢嶺)이 있다.

항해의 필수품인 튼튼한 밧줄 마닐라(Manila, May-ni-La, 摩尼羅疂) 로프의 원산지가 필리핀이다. 문헌에 나타난 가라 연맹은 신라와 같이 미륵불의 발상지인 스리랑카에서 싱가폴(Singapore, 僧伽[浦口]), 필리

---

540 三國史記: 異斯夫或云苔宗. 姓金氏, 奈勿王四世孫. 異斯夫, 襲加羅一作加耶. 國. 先入 ●檀梁 ●檀梁, 城門名. 加羅語謂門為梁云. 其國人, 不意兵猝至, 驚動不能禦, 大兵乘之, 遂滅其國

541 南齊書: 加羅國, 三韓種也. 建元元年, 國王荷知使來獻. 詔曰:「量廣始登, 遠夷洽化. 加羅王荷知款關海外, 奉贊東遐. 可授輔國將軍, 本國王.」. 建元元年, 進新除使持節, 都督倭·新羅·任那·加羅·秦韓·慕韓六國諸軍事, 安東大將軍, 倭王武號為鎮東大將軍.

편, 대만섬을 지나 남방 해상로를 따라 한해 동쪽 연안에 도착했던 남방 불교 신자들이 세운 나라에 허황후설화가 나타났다. 그 이전에 산동반도에서 건너와 마니산 유적을 남긴 사람들이 한반도 서남쪽에 정착하여 가라 연맹 여러 나라가 한반도 서남부에 나타났다.

나라(國)가 날다(飛, fly)로 와전되어 일본에는 나라시대(奈良時代; 710년 ~ 794년)란 이름이 생겼고 나라 현(奈良)이란 이름이 나타났다. 이곳 이후에 새로 나타난 나라 일본(日本)의 첫 수도가 되었다.

고대(701년) 일본 지도

7. 통일신라와 일본(日本)의 탄생

이를 송서에는 왜 백제 신라 임나가라 진한변한 "倭百濟新羅 任那加羅 秦韓慕韓" 일곱 나라는 왜왕이 다스렸다고 했다. 삼한 중에 변한(弁韓)이란 글자는 없다. 변한 사람들을 왜 백제(倭 百濟)라고 했다. 중원을 석권했던 삼한의 후손들이 남북조시대 말기에 수나라가 중원을 통일하던 시기에 대만섬을 거쳐 한해의 동쪽으로 옮겨왔다. 수서에는 [백제 가야 신라가 왜를 강국으로 만들었다]는 기록이 있다.[542]

중원을 잃은 부여씨 후손이 한해 동쪽에 와서 수나라에 보낸 외교문서에 일출처천자치서일몰처천자무양(日出處天子致書日沒處天子無恙)이란 문구가 있다. 즉 해 뜨는 지역 천자가 해지는 나라의 천자에게 잘 있느냐는 뜻의 편지를 보냈다. 한반도에 수도를 두었던 부여씨가 몰락했다. 이를 구하려고 열도 부여씨는 옛 백제 담로에서 구원군을 이끌고 금강 하구에서 싸우다 실패했다. 이를 663년 8월에 나타났던 백강전투(白江戰鬪)라 한다. 돌아가서 수도를 동쪽으로 옮기고 나라를 일본이라 했다.

수나라가 고구려를 침략하다가 망하고 당나라가 나타났다. 당태종(唐太宗, 598년 ~ 649년)이 632년에 사신으로 신주자사(新州刺史) 고

---

[542] 隋書: 新羅, 百濟皆以倭為大國, 多珍物, 並敬仰之, 恒通使往來. 有阿蘇山, 其石無故火起接天者, 俗以為異, 因行禱祭. 有如意寶珠, 其色青, 大如雞卵, 夜則有光, 云魚眼精也. 使者曰:「聞海西菩薩天子重興佛法, 故遣朝拜, 兼沙門數十人來學佛法.」其國書曰「日出處天子致書日沒處天子無恙」云云. 帝覽之不悅, 謂鴻臚卿曰:「蠻夷書有無禮者, 勿復以聞.」明年, 上遣文林郎裴清使於倭國. 度百濟, 行至竹島, 南望羅國, 經都斯麻國, 迥在大海中. 又東至一支國, 又至竹斯國, 又東至秦王國, 其人同於華夏, 以為夷洲, 疑不能明也. 多伽羅之略, 香木名.伽羅陀: 菩薩之位名. 譯曰度邊地. 入伽羅陀者, 此云度邊地也. 太平御覽 獅子: 獅子國, 東晉時通焉, 天竺旁國也. 宋文帝元嘉五年, 其王利利摩訶南遣使貢獻. 梁武帝大通元年, 后王迦葉伽羅訶犁耶亦使使貢獻

인표(高表仁)를 왜에 보냈다. 당시 지나에 있던 신라에서 미녀를 보냈다. 사신이 부여씨의 왕자와 서로 우위를 다투었다. 당나라 사신은 신라에 남아(附新羅奉表, 以通起居) 사정을 알렸다. 당시 대마도(對馬島)가 신라 땅이었다. 이 사건으로 무수원제(無綏遠才)란 사자성어가 나타났다.[543] 고인표가 당나라에 돌아가서는 발해군공(渤海郡公)이 되었다. 한해를 석권했던 사람들이 개발한 해양 수송장비와 기술을 수나라를 이은 당나라에서 인수하여 한반도에 있던 백제를 신라와 같이 멸망시켰다.

부여씨는 단군조선의 중요한 부족이었다. 숙신씨(肅愼氏)는 활을 아득한 먼 북쪽에 수도를 둔 현도씨(玄都氏)는 보옥(寶玉)을 들고 순임금을 방문했다. 현도(玄都)에서 옥갑(寶玉)을 가져다 부여씨의 시조 동명성왕 무덤에 썼다. 북쪽으로 갔던 부여씨의 후손이 만주에서 나라를 세웠다.

진수는 우거왕의 수도를 골도(骨都)라 했다. 삼족오를 숭상하던 사람들의 수도가 뼈만 남았다는 뜻이다. 골동품(骨董品)이란 낱말이 나타났다. 같은 곳을 한국 기록에는 흘승골성(訖升骨城), 즉 [혼(魂, 忽)은 하늘나라로 가고 뼈만 남아있는 성]이라 했다. 장례식에 혼백함(魂魄函), 상여(喪輿)에 올려놓은 장닭으로 전해온다.

나당 연합군이 반도 백제를 멸망시킨 뒤, 부여씨가 주도한 별도의 군

---

543 數據維基 → 高表仁: 隋朝, 唐朝時官員. 是隋代尚書左僕射高熲第三子, 封渤海郡公. 高表仁: 貞觀五年(632年) 奉命持節出使日本, 十月四日隨遣唐使船隊經朝鮮半島到達日本難波津(今大阪). 當時日人率船三十二艘, 懸彩旗, 奏鼓樂, 在江口歡迎. 高表仁要求「天皇下御座, 面北接受唐使國書」, 與日本王子爭禮, 不肯宣က命. 次年正月日本朝廷派遣吉士雄麻呂, 黑麻呂陪送至對馬島. 表仁回國後被罰沒兩年俸祿. 史稱其「無綏遠才」

이 주도하여 옛 담로 지역의 병사들을 이끌고 백제를 구하러 왔으나 백강(금강) 입구에서 싸워 패배했다. 그 후 나라현에 수도를 나라의 국호를 일본(にほん 日本) 니혼이라 했다. 필자는 [어음과 사연을 고려하면 햇님의 후손 두 번째 귀신 혼 魂]이란 뜻이 있다고 설명했다.544 돌아가서 일본이란 국호로 바꾸고 백제를 멸망시킨 신라 문무왕(文武王, 626년 ~ 681년)에게 보고하고 다음에 당나라에 알렸다.

구주 열도에는 왜(倭)가 계속 있었다. 문무왕은 죽어서도 왜(倭)의 침략을 막겠다는 뜻의 유언에 따라 바다에 묻혔다는 대왕암(大王岩)이다. 예부터 일본과 가까웠던 호남지역(武珍州)에서는 화해의 상징으로 흰 꿩(白雉)을 바쳤다. 그 후에도 일본은 계속 신라와 우호 관계를 맺으려고 노력했다. 문무왕 이후에도 일본(日本)은 우호적이었고, 왜는 인질을 요구했었다.545 경덕왕(景德王, 723년 ~ 765년)은 일본에서 보낸 취임 축하사절단마저 거부했다.546 일본에서는 12년 후에 다시 사신을 보냈지만 신라는 사신이 무례(無禮)하다며 거절했다. 그 당시 고구려의 유민이 발해를 세웠다. 발해는 무왕 시절에 해동성국(海東盛國)이라 이름하고 옛 고구려 영역을 되찾으려고 노력했다.

신라와 당나라가 힘을 합해서 일본과 교류하는 발해를 견제했다. 그

---

544 Lee Mosol: Ancient History of Korea: Mystery Unveiled. Second Edition. Ancient History of Korea: Mystery Unveiled. Second Edition: 2020 October 29t. By Xlibris, USA.
545 冬十二月,授均貞大阿●, 為假王子, 欲以質倭國, 均貞辭之 四年夏四月, 王幸南郊觀麥. 秋七月, 與日本國交聘結好. 王幸感恩寺望海. 夏四月, 日本國使至.
546 新羅本紀第九: 元年冬十月, 日本國使至, 不納. 十二年秋八月, 日本國使至, 慢而無禮, 王不見之, 乃廻. 武珍州獻白雉.

러한 여건에 말려 통일신라 시절 고구려 백제 영토를 많이 잃어버렸다. 문무왕(文武王)을 전후한 나·당 연합군의 행적에는 많은 의문이 있다. 기록에는 결자가 유난히 많다. 당나라로부터 왕위를 빼앗겠다는 둥 무리한 요구가 많았다. 석궁 만드는 사람(弩師)과 나침판 등 중요한 기술을 요구했다. 당에 선물한 기물은 남쪽 나라 지나(支那) 영역 특산물이 포함되어 있었다.

8. 고려의 발상지 해동성국(海東盛國) 발해

송(宋)나라 휘종(徽宗)이 1123년 고려(高麗)에 사신(國信使)을 보낼 때 동행했던 정보원 서긍(徐兢, 1091년 ~ 1153년)이 황실에 바친 비밀문서「고려도경(宣和奉使高麗圖經)」에 그 내용을 기록하였다. 책 이름이 도경이니 고려의 지도가 마땅히 실렸다. 그러나 지도는 전하지 않고 오탈자도 여러 곳에 있다. 필자는 그에 실린 진여(餘辰)가 여진(女眞)의 어원이라고 논증했다.

고려왕씨(王氏)의 유래는 다음과 같이 기록에 남겼다.

<blockquote>
王氏之先. 蓋高麗大族也. 當高氏政衰. 國人以建賢.
遂共立爲君長. 後唐長興三年. 遂自稱權知國事. 請命于明宗.
乃拜建元菟州都督. 充大義軍使. 封高麗王.
晉開運二年. 建卒. 子武立.
</blockquote>

이를 풀이하면, 왕씨의 선조 해(解, sun, 蓋)는 고려의 큰 씨족이다. 고

씨(高氏)의 정사가 쇠퇴하게 되어, 나라 사람들이 왕건을 어질게 여겨 드디어 군장(君長)으로 세웠다. 후당(後唐) 장흥(長興) 3년(932)에 마침내 스스로 권지국사(權知國事)라 칭하고 명종에게 봉작(封爵)하여 주기를 청하니, 곧 왕건에게 원토주도독(元菟州都督)을 제수(除授)하고 대의군사(大義軍使)에 충임(充任)하여 고려의 왕으로 봉하였다.

현도(玄菟)를 원토(元菟)로 바꾸었다. 왕건은 현토군, 즉 옛 위만조선 수도였던 조양시(朝陽市)에서 나라를 세웠다 하여 건국 초기에는 이웃 사촌 격인 글안과 서로 싸우고, 고구려의 후손이라 했다. 그 당시 고려에는 불교와 도교가 번창했다. 묘청의 서경 천도를 앞장서서 제압한 김부식은 유교를 신봉했다. 그가 남긴 한국정사에는 이러한 사실마저 기록하지 않았다.

9. 고구려의 수도 평양

1) 고조선 왕릉(王陵)골 청구(靑丘)

삼국사기 첫 편에 금미달에서 내려온 고조선 후손들이 옛적에 고조선 유민들이(朝鮮遺民) 살던 곳에 나라를 세운 기록이 있다. 그에 나타난 지명 "금산가리촌(金山加利村), 명활산 고야촌 고허촌(高耶村, 高墟村)"과 수도 금성(金城)은 모두 발해만 서쪽이다. 고구려 선조를 부여와 같은 동명성왕(東明聖王)이라 하고 그와 관련된 금와(金蛙, 作蝸) 설화가 있다. 그곳에 동명이 와서 부여의 왕이 된 곳이다.[547] 동명은 산서성 대현 역수

---

[547] 三國史記 新羅本紀第一: 按新羅宗廟之制, 第二代南解王三年春, 始立始祖赫居世廟, 四時祭之, 以親妹阿老主祭.民俗歡康, 始制兜率歌. 此歌樂之始也. 水經注: 河東是也; 或以所出,金城

(易水)가 흐르는 계곡 고조선 왕릉(王陵)이 모여 있는 청구(靑丘)에서 내려왔다. 그곳에서 연태자단(燕丹子)이 자객 형가(荊軻)를 이별했다. 연태자전은 소설이라 했다. 사마천도 수긍했다.548 자객이 떠나가며 읊었다는 "사나이 한 번 가면 돌아오지 않으리"라는 뜻을 남긴 역수가(易水歌)가 전해온다.

2) 천지장남지궁(天地長男之宮)이 동명왕릉

천지장남(天地長男) 동명은 죽지 않고 발해만으로 내려와 부여의 왕이 되었다. 이를 삼국지 동이전에는 "진나라를 두려워했으나 조공은 바치지 않았다.(畏秦襲之, 略服屬秦, 不肯朝會)"고 실렸다.

위만(衛滿)은 만주 사람이다. 그가 돌아와서 왕이 되었다. 위만(衛滿)이 다스리던 곳이라 만주(滿洲)라 한다. 강희황제는 만주족의 기원을 찾으려 당대의 석학들에 명하여 찾으라고 했으나 옛적에 중원사가들이 춘추필법(春秋筆法)으로 은밀하게 숨겨놓은 만주의 어원을 밝히지 못했다.

천지장남지궁(天地長男之宮)에 살던 동명왕의 후손들이 해안을 따라 갔다. 그와 같은 무덤이 중원 사람들에게 알려지지 않았던 "SMa-out" 영역이었던 한반도와 일본 구주열도에 장구형 고분이 있다. 삼국지 [동이전 이전, 삼국유사 북부여 기시절 이후]에 한해 동쪽 한반도 서해 연안을

城下得金, 雁門雁之所育是也.
https://ko.wikipedia.org/wiki/%EA%B8%88%EC%99%80%EC%99%95
548 史記 刺客列傳: 其後李信追丹, 丹匿衍水中, 燕王乃使使斬太子丹, 欲獻之秦. 秦復進兵攻之. 後五年, 秦卒滅燕, 虜燕王喜. 太史公曰: 世言荊軻, 其稱太子丹之命,「天雨粟, 馬生角」也, 太過. 又言荊軻傷秦王, 皆非也. 始公孫季功, 董生與夏無且游, 其知其事, 爲余道之如是. 自曹沫至荊軻五人, 此其義或成或不成, 然其立意較然, 不欺其志, 名垂後世, 豈妄也哉.

따라 내려와 멀리 일본 구주에까지 이르렀다.

중원 세력이 처음 한해를 건너 구주를 지나갔던 기록에 유구왕을 환사씨 갈라두(歡斯氏, 渴kě hé jié kài 剌兜; 크어라도) 설명했다.549 눈이 깊고 코가 큰 북쪽에 사는 호(胡)와 같다. 언어가 안 통해서 제사장 곤륜인(崑崙人)을 불러 몇 마디 통했다.

유구 역사서에는 아마미(阿麻彌) 섬이란 글자가 있다. 아마미란 옛적에 신인의 이름이다. 신인이(하늘에서) 내려왔다는 높은 산을 아마미악(阿麻美嶽)이라 했다.550 한반도 서쪽에는 마미산(馬尾山) 아미산이 있다. 강화도에 살던 호(胡)와 같은 사람들이 구주를 거쳐 유구에 도착했다. 이 해로를 따라 삼별초군이 최후로 그곳에 도착했다. 이 길을 따라 이조시대 유구국이 조공을 바쳤다. 기록에 나타난 글자와 어음을 보면; 호(胡)가 한해 동쪽 수로를 따라 강화도 마니산(摩尼山), 유구국왕, 대만섬, 필리핀 마닐라(Manila, May-ni-La, 摩尼羅), 동남아 해안을 따라 세일론으로 갔다.

금미달을 떠난 구려(九黎) 숙진 예맥족이 중원 세력 북쪽 끝을 알 수 없는 넓은 지역(王錫韓侯, 其追其貊, 奄受北國, 因以其伯) 북부여(北夫餘)에 전해오던 얘기를 기록한 책이 환단고기(桓檀古記)이다. 남쪽으로 내려갔던 사람들이 원시불교 발상지에 이르렀다. 불가 기록에 고조선의 역사와 풍속 가치관이 실려있다.

---

549 隋書: 流求國, 居海島之中, 當建安郡東, 水行五日而至. 土多山洞. 其王姓歡斯氏, 名渴剌兜, 不知其由來有國代數也. 人深目長鼻, 頗類於胡, 亦有小慧. 有崑崙人頗解其語

550 南島志: 大島. 島在德島東北十八里, 琉球北界也. 續文獻通考所謂琉球北山是也. 國史所謂阿麻彌島, 或作菴美, 或皆謂此. 阿麻彌者, 上世神人名也. 其東北有山, 乃神人所降, 因名曰阿麻美嶽. 島亦因得此名.地形稍大, 後稱以為大島.

부여(夫餘, 斯, 肅愼, 韓, 濊, 貊) 등 여러 글자로 기록된 단군조선의 후손들이 아시아 전역에 흩어져 살았다. 금미달을 떠난 구려(九黎) 숙진 예맥족이 중원 세력 북쪽 끝을 알 수 없는 넓은 지역(王錫韓侯, 其追其貊, 奄受北國, 因以其伯) 북부여(北夫餘)에 전해 오던 얘기를 기록한 책이 환단고기(桓檀古記)다. 단군조선 역사서를 사마천은 우본기(禹本紀)라 했고, 맹자는 진지승(晉之乘), 허진은 길황지승(吉皇之乘)이라 했다. 남쪽으로 내려갔던 사람들이 원시불교 발상지에 이르렀다. 불가 기록에 고조선의 역사와 풍속 가치관이 실려있다. 단군의 후손들이 이렇게 아시아 대륙 머나먼 길을 돌아 한반도에 정착했다.

상형 글자를 쓰는 동양 삼국의 아름다움(美)이란 개념에 그들이 지나온 경로가 보인다. 중원에 사는 사람들은 화려 장대함을, 땅 끝 작은 섬나라에 사는 사람들은 작은 지면에서 완벽함을, 끝없이 밀어닥치는 외세에 시달렸던 한반도에 사는 사람들은 즉흥적 미완성의 아름다움을 남겼다.

해지 연안 안읍(安邑)이 첫 수도 평양(都平陽, 平壤)이다. 광개토대왕 비문에 실린 양평이 전국시대 평양이다. 위서(魏書) 고조기에 실린 필립궁단(必立宮壇) 강무평양(講武平壤)이란 문구의 평양이 광개토대왕 비문에 실린 양평이다. 삼국유사에는 ○○라고 했다.551

      毛詩正義 皇甫謐云:「舜所營都」, 或云「蒲阪即河東縣」, 是也.

---

551 隋書後魏太武滅沮渠氏, 阿史那以五百家奔茹茹, 世居金山, 工於鐵作. 金山狀如兜鍪, 俗呼兜鍪為「突厥」, 因以為號. 或云, 其先國於西海之上, 為鄰國所滅, 男女無少長盡殺之. 至一兒, 不忍殺, 刖足斷臂, 棄於大澤中. 有一牝狼, 每嚙肉至其所, 此兒因食之, 得以不死. 其山在高昌西北, 下有洞穴, 狼入其中, 遇得平壤茂草, 地方二百餘里.

禹受禪, 都平陽或女邑, 皆屬河東.《五子之歌》怨太康失邦, 其歌云
　　　　○○: 古貊國. 又或云. 今朔州是貊國. 或平壤城為貊國.
　　　故朝鮮國也新唐書注云. 平壤城. 古漢之樂浪郡也國史云 372년
　　　　　　　自卒本扶餘. 至慰禮城. 立都稱王. 十四年丙辰.
　　　　移都漢山今廣州歷三百八十九年.至十三世近肖古王. 咸安元年.
　　　　　取高句麗南平壤. 移都北漢城今楊州歷一百五年.
　　至二十二世文周王即位. 元徽三年乙卯. 移都熊川今公州歷六十三年.
　　　　　　　　　至二十六世聖王. 移
　　　　　　　　都所夫里. 國號南扶餘
　　　魏書 高宗紀: 詔曰:「朕每歲以秋日閑月, 命群官講武平壤. 所幸之處,
　　　　　　　　　　必立宮壇, 縻費
　　　　　　　　　　之功, 勞損非一

　배구가 수양제에게 고죽국이 본래 고구려 땅이라고 했던 돌궐가한의 막사가 있던 지역을 평양(平壤茂草)이라 했다.552 고구려 평양이라 부르던 장안성은 한낙랑이라 하던 옛 금미달 땅에 있었다.553 그 평양성(平壤城) 동북쪽에 노양산(魯陽山)이있다. 그 산일대에서 삼족오를 바쳤다. 모용씨가 점령했던 금미달 지역이다. 고구려 마지막 수도 평양을 발해가 소유했다 후에 동단왕(東丹王)이 있던 홀한주(忽汗州) 옛 성이라 했다. 요사에 실린 동경 요양부다.
　고구려의 마지막 수도 평양은 만주 요하 동남 요양이다. 한반도 평양

---

552 隋書後魏太武滅沮渠氏, 阿史那以五百家奔茹茹, 世居金山, 工於鐵作. 金山狀如兜鍪, 俗呼兜鍪為「突厥」, 因以為號. 或云, 其先國於西海之上, 為鄰國所滅, 男女無少長盡殺之. 至一兒, 不忍殺, 刖足斷臂, 棄於大澤中. 有一牝狼, 每嚙肉至其所, 此兒因食之, 得以不死. 其山在高昌西北, 下有洞穴, 狼入其中, 遇得平壤茂草, 地方二百餘里.

553 欽定滿洲源流考: 遼史東京遼陽府本朝鮮之地後為渤海大氏所有號中京顯德府太祖攻渤海俘其王大諲撰以為東丹王國神冊四年葺遼陽古城以渤海漢戶. 遼史忽汗州故平壤城也號中京顯德府太祖攻渤海拔忽汗城俘其王大諲撰以為東丹國按通考平壤城即漢樂浪郡王險城自慕容皝來伐後徙都此城亦曰長安城南臨浿水平壤城東北有魯陽山

은 후고구려 수도였다.

10. 에필로그 - 바둑의 시원

1) 바둑(圍碁, Go)의 시원(始原): 시대와 장소

오직 한국에서만 위기(圍棋 囲棋, 行く, go, departure)를 바둑이라 한다. 중원 기록에는 요임금(堯造圍棋)이 창안하여, 그의 아들 단주(丹朱)가 즐겼다고 한다. 아니다. 글자와 어음 언어에 그 사연이 있다.

바둑을 중원에서는 여러 글자로 기록했었다. 박이(博弈)란 어휘가 논어 양화(論語 陽貨)편과 맹자 이루하(離婁下)편에 하나의 소일 노름(game)으로 실렸다. 이를 공자는 [생각을 깊이 하고 지혜를 양성하는 행위]로, 맹자는 박이와 음주(博弈好飲酒)를 불효로 풀이했다.554 도가 문시진경에는 [활쏘기, 현악기 다루기, 바둑은 아무리 연습해도 똑같은 현상이 나타나지 않는다] 는 뜻에 "習射, 習琴, 習奕"란 문구가 있다. 박이(博弈)란 승패를 다투는 바둑을 뜻한 글자가 분명하다.555

한자문화권 세 나라 언어에 같은 상형자 "弈, 奕, 亦"를 어음이 다르

---

554 論語 陽貨: 子曰:「飽食終日, 無所用心, 難矣哉! 不有博弈者乎? 為之猶賢乎已.」博,《說文》作簙局, 戲也, 六箸十二棊也. 古者烏曾作簙. 圍棊謂之奕.《說文》弈從廾, 言竦兩手而執之. 棊者所執之子, 以子圍而相殺, 故謂之圍棊. 圍棋稱弈者, 又取其落弈之義也 孟子 離婁下: 博弈好飲酒, 不顧父母之養, 二不孝也. 道家文始真經: 關尹子曰:「習射, 習御, 習琴, 習奕, 終無一事可以一息得者. 惟道無形無方, 故可得之于一息..」

555 康熙字典: 棋者, 所執之子, 以子圍而相殺, 故謂之圍棋. 沈氏云: 圍棋稱弈, 取落弈之義也. 詩經 韓奕: 奕奕梁山, 維禹甸之, 有倬其道, 韓侯受命, 王親命之, 纘戎祖考. 四牡奕奕, 孔脩且張. 韓侯入覲, 以其介圭, 入覲于王.《爾雅·釋訓》奕奕, 憂也. 焦氏易林 豫之: 剝: 野鳶山鵲, 奕棊六博; 三梟四散, 主人勝客.

게 읽는다. 한국에서는 "弈 바둑 혁, 奕 클 혁, 亦 또 역"이라 읽고, 중국에서는 모두 "이 yi"로, 일본에서는 "애끼"라고 읽는다. 그러나 글자 풀이는 "또 역, 겨드랑이 역(亦)자" 밑에 "스물 입발 廾"을 붙여 부둑을, 또는 "큰 대 大"를 붙여 '위대하다'는 뜻을 나타냈다. 그러나 두 글자 모두 "겨드랑이 밑에 깊숙이 박아 끼어" 넣었다 하여 바둑을 뜻한 글자로도 풀이했다.

우수하다 또는 뛰어났다는 뜻의 혁(奕 yi)이라고 읽는 글자가 시경 한혁에 혁혁(奕奕) 양산(梁山) 유우순지 (維禹甸之, 有倬其道) 라, 즉 한후의 선조가 양산 일대를 경작(甸)하던 곳이라 실렸다.556 중국 사람들이 "이(奕 yi)라고 읽는 글자"를 한국에서는 "혁혁 양산 우순지"로 읽었다.

중국 문헌을 중국식으로 읽으면, 사기 주 본기에 이세재덕 (奕世載德)이란 글자가 있고, 당시(全唐詩)에는 이세기 병이 (奕世皆秉彛)란 시구가 있다. 이세(奕世)란 평화스러웠던 고조선 시대를 뜻했다.

상서에는 검 왈 백이(僉曰:伯夷)라고 모두들 소리쳤다. 즉 만장일치로 지도자 (益, 作朕虞)가 된 동이 수령 "백익을 백이"로 기록했다.

바둑을 뜻한 위기 칭이(圍棋稱弈)의 어원은, 논어주소에 "이, 즉 이기씨가 권좌에서 미끄러져 떨어졌다는 뜻(取落弈之義也)에서 취했다"고 했다.

이러한 문구와 글자를 보면, 바둑을 뜻한 글자는 치수 사업을 주관했던 백익(伯益)이 살던 시대에 만들어졌다. 하여 요조위기(堯造圍棋)라 했다.

---

556 康熙字典: 䴏 鵝 鵝: 野曰雁, 家曰鵝《世本》伯益作井.《汲冢周書》黃帝作井. 鵝:《說文》曰: 䳘鵝也. 駕鵝 環其城邑曰圍. 圍, 囲 같은 뜻과 음이 같다. 䳘鵝也. 長胆善鳴, 羲首似傲, 故曰鵝.《爾雅·釋鳥》舒雁, 鵝.

양산이 낙수(洛水)와 황하 가까이 고조선 발생지, 즉 황하문명 발상지에 있다. 하여 하출도(河出圖), 낙출서(洛出書)라는 문구가 전해온다. 그곳에 살던 이기씨(伊耆氏; 伯益, 河伯 馮夷)가 권좌에서 밀려났다는 뜻의 낙(洛) 자를 낙(落)자로 바꾸었다. 취낙이지의야(取落弈之義也)란 문구는 수도를 함곡관 동쪽 낙양(落陽)으로 옮긴 동주(東周) 이후에 붙인 설명이다.

산서성(山西省) : 고조선의 시말, Shanxi, 山西省
[산서성(山西省) - Wikipedia]

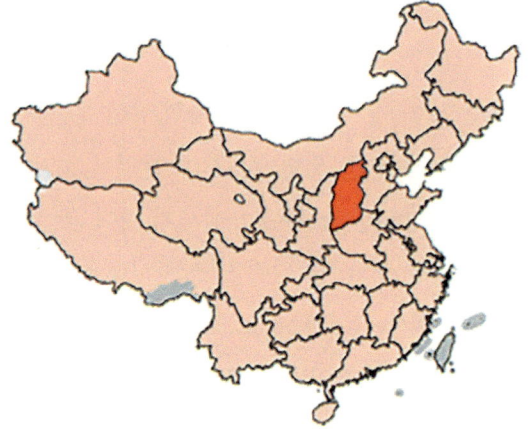

한후의 선조는 우의 아버지와 같이 산해경 초안을 만들어 치수 사업을 관장하던 백익이다.557

백익을 저 늙은이란 뜻에 이기씨(伊耆氏)라 했다. 실권을 한 늙은이가

---

557 康熙字典: 㵎 䳬 鵝: 野曰雁, 家曰鵝《世本》伯益作井.《汲冢周書》黃帝作井. 鵝:《說文》曰: 䳰鵝也. 鴛鵝 環其城邑曰圍. 圍, 囲 같은 뜻과 음이 같다. 䳰鵝也. 長脰善鳴, 䫴首似傲, 故曰鵝.《爾雅·釋鳥》舒雁, 鵝.

작은 여울가에 살았다 하여 그 여울을 이수(伊水) 또는 낙수(洛水)라 했다.558 그를 따르던 사람들이 사천성(四川省, 즉 익주 益州)를 지나 운남성에 정착했다. 그곳 노인들이 인도 동북부 히말라야 산속에 이르러 원시 불교가 나타났다. 삼국지 왜인전(倭人傳)에 노자(老子)가 호를 가르쳤다(教胡)고 했다.559 진수가 외방인(外/倭)을 비하하여 왜소하다는 뜻 글자로 바꾸었다. 원시 불교 전래에서 설명했다.

산서동남에서 북경 서쪽으로 지명이동 된 대군(代郡)

---

558 論衡 正說: 禹之時, 得《洛書》,《書》從洛水中出,《洪範》九章是也. 水經注 伊水:《竹書紀年》曰: 洛伯用與河伯馮夷鬪, 蓋洛水之神也.
559 三國志 倭人傳: 臨兒國, 浮屠經云其國王生浮屠. 浮屠. 父曰屑頭邪, 母云莫邪. 此國在天竺城中. 天竺又有神人, 名沙律. 昔漢哀帝元壽元年, 博士弟子景盧受大月氏王使伊存口受浮屠經曰復立者其人也. 浮屠所載與中國老子經相出入, 蓋以為老子西出關, 過西域之天竺, 教胡. 昔漢哀帝元壽元年, 博士弟子景盧受大月氏王使伊存口受浮屠經曰復立者其人也. 通典 天竺: 後漢通焉, 即前漢時身毒國. 大夏國人曰:「吾賈人往身毒國市之.」即天竺也. 或云摩伽陀, 或云婆羅門. 在蔥嶺之南, 去月氏東南數千里, 地方三萬餘里. 其中分為五天竺.

불교 나라 티베트 바둑은 한국 전통 순장 바둑같이 바둑돌을 여럿 놓고 시작한다.

백익(伯益, 馮翊)을 혁혁(奕奕) 이기씨(伊耆氏)라 했다. 한국어 응원가에 "싸워라 싸워라", "이겨라 이기다, succeed"의 어원이라 본다.

넓을 박(博, bo)이라고 읽는 글자는 "박수, 박치기, 박사, (말뚝을)박다"는 등 "미지의 세계로 가는 앞장, front"이란 뜻으로 맏 백(伯)자와 뜻이 같다.

미개척지 또는 적국의 영역을 점령한 후에는 깃발을 꽂고 진을 쳤다. 떠날 때는 표적을 남겼다. 이를 밭뚝 (boundary bank, Embankment)이라한다. 그러한 전쟁놀이가 서울 근교 뚝섬에서 있었다. 치우기를 사용했다.

한국어 "싸워라. 싸우다"의 어원은 "방어를 위해 언덕 위에 높은 뚝을 쌓았다"는 뜻을 간략한 어음이다. 전국시대 공격이 아닌 수비를 위주로 한 학파를 묵가(墨家)라 했다.

넓을 박(博 바, bo)의 어음에는 "앞에서 횃불을 들고 가는 사람" 백익(伯益)을 뜻하고, 둑은 뚝섬(纛島)의 어원에서 나타난 이름이다. 치우천왕의 출사표를 뜻한 "둑 독, 둑 도, 기 독(纛) 어음 둑기(纛旗) 에서" 나왔다.

이 글자를 이아 역언 (爾雅 釋言)에서는 백익을 뜻한 글자 "둑은 이(翳, yì, 益)야 纛,翳也"라고 했다.

천독(東海之內, 北海之隅, 有國名曰朝鮮, 天毒, 其人水居, 偎人愛人)이 다스리는 고을(縣, 영역)을 뜻해 만든 깃발이 둑기(纛旗)란 글자다.

치우(蚩尤)천왕은 단군왕검 백익 이후에 나타난 구려(九黎)의 지도자다. 그가 싸운 탁록(戰涿鹿)이 금미달 영역이다.

한국 바둑 애호가들의 바둑 어원 설명에는 여러 설이 있다.560
한국 고유의 순장바둑의 [배석(排石)에서 비롯된 말이 바둑이라는 학설, 밭(田)+돌(石)에서 '바독' → '바돌'이 됐다.]는 학설이 있다.

찾고 찾고 또 찾다 보니, 박(博, 바,bo) 이기(伊耆)라는 어음의 장소를 밝힌, 밭뚝이 바둑이란 이름의 어원이다. 단군왕검 백익의 뒤를 이은 [마지막 단군이 금미달을 떠나던 (go, departure) 전국시대에 순장 바둑이란 이름]이 나타났다. 고려 가요 가시리의 주인공인 가야국 가실왕이 살던 시대와 장소에서 나타났다. 즉 맹자가 살던 전국시대 금미달 (수彌達)이 중원 세력에 위협을 받던 시절에 현제 쓰는 위기(圍棋, 囲棋)란 상형글자를 바둑 놀이,박이(博弈)에 붙여 오늘까지 쓰고 있다.

떠날이(離)자는 갈 행(行) 갈 거(去)자와 같은 뜻이다. 사마천의 조부가 금미달(중산국)에 있었다. 가야국 (금미달 고유국) 가실왕이 떠났던 행사를 사마천은 수유이예 (須臾離禮), 수유지악(須臾離樂)이란 문구를 남겼다.

그 시대에 원시불교가 백익의 후손(彌: 益也)이 살던 금미달에 들어

---

560 바둑의 어원/ 왜 '바둑'이라고 불렀을까.
    바둑의 어원 https://m.blog.naver.com/shinc0503/220654008044

와 궁홀산(弓忽山) 요새에 살던 지도자를 미륵(彌勒) 또는 아왕(鵝 雁王)이라 했다. 그를 중원세력은 수유(須臾)라 했다. 아왕(鵝王)이란 가아(駟鵝 駕鵝 가다, go, departure)왕을 간략한 글자다. 고유국이라고도 하던 가야국 가실왕을 가아왕이라 했다. 그가 살던 궁홀산(弓忽山) 금미달(今彌達)이 위기(圍棋, 囲棋)란 글자의 발원지이다. 전국시대 만든 이름을 소급하여 요조위기(堯造圍棋)라 했다.

금미달을 떠나 해안으로 내려와 신라 시조 궁예(弓裔), 박혁거세 거서간(號居西干)하는 문구가 신라 본기 첫 줄에 실렸다. 그 일대에 신라 임나가라(新羅任那加羅)와 백제 미추홀(彌鄒忽) 비미호(卑彌呼) 비미국(卑彌國)하는 이름들이 나타났다. 부여의 후손이 동남아 해안 4,000여 리에 걸쳐 신미 제국(新彌諸國) 20여 국을 이루었고, 백제 22담로(擔魯)가 나타났다.

2) 백제 담로(簷魯)가 동남아에

부여씨가 세운 대륙 백제는 22담로(二十二簷魯)가 있었다. 지나(支那)라고 부르던 동남아 해안에 있던 항구 도시를 백제 왕실의 자제가 다스렸다는 뜻이다. 노나라는 번인(魯國蕃人), 즉 미개한 유라시아 유목민 말갈(靺鞨)족, 이 산동 반도에 살았었다.

중산국에 담자(詹子)가 있었다. 금미달 중산국 사람들이 산동성으로 내려와 대만섬(Formosa)에 살았다. 백제 부용국 탐모라국(躭车羅國)이 있었다.

백제는 동남아 여러 곳에 담로(簷魯)를 두고 있었다. 담 또는 탐(簷舳)이라고 읽는 글자는 우리 말에 [귀는 절벽 같다]란 표현의 사음자다.

백제의 수도가 있던 노나라의 언어를 이해 못 하는 귀머거리 같은 사람들이 사는 곳]이란 뜻이 담로(簷魯, 擔魯)란 글자다.561 왜인전 어라(於羅)를 중앙아시아에서 쓰던 하언(夏言)이라 했다.562 삼국지 왜인전은 해양권을 장악했던 부여씨의 선조가 중앙아시아를 거쳐 동남아 해안에 이르렀던 방대한 지역을 기술했다. 배를 타고 일 년을 가면(船行一年) 벌거숭이들이 사는 나라란 뜻의 유나국(有裸國)과 흑치국(黑齒國)이 있다.563 이는 진수가 직접 들은 얘기를 기록했다. 당시 동남아에 백제 담로(簷魯)가 있었다. 그 하나가 팔타안성(바다안: 八打雁省, bādă-an] Batangas)이다.564 그곳에서 항해의 필수품인 튼튼한 밧줄 마닐라(Manila, May-ni-La, 摩尼羅亶) 로프를 구했다.

필리핀 마닐라(Manila Bay, Luzon Island呂宋島)란 상형글자는 송(宋)

---

561 十六國春秋: 太初五年春三月長攻陷新羅堡扶風太守齊益男棄郡 車師前部王 皆來朝堅引見于太極前殿大宛獻汗血馬肅愼. 貢楛矢天竺獻火浣布羌抑摩獻羊六角二口四角八口新羅國獻美女國在百濟東 其人多美髮髮長丈餘. 晉書 長攻陷新羅堡. 長撫風太守 齊益男奔登. 晉安郡太康三年置.　原豊新羅宛平同安候官羅江晉安溫麻.　晉安郡-维基百科,　自由的百科全书 (wikipedia.org)

562 三國志 衛臻傳: 開拔奇之津. 三國志 孫策傳: 高岱 其友士拔奇, 取於未顯, 所友八人, 皆世之英偉也 通典百濟: 土著地多下濕, 率皆山居. 其都理建居拔城. 王號「於羅瑕」, 百姓呼為「讠匕吉支」, 讠匕音乾. 夏言並王也. 王妻號「於陸」, 夏言妃也. 太平御覽 百濟: 百濟國王姓夫餘氏, 號於羅瑕, 百姓呼為鞬吉支, 夏言并王也.

563 三國志 倭人傳: 女王國東渡海千餘里, 復有國, 皆倭種. 又有侏儒國在其南, 人長三四尺, 去女王四千餘里. 又有裸國, 黑齒國復在其東南, 船行一年可至. 參問倭地, 絕在海中洲島之上, 或絕或連, 周旋可五千餘里.

564 三國志 倭人傳: 女王國東渡海千餘里, 復有國, 皆倭種. 又有侏儒國在其南, 人長三四尺, 去女王四千餘里. 又有裸國, 黑齒國復在其東南, 船行一年可至. 參問倭地, 絕在海中洲島之上, 或絕或連, 周旋可五千餘里.

나라 때 동남아 지나(支那, cina) 영역에서 찾은 여러 섬 "chain of Islands"
이란 뜻이다.565 그 당시 동남아 전역에 흩어져 나갔던 부여씨의 후손들
이 찾았다는 뜻이 글자에 있다. 팔타안성(八打雁省, Batangas)이란 글자
는; "두드려 맞은 기러기 여덟 마리, 기러기 바다, 바다 안"이란 뜻으로
풀이된다.566 기러기(雁)의 서식처는 바다가 아니라 호수다. 산서성 안문
관(雁門關)에 살던 기러기 떼(八雁)가 쉬어가던 곳이란 뜻이 있다.

마니라단(摩尼羅亶)이란 글자는 마니산(摩尼山)에 정착했던 마니가
퍼져 나갔다는 뜻이 있다. 오늘의 마닐라 배이(Manila Bay, Luzon)가 백
제담로(擔魯)의 하나였다.

순장 바둑: 공자가 살던 시대에 벌써 바둑 놀이가 있었다. 북쪽 고조
선 땅에 여러 군웅이 나타났다. 이들을 어떻게 포섭하여 자기편을 만들
어 관할 영역에 둑기(纛旗)를 달았다. 바둑에서 따고 따기 번복되는 분
기점을 "패"라 한다. 춘추오패란 패(覇)자와 어음이 같다. 전승기(纛旗)
를 달았던 곳에 말뚝이나 돌을 박아 밭뚝을 만들었다.

황해를 건너 한반도에 백제 개로왕이 고구려 불승 도림(道琳)을 만나
바둑을 즐겼다 (百濟王近蓋婁好博●/博奕)는 기록이 있고, 신라 고분에
서는 많은 양의 바둑돌이 발굴되었다. 일본이 탄생하기 전이다. 삼국사
기에 실린 바둑(博奕)은 삼한 땅에 전해오던 전통 순장 바둑을 뜻했다.

순장 바둑의 승패: 순장(殉葬)을 음이 같은 순장(巡將)으로 바꾼 한국

---

565 三國志 倭人傳: 女王國東渡海千餘里, 復有國, 皆倭種. Luzon - Wikipedia
566 Batangas - Wikipedia

고유의 바둑 이름이 나타났다. 잡은 포로를 그들의 고향에 돌려보내 주군과 같이 묻힌 순장(殉葬) 풍속에서 유래된 이름이다. 금미달을 진(秦)나라 장군 백기(白起; ? ~ 기원전 257년)가 점령했다. 항복한 조나라 군사 40만 명을 생매장시켰던 역사적 사실에서 유래했다고 본다.[567]

쌍간하(桑干河)가 흐르는 금미달에서 나타난 부여(扶餘)와 가라(加羅)에는 순장(殉葬) 풍속이 있었다. 삼가분진(三家分晋) 이후 금미달 지역에 많은 군웅들이 나타났던 전국시대 말기의 역사가 순장바둑에 있다.

혁(奕)자는 이기씨를 뜻했다. 사장혁혁(四牡奕奕)이란 말 네 마리가 끄는 수레가 경주를 하듯 빨리 뛰었다는 뜻이다. 백익을 "이기씨"란 어음이 오늘도 운동 경기에서 쓰고 있는 "이겨라 이겨라"로 남아있다.

전쟁에서 수비를 하기 위한 성을 쌓았다. 이에서 "싸다. 쌓다. 싸우다, 싸움"이란 낱말이 나타났다. 경계선이 되는 밭(甸)뚝에 확고한 표시로 돌을 박아놓는 승패를 다루는 놀이가 바둑이다. 밭뚝(boundary wall)이 바둑의 어원이라 추리된다.

백익을 "이기씨"라 한 어음이 오늘도 운동 경기에서 쓰고 있는 "이겨라 이겨라, 이겼다" 로 남아있다. 경계선이 되는 밭(甸)뚝에 확고한 표시로 돌을 박아놓는 승패를 다루는 놀이가 바둑이다. 밭뚝(boundary wall)이 바둑의 어원이라 추리된다.

---

[567] 백기 (진나라) - 위키백과, 우리 모두의 백과사전, 易與天地準,故能彌綸天地之道. 仰以觀於天文, 俯以察於地理, 是故知幽明之故. 原始反終, 故知死生之說. 精氣為物, 遊魂為變, 是故知鬼神之情狀. 與天地相似, 故不違. 知周乎萬物, 而道濟天下, 故不過. 旁行而不流, 樂天知命, 故不憂. 安土敦乎仁, 故能愛. 範圍天地之化而不過, 曲成萬物而不遺, 通乎晝夜之道而知.

후 기

하버드 대학에서 연수를 마치고 귀국하던 윤내현(尹乃鉉)씨로부터 1988년에 「한국 고대사 신론」을 선물로 받았다. 몇 차례 깊이 읽어 보았지만 많은 의문이 풀리지 않았다. 그 당시 미국 국회 도서관에서 일하시던 영남학파의 명맥을 이어온 강호석(Thomas Kang) 박사님과 퇴계학에 관해 상의했다. 상형문자는 중국 사람들이 만들어 글자 풀이를 연구하는 "훈고학(訓詁學)"을 다루었다. 한국에는 글자를 연구한 학자가 없었다는 얘기를 듣고 새로 한학에 눈을 뜨게 되었다. 대학에 다니던 큰 딸이 읽던 이기백씨의 영문 책 「Korea Old and New History」과 일본 사람이 쓴 「A Brief History of Chinese and Japanese Civilization」을 읽고 분노와 경악을 참을 수 없었다.

여러모로 생각한 끝에 한국 상고사를 연구해야겠다는 계획을 하고, 그릇된 동북아 상고사를 영문으로 발표해야겠다는 결심을 했다. 의사면허증을 버리고 생명체에 관한 연구 생활을 해온 의과 대학 교수직을 떠나

2010년에「뿌리를 찾아서」라는 수필집을 통하여 의지를 굳혔다.

영문 책 두 번째 책이 나온 몇 달 후 생면 부지의 젊은이로부터 전화를 받았다. 캐나다에 유학 온 연세대학교 철학 교수, 이승종 박사의 아들이었다. 영문 책「만주 상고사와 한국 상고사」두 권을 철학과 부교재로 쓰려고 저자의 허락을 받으려는 전화였다. 큰 감명을 받았다.

그 후 상고사 연구 방법을 여러모로 살펴본 결과를 종합하여 2016년에「古朝鮮 찾기」를 출판하여 한국에 알렸다. 제사 드리는 곳(祭場, altar)을 맡아보는 단군(壇君)왕검은 실존 인물이다. 고조선은 중국 산서성에서 나타났다는 등등 새로운 학설을 이 지역 지식인들의 모임인 포토맥 포럼(Potomac Forum; 이영묵 회장)에서 발표했다. 같은 내용을 보충하여 이 교수님의 배려로 2019년 8월에 연세대학교 외솔관에서 발표했다. 심백강 박사님이 격려사를 했다.

미국에서 대학교수로 근무 하시는 최영배 교수님의 배려로 2022년부터 재미 한인 교수 협회(KAUPA) 주관 뉴스레터에 상고사에 관한 역사 수필을 올렸다. 금년도 봄에는 고려가요 "가시리"에 나오는 가야국 가실왕이 금미달을 떠난 마지막 단군과 관련이 있다는 결론을 내렸다.

지난 30여 년 동안 살펴보았던 방대한 자료를 근거로 단행본「고조선 壇君朝鮮始末考」를 편술하기로 마음먹고 출판사를 물색하게 되었다.

한국 사정을 모르는 나로서는 출판사 선정이 문제였다. 더더욱 "상형글자로 전해오는 동양 고전"을 새로운 시각에서 풀이한 역사 수필집이라 한자 어휘를 올려야 한다. 독자분이 필자의 학설을 이해할 수 있도록 많은 각주를 붙였다. 그에 따라 중원 사람들이 풀이한 옛적 지명 또한 새로운 곳으로 나타나 이를 지도에 올려야 했다. 이러한 어려운 문제를 다룰 수 있는 출판사를 찾아야 했다. 다행히 소중한 옥동자를 만들겠다는 국학자료원 정찬용 회장님의 회답을 받았다.

대대로 살아오던 고향땅 수복지구 양양에 동생들을 남겨 놓고 살기 위해 떠나야만 했던…, 그 시절을 생각하면 아직도 눈시울이 뜨거워진다.
 소년들이여! 대지를 품으라. 설악산 대청봉이 보이는 운동장에서 들은 교장 선생님의 연설이다.

이 자유스러운 나라에 와서 internet을 통해 선학들이 접할 수 없었던 동양 고전을 살펴볼 수 있었다. 그 속에 은밀하게 숨어 있는 글자를 새로운 시각에서 풀이하여 결국 목적을 달성했다. 한국의 기원이 황하문명 발생지에서 나타난 단군조선이다. 후손들이 동북아시아 전역에 흩어져 살고 있으나 그들의 역사를 모르고 있다. 단군조선의 명맥을 이어온 사람들이 한반도에 살면서 동양에서 유일하게 개천절을 국경일로 기리고 있다. 단군조선의 후손들에게 이 책을 바칩니다.

태고적부터 통일신라 발해 발생 시대까지 방대한 기록을 짧은 지면에 올리다 보니 같은 사건을 다른 시각에서 관찰하여 설명이 중복되었다. 부디 고정 관념에서 벗어나 큰 안목으로 '역사란 무엇인가? 상형 글자로 작성된 사료를 어떻게 풀이해야 하나?'하는 근본적 문제부터 시작하여 여기 제시한 새로운 역사 연구 방법을 깊이 토론해 주시길 바란다.
 역사는 시대와 장소에 따라 다르게 인식된다. 편술자가 다룬 소재들을 놓고 의견을 교환하여 새로운 학설이 하루빨리 고등학교 역사 교과서 실려 후손늘에게 전해지기를 바란다.

 앞서 이름을 밝힌 분 이외에도 제가 Facebook에 올린 글을 통해 알게 된 페친 여러분, 특히 한·중·일간 문제가 되는 "임나가라"와 "침미다례", "신미제국"에 관한 논쟁을 통해 알게 된 땅끝해남 임승렬 단장님, Smithsonian curator, Paul Taylor 박사님, 생의 동반자 김명현 님께 다시 한번 감사의 말씀을 드립니다.

모솔, 이돈성

필자약력

1940년 11월: 강원도 양양군 손양면 금강리 출생
1960년: 강릉 상업 고등학교 졸업
1966년: 가톨릭 의과 대학 졸업
군 복무 마치고 1970년 도미

Don S. Lee, pen name "Mosol" was born in 1940, educated, received MD degree in Korea, came to US in 1970. He was trained in the Indiana University Medical Center, hold a faculty position in the George Washington University, and retired in 2010 from the Georgetown University Medical center.

He had learned to understand the Ancient Chinese classics in Korea, joined a group of Korean scholars interested in Neo Confucian Study; "Study of Toegye philosophy "退溪學," and served the position of vice president representing the Washington DC area for two years.

He had been active in writing critical essays, and was formally recognized as a writer by the Korean circles in 2010.

Retired from GWU and Georgetown University in 2010.

2011년: First Book in Korean "뿌리를 찾아서, Searching for the Root"

2013년: Ancient History of the Manchuria. Redefining the Past. By Xlibris, USA.

2015년: Ancient History of Korea. Mystery Unveiled. By Xlibris, USA.

2015년 11월: Co-author; Korean Heritage Room. Cathedral of Learning University of Pittsburgh.

2016년 8월 8일: 古朝鮮 찾기. In Search of Old Joseon. 책 미래. Seoul Korea.

2018년 8월 29일: Ancient History of Northeast Asia Redefined 東北亞 古代史 新論. By Xlibris, USA.

2020년 10월 29일: Ancient History of Korea: Mystery Unveiled. Second Edition. By Xlibris, USA.

2022년 5월: 그때 그곳에서의 나의 증언. 9명 합동. 대동 field. Seoul Korea

2023년 4월 11일: We Need Another Voice — Taoism to Zen Buddhism, USA.

2024년: Dosan 2023 Award: 재미 한인으로서 도산 사상의 실천적 방안

2024년: The Forgotten War of 1950. Co-author with five others. Amazon.

2022년 ~ 2023년: KAUP News Letter columnist 로 수편의 상고사 관련 수필 기고.

2024년 4월: 단행본 [고조선 壇君朝鮮始末考] 준비차 columnist직 사임.

피고인 윤석열 무죄를 주장하시는 분들에게.

역사 특히 상고사를 연구하는 분들은 논란이 되는 사물을 먼 시야에서 봅니다. 하여 저도 한마디 했습니다. 기억하시죠?

평생 법학을 공부한 사람이 대통령이 되어, 계획적으로 민주 공화국의 기본이 되는 삼권 분립을 묵살한 행위는 도저히 있을 수 없습니다.

미국에서는 잘못하여 그런 자가 다시 집권했습니다. 다행히 한국에서는 시민들이 돌보아 국회에서 계엄령을 해제할 수 있어 집권자가 구속되었습니다. 그런 자는 극형에 처해야 합니다.

한국이 동방의 지도자로 군림할 수 있는 기회가 왔다고 봅니다. 기회를 놓치지 말아야 합니다. 여러분들이 깊이 생각해 보시길 바랍니다.

좁은 시각에서 서로의 이익만을 따지다 보면, 결국 인접국가의 어부지리(漁夫父利)가 되고 맙니다.

미국에 사는 교민.
모솔 이 돈성 드림.
2/15/2025.

고조선 壇君朝鮮始末考

초판 1쇄 인쇄일	| 2025년 3월 24일
초판 1쇄 발행일	| 2025년 3월 31일

편술	| 이돈성
펴낸이	| 한선희
편집/디자인	| 이보은 박재원 한상지 안솔비
마케팅	| 정찬용 정진이
영업관리	| 정구형
책임편집	| 한상지
인쇄처	| 으뜸사
펴낸곳	| 국학자료원 새미(주)
	등록일 2005 03 15 제 395-3240002510002005000008 호
	경기도 고양시 덕양구 권율대로 656 클래시아더퍼스트 1519, 1520호
	Tel 02)442-4623 Fax 02)6499-3082
	www.kookhak.co.kr
	kookhak2010@hanmail.net

ISBN	| 979-11-6797-229-3 *93910
가격	| 35,000원

* 저자와의 협의하에 인지는 생략합니다.
  잘못된 책은 구입하신 곳에서 교환하여 드립니다.
  국학자료원·새미·북치는마을·LIE는 국학자료원 새미(주)의 브랜드입니다.